Wirtschaft – Das sollte man wissen

Robert Heilbroner war Professor für Wirtschaft an der New School of Social Research in New York und ist Autor zahlreicher Bücher.
Lester Thurow, Professor für Wirtschaft und Management, gilt als wichtigster Experte und Vordenker in Wirtschaftsfragen weltweit. Der Träger zahlreicher Auszeichnungen ist Autor vieler Bücher, zuletzt *Die Zukunft der Weltwirtschaft*, erschienen im Campus Verlag.

Robert Heilbroner
Lester Thurow

WIRTSCHAFT
Das sollte man wissen

Übersetzung aus dem Englischen und
deutsche Bearbeitung von Jan W. Haas

Campus Verlag
Frankfurt/New York

Die Originalausgabe erschien unter dem Titel »Economics Explained. Everything You Need to Know About How the Economy Works and Where It's Going« 1982 bei Touchstone, New York.
Copyright © 1982, 1987, 1994, 1998 by Robert Heilbroner and Lester Thurow.
All Rights Reserved.
Published by arrangement with the original publisher, Simon & Schuster, Inc.

Die Abschnitte »Die Europäische Währungsunion und die Geldpolitik der Europäischen Zentralbank« und »Der Handel mit Emissionsrechten« wurden für die deutsche Ausgabe von Jan W. Haas ergänzt.

Die Deutsche Bibliothek – CIP-Einheitsaufnahme
Ein Titeldatensatz für diese Publikation ist bei
Der Deutschen Bibliothek erhältlich.
ISBN 3-593-37570-2

5., überarbeitete und erweiterte Auflage 2004

Umschlaggestaltung: Guido Klütsch, Köln
Umschlagmotiv: © Image Bank
Satz: Satzspiegel, Nörten-Hardenberg
Druck und Bindung: Freiburger Graphische Betriebe
Gedruckt auf säurefreiem und chlorfrei gebleichtem Papier.
Printed in Germany

Besuchen Sie uns im Internet: www.campus.de

INHALT

VORWORT ZUR
DEUTSCHEN NEUAUFLAGE

In den fünfziger, sechziger und siebziger Jahren des vergangenen Jahrhunderts war Westdeutschland – die alte Bundesrepublik – das wirtschaftliche Zugpferd Europas. Gemessen an seinem Wirtschaftswachstum wurde es im Kreis der entwickelten Ökonomien nur noch von Japan übertroffen. Doch ab den neunziger Jahren bis zum Beginn des 21. Jahrhunderts verkehrte sich das Bild: Deutschland wurde zu derjenigen Volkswirtschaft im Verein der Industrieländer, die am langsamsten wuchs, wiederum nur von Japan übertroffen. Die beiden leistungsstärksten Ökonomien hatten sich in die beiden leistungsschwächsten verwandelt.

Bei derartigen Umkehrprozessen sind stets zweierlei Kräfte am Werk. Zum einen verändert sich ganz einfach die Welt, in der wir leben, wodurch alte, bewährte Strategien und Herangehensweisen ihrer Wirksamkeit beraubt werden. Zum anderen verweigern sich diejenigen, die das alte Spiel meisterhaft beherrschten, standhaft der Einsicht, dass sein Regelwerk nicht mehr gilt. Folglich verzichten sie auf die Entwicklung neuer Standardabläufe und -verfahren, obwohl genau dies erforderlich wäre.

Als die erste Auflage von *Wirtschaft – Das sollte man wissen* in englischer Sprache erschien, war der Kommunismus noch quicklebendig. Die Wende vom Kommunismus zum Kapitalismus nahm 1978 in der Volksrepublik China ihren Anfang, gipfelte aber in dem symbolischen Fall der Berliner Mauer im Herbst 1989. Mit der politischen

Implosion, die den Kommunismus 1991 in der UdSSR hinwegfegte, verschwand er im Wesentlichen von der Landkarte. Nur Kuba gründet seine Volkswirtschaft bis heute auf kommunistischen Prinzipien. Ein Drittel der Menschheit hat somit den Übergang vom Kommunismus zum Kapitalismus vollzogen.

Im weltweiten Maßstab nimmt sich der Zusammenschluss der beiden deutschen Teilstaaten in wirtschaftlicher Hinsicht nahezu unbedeutend aus, wenn man ihn an den Entwicklungen misst, die sich in China vollzogen haben. Napoleon tat 1808 den berühmten Ausspruch, wonach China ein »schlafender Drache« sei, bei dessen Aufwachen die Welt erzittern werde. Nun, China ist erwacht und die Welt erzittert, jedenfalls in ökonomischer Hinsicht. Das Land ist ausreichend groß, um das Spielfeld des Kapitalismus weltweit zu verändern. Wie erfolgreich werden sich die konkurrierenden Länder gegen 1,3 Milliarden vergleichsweise gut ausgebildete Niedriglohnkräfte behaupten können, die imstande sind, einen Menschen in den Weltraum zu befördern?

Auch für Deutschland galten nach dem Fall der Berliner Mauer neue wirtschaftliche Spielregeln, doch die Wirtschaftspolitik des Landes blieb davon unberührt. Die politische Wiedervereinigung, welche die deutsche Wirtschaft hätte stärken müssen, trug am Ende zu ihrer Schwächung bei. Um zu erkennen, welche Schritte erforderlich gewesen wären, genügt ein Blick auf die Beziehungen zwischen Taiwan und der Volksrepublik China. Mit der Öffnung des festlandchinesischen Marktes verlagerte Taiwan seine wirtschaftlichen Aktivitäten im Niedrigtechnologiebereich auf das Festland, wo die Löhne viel niedriger und die Gewinnaussichten weitaus günstiger waren. Um die hierdurch verlorenen Arbeitsplätze zu ersetzen, forcierte Taiwan die Entwicklung neuer Aktivitäten auf höherem technologischen Niveau im eigenen Land. Dieses Vorhaben konnte nur mithilfe einer begleitenden expansiven Geld- und Fiskalpolitik gelingen. Inflationssorgen jeder Art ignorierte man daher so lange, bis die wirtschaftliche Integration mit dem Festland vollzogen war. Man hatte erkannt, dass sich die Spielregeln geändert hatten; die Regierung schlug folglich einen neuen Kurs ein, ebenso wie die Unternehmen ihre Strategien korrigierten.

In Deutschland geschah etwas ganz anderes. Anstatt die wirtschaftliche Reintegration beider Landesteile durch eine expansive Geld- und Fiskalpolitik zu erleichtern, verfolgte man weiterhin einen restriktiven wirtschaftspolitischen Kurs, der allein auf das Ziel der Inflationsbekämpfung ausgerichtet war. Dies verhinderte Wachstumsraten in einer Höhe, die zur Verlagerung von Arbeitsplätzen nach Ostdeutschland und zur Schaffung neuer Arbeitsplätze in Westdeutschland geführt hätte. Die Bundesbank hatte sich der Erkenntnis verschlossen, dass die alten Spielregeln nicht mehr galten. Auch ließ man zu, dass die Löhne in Ostdeutschland schneller anstiegen als die Produktivität, mit der Folge, dass die neuen Bundesländer sich in ein Hochlohngebiet verwandelten, das als Standort für neue Betriebe wenig attraktiv war. Aus der Sicht der Unternehmen bestanden weder Anreize, die Produktion zumindest teilweise nach Ostdeutschland zu verlagern, noch der Bedarf zur Ausweitung der Aktivitäten in Westdeutschland. In der Folge entwickelten sich die neuen Bundesländer zu einer Belastung der staatlichen Transferkassen statt zu einem wirtschaftlichen Aktivposten, der mit niedrigen Kosten lockt.

Die Gründe für die Umkehr der japanischen Wirtschaft sind an ganz anderer Stelle zu suchen. Das zyklische Auf und Ab der Konjunktur gehört zum Wesenskern des Kapitalismus. Im Umgang mit herkömmlichen Konjunkturwellen war Japan geübt, doch eine umfassende Finanzkrise hatte es noch nicht erlebt. 1990–91 war es soweit, und in den Folgejahren erlebten die Börsenwerte einen raschen Verfall um rund 85 Prozent, den die Immobilienpreise in langsamerem Tempo nachvollzogen. Wenn Guthaben an Wert verlieren, muss dies stets zu einer entsprechenden Neubewertung von Verbindlichkeiten (Schulden) führen. Bleibt diese aus, so ist die Schuldenlast von Privathaushalten und Unternehmen im Vergleich zu ihren Vermögenswerten so hoch, dass nach Abzug von Zins- und Tilgungszahlungen kaum noch finanzieller Spielraum für Konsum und Investitionen verbleibt. Doch eine Verminderung der Schuldenlast um 85 Prozent hätte bedeutet, Millionen japanischer Familien und Hunderttausende japanischer Unternehmen in den Bankrott zu schicken. Darauf waren weder das rechtliche noch das Sozialsystem des Landes vorbereitet. In der Folge durchlief Japan in den neunziger Jahren das, was die Japaner selbst als »verlorenes Jahrzehnt« bezeichnen.

Ein Blick auf die unterschiedlichen Ergebnisse der Wiedervereinigung zweier Ökonomien in Deutschland sowie in China führt zu der Erkenntnis, dass zwar die Grundprinzipien wirtschaftlichen Handelns unveränderlich sind, das Gleiche aber nicht für das Spielfeld gilt, auf dem sie angewandt werden. Dies bedeutet, dass wirtschaftspolitische Rezepte, die sich in bestimmten Zeiten als erfolgreich erweisen, in anderen Zeiten zu Fehlschlägen führen können. Und so war es auch in Japan. Erfolgreiche Wirtschaftspolitik setzt voraus, dass man sowohl die Grundprinzipien versteht, welche die Wirtschaft beherrschen, als auch die wechselnden Schauplätze, auf denen sich diese Prinzipien entfalten.

Wirtschaft – Das sollte man wissen kann Ihnen dabei helfen, die Prinzipien zu begreifen, doch das Umfeld müssen Sie selbst hinzufügen.

Lester Thurow
im Mai 2004

EINLEITUNG

Beunruhigende Dinge geschehen derzeit in den Volkswirtschaften Westeuropas und Nordamerikas. Mit dieser Feststellung wollen wir nicht etwa andeuten, der Kapitalismus westlicher Prägung sei gerade dabei, seinen Geist aufzugeben. Vielmehr möchten wir unsere Überzeugung zum Ausdruck bringen, dass die Welt sich derzeit verändert und mit großer Sicherheit weiter verändern wird – nicht immer zu unserem Wohlgefallen.

Mit diesen Veränderungen meinen wir zum einen das Wachstum jener »Welt«, die unseren Alltag unmittelbar berührt – die gestiegene Anzahl an Ländern also, deren wirtschaftliche Aktivitäten mit den unsrigen eng verwoben sind. Denken Sie beispielsweise an den Computerladen von nebenan: Noch vor wenigen Jahren bezog er sein Inventar nahezu vollständig aus den USA. Heutzutage können die gleichen Waren ebenso aus Korea, Taiwan, Singapur oder einer Reihe anderer Staaten stammen. Dieser Umstand ist ein Teil dessen, was wir als »Globalisierung« bezeichnen. Wenn dieser Prozess sich in der gleichen Geschwindigkeit wie im vergangenen Jahrzehnt fortsetzen sollte, könnte er die Entwicklung der westlichen Volkswirtschaften tiefgreifend beeinflussen, teils zu ihrem Vorteil – koreanische PC-Monitore sind preisgünstiger als amerikanische –, teils zu ihrem Nachteil: In Seattle gehen Arbeitsplätze verloren, während in Seoul neue Jobs entstehen.

Eine weitere Veränderung betrifft die Einkommensverteilung. Um es einmal ganz unverblümt zu sagen: Der Einkommensstrom an die reichsten Familien ist in den Vereinigten Staaten und einigen anderen westlichen Ländern deutlich angeschwollen, während der Strom, der den weniger Wohlhabenden zugute kommt, zunehmend langsamer fließt. Unser langjähriger Wohlstand beruht aber zu einem nicht geringen Teil auf einer Verteilungsstruktur, die die Kaufkraft der Arbeitnehmerhaushalte und der bürgerlichen Mittelschicht stärkt. Die Aussicht auf stetig steigenden Wohlstand für die Reichen und einen sinkenden Lebensstandard für alle anderen fördert nicht unbedingt das Vertrauen in die Zukunft. Worauf ist diese Entwicklung zurückzuführen? Und was lässt sich dagegen unternehmen?

Eine dritte beunruhigende Tendenz zeigt sich an dem veränderten Charakter der Technologien, die wir einsetzen. Damit meinen wir nicht nur jenen »störenden« Prozess des Erfindens und Modernisierens, der dazu führt, dass alte Produkte auf neue Weise hergestellt werden oder durch veränderte Abläufe ganz neue Produkte entstehen. Dieser Prozess ist für das Funktionieren des Kapitalismus sogar unerlässlich. Das besondere Merkmal der neuen Technologien scheint uns aber darin zu bestehen, dass sie bestimmte, bisweilen auch qualifizierte Arbeitsprozesse vernichten, ohne gleichzeitig eine neue industrielle Basis zu schaffen. Sie unterscheiden sich damit ihrem Wesen nach von den großen technologischen Innovationen der Vergangenheit. Wenn Sie das nächste Mal am Geldautomaten stehen, dann schauen Sie doch einmal, ob Sie irgendwo den Geist des Bankkassierers entdecken können, dessen Dienste nun überflüssig geworden sind. Und wenn Sie bei einer der immer selteneren Gelegenheiten eine Bank betreten, dann überlegen Sie, wie es wohl kommt, dass so viel weniger Angestellte als früher den Raum bevölkern: Könnten die Computer, die auf jedem Tisch stehen, etwas damit zu tun haben? Wenn schließlich das »Fräulein vom Amt« Ihnen sagt: »Drücken Sie bitte jetzt die Taste eins«, dann ahnen Sie bereits, wer dieses »Fräulein« wohl ist.

Es sind diese beunruhigenden Trends, mit denen wir uns auf den folgenden Seiten ausführlich beschäftigen wollen. Natürlich werden wir versuchen, die Begriffe und Konzepte, die Sie auf Ihrer Reise durch die Welt der Wirtschaft benötigen und ohne deren Kenntnis man über wirtschaftliche Sachverhalte kaum urteilen kann, möglichst verständlich zu erläutern. Aber dennoch möchten wir auf die hier aufgezeigten Fragestellungen ein besonderes Augenmerk legen – nicht nur, weil diese Probleme in den letzten Jahren an Bedeutung gewonnen haben, sondern auch, weil wir glauben, dass sie unsere Leser am meisten interessieren.

Dies führt uns abschließend zu zwei weiteren Punkten: Zum einen soll das vorliegende Buch den Leser keineswegs entmutigen, obwohl wir uns darin ausführlich mit neuen und zum Teil noch nicht vollständig analysierten Problemen befassen. Vielmehr glauben wir, dass die vor uns liegenden Jahre sich trotz erhöhter Risiken als eine sehr fruchtbare Zeit erweisen könnten; eine Zeit, die sowohl Erfolge mit sich bringen wird als auch von Rückschlägen begleitet sein könnte. Wir möchten, dass unsere Leserinnen und Leser vorgewarnt und somit gewappnet sind.

Der zweite Punkt betrifft die Wertvorstellungen, die den Darstellungen und Analysen dieses Buches zugrunde liegen. Natürlich enthalten unsere Ausführungen kontroverse Standpunkte. Sie sind aber stets als solche gekennzeichnet und werden niemals als Wahrheit verkauft. Unser Ziel ist es zu lehren, nicht zu predigen. Keinesfalls möchten wir den Eindruck vermitteln, wir seien im Besitz von unumstößlichen Wahrheiten, mit denen sich den Herausforderungen unserer heutigen Welt begegnen ließe. Enttäuscht wären wir allerdings, wenn unser Buch seine Leserinnen und Leser nicht dazu brächte, über diese Herausforderungen auf neue, ihnen bislang nicht vertraute Weise nachzudenken.

Teil I
Die Grundlagen

1

DER KAPITALISMUS: WIE ALLES ANFING

Wir leben in einem kapitalistischen Wirtschaftssystem. Unsere Politiker reden ständig über den Kapitalismus beziehungsweise, falls sie dieses Wort nicht mögen, über die Marktwirtschaft. Immerzu heißt es, dem Kapitalismus gehöre die Zukunft, oder aber ihm würde die Zukunft gehören, wenn man ihn nur gewähren ließe, oder aber er sei im Niedergang begriffen und werde unter seiner eigenen Last zusammenbrechen wie das Römische Reich.

Die Frage nach der Zukunft des Kapitalismus ist vielleicht die wichtigste aller wirtschaftlichen Problemstellungen. Keine andere Frage beeinflusst ähnlich weitgehend unsere eigene Entwicklung und diejenige unserer Kinder. Wie wir im nächsten Kapitel sehen werden, haben die großen Nationalökonomen der Vergangenheit sich ausführlich mit diesem Thema beschäftigt. Heutige Wirtschaftswissenschaftler sind da etwas weiser – oder stärker von Blindheit geschlagen, je nachdem wie man es betrachtet. In jedem Fall treffen sie nur selten Aussagen über unsere langfristigen Zukunftsaussichten. Dennoch glauben wir, dass der Kapitalismus nur zu begreifen ist, wenn man sich ein wenig mit seinen Wurzeln beschäftigt. Wir beginnen unsere Untersuchung des kapitalistischen Wirtschaftssystems daher nach Art eines Mediziners, der sich mit seinem Patienten vertraut macht – indem wir seine Geschichte betrachten.

Viele Menschen sprechen über den Kapitalismus, als wäre er so alt wie die Berge und das Meer und so altehrwürdig wie die Bibel. Sie scheinen damit andeuten zu wollen, es gäbe Elemente dieses Systems, die der menschlichen Natur entsprechen. Eine genauere Betrachtung zeigt aber, dass dies keineswegs der Fall ist. Niemand hat jemals die ägyptischen Pharaonen als Kapitalisten bezeichnet. Die Griechen, die Homer in seinen Werken beschrieb, bildeten keine Wirtschaftsgemeinschaft, obwohl sie als Kaufleute und Händler in Griechenland tätig waren. Das mittelalterliche Europa war mit Sicherheit nicht kapitalistisch ausgerichtet. Auch die bedeutenden Zivilisationen Indiens und Chinas, die Marco Polo beschrieb, die großen Königreiche Afrikas oder auch die islamischen Gesellschaften, denen wir in den Märchen aus Tausendundeiner Nacht begegnen, sind noch nie mit dem Wort »Kapitalismus« beschrieben worden.

Diese Gesellschaften waren keine kapitalistischen – nicht aufgrund von gemeinsamen Eigenschaften, sondern vielmehr durch das Fehlen solcher Eigenschaften. Wenn wir uns diese fehlenden Charakteristika bewusst machen, erkennen wir deutlich die besonderen Eigenschaften des Kapitalismus, die ihn so unverwechselbar machen.

Zum einen fehlte in all diesen nichtkapitalistischen Gesellschaften die Rechtsinstitution des Privateigentums. Zwar gestatteten sie jeweils einigen wenigen Personen den Besitz von Vermögen, wobei es sich oft um sehr große Reichtümer handelte. Doch keine von ihnen gestand dieses Recht unterschiedslos allen Bürgern zu. So lag das Eigentum an Grund und Boden beispielsweise nur selten bei den Bauern, die ihn bearbeiteten. Sklaven, ein verbreiteter Bestandteil der meisten vorkapitalistischen Systeme, durften in der Regel nicht über eigenen Besitz verfügen – sie waren vielmehr selbst Besitz ihrer jeweiligen Herren. Der Gedanke, dass das Privateigentum eines Menschen unverletzlich sei, war diesen Gesellschaften so fremd wie die Idee, dass der Mensch selbst unverletzlich sei. So ließen es sich beispielsweise die Tudors, die im 16. Jahrhundert das englische Königshaus innehatten und als für die damalige Zeit relativ aufgeklärte Monarchen gelten, nicht nehmen, viele ihrer Untertanen oder auch ganze religiöse Ordensgemeinschaften zu enteignen.

Zum Zweiten besaß keine dieser so verschiedenartigen Gesellschaften ein ganz zentrales Merkmal des Kapitalismus – ein marktwirtschaftliches System. Natürlich verfügten sie alle über Märkte, auf denen Gewürze, Gold, Sklaven, Stoffe, Töpferwaren und Lebensmittel gehandelt wurden. Aber ein Blick auf das Asien oder Afrika der Antike oder auf die ägyptischen und römischen Imperien zeigt, dass nirgendwo das enge Netz an Geschäftsbeziehungen bestand, das unsere heutige Wirtschaft zusammenhält. Ein Großteil der Produktion und Verteilung von Waren folgte traditionellen Vorschriften oder dem Diktat eines Herrschers. In der Regel fanden nur die bescheidenen Restbestände ihren Weg auf die Märkte. Noch entscheidender war die Tatsache, dass es weder einen geregelten Markt für Grund und Boden noch einen Arbeitsmarkt oder einen Kreditmarkt gab. Märkte waren das schmückende Beiwerk der Gesellschaft, Tradition und Diktatur ihr eisernes Gerüst.

Unter solchen Bedingungen wurde das Ideal wirtschaftlicher Freiheit denkbar gering geschätzt. In einer Gesellschaft, in der Bauern nur beschränkte Bewegungsfreiheit genossen, Handwerkern der Berufswechsel untersagt war und Landarbeiter als Leibeigene ihrer Herren angesehen wurden, zählten das Recht der Vertragsfreiheit oder das Recht zur Arbeitsverweigerung verständlicherweise nicht viel. Dieser Umstand ist entscheidend, um den Kapitalismus gegenüber früheren Gesellschaftsformen abzugrenzen: Ein Angestellter im Kapitalismus besitzt das verbriefte Recht, die Arbeit zu verweigern. Dies mag zwar angesichts drohender bitterer Armut wenig gelten, doch muss dieses Recht mit dem sklavenähnlichen Status des Leibeigenen verglichen werden, der rechtlich an das Land seines Herren und an dessen Arbeitsanweisungen gebunden war.

Diese Strukturen brachten es mit sich, dass das Geldverdienen an sich kein besonders hohes Ansehen genoss. Ehrgeizige Personen aus besseren Kreisen strebten nach Glück und Ruhm, indem sie sich militärischen Feldzügen anschlossen, den Höfen ihre Dienste anboten oder ihren Platz in der jeweiligen religiösen Hierarchie suchten. In diesem Zusammenhang ist es interessant, sich einmal die verzerrten und habgierigen Gesichter von Händlern anzusehen, wie sie auf Gemälden mittelalterlicher Künstler erscheinen, und diese mit den noblen Mienen von Soldaten und Höflingen auf denselben Gemälden zu vergleichen. Geld zu verdienen galt allgemein als einer Person noblen Blutes nicht würdig und war darüber hinaus im alten Christentum eine Beschäftigung, die sündhaftem Lebenswandel bedenklich nahe kam. Wucher – das Verleihen von Geld gegen Zinsen – war Sünde –, eine Todsünde sogar.

Als Folge dieser Verhältnisse lag das gesellschaftliche Vermögen nicht in den Händen der »Reichen« – derjenigen also, deren Anstrengungen sich unmittelbar auf den Erwerb von Geld richteten –, sondern es konzentrierte sich bei den Mächtigen, die den Kampf um Privilegien und Landbesitz für sich entschieden hatten. Natürlich gelangten die Siegreichen in diesem Kampf zu Wohlstand, bisweilen sogar zu unvorstellbar großem Wohlstand, doch ihre Besitztümer entsprangen ihrer Machtposition – und nicht umgekehrt. So wurde beispielsweise Julius Cäsar erst in Folge seiner Ernennung zum Gouverneur Spaniens reich. Wie alle Gouverneure römischer Provinzen profitierte er prächtig von seiner Machtposition, ganz wie man es von ihm erwartete.

Das dritte und in vielerlei Hinsicht wichtigste Merkmal, das die vorkapitalistischen Gesellschaften kennzeichnete, war die Beständigkeit des wirtschaftlichen Lebens. Dies mag in den Augen der Bauern und Händler, deren Leben immer wieder durch Kriege, Hungersnöte, eine gnadenlose Besteuerung und das grassierende Räuberunwesen aus der Bahn geworfen wurde, ganz anders ausgesehen haben. Im Vergleich zum heutigen Wirtschaftsleben war das damalige jedoch außerordentlich stabil. Der grundlegende Rhythmus des wirtschaftlichen Alltags und die Techniken zur wirtschaftlichen Existenzsicherung änderten sich von Jahr zu Jahr kaum. Männer und Frauen säten und ernteten, Töpfer und Schmiede drehten und hämmerten, Weber spannen und webten – über Jahrzehnte, Generationen, teilweise Jahrhunderte hinweg mit den immer gleichen Werkzeugen. Wie sehr gleichen die auf einem Renaissance-Gemälde abgebildeten Kleider und Utensilien, Baumaterialien oder Transportmittel denjenigen auf einer griechischen Vase! Wie gering war der materielle Fortschritt eines ganzen Jahrtausends! Wir erkennen daran, wie einschneidend der Kapitalismus die Lebensbedingungen der Menschen veränderte, als er schließlich die Bühne der Weltgeschichte betrat.

Die Herausbildung der Marktwirtschaft

Wir haben gesehen, dass der Kapitalismus keineswegs eine unveränderliche »Natur des Menschen« widerspiegelt, sondern vielmehr altehrwürdige gesellschaftliche Abläufe wie ein Vulkanausbruch durcheinander wirbelte. Ebenso haben wir ein erstes Verständnis dafür erlangt, welch ungeheures Beharrungsvermögen die Herausbildung des Kapitalismus in den meisten früheren Gesellschaften verhinderte. Natürlich unterschieden sich die Hindernisse, die den Übergang zu einem neuen, den bisherigen Strukturen völlig zuwiderlaufenden Wirtschaftssystem vereitelten, von Gesellschaft zu Gesellschaft. Doch in all diesen sozialen Gefügen war vielleicht kein Hindernis schwerer zu überwinden als das Diktat der Tradition und des Kommandoprinzips, deren Ablösung als Säulen des wirtschaftlichen Lebens durch ein marktwirtschaftliches System sich mehr und mehr aufdrängte.

Was charakterisiert eine Marktwirtschaft? Im Kern handelt es sich dabei um ein System, in dem Menschen ihre wirtschaftlichen Aktivitäten frei an den Chancen und Hindernissen des Marktes ausrichten, statt fest stehenden Traditionen oder einem fremden Kommando zu gehorchen. In einer Marktwirtschaft hat der Einzelne also nicht nur das Recht, seinen Arbeitsplatz frei zu wählen, sondern er muss sich vielmehr eigenständig eine Beschäftigung suchen. Im Gegensatz dazu waren Leibeigene oder traditionsgebundene Handwerker durch Geburt an ihren Arbeitsplatz gekettet und konnten diesen nur unter größten Schwierigkeiten aufgeben. Die Marktwirtschaft gestattet es jedermann, Land zu erwerben oder zu veräußern: Der Bauernhof kann sich in ein Einkaufsparadies verwandeln. In den meisten vorkapitalistischen Gesellschaften standen Grund und Boden ebensowenig zum Verkauf wie heutzutage Bundesländer oder -staaten.

Schließlich bedeutet die Existenz eines Kapitalmarktes, dass ein stetiger Strom ersparten und investierten Vermögens in die Produktion fließt – ein Strom, der von Banken und anderen Finanzinstituten organisiert wird und der dadurch gekennzeichnet ist, dass Kreditnehmer für das Recht, über das Vermögen der Kreditgeber zu verfügen, einen Zins bezahlen. Nichts dieser Art gab es vor dem Aufkommen des

Kapitalismus, sieht man einmal von den sehr kleinen und schlecht beleumundeten Kapitalmärkten ab, in deren Mittelpunkt der verhasste Geldverleiher stand.

Die Dienste von Boden, Arbeit und Kapital, die in einer Marktwirtschaft eingekauft und wieder abgestoßen werden können, nennt man Produktionsfaktoren. Ein Großteil der wirtschaftswissenschaftlichen Diskussion dreht sich um die Frage, wie der Markt ihren unabdingbaren Beitrag zur Produktion von Gütern und Dienstleistungen zusammenfügt. Gerade weil sie so unabdingbar sind, drängt sich die Frage auf, wie die Produktionsfaktoren vor der Herausbildung der Marktwirtschaft eingesetzt wurden. Die Antwort mag ein wenig schockierend wirken, ist aber dafür umso aussagekräftiger.

In vorkapitalistischen Zeiten gab es keine Produktionsfaktoren. Natürlich existierten zu allen Zeiten menschliche Arbeitskraft, Land und Bodenschätze sowie Gebrauchsgegenstände. Aber Arbeit, Boden und Kapital waren keine käuflichen Güter. Arbeit galt als Teil der sozialen Pflichten von Leibeigenen oder Sklaven, die keine Entlohnung für ihre Tätigkeit erhielten. Vielmehr bezahlte der Leibeigene seinen Herren sogar für das Recht, dessen Gerätschaften zu benutzen, und er erwartete keinerlei Entschädigung, wenn er ihm den Pflichtanteil seiner Ernte überließ. Grund und Boden wurde also als Basis militärischer Macht oder staatlicher Verwaltung betrachtet, genau wie heute ein Bundesland oder -staat – und nicht als Immobilie, die man kaufen und verkaufen konnte. Kapital wiederum galt als Schatz oder als unerlässlicher Grundstock eines Handwerkers, nicht als abstrakte Vermögenssumme mit einem Marktwert. Die Vorstellung flüssigen Kapitals wäre einer mittelalterlichen Gesellschaft ebenso fremd gewesen, wie uns heute der Gedanke absurd erschiene, dass Aktien und festverzinsliche Wertpapiere unveräußerliche Erbstücke seien.

Wie kam es nun, dass unbezahlte Arbeit, unvermietbares Land und Privatschätze sich in Produktionsfaktoren verwandelten; in Waren also, die man ebenso wie Stoffbahnen oder Getreidescheffel kaufen und verkaufen konnte? Die Antwort lautet, dass eine tiefgreifende Revolution die auf Tradition und Kommandoprinzip beruhende Welt untergrub und die Marktbeziehungen der modernen Gesellschaft ins Leben rief. Ungefähr im 16. Jahrhundert – wenn auch mit deutlich weiter zurückreichenden Wurzeln – setzte ein allmählicher, zeitweise auch gewaltsamer Umwälzungsprozess ein, der die Fesseln und Regeln der mittelalterlichen Gesellschaftsordnung in Europa sprengte und die heutige Marktwirtschaft hervorbrachte.

Wir können hier nur oberflächlich auf diesen langen, hürdenreichen und bisweilen auch blutigen Prozess eingehen. In England hatten besonders die Bauern unter dieser Entwicklung zu leiden. Sie wurden von ihrem Land vertrieben, als man öffentliche Weideflächen einfriedete, um privates Weideland für die Schafe der Lehnsherren zu schaffen, deren Wolle sich zu einer profitablen Ware entwickelt hatte. Noch im Jahre 1820 vertrieb die Herzogin von Sutherland 15 000 Pächter aus einem gut 3 200 Quadratkilometer großen Gebiet, um sie durch 131 000 Schafe zu ersetzen. Die um ihren traditionellen Zugang zu Weideflächen Beraubten wanderten in die Städte ab, wo sie gezwungen waren, ihre Dienste gegen Bezahlung anzubieten: Es entstand der Produktionsfaktor Arbeit.

In Frankreich wirkte sich die Entstehung von Produktionsfaktoren zum Nachteil derer aus, die über Eigentum an Grund und Boden verfügten. Mit dem Zufluss von Gold aus der Neuen Welt nach Europa im 16. Jahrhundert setzte ein Preisanstieg ein, der dazu führte, dass die Luft für die Feudalherren eng zu werden begann. Wie alles im Mittelalter war die Höhe der Pacht und der Pflichtanteile, die ihnen ihre Leibeigenen schuldeten, unveränderlich festgelegt. Gleiches galt jedoch nicht für die Preise von Handelsgütern. Obwohl die Verpflichtungen der Leibeigenen zunehmend in Form von Bargeld anstelle von Naturalien (wie einer bestimmten Anzahl von Eiern, Ellen Stoff oder Arbeitstagen) festgesetzt wurden, stiegen die Preise derart schnell, dass die Feudalherren ihre Rechnungen nicht mehr bezahlen konnten.

Und so betrat ein neuer ökonomischer Typus die Bühne: der verarmte Adel. Im Jahr 1530 besaß der reichste Gutsherr der französischen Region Gévaudan ein Vermögen von 5 000 Livres, in den Städten jedoch nannten einige Händler mehr als 65 000 Livres ihr Eigen. Die Machtverhältnisse verschoben sich also zuungunsten des Landadels und verwandelten manchen Gutsherren in einen verarmten Edelmann. Die neureichen Händler wiederum nutzten sofort die Gelegenheit, Land zu erwerben, das sie alsbald nicht etwa als Erbbesitz, sondern als ruhendes Kapital betrachteten.

Dieser kurze Streifzug durch die Wirtschaftsgeschichte verdeutlicht eine wichtige Tatsache: Die Produktionsfaktoren, ohne die eine Marktwirtschaft nicht auskommt, bilden keineswegs Elemente einer »natürlichen« Ordnung der Dinge. Sie sind vielmehr das Produkt eines historischen Umwälzungsprozesses; eines Umbruchs, der Arbeit vom gesellschaftlichem Leben trennte, Erbhöfe in Immobilien verwandelte und Schätze in Kapital. Der Kapitalismus entstand infolge einer revolutionären Veränderung, die sowohl Gesetzesvorschriften als auch Einstellungen und soziale Beziehungen betraf und weitreichender war als jede andere in der Geschichte.[1]

Der revolutionäre Aspekt des Kapitalismus liegt in der Tatsache, dass zunächst eine ältere, feudale Gesellschaftsordnung niedergerissen werden musste, bevor sich das marktwirtschaftliche System etablieren konnte. Grund genug, uns noch einmal mit dem Konzept wirtschaftlicher Freiheit zu beschäftigen, das in unserer Definition des Kapitalismus eine so große Rolle spielt. Wir erkennen nämlich, dass wirtschaftliche Freiheit nicht nur entstand, weil die Menschen geradewegs danach strebten, die Fesseln der althergebrachten Bräuche und des Untertanenprinzips abzuschütteln. Sie wurde ihnen auch übergestülpt, oft als sehr schmerzvolle und unwillkommene Veränderung.

Der europäische Feudalismus bot nämlich trotz all seiner Grausamkeiten und Ungerechtigkeiten ein Mindestmaß an wirtschaftlicher Sicherheit. So armselig das Leben eines Leibeigenen auch war: Er wusste immerhin, dass ihm in schlechten Zeiten ein Almosen aus der Kornkammer seines Herrn zustand. Trotz aller Ausbeutung konnte sich ein Handwerksgeselle stets darauf verlassen, dass die Regeln der Zunft, der sein Herr angehörte, seine Entlassung aus dem Betrieb verhindern würden. So knapp bei Kasse ein Gutsherr auch war, seine Pachteinnahmen und Pflichtanteile waren ihm durch Brauch und Gesetz garantiert, sofern das Wetter mitspielte. Auch in anderen Teilen der Welt, etwa in China, Indien oder Japan, schufen ähnliche Verbindungen aus Tradition und Kommandoprinzip einen Unterbau, der das wirtschaftliche Leben absicherte.

Der Ausbruch des marktwirtschaftlichen Systems – besser gesagt, das Jahrhunderte während Erdbeben, das die Herrschaft von Tradition und Kommandoprinzip in England, Frankreich und der nordeuropäischen Tiefebene hinwegfegte – zerstörte dieses soziale Fundament. Die wirtschaftliche Freiheit, die der Kapitalismus mit sich brachte, erwies sich als zweischneidiges Schwert. Auf der einen Seite bedeuteten die neuen Freiheiten wertvolle Errungenschaften in den Augen derjenigen, die bislang nicht das Recht genossen hatten, eigenständige Rechtsbeziehungen einzugehen. Dem entstehenden kaufmännischen Bürgertum ermöglichten sie den Zutritt zu einem neuen sozialen Status. Selbst für einen Teil der ärmeren Bevölkerungsschichten eröffnete die wirtschaftliche Vertragsfreiheit die Chance zum Aufstieg aus einer sozialen Situation, aus der es in der Vergangenheit keinen Ausweg gegeben hatte. Aber die wirtschaftliche Freiheit hatte auch eine raue Kehrseite. Man musste nun allein zusehen, wie man beim Schwimmen in unruhigen Gewässern inmitten des Gewimmels der Konkurrenten an der Oberfläche blieb. Manch ein Händler und eine erhebliche Zahl arbeitsloser Lohnarbeiter verschwanden einfach von der Bildfläche.

Das marktwirtschaftliche System war somit ebenso verantwortlich für Unruhen, Unsicherheit und individuelles Leiden, wie es Fortschritt, Chancen und Erfüllung hervorbrachte. Dieser Wettstreit zwischen den Kosten und dem Nutzen wirtschaftlicher Freiheit bildet noch immer ein zentrales Thema in der Debatte um den Kapitalismus.

Die Entfesselung des technischen Fortschritts

Die Entstehung einer marktwirtschaftlich organisierten Gesellschaft ebnete auch einer Veränderung den Weg, die für die Entwicklung des modernen Wirtschaftslebens von größter Bedeutung war. Gemeint ist der Einzug von Wissenschaft und Technik in den Lebensalltag der Menschen.

Technologie ist natürlich kein Phänomen der Moderne. Die gigantischen Steinblöcke, die das prähistorische Steindenkmal Stonehenge im Süden Englands formen; die Präzision und Feinheit der monumentalen ägyptischen Pyramiden; die Steinwälle der Inkas, die mit einer solchen Genauigkeit errichtet wurden, dass keine Messerklinge zwischen den einzelnen Steinblöcken Platz findet; die Große Chinesische Mauer; die Sternwarten der Mayas – sie alle legen Zeugnis ab von der uralten Fähigkeit der Menschheit zum Transport und zur Hebung gewaltiger Gewichte, zur Zerteilung und Bearbeitung harter Oberflächen und zur Berechnung komplexer Aufgaben. Viele dieser Bauwerke würden sogar unsere heutigen ingenieurstechnischen Fähigkeiten auf die Probe stellen.

Doch obwohl die vorkapitalistische Technologie beachtliche Höhen erreichte, war ihre Basis sehr eingeschränkt. Wie wir bereits festgestellt haben, veränderten sich die in Handwerk und Landwirtschaft eingesetzten Grundwerkzeuge über Jahrtausende hinweg nur wenig. Selbst eine so einfache Erfindung wie ein Pferdegeschirr, das aufgrund seiner Form verhinderte, dass ein an seiner Halterung zerrendes Tier seine Luftröhre einschnürte, fehlte vollständig in den glorreichen Kulturen Griechenlands und Roms. Erst im Mittelalter erfolgte der Übergang vom Ochsen- zum Pferdegespann in der Landwirtschaft (eine Veränderung, aufgrund derer sich die Effizienz beim Pflügen um ungefähr 30 Prozent erhöhte). Auch die Einführung eines Dreifeldersystems der Fruchtrotation anstelle der bis dahin üblichen Zweifelderwirtschaft datiert erst aus dieser Zeit (siehe Einschub auf Seite 29). Vorkapitalistische Technologie war somit stets an den Bedürfnissen der Herrscher, Priester und Krieger ausgerichtet. Ihre Einsatzmöglichkeiten im alltäglichen Arbeitsleben wurden schlicht ignoriert.

Dafür gab es natürlich gute Gründe. Die bedeutsamste Auswirkung des technischen Fortschritts im täglichen Arbeitsleben liegt in der Steigerung des Arbeitsertrages, also der Produktivität eines Arbeiters. In einer Gesellschaft aber, die auf Tradition und Kommandoprinzip fußte und in der die Produktion hauptsächlich von Leibeigenen, Sklaven und an ihre Zunft gebundenen Handwerkern geleistet wurde, bestanden kaum Anreize, den Arbeitsertrag zu erhöhen: Der überwältigende Teil eines höheren landwirtschaftlichen Ertrages wäre in Form von zusätzlichen Pachtzahlungen an den Lehnsherren geflossen, nicht an den Leibeigenen oder Sklaven, der ihn erzeugt hatte. Natürlich hätte ein Lehnsherr erheblich von einer Steigerung der landwirtschaftlichen Produktion profitiert. Doch wie konnte man von einem Edelmann erwarten, sich in die Niederungen des Säens und Erntens zu begeben und sich mit diesen schmutzigen Tätigkeiten zu beschäftigen? Genauso hätte man von jedem Handwerker, der die Techniken seines Gewerbes verfeinerte, erwartet, dass er seine Kenntnisse mit allen Berufskollegen teilte. Wie aber konnten diese, seit jeher gewohnt, eine ganz bestimmte Menge an Töpfen, Pfannen oder Stoff auf den Dorfmärkten zu verkaufen, damit rechnen, Abnehmer für eine zusätzliche Produktion zu finden? Musste man diese nicht zu Schleuderpreisen anbieten?

Es waren diese fehlenden Anreize, die dazu führten, dass in vorkapitalistischen Gesellschaften kaum produktive Technologien entwickelt wurden. Darüber hinaus wirkten mächtige gesellschaftliche Kräfte einem technischen Fortschritt entgegen, der in ihren Augen nur Unruhe stiften würde. Eine Gesellschaft, deren gesamte Struktur auf der ständigen Reproduktion althergebrachter Lebensweisen beruhte, konnte sich kaum mit dem Gedanken an eine Welt anfreunden, in der sich die technologische Entwicklung in einem stetigen Fluss befand und gesellschaftliche Grenzen nichts mehr galten.

Diese Hemmschwellen wurden von den neu entstehenden Märkten für Arbeit, Boden und Kapital erbarmungslos niedergerissen. Leibeigene wurden entwurzelt und mussten ihre Arbeitskraft auf dem freien Markt anbieten; aristokratische Lehnsherren wurden von geldgierigen Neureichen unfreundlich beiseite geschubst; Zunftherren und Handwerker mussten zusehen, wie kommerziell ausgerichtete Unternehmen ihnen die vertraute Existenzgrundlage entzogen. Das wirtschaftliche Leben wurde von einem neuen Gefühl der Dringlichkeit, der Notwendigkeit durchzogen. Der bislang relativ verlässliche Lebenszyklus wich zunehmend einem Kampf um die Existenz. Das Gefühl, dass den eigenen wirtschaftlichen Interessen am besten gedient war, wenn man den

Fußstapfen seiner Vorfahren folgte, wurde abgelöst durch die Erkenntnis, dass Unsicherheit das wirtschaftliche Leben regierte und sich dieses im schlimmsten Fall in einen Überlebenskampf verwandeln konnte, in dem jeder nur für sich selbst einstand.

Die zunehmende Bedeutung des Marktes mit seinen unpersönlichen Zwängen veränderte den Stellenwert der Technologie radikal. Dies galt insbesondere für die kleinen Handwerksbetriebe und Fabriken, die Schauplätze der kapitalistischen Revolution, wo die Entwurzelten um eine Ausgangsbasis im Überlebenskampf rangen. Eine solche Basis aber war für jeden aufstrebenden Kapitalisten, der über Kenntnisse des Herstellungsablaufs seiner Produkte verfügte und genügend Forscherdrang besaß, die Technologie selbst – irgendeine Erfindung oder Verbesserung, die die Kosten senken oder das Produkt so verbessern würde, das man einen Wettbewerbsvorteil erlangte.

So kam es, dass im späten 18. und im frühen 19. Jahrhundert der Kapitalismus eine ganze Heerschar an technologieorientierten Unternehmern hervorbrachte, die in der Wirtschaftsgeschichte eine vollkommen neue soziale Gruppe bildeten. Da gab es etwa John Wilkinson, Sohn eines Eisengießers, der sich zur treibenden Kraft des technischen Fortschritts in seinem Gewerbe entwickelte. Wilkinson bestand darauf, dass alles aus Eisen gebaut werden müsse – Rohre und Brücken, Gebläse und Zylinder (von denen einer die neumodische Dampfmaschine von James Watt antrieb). Er baute sogar ein Schiff aus Eisen, das seinerzeit ebenso belächelt wie später bewundert wurde. Dann gab es Richard Arkwright, einen Friseur, der die erste taugliche Spinnmaschine erfand (oder vielleicht stahl), zum Besitzer einer großen Spinnerei wurde und damit ein Vermögen machte. Weitere Beispiele sind Peter Onions, ein unscheinbarer Vorarbeiter, der das Verfahren zur Herstellung von Schmiedeeisen im Flammofen erfand; Benjamin Hunstman, ein Uhrmacher, der die Methode der Stahlherstellung verbesserte; und unzählige andere. Einige von ihnen, wie Sir Jethro Tull, ein Pionier der Agrartechnologie, hatten blaues Blut in den Adern, doch die meisten Vorreiter der technologischen Entwicklung waren einfacher Herkunft.

Technologie und die Folgen: Drei Felder versus zwei

Bis zum Mittelalter bestand das vorherrschende System der Felderbewirtschaftung darin, dass die Hälfte der urbaren Felder eines Lehnsherrn im Winter bepflanzt wurden, während die andere Hälfte brachlag. Im Folgejahr wechselten sich die beiden Felder einfach ab.

Das System der Dreifelderwirtschaft unterteilte das Land in drei gleiche Teile. Ein Teil wurde mit einer Winterfrucht bepflanzt, der zweite mit einer Sommerfrucht, und der dritte lag brach. Im zweiten Jahr wurde der erste Teil für die Sommerfrucht verwendet, der zweite brachgelegt und der dritte mit Wintergetreide bepflanzt. Im dritten Jahr wurde der erste Teil brachgelegt, während der zweite für die Winter- und der dritte für die Sommerfrucht eingesetzt wurde.

Die Dreifelderwirtschaft sorgte also dafür, dass zu einem gegebenen Zeitpunkt nie mehr als ein Drittel des urbaren Landes brachlag. Nehmen wir nun an, das gesamte Land lieferte einen Ertrag von 600 Scheffel. Im Zweifeldersystem läge die jährliche Ernte bei 300 Scheffel, in einer Dreifelderwirtschaft dagegen bei 400 Scheffel – eine Steigerung um ein Drittel. Darüber hinaus war es seinerzeit üblich, brachliegendes Land zweimal umzupflügen, kultiviertes Land jedoch nur einmal. Mit der Verbesserung des Verhältnisses zwischen genutztem und ungenutztem Boden verringerte sich die für das Pflügen benötigte Zeit, was die Produktivität der Bauern noch einmal spürbar erhöhte. Mehr dazu und zu anderen faszinierenden technischen Fortschritten im Vorkapitalismus bei Lynn White, *Medieval Technology and Social Change*, New York 1966, und Joel Mokyr, *The Lever of Riches*, New York 1990.

Die industrielle Revolution

Die neue Dynamik löste schließlich die industrielle Revolution aus, das erste Kapitel eines noch unabgeschlossenen geschichtlichen Zeitalters mit Aufsehen erregenden und stetigen Veränderungen, die sowohl die zur Warenherstellung eingesetzten Technologien als auch das tägliche Leben revolutioniert haben.

Ein paar Zahlen lassen die Tragweite dieser Entwicklung ermessen.

Zwischen 1701 und 1802 stieg der Verbrauch an Baumwolle in England infolge der allmählichen Verfeinerung der Spinn- und Webkunst um 6000 Prozent. Im Zeitraum von 1788 bis 1839, als der Prozess der Eisenherstellung seine erste technologische Umwälzung durchlebte, nahm der Ausstoß an Roheisen sprunghaft von 68000 auf 1347000 Tonnen zu. Die Eisenproduktion verfünffachte sich in Frankreich zwischen 1815 und 1845, während gleichzeitig die Kohleförderung um das Siebenfache und das Transportvolumen um das Zehnfache anstiegen. Im Hinblick auf die Kohleförderung in England schrieb der Wirtschaftshistoriker David Landes in seinem Klassiker *The Unbound Prometheus* (Cambridge 1969): »Im Jahre 1870 betrug die Kapazität aller britischen Dampfmaschinen zusammengenommen 4 Millionen PS. Das entsprach einer Kraft, zu deren Erzeugung man sechs Millionen Pferde oder 40 Millionen Männer gebraucht hätte ... Diese Männer hätten jährlich etwa 320 Millionen Scheffel Weizen konsumiert – mehr als das Dreifache des Gesamtertrags im Vereinigten Königreich.« Ohne Übertreibung lässt sich behaupten, dass die industrielle Revolution auf Watts ebenso genialer wie wunderbar einfacher Erfindung beruhte, der Dampfmaschine.

Aber selbst diese Zahlen vermitteln nur ein unvollständiges Bild dessen, was die technologische Entwicklung für das alltägliche Leben bedeutete. Gegenstände wurden alltäglicher und fanden stärkere Verbreitung. Noch im späten 17. Jahrhundert waren Dinge, die wir heute zur absoluten Grundausstattung zählen, rar. Der weltliche Besitz eines Bauern beschränkte sich zumeist auf ein paar Haushaltsgegenstände, einen Tisch und vielleicht eine vollständige Ersatzgarderobe. In seinem Testament vermachte William Shakespeare seiner Geliebten, Anne Hathaway, sein »zweitbestes Bett«. Nägel aus Eisen waren so knapp, dass die Pioniere in Amerika ihre Hütten niederbrannten, um sie wiederzugewinnen. In abgelegenen Gebieten Schottlands dienten Nägel zu Zeiten Adam Smiths sogar als Zahlungsmittel.

Der technische Fortschritt brachte einen immer schneller, breiter und tiefer fließenden Strom an Gegenständen mit sich. Schuhe, Mäntel, Papier, Fensterglas, Stühle, Schlösser – in vorkapitalistischen Zeiten begehrt und respektiert, aber nur von wenigen Privilegierten besessen – wurden zu Gegenständen des alltäglichen Gebrauchs. Mit der Zeit führte der Kapitalismus zu dem, was wir als steigenden Lebensstandard bezeichnen – das heißt zu einer stetigen, regelmäßigen, systematischen Zunahme der Zahl, Auswahl und Qualität von materiellen Gütern, die dem überwiegenden Teil der Gesellschaft zugänglich waren. Niemals zuvor hatte es Ähnliches gegeben.

Eine zweite Veränderung, die der technische Fortschritt hervorbrachte, war die auffällige Zunahme der schieren Größe von industriellen Gerätschaften. Sie begann mit dem Wachstum der in der Industrieproduktion eingesetzten Ausrüstungsgegenstände, das zumeist von technischen Verbesserungen in der Eisen- und später auch Stahlproduktion herrührte. Der typische Hochofen wuchs von einer Höhe von 3 Metern im Jahr 1770 innerhalb eines Jahrhunderts auf bis zu mehr als 30 Meter Höhe an. Im gleichen Zeitraum verwandelten sich die Schmelztiegel zur Stahlgewinnung von Kesseln, die kaum größer waren als ein überdimensionierter Krug, in Konverter von der Größe eines Wohnhauses. Webmaschinen, die in die Hütten von Webhandwerkern gepasst hatten, machten gigantischen Apparaturen Platz, die in Spinnereien untergebracht waren und uns noch heute durch ihre Größe beeindrucken.

Mit der ausgeweiteten Produktion war ein ebenso bemerkenswertes organisatorisches Wachstum verbunden. Die neuen Technologien überforderten nahezu augenblicklich die administrativen Möglichkeiten eines Kleinbetriebes. Parallel zur produzierten Gütermenge wuchs auch die Geschwindigkeit, in der diese Güter hergestellt wurden. Mit dem Anschwellen der Produktionsmenge wurde es notwendig, eine viel größere Organisation als bisher zu schaffen, um den stetigen Zufluss an Vorprodukten sicherzustellen, den Arbeitsprozess zu überwachen und – nicht zuletzt – einen Markt für das Endprodukt zu erschließen.

Die Ausweitung der technologischen Basis eines typischen Unternehmens führte also dazu, dass auch seine Größe entsprechend zunahm. Im letzten Viertel des 18. Jahrhunderts war eine Fabrik mit zehn Mitarbeitern einem Gelehrten wie Adam Smith noch eine Bemerkung wert, wie wir im nächsten Kapitel sehen werden. Schon im ersten Viertel des 19. Jahrhunderts beschäftigte eine durchschnittliche Textilspinnerei mehrere Hundert Männer und Frauen. 50 Jahre später unterhielten viele Eisenbahnunternehmen ebenso viel Personal wie zu Adam Smiths Zeiten noch ganze Armeen respektabler Monarchen. Noch einmal 50 Jahre später, in den zwanziger Jahren des 20. Jahrhunderts, gab es bereits große Konzerne der verarbeitenden Industrie, deren Mitarbeiterschar ebenso viele Köpfe zählte wie die Einwohnerschaft ganzer Städte des 18. Jahrhunderts.

Die technologische Entwicklung wirkte sich auch auf jene grundlegendste aller menschlichen Aktivitäten aus: die Arbeit. Sie zerlegte die komplizierten Abläufe der Produktherstellung in viel kleinere Ablaufschritte, von denen viele von mechanischen Gerätschaften bewältigt oder zumindest erheblich unterstützt werden konnten. Dieser Vorgang wurde als Arbeitsteilung bezeichnet. Adam Smith erläuterte wenig später, wie wir sehen werden, dass die Arbeitsteilung den Hauptanteil an der steigenden Produktivität des durchschnittlichen Arbeiters trug.

Die Arbeitsteilung veränderte das gesellschaftliche Leben aber auch auf andere Weise: Die Arbeit wurde bruchstückhafter, monotoner, ermüdender und entfremdeter. Auch die wirtschaftliche Autarkie des Einzelnen nahm deutlich ab. In vorkapitalistischen Zeiten hatten die meisten Menschen entweder ihre Grundnahrungsmittel selbst hergestellt oder aber Güter produziert, die man dafür eintauschen konnte: Bauern bauten Feldfrüchte an, Handwerker stellten Kleider, Schuhe und Gerätschaften her. Mit der immer ausgeklügelteren Arbeitsteilung gerieten die Ergebnisse der eigenen Arbeit zu immer kleineren Teilen des großen Puzzles. Die einzelnen Arbeiter spannen nicht mehr Fäden oder webten Kleider, sondern betätigten Hebel und fütterten die Maschine, die den eigentlichen Webvorgang übernahm. Ein Arbeiter in einer Schuhfabrik produzierte Oberleder, Sohlen oder Absätze, nicht aber Schuhe. Keine dieser Beschäftigungen hätte für sich allein genommen ihre ausführende Kraft auch nur einen Tag lang ernährt, und keines dieser Produkte hätte für ein anderes eingetauscht werden können, ohne ein kompliziertes Netzwerk – den Markt – zu durchlaufen. Der technische Fortschritt befreite die Menschen von zahlreichen materiellen Notlagen, doch er fesselte sie gleichzeitig an das Räderwerk des Marktmechanismus.

Zu den gewaltigen Auswirkungen des technischen Fortschritts zählte auch der Umstand, dass die Menschen nun einem viel größeren Wandel als zuvor ausgesetzt waren. Ein Teil dieses Wandels war willkommen, da die Veränderungen neue materielle Horizonte eröffneten: Reisen, einst das Privileg der Reichen, war nun jedermann möglich, und so ergoss sich im 19. Jahrhundert ein großer Strom an Immigranten in die Vereinigten Staaten.

Doch die Veränderungen, die der technische Fortschritt mit sich brachte, hatten auch ihre Schattenseiten. Die Menschen waren von Marktkräften getrieben, die den Bedarf an Arbeitskräften auf ebenso mysteriöse Weise austrocknen konnten, wie sie ihn anderswo schufen, und sie mussten feststellen, dass ganze Berufszweige, Fähigkeiten, zu deren Erwerb man ein Leben benötigte, Unternehmen, die in mühsamer Kleinarbeit über Generationen hinweg aufgebaut worden waren, und jahrhundertealte Gewerbe vom technischen Wandel bedroht waren. Zunehmend erschien produktivitätsförderndes Gerät als feindselig und nicht mehr als Verbündeter der Menschheit. Im frühen 19. Jahrhundert kam es so weit, dass sich die noch in Hütten arbeitenden Stoffweber, deren Gewerbe zunehmend von der Konkurrenz der großen Spinnereien zerstört wurde, in Banden zusammenschlossen, um die verhassten Gebäude niederzubrennen.

Die hier genannten Aspekte spiegeln nur unvollständig den Wandel wider, den der technische Fortschritt sowie die Herausbildung der Marktwirtschaft hervorriefen und der den Wesenskern des menschlichen Daseins veränderte. Sie zeigen uns aber, wie tiefgreifend und schmerzhaft die Revolution war, die der Kapitalismus auslöste. Der technische Fortschritt erwies sich als Geist, den der Kapitalismus aus der Flasche gelassen hatte – und er weigert sich bis heute, dorthin zurückzukehren.

Die politische Dimension

Der revolutionäre Charakter der Marktwirtschaft und der technologischen Entwicklung bereitete den Boden für einen letzten Aspekt des Kapitalismus, den wir beleuchten wollen: die Herausbildung von auf Veränderung zielenden politischen Strömungen. Diese Strömungen sind ebenso Teil der Geschichte des Kapitalismus wie die Entstehung der Marktwirtschaft oder die Überwindung der Widerstände gegen technischen Fortschritt. Zu diesen politischen Strömungen gehörte die Bildung demokratischer, parlamentarischer Institutionen. Politische Institutionen demokratischen Charakters gab es bereits lange Zeit vor dem Aufkommen des Kapitalismus, wie etwa die Geschichte des antiken Athen oder das parlamentarische System Islands im Mittelalter zeigen. Dennoch war der Aufstieg der kaufmännischen Klassen eng mit dem Kampf gegen die Privilegien und rechtlichen Institutionen des europäischen Feudalismus verbunden. Die historische Bewegung, die schließlich die vorkapitalistische Wirtschaftsordnung hinwegfegte, beseitigte auch ihre politische Ordnung. Mit dem Einzug der Marktwirtschaft ging die Herausbildung offener politischer Strukturen einher, die diese Wirtschaftsform unterstützten.

Wir müssen der Versuchung widerstehen, eine zwingende Verbindung zwischen der kapitalistischen Wirtschaftsordnung und politischer Freiheit herzustellen. Der Kapitalismus ist weder ein Garant noch eine Voraussetzung für politische Freiheit. Die Geschichte hat gezeigt, dass kapitalistische Staaten, wie etwa das Deutschland der Weimarer Zeit, sich in totalitäre Diktaturen verwandeln können. Andere Länder wiederum, wie etwa Schweden, praktizieren seit längerem eine Art von sozialstaatlich ausgerichtetem Kapitalismus, ohne deshalb politische Freiheiten einzuschränken. Ohnehin war in den Frühzeiten des Kapitalismus die Ausübung demokratischer Rechte stark eingeschränkt: So verfügte beispielsweise der keineswegs mittellose Adam Smith über einen zu geringen materiellen Wohlstand, um in den Genuss des Wahlrechts zu kommen.

Zweifellos fehlten politische Freiheiten in kommunistischen Staaten, die sich bewusst für die Abschaffung der Marktwirtschaft entschieden hatten, weitgehend oder vollständig. Dies deutet darauf hin, beweist aber nicht, dass eine enge Verbindung zwischen den uns vertrauten demokratischen Rechten und einer offenen Gesellschaft mit wirtschaftlicher Vertragsfreiheit besteht, gleich ob sich diese als kapitalistisch bezeichnet oder nicht.

Es ist diese wirtschaftliche Vertragsfreiheit, die den Hauptpfeiler der Marktwirtschaft bildet, weshalb die Grundphilosophie des Kapitalismus seit den Tagen von Adam Smith mit dem Begriff »Laissez-faire« beschrieben wird – den Dingen seinen Lauf lassen.[2] Im weiteren Verlauf dieses Buches werden wir untersuchen, wie sich dieses Konzept – den Markt sich selbst zu überlassen – geschichtlich entwickelt hat und welche Konsequenzen seine Befolgung oder Nichtbefolgung nach sich zog.

An dieser Stelle ist es noch viel zu früh, dieser Streitfrage nachzugehen. Beschränken wir uns daher auf die Feststellung, dass der Kapitalismus nicht nur die Idee des Laissez-faire beförderte, sondern ebenso Bestrebungen einen starken Impuls verlieh, die auf staatliche Eingriffe in die Wirtschaft abzielten. Dieselben demokratischen Freiheiten und politischen Gleichheitsrechte, die ihre Existenz dem Kapitalismus verdanken, erwiesen sich als mächtige Antriebskräfte bei dem Versuch, ihn zu zügeln oder zu verändern. Schon wenige Jahrzehnte nach dem Tode Adam Smiths wurde in England mit dem Factory Act von 1833 ein Gesetz verabschiedet, das mit dem Leitgedanken des Laissez-faire brach: Es führte ein Inspektorensystem ein, das die Ausbeutung der Arbeitskraft von Frauen und Kindern verhindern sollte. Das gleiche politische Bestreben, das auf eine Korrektur der ungezügelten Marktkräfte zielt, hat in unserer Zeit zur Herausbildung des Sozialversicherungssystems geführt und auch die Umweltgesetzgebung angetrieben, die den freien Markt auf einigen Gebieten einschränkt.

Von seinen Anfängen an bewegte sich der Kapitalismus also im Spannungsfeld zweier Strömungen – dem Laissez-faire als Ausdruck seiner wirtschaftlichen Antriebskräfte und dem Interventionismus, dem auf staatliche Eingriffe gerichteten Bestreben seiner demokratischen politischen Institutionen. Dieses Spannungsfeld ist tief im historisch gewachsenen Charakter unseres kapitalistischen Systems verwurzelt und besteht auch heute unverändert fort.

2

DREI BEDEUTENDE NATIONALÖKONOMEN

Unser Streifzug durch die Wirtschaftsgeschichte hat uns einiges über den Kapitalismus gelehrt, über die Gesellschaftsordnung also, mit der sich die Wirtschaftswissenschaft im Wesentlichen beschäftigt. Doch wir wissen noch immer nicht, was diese Wissenschaft eigentlich ausmacht. Wie schon gesagt: Die Wirtschaftswissenschaft »handelt« hauptsächlich vom Kapitalismus – sie versucht also zu erklären, wie eine Gesellschaft, die vom Markt statt von Tradition und Kommandoprinzip zusammengehalten und die von stetigem technischem Wandel angetrieben wird, funktioniert.

Es gibt kaum eine bessere Möglichkeit, diesen Hauptzweck der Wirtschaftswissenschaft zu begreifen, als sich mit dem Werk der drei großen Nationalökonomen – Adam Smith, Karl Marx und John Maynard Keynes – zu beschäftigen. Diese drei Namen lösen ganz unterschiedliche Reaktionen aus, je nachdem, ob man einer konservativ-liberalen, linksradikalen oder staatsinterventionistischen Position zuneigt. Doch darum soll es in diesem Buch nicht gehen. Wir möchten vielmehr zeigen, wie Smith, Marx und Keynes den Kapitalismus wahrnahmen, denn ihre Visionen beschreiben noch immer das Betätigungsfeld aller Ökonomen, das heißt jener der »linken« ebenso wie jener der »rechten« Schule.

Adam Smith (1723–1790)

Adam Smith ist der Schutzpatron unserer Disziplin und eine Figur von gewaltiger intellektueller Statur. Sein Ruhm liegt vor allem in seinem Meisterwerk begründet, das nahezu jeder kennt und fast niemand gelesen hat, *Der Wohlstand der Nationen*. Das Buch wurde 1776, im Jahr der amerikanischen Unabhängigkeitserklärung, veröffentlicht, und letztendlich lässt sich kaum sagen, welches der beiden Dokumente das bedeutendere war. Die Unabhängigkeitserklärung der Vereinigten Staaten von Amerika verkündete eine neue Gesellschaft, die »dem Leben, der Freiheit und dem Streben nach Glück« gewidmet war. *Der Wohlstand der Nationen* erklärte, wie eine derartige Gesellschaft funktionieren könnte.

In seinem Buch widmete sich Smith zunächst einer schwierigen Frage. Die Marktakteure werden bekanntlich alle vom individuellen Gewinnstreben angetrieben – von dem Bestreben, »ihr Los zu verbessern«, wie Smith es ausdrückte. Das Problem liegt auf der Hand: Wie kann eine Marktwirtschaft verhindern, dass selbstsüchtige, raffgierige Individuen ihre Mitmenschen erpressen? Wie kann aus einer so gefährlich unsozialen Motivation wie dem Eigennutz eine funktionierende Sozialordnung entstehen?

Die Antwort führt uns zu einem zentralen Mechanismus der Marktwirtschaft, dem Wettbewerbsprinzip. Jeder Einzelne, der nach einer Verbesserung der eigenen Lage strebt, steht einer Vielzahl von Mitmenschen mit gleicher Motivation gegenüber. Infolgedessen ist jeder Marktakteur gezwungen, mit seinen Kauf- und Verkaufspreisen auf das Angebot seiner Konkurrenten zu reagieren.

In dem Wettbewerbsmodell, das Smith unterstellt, findet ein Hersteller, der einen höheren Preis verlangt als andere Hersteller, keinen Käufer – ebenso wie ein Arbeitsuchender, der mehr verlangt als den gängigen Lohn, keine Anstellung findet und ein Arbeitgeber, der weniger Lohn anbietet als seine Konkurrenten, ohne Beschäftigte auskommen muss. Auf diese Weise wirkt der Markt auf seine Teilnehmer disziplinierend: Käufer konkurrieren mit anderen Käufern und können sich daher nicht gegen die Verkäufer verbünden. Umgekehrt stehen auch die Verkäufer miteinander im Wettbewerb und können daher ihren Willen nicht gegen die Käufer durchsetzen.

Doch der Markt besitzt noch eine zweite, ebenso wichtige Funktion. Wie Smith zeigte, führt der Marktmechanismus dazu, dass genau die von der Gesellschaft gewünschten Güter in exakt der gewünschten Menge produziert werden – ohne dass irgendjemand irgendwann eine entsprechende Anweisung erteilt hätte. Nehmen wir beispielsweise an, die Verbraucher wollten mehr Töpfe und weniger Pfannen erwerben, als der Markt hergäbe. Sie würden in diesem Fall die verfügbaren Töpfe restlos aufkaufen, mit der Folge, dass der Preis von Töpfen stiege. Dagegen befände sich der Pfannenmarkt in der Krise, und die Hersteller von Pfannen würden bald zu Preisnachlässen greifen, um ihren Bestand loszuschlagen.

Nun kommt ein Gleichgewichtsmechanismus ins Spiel. Mit dem Anstieg der Topfpreise stiegen auch die Gewinne im Topfgeschäft, während der Rückgang der Pfannenpreise auf die Gewinne im Pfannengeschäft drückte. Erneut wirkt hier das Eigennutzmotiv: Die in dem begünstigten Topfgeschäft tätigen Unternehmen würden expandieren, indem sie zusätzliche Produktionsfaktoren anheuerten, also mehr Arbeitskräfte, neue Flächen und zusätzliche Kapitalgüter einsetzten. Umgekehrt würden die benachteiligten Pfannenhersteller mit einer verringerten Nutzung von Produktionsfaktoren reagieren, sprich mit der Entlassung von Arbeitskräften, der Kündigung von gemieteten Flächen und schließlich einem verminderten Kapitaleinsatz.

In der Folge stiege der Ausstoß an Töpfen, während die Anzahl an produzierten Pfannen abnähme. Und genau darin lag der ursprüngliche Wille der Verbraucher. Es zeigt sich also, dass der vom Markt ausgeübte Druck die egoistisch motivierten Aktivitäten der Einzelnen in sozial verträgliche Bahnen lenkt – wie durch eine unsichtbare Hand (um Smiths wunderbaren Ausdruck zu verwenden). Der Wettbewerbsmechanismus steuert also eigennütziges Handeln zum Wohl der Allgemeinheit. Die unsichtbare Hand – als solche kann man den Gesamtvorgang bezeichnen – sorgt dafür, dass die Gesellschaft auf ihrer Bahn bleibt und genau die Güter und Dienstleistungen produziert, die sie benötigt.

Smiths Beweis dieser außerordentlichen Leistung des Marktes ist stets im Brennpunkt des Interesses geblieben. Wie wir später im Einzelnen sehen werden, widmet sich ein Großteil der wirtschaftswissenschaftlichen Forschung der Frage, wie die unsichtbare Hand genau funktioniert. Was nicht bedeuten soll, dass sie es tatsächlich immer tut. Es gibt Bereiche des wirtschaftlichen Lebens, in denen die unsichtbare Hand keinerlei Einfluss ausübt. So wirken althergebrachte Traditionen in jedes marktwirtschaftliche System hinein und sorgen dafür, dass nicht vom Markt bestimmte Entlohnungsformen wie etwa Trinkgelder weiter bestehen. Auch bleiben Kommandostrukturen teilweise intakt, etwa bei der Anheuerung und Entlassung von Arbeitskräften oder hinsichtlich der Besteuerung. Weiterhin versagt der freie Markt bei der Bereitstellung bestimmter öffentlicher Güter – Güter, die nicht privat vermarktet werden können, wie etwa Verteidigung oder Recht und Ordnung. Smith erkannte dies und stellte fest, dass solche Güter vom Staat bereitgestellt werden müssten. Schließlich erfüllt der freie Markt nicht immer die ethischen oder ästhetischen Ansprüche der Gesellschaft, oder er bringt Güter hervor, die zwar für den Hersteller profitabel, für den Konsumenten aber schädlich sind. Wir werden uns diesen Fragen im weiteren Verlauf noch zuwenden. An dieser Stelle treten wir aber einen Schritt zurück und betrachten Smiths scharfsichtige Analyse mit der gebührenden Ehrfurcht. Smiths Leistung war es, seiner Generation und allen folgenden zu zeigen, dass ein marktwirtschaftliches System ein hochwirksamer Mechanismus zur geordneten Bereitstellung und Verteilung von Gütern innerhalb einer Gesellschaft ist.

Doch nicht nur das: Er reguliert sich auch ohne äußeren Eingriff. Wie Smith zeigte, wacht der Markt wunderbarerweise über sich selbst. Die Wettbewerbskräfte sorgen dafür, dass Preise, Löhne oder Gewinne, die von dem allgemein akzeptierten Niveau abweichen, wieder dorthin zurückkehren. So kommt es zu einem erstaunlichen Paradoxon: Der freie Markt, der Gipfel wirtschaftlicher Handlungsfreiheit, wirkt gleichzeitig als strengster aller wirtschaftlichen Zuchtmeister. Ihm fehlt jede monarchische Instanz, an die man sich wenden könnte, um eine Sonderzuteilung zu erbitten.

Da der Markt sich aber selbst reguliert, sprach sich Smith gegen jeglichen staatlichen Eingriff aus, der die Wettbewerbskräfte behindern würde. Das Konzept des Laissez-faire wurde somit zum Herzstück seiner Philosophie und ist es für konservativ-liberal ausgerichtete Ökonomen bis heute geblieben. Smiths Verteidigung der unsichtbaren Hand machte ihn jedoch nicht zu einem Marktradikalen. Er war staatlichen Eingriffen gegenüber zwar reserviert eingestellt, lehnte sie jedoch nicht in Bausch und Bogen ab. Darüber hinaus ist *Der Wohlstand der Nationen* durchsetzt von bissigen Bemerkungen über die »schäbigen und habgierigen« Methoden der Unternehmerklasse und sympathisiert offen mit dem Los der Arbeiterschaft – in der damaligen Zeit kaum ein populärer Standpunkt. Zum konservativ-liberalen Nationalökonomen wird Smith letztlich durch seine Überzeugung – die von heutigen Wirtschaftswissenschaftlern geteilt wird –, wonach eine auf »natürlicher Freiheit« beruhende Ordnung, die aus wirtschaftlicher Freiheit erwächst, dem Gemeinwohl letztendlich nützt.

Porträt eines zerstreuten Professors

»Nur in meinen Büchern bin ich ein Beau.« So lauteten die Worte, mit denen sich Adam Smith einst selbst beschrieb. In der Tat zeigt eine berühmte Schaumünze das Profil eines eher bodenständigen Gesichts. Darüber hinaus besaß Smith eine auf seltsame Weise stolpernd anmutende Gangart, die ein Freund einmal als »schlängelnd« bezeichnete, und wurde immer wieder von Zerstreutheit übermannt. Als er einmal in eine intensive Diskussion verwickelt war, fiel er in eine Gerbergrube.

Ansonsten war sein akademisches und eher zurückgezogenes Leben weitgehend frei von Abenteuern. Das größte widerfuhr ihm wohl im Alter von vier Jahren, als er in der Nähe seines heimischen Weilers Kirkcaldy in Schottland von einigen Zigeunern entführt wurde. Diese ließen ihn bereits nach einigen Stunden frei; sie spürten vielleicht, was ein späterer Biograf über ihn schrieb: »Ich fürchte, er wäre ein schlechter Zigeuner geworden.«

Smith, dessen akademische Begabung früh offensichtlich wurde, erhielt im Alter von 16 Jahren ein Stipendium für das Studium an der Universität Oxford. Doch Oxford war damals noch nicht der Ort des Wissensaustausches, den wir heute kennen. Es gab kaum systematische Lehrveranstaltungen, und so waren die Studenten angehalten, sich im Eigenstudium fortzubilden, vorausgesetzt, sie hielten sich von gefährlicher Literatur fern. Der Besitz von David Humes *Traktat über die menschliche Natur*, das heute als philosophisches Meisterwerk des 18. Jahrhunderts gilt, führte beinahe zu Smiths Exmatrikulation.

Nach dem Abschluss seines Oxforder Studiums kehrte Smith nach Schottland zurück, um sich als Professor der Moralphilosophie an der Universität Glasgow niederzulassen. Dieses Gebiet umfasste in der damaligen Zeit weite Teile des öffentlichen Lebens. Auszüge aus seinen Vorlesungen handeln von Rechtsprechung, militärischen Fragen, Besteuerung und der »Polizei« – womit jene Verwaltung öffentlicher Angelegenheiten gemeint war, die wir heute als Wirtschaftspolitik bezeichnen würden.

Im Jahr 1759 veröffentlichte Smith den Band *The Theory of Moral Sentiments*[3], eine bemerkenswerte Untersuchung zu Fragen der Moral und der Psychologie. Das Buch erregte weit verbreitetes Interesse, unter anderem bei Lord Townshend, dem späteren britischen Finanzminister und Vater der berüchtigten Steuer auf amerikanischen Tee. Townshend engagierte Smith als Tutor für seinen Stiefsohn, und so gab Smith sein akademisches Amt auf, um mit seinem Zögling auf große Reise zu gehen. In Frankreich traf er auf Voltaire, Rousseau und François Quesnay, den brillanten Arzt, der die so genannte physiokratische Schule begründete, eine Pionierleistung in dem Versuch, die Funktionsweise der Wirtschaft zu erklären. Nur Quesnays früher Tod verhinderte, dass Smith ihm den *Wohlstand der Nationen* widmete.

Nach seiner Rückkehr nach Schottland im Jahr 1766 verbrachte Smith seine weiteren Lebensjahre in der Abgeschiedenheit seines akademischen Daseins. In dieser Zeit entstand allmählich der mit großer Sorgfalt erstellte Band *Der Wohlstand der Nationen*. Smith überließ seinem damaligen engen Freund David Hume ein Exemplar des fertigen Werkes. Hume schrieb: »Euge! [Gutgemacht!] Wunderbar! Lieber Herr Smith: Ich bin hocherfreut über Ihre Leistung . . .« Hume wusste wie jedermann, der das Buch gelesen hatte, dass es die Art und Weise, wie die Gesellschaft sich selbst wahrnahm, auf ewig verändern würde.

Diese Frage wird uns im weiteren Verlauf selbstverständlich immer wieder beschäftigen. Doch wir wollen uns noch nicht von Adam Smith abwenden. Denn neben seiner bemerkenswerten Voraussicht eines zusammenhängenden marktwirtschaftlichen Systems stand eine weitere: Smith prophezeite, dass eine auf »natürlicher Freiheit« gründende Ordnung – als Folge eines sich selbst überlassenen Marktes – zu Wachstum führen, sprich der Wohlstand einer solchen Nation stetig zunehmen werde.

Worauf sollte sich dieses Wachstum gründen? Im Wesentlichen auf die altbekannten Antriebskräfte: das Bestreben, die eigene Lage zu verbessern, das Gewinnstreben, den Eigennutz. Diese Antriebskräfte würden dazu führen, dass jeder Unternehmer beständig danach strebt, zusätzliches Kapital anzuhäufen und den Wohlstand seines Unternehmens zu vermehren. Um dieses Ziel zu erreichen, musste er den Absatz seiner Waren steigern, in der Hoffnung, auf diese Weise einen höheren Gewinn zu erzielen.

Doch wie konnte man lange Zeit vor dem Aufkommen kommerzieller Werbung, wie wir sie heute kennen, seinen Absatz erhöhen? Smiths Rezept bestand in der Verbesserung der Produktivität, also der Erhöhung der von den Arbeitskräften hergestellten Gütermenge. Der Weg dorthin war klar vorgegeben: eine Verstärkung der Arbeitsteilung.

In Smiths Konzept eines wachsenden Wohlstandes (heute würden wir sagen: einer wachsenden *Produktion*) kommt daher der Arbeitsteilung eine zentrale Rolle zu. Seine unvergessliche Beschreibung einer Stecknadelmanufaktur legt davon beredtes Zeugnis ab:

»Der eine Arbeiter zieht den Draht, der andere streckt ihn, ein dritter schneidet ihn, ein vierter spitzt ihn zu, ein fünfter schleift das obere Ende, damit der Kopf aufgesetzt werden kann. Auch die Herstellung des Kopfes erfordert zwei oder drei getrennte Arbeitsgänge. Das Ansetzen des Kopfes ist eine eigene Tätigkeit, ebenso das Weißglühen der Nadel, ja, selbst das Verpacken der Nadeln ist eine Arbeit für sich ...

Ich selbst habe eine kleine Manufaktur dieser Art gesehen, in der nur zehn Leute beschäftigt waren, sodass einige von ihnen zwei oder drei solcher Arbeiten übernehmen mussten. Obwohl sie sehr arm und nur recht und schlecht mit dem nötigen Werkzeug ausgerüstet waren, konnten sie zusammen am Tage doch etwa zwölf Pfund Stecknadeln anfertigen, wenn sie sich einigermaßen anstrengten. Rechnet man für ein Pfund über 4 000 Stecknadeln mittlerer Größe, so waren die zehn Arbeiter imstande, täglich etwa 48 000 Nadeln herzustellen ... Hätten sie indes alle einzeln und unabhängig voneinander gearbeitet ... hätte der Einzelne gewiss nicht einmal 20, vielleicht sogar keine einzige Nadel am Tag zustande gebracht.«[4]

Wie sollte man nun die Arbeitsteilung fördern? In seiner Beschreibung der Stecknadelmanufaktur und an anderer Stelle machte Smith deutlich, dass er die Arbeitsorganisation für den Schlüssel zu einer solchen Verbesserung hielt. Daneben wies er darauf hin, dass die Arbeitsteilung – und damit die Arbeitsproduktivität – steige, wenn Arbeitsprozesse von Maschinen unterstützt oder von diesen vollständig übernommen würden. Jedes Unternehmen, das die Produktivität seiner Arbeitskräfte erhöhen wolle, müsse daher zusätzliche Maschinen anschaffen. Der freie Markt erweist sich Smith zufolge somit als gewaltige Antriebskraft zur Anhäufung von Kapital, insbesondere in Form von Maschinen und Werkzeugen.

Smith zeigte darüber hinaus ein weiteres faszinierendes Merkmal des Selbstregulierungsmechanismus auf, der den freien Markt kennzeichnet. Wir erinnern uns, dass Wachstum als Folge eines zunehmenden Einsatzes von Maschinen entstand, die die Arbeitsteilung verstärkten. Aber mussten Unternehmer, die infolge dieses Wachstums zusätzliche Arbeitskräfte anheuerten, nicht mit höheren Lohnkosten rechnen, da doch alle Unternehmer um diese Arbeitskräfte konkurrierten? Und würde das nicht die Gewinne so weit drücken, dass keine Maschinen mehr angeschafft werden könnten?

Doch wieder einmal beweist der Markt seine Fähigkeit zur Selbstregulierung. Smith zeigte, dass die zusätzliche *Nachfrage* nach Arbeit auf ein erhöhtes *Angebot* treffen würde, mit der Folge, dass die Löhne nicht oder nur geringfügig stiegen. Der Grund hierfür lag auf der Hand. Zu Lebzeiten Smiths herrschte eine entsetzlich hohe Kinder- und Säuglingssterblichkeit: »Es ist nicht ungewöhnlich«, schrieb er, »... dass eine Mutter im schottischen Hochland 20 Kinder gebiert und nur zwei davon überleben«. Die steigenden Löhne würden die Versor-

gung der Haushalte mit Nahrungsmitteln verbessern, und in der Folge
würde die Kinder- und Säuglingssterblichkeit sinken. Bald würde eine
größere Zahl an Arbeitsuchenden auf den Arbeitsmarkt strömen, denn
die Schwelle zum arbeitsfähigen Alter lag damals bei nur zehn Jahren.
Diese zusätzlichen Arbeitskräfte würden den Lohnanstieg bremsen –
und die Anhäufung von Kapital konnte sich fortsetzen. Genauso wie
der Marktmechanismus durch die Selbstregulierung der Produktion
von Töpfen und Pfannen seine kurzfristige Überlebensfähigkeit be-
wies, sicherte er seine langfristige Überlebensfähigkeit durch selbstre-
gulierendes Wachstum.

Natürlich ist die Welt, die Smith beschrieb, seit langem Geschichte –
eine Welt, in der eine kleine Fabrik mit zehn Arbeitskräften noch einer
Erwähnung wert war, in der Überbleibsel merkantilistischer und sogar
feudaler Regelwerke in manchen Zünften darüber entschieden, wie
viele Gesellen ein Unternehmer anheuern durfte, in der Gewerkschaften weitgehend illegal waren, in der nahezu keine soziale Gesetzgebung existierte und in der insbesondere ein ganz überwiegender Teil
der Bevölkerung arm war.

Dennoch erkannte Smith zwei grundlegende Eigenschaften der sich
gerade entwickelnden Wirtschaftsordnung: erstens, dass eine Gesellschaft aus miteinander konkurrierenden, dem Eigennutz verhafteten
Individuen mithilfe des selbstregulierenden Marktmechanismus eine
geordnete Bereitstellung und Verteilung von Gütern sicherstellen kann,
und zweitens, dass eine derartig organisierte Gesellschaft zur Anhäufung von Kapital neigt und dadurch ihre Produktivität und ihren
Wohlstand erhöht. Damit ist das letzte Wort allerdings nicht gesprochen. Wir haben bereits festgestellt, dass der Marktmechanismus nicht
immer zufrieden stellend funktioniert, und unsere nächsten beiden Nationalökonomen werden zeigen, dass der Wachstumsprozess einige
schwerwiegende Defekte aufweist. Doch die Einsichten Smiths treffen
im Grunde noch immer zu. Nach Ablauf zweier Jahrhunderte mag
nicht etwa erstaunen, welche Fehler Smith unterliefen, sondern wie
weitreichend seine Einsichten waren. In gewisser Weise sind wir Ökonomen bis heute seine Schüler geblieben.

Karl Marx (1818–1883)

In den Köpfen der meisten unserer Zeitgenossen verbindet sich der Name Karl Marx mit dem Bild eines Revolutionärs, und zu einem gewissen Grade geschieht dies völlig zu Recht (siehe Kasten auf Seite 48). Doch Marx war viel mehr als ein politischer Aktivist: Er verfügte über großen Scharfsinn und war als wirtschaftlicher Vordenker vielleicht der bemerkenswerteste aller Analysten, die sich mit der dem Kapitalismus innewohnenden Dynamik beschäftigten. Wir werden uns daher in keiner Weise mit dem Angriff auf seine politische Philosophie oder deren Verteidigung befassen. Uns interessiert allein, inwiefern sich seine Wahrnehmung des Kapitalismus von derjenigen Adam Smiths unterscheidet.

Smith zeigte auf, wie der Kapitalismus die Dinge ordnet und wirtschaftlichen Fortschritt auslöst. Erstaunlicherweise übersah er jedoch den regenerativen Erfindungsreichtum der neuen Industrietechnologien – die sich zu seinen Lebzeiten zugegebenermaßen noch in den Kinderschuhen befanden. Smith glaubte tatsächlich, eine vollkommen freie Gesellschaft werde mit der Zeit so viel Kapital akkumulieren, wie sie benötigte, um dann in eine tiefe Rezession abzugleiten! Zur möglichen weiteren Entwicklung schwieg er. Marx hingegen diagnostizierte die Unvollkommenheiten des Kapitalismus und sagte sein letztliches Hinscheiden voraus. Die Unterschiede im Denken der beiden Ökonomen erklären sich aus der Art und Weise, wie sie die geschichtliche Entwicklung beurteilten. Nach Smiths Verständnis bestand die Geschichte aus einer Abfolge von Entwicklungsstadien, die die Menschheit durchlief, angefangen von den »frühen und primitiven« Gesellschaften der Jäger und Fischer bis hin zum Endstadium der Handel treibenden Gesellschaft. Marx begriff die historische Entwicklung als fortlaufende Auseinandersetzung zwischen verschiedenen sozialen Klassen, bei dem stets die herrschenden gegen die beherrschten Klassen kämpften.

Smith glaubte weiterhin, dass die Handel treibende Gesellschaft das Problem der konkurrierenden Eigeninteressen auf harmonische und allgemein akzeptierte Weise lösen werde, im Rahmen einer sozialen

Ordnung, die unbegrenzt fortbestehen könnte – oder doch zumindest für eine sehr lange Zeit. Marx dagegen sah als Ergebnis des Klassenkampfes das Auftreten von Spannungen und Auseinandersetzungen voraus und war davon überzeugt, dass die kapitalistische Gesellschaft sich in keiner Weise als dauerhaft erweisen werde. Der Klassenkampf, der sich im Wettstreit um Löhne und Profite äußere, werde vielmehr die Hauptantriebskraft für die Veränderung und schließliche Abschaffung des Kapitalismus sein.

In seinen Werken beschäftigt sich Marx ausgiebig mit dieser revolutionären Perspektive. Doch Marx als Nationalökonom interessiert uns aus einem anderen Grund: Zwar betrachtete auch er den Kapitalismus als Vehikel zur Anhäufung von Kapital und Wohlstand. Doch von seiner konfliktbezogenen Warte aus beschrieb er diesen Prozess – hauptsächlich in Band 2 des *Kapitals* – auf ganz andere Weise als Smith. Wie wir gesehen haben, betonte Smith bei seiner Analyse des Wachstumsprozesses dessen selbstregulierenden Charakter, der ihm Beständigkeit verleihe und Probleme aus dem Weg räume. Marx vertrat den genau entgegengesetzten Standpunkt. Der Wachstumsprozess war in seinen Augen mit Fallen und Krisen gespickt, die hinter jeder Ecke lauerten.

Marx beschrieb zunächst den Prozess der Anhäufung von Kapital in ähnlicher Weise, wie es ein Unternehmer getan hätte. Das Problem bestehe darin, einen gegebenen Kapitalstock – unabhängig davon, ob dieser auf einem Bankkonto ruht oder in einem Unternehmen investiert ist – dazu zu bringen, einen Gewinn abzuwerfen. In Marx' eigenen Worten ausgedrückt: Wie erreicht man, dass sich die (Geld-)Summe M in eine *größere* Geldsumme M′ verwandelt?

Marx' Analyse zufolge beginnt dieser Prozess mit dem Einkauf von Rohstoffen und Arbeitskraft durch die Kapitalisten. Mit dem Erwerb von rohen oder halbfertigen Materialien und der Anheuerung der Arbeitskraft von Lohnarbeitern kommt der Produktionsprozess in Gang. Eine Krise kann dadurch entstehen, dass die Materialien oder Arbeitskräfte nicht zum richtigen Preis verfügbar sind. In diesem Fall – wenn beispielsweise Arbeit zu teuer ist – bleibt M unverändert und der Akkumulationsprozess kommt nicht in Gang.

Nehmen wir aber an, dieses erste Akkumulationsstadium sei reibungslos verlaufen. Damit ist nun Geldkapital in Form von Lohnarbeit und eines Grundstocks an materiellen Gütern gebunden. Diese müssen nun im Arbeitsprozess mit der Arbeitskraft verbunden werden; es muss also tatsächlich an den Grundstoffen gearbeitet werden, um sie in Gebrauchsgüter zu verwandeln, wodurch die nächste Stufe des Produktionsprozesses erreicht wird.

Genau hier, inmitten der Fabrikräume, entsteht Marx zufolge der Profit der Unternehmer: Diese zahlten ihren Arbeitern einen Lohn, der unter dem Wert liege, den die Arbeiter einer Ware durch den Einsatz ihrer Arbeitskraft verliehen. Der Profit des Unternehmers – die Differenz von M zu M′ – erwachse letztlich aus unterbezahlter Arbeitskraft. Diese Theorie des *Mehrwerts* ist für Marx' Analyse des Kapitalismus von zentraler Bedeutung. Für unsere Zwecke reicht es hingegen festzustellen, dass der Arbeitsprozess eine zweite Instanz darstellt, an der es zu Unterbrechungen des Akkumulationsvorgangs kommen kann. Im Falle von Streiks oder sonstigen Behinderungen der Produktion wird das in Arbeitskraft und Waren investierte Geldkapital M sich nicht mehr in Richtung auf sein Ziel bewegen, eine größere Geldsumme M′.

Unterstellen wir aber wiederum einen reibungslosen Ablauf: Die Arbeiter verwandeln Stahlbleche, Verschalungen aus Gummi und Stoffballen in Automobile. Noch sind diese Automobile nicht in Geld umgesetzt worden. Sie müssen verkauft werden – und hier kommen selbstverständlich die bekannten Fallstricke des freien Marktes ins Spiel: Fehleinschätzungen hinsichtlich des Geschmacks der potenziellen Kundschaft; Ungleichgewichte zwischen Angebot und Nachfrage; Rezessionen, die die allgemeine Kaufkraft beeinträchtigen.

Geht jedoch alles gut, werden die Güter tatsächlich verkauft – und zwar zum Preis M′, der über dem Wert M liegt. In diesem Fall ist der Akkumulationszyklus abgeschlossen, und die Kapitalisten verfügen nun über die neue Summe M′, mit deren Hilfe sie einen weiteren Produktionsprozesses in Gang setzen werden, in der Hoffnung, den Betrag M″ zu erzielen. Doch im Gegensatz zum Smithschen Modell eines störungsfreien Wachstums geht Marx, wie wir gesehen haben, von einem Akkumulationsprozess aus, der mit Gefahren und Fallstricken durchsetzt ist und in dem jederzeit Krisen auftreten können. Der komplexen Theorie zufolge, die Marx in seinem *Kapital* entwickelt, neigt der Kapitalismus eher dazu, Krisen zu erzeugen, als sie zu vermeiden.

Wir werden die Marxsche Kapitalismustheorie nicht weiter vertiefen und beschränken uns auf die Feststellung, dass sie auf einer komplizierten Analyse der Art und Weise beruht, wie durch Mechanisierung Mehrwert erzeugt wird (die unbezahlte Arbeit, die die Quelle des unternehmerischen Profits darstellt). Wer mehr über die Marxsche Analyse erfahren möchte, der mag zu der zahlreich vorhandenen Spezialliteratur greifen.

Das Profil eines Revolutionärs

Mit seiner großen, dunklen und bärtigen Statur verkörperte Karl Marx wie kein anderer das Bild eines Revolutionärs. Und er war es tatsächlich – stets vollkommen versunken in die Verfolgung seines Ziels, die kapitalistische Ordnung zu Fall zu bringen; eine Ordnung, die er lebenslang studierte. Als politischer Revolutionär war Marx nicht sonderlich erfolgreich, obwohl es ihm im Verbund mit seinem lebenslangen Freund Friedrich Engels immerhin gelang, eine internationale »Arbeiterbewegung« ins Leben zu rufen und damit eine ganze Reihe konservativer Regierungen in Angst und Schrecken zu versetzen. Seine Rolle als Revolutionär der Gedankenwelt ist jedoch unbestritten: Kaum ein Querdenker war jemals so erfolgreich wie er, zumindest bis zum Zusammenbruch der Sowjetunion.

Marx führte ein ebenso turbulentes und aktives Leben wie Smith ein zurückgezogenes und akademisches. Als Kind bürgerlicher Eltern in Trier geboren, fiel Marx schon früh durch seine außergewöhnlichen intellektuellen Fähigkeiten auf. Sein Temperament ließ jedoch eine professorale Laufbahn als nicht angezeigt erscheinen. Nach Abschluss seiner Promotion im Fach Philosophie wurde Marx Herausgeber einer zwar kämpferischen, aber nicht kommunistisch orientierten Zeitschrift, die rasch das Misstrauen der reaktionären preußischen Regierung auf sich zog. Als diese die Zeitschrift verbot, reagierte Marx in für ihn typischer Weise: Er ließ die letzte Ausgabe vollständig in roter Schrift drucken. Mit seiner Frau Jenny (und deren Familienzofe Lenchen, die das Paar lebenslang als unbezahlte

Kraft begleitete) lebte Marx fortan im politischen Exil, zunächst in Paris, später in Brüssel und zuletzt in London. Dort veröffentlichte er 1848 zusammen mit Engels jene Streitschrift, die sein bekanntestes, wenn auch nicht bedeutendstes Werk werden sollte: *Das kommunistische Manifest*.

Bis zu seinem Tode blieb Marx in London, wo er aufgrund seiner Unfähigkeit, seine persönlichen Finanzen zu ordnen, stets in großer Armut lebte. Einen Großteil seiner Zeit verbrachte Marx im Lesesaal des Britischen Museums, wo er unermüdlich an seinem großen, niemals vollendeten Werk *Das Kapital* arbeitete. Kein Ökonom, weder damals noch heute, gilt als so belesen wie Marx. Noch bevor er seine Arbeit am *Kapital* begann, verfasste er einen dreibändigen Kommentar zu den Schriften aller lebenden Nationalökonomen, der unter dem Titel *Theorien über den Mehrwert* veröffentlicht wurde. Daneben beschrieb er insgesamt 37 Kladden mit Notizen, die später Aufnahme in das *Kapital* finden sollten. Diese Notizen erschienen erst 1953 unter dem Namen *Grundrisse*. Das *Kapital* selbst schrieb Marx von hinten nach vorne: Zunächst verfasste er Band II, dann den Entwurf für Band III und schließlich Band I, der einzige Teil seines Hauptwerkes, der noch vor seinem Tod erscheinen sollte.

Trotz des Untergangs des Sowjetkommunismus hat Marx mit Sicherheit alle gesellschaftswissenschaftlichen Disziplinen grundlegend beeinflusst. Das gilt für die Soziologie, die Geschichtswissenschaft und selbstverständlich auch für die Ökonomie. Seine Bedeutung ist vergleichbar mit derjenigen Platos für die Philosophie oder Freuds für die Psychologie. Zwar unterziehen sich heute nur sehr wenige Ökonomen der Mühe, das umfangreiche Gesamtwerk Marx' durchzuarbeiten, dennoch wirkt sein Einfluss auf nahezu jeden von uns, auch wenn wir uns dessen oft nicht gewahr sind. Wir verdanken Marx die Einsicht, dass der Kapitalismus ein dynamisches System ist, das einem bestimmten geschichtlichen Hintergrund entspringt und sich langsam und auf Umwegen auf eine neue, nur in ihren Umrissen erkennbare Gesellschaftsform hinzubewegt. Diese Überzeugung wird auch von jenen Sozialwissenschaftlern geteilt, die ansonsten keineswegs dem Sozialismus zuneigen oder sich sogar ausdrücklich als »Anti-Marxisten« bezeichnen.

Unser Interesse gilt der Tatsache, dass Marx als erster Theoretiker die Instabilität des Kapitalismus betonte. Von Adam Smith stammt die Einsicht, dass Wachstum einen integralen Bestandteil des Kapitalismus bildet, doch Marx verwies darauf, dass dieses Wachstum, anders als Smith es beschrieben hatte, auf tönernen Füßen steht. Marx stellte heraus, dass der Prozess der Kapitalakkumulation die dem Markt wesenseigene Unsicherheit überwinden müsse, ebenso wie die Spannungen aufgrund des Widerstreits zwischen Arbeit und Kapital. Zwar strebe jede Unternehmung nach Akkumulation von Reichtum, doch liege es nicht immer in ihrer Macht, diese zu erreichen.

Im *Kapital* prognostizierte Marx eine zunehmende Instabilität des Systems, die schließlich zu seinem Zusammenbruch führen würde. Seine Argumentation beinhaltet zwei weitere, äußerst bedeutsame Vorhersagen: erstens, dass die Größe der Unternehmungen infolge der immer wiederkehrenden Krisen beständig zunehmen werde. In jeder Krise gingen kleinere Unternehmen in Konkurs, deren Vermögen von den überlebenden Firmen aufgekauft würde. Der Trend zur Herausbildung großer Unternehmen sei daher ein integraler Bestandteil des Kapitalismus.

Marx erwartete zweitens, dass sich der Klassenkampf infolge der »Proletarisierung« der Arbeiterschaft verstärken würde. Kleine Unternehmer und Handwerker würden zunehmend aus dem von Krisen geschüttelten Wachstumsprozess herausgedrängt. Es werde sich daher eine Sozialstruktur mit nur noch zwei Klassen herausbilden – einer kleinen Gruppe von Kapitalmagnaten und einer großen Gruppe von proletarisierten (das heißt besitzlosen), verbitterten Arbeitern.

Am Ende werde sich dieser Zustand als unhaltbar erweisen. In Marx' eigenen Worten:

»Mit der beständig abnehmenden Zahl der Kapitalmagnaten, welche alle Vorteile dieses Umwandlungsprozesses usurpieren und monopolisieren, wächst die Masse des Elends, des Drucks, der Knechtschaft, der Entartung, der Ausbeutung, aber auch die Empörung der stets anschwellenden und durch den Mechanismus des kapitalistischen Produktionsprozesses selbst geschulten, vereinten und organisierten Arbeiterklasse. Das Kapitalmonopol wird zur Fessel der Produktionsweise, die mit und unter ihm aufgeblüht ist. Die Zentralisation der Produktionsmittel und die Vergesellschaftung der Arbeit erreichen einen Punkt, wo sie unverträglich werden mit ihrer kapitalistischen Hülle. Sie wird gesprengt. Die Stunde des kapitalistischen Privateigentums schlägt. Die Expropriateure [Enteigner] werden expropriiert [enteignet].«[5]

Ein Großteil der von Marx ausgelösten wirtschaftswissenschaftlichen Debatte dreht sich um die Frage, ob der Kapitalismus tatsächlich am Ende seinen eigenen Untergang herbeiführen wird. Werden seine internen Spannungen, seine »Widersprüche«, wie Marx es nannte, den Marktmechanismus schließlich überfordern?

Diese Frage ist nicht leicht zu beantworten. Marx' Kritiker verweisen nachdrücklich darauf, dass der Kapitalismus keineswegs zusammengebrochen und die Arbeiterklasse von zunehmender Verelendung weit entfernt sei; außerdem, dass eine Reihe von Vorhersagen Marx', etwa hinsichtlich einer allmählich abnehmenden Profitrate, sich nicht bestätigt hätten.

Die Verteidiger der Marxschen Lehre behaupten das Gegenteil. Sie verweisen auf die dreißiger Jahre des 20. Jahrhunderts, als der Zusammenbruch des Kapitalismus kurz bevorzustehen schien. Sie stellen fest, dass immer mehr Menschen zu »Proletariern« geworden seien, die nicht mehr für sich selbst, sondern für ein kapitalistisches Unternehmen arbeiteten. So seien im Jahre 1800 noch 80 Prozent aller US-Amerikaner selbstständig gewesen; heute liege dieser Anteil bei weniger als 10 Prozent. Sie betonen schließlich, dass die Größe der Unternehmen stetig zugenommen habe und Marx die Ausdehnung des kapitalistischen Systems, das zwischenzeitlich in das vormals nichtkapitalistische Asien, Südamerika und Afrika vorgedrungen sei, zutreffend vorhergesagt habe.

Es erscheint fraglich, ob sich der Beitrag Marx' zur Gesellschaftsanalyse anhand einer derartigen Aufrechnung ermessen lässt. Ebenso wie Marx unzweifelhaft einige bemerkenswert scharfsinnige Aussagen traf, lag er mit einigen seiner Prognosen hinsichtlich der Zukunft des Kapitalismus nachweislich falsch. Die meisten Wirtschaftswissenschaftler stimmen insofern nicht mit Marx überein, als sie den Klassenkampf nicht als Motor des Wandels in kapitalistischen und vorkapitalistischen Gesellschaften begreifen und auch seine Prognose, dass die Gesellschaft sich in Richtung einer sozialistischen Ordnung bewegen werde, nicht teilen. Doch der Ruhm Marx' gründet auf einer anderen Leistung: seiner Diagnose des Kapitalismus als eines Systems, das sich in einem Spannungsfeld bewegt und sich infolgedessen beständig verändert. Kaum jemand würde diese Einsicht bestreiten.

Die Bedeutung von Marx reicht weit über die wenigen hier dargestellten ökonomischen Theorien hinaus. Tatsächlich sollte man Marx in erster Linie nicht als Ökonom, sondern als Begründer einer neuen gesellschaftswissenschaftlichen Denkschule wahrnehmen. Bezeichnenderweise lautet der Untertitel des *Kapital*: *Eine Kritik der politischen Ökonomie*.

In der Galerie der bedeutendsten Köpfe der Weltgeschichte, in der Marx zweifellos seinen Platz hat, sollte man ihn eher den Historikern als den Ökonomen zuordnen. Angemessen wäre dabei ein Platz in der Mitte – mit Blick auf viele gedankliche Richtungen, wie etwa die soziologische Analyse, die philosophische Erforschung und natürlich die Ökonomie.

Denn Marx – und hierin liegt sein bleibender Verdienst – warf einen Blick unter die Oberfläche unseres Gesellschaftssystems und unserer Wahrnehmung dieser Ordnung, in dem Versuch, ihren verborgenen Wesensgehalt zu erforschen. Dieser Erkundungsdrang, der sich in Marx' Schaffen ausdrückt, wird uns hier nicht weiter beschäftigen, doch erklärt er das fortbestehende Interesse am Marxschen Gedankengut.

Wie steht es nun schließlich um Marx' Verhältnis zum heutigen Kommunismus? Dieses Thema wäre Gegenstand eines Buches zur marxistischen Politik, nicht zu seiner Ökonomie. Marx selbst war ein überzeugter Demokrat – aber ein äußerst intoleranter Mensch. Entscheidender ist, dass auch sein Gedankengebäude sich als intolerant erwies und dadurch möglicherweise ähnlichen Neigungen revolutionärer Parteien, die sich auf ihn beriefen, Vorschub leistete. Marx starb lange vor dem Siegeszug des Kommunismus in der Sowjetunion. Es bleibt offen, wie er diesen beurteilt hätte – vermutlich wäre er über die Exzesse dieses Kommunismus entsetzt gewesen und hätte dennoch seine Hoffnung auf einen irgendwie gearteten demokratischen Sozialismus in der Zukunft bewahrt.

Ein abschließender Gedanke mag dabei helfen, diesem vielschichtigen und zukunftsweisenden Denker gerecht zu werden. Die Marxsche Analyse beruhte zu einem nicht geringen Teil auf seiner These, dass die Wirtschaft die »Basis« der Gesellschaft darstelle, aus der sie ihre Schaffenskraft ziehe, die politische und soziale Ordnung hingegen nichts weiter als einen »Überbau«, auf den diese gesellschaftlichen Energien einwirkten. Dieser Gedanke elektrisierte eine Gemeinde von Gesellschaftschronisten, die die Politik als Hauptantriebskraft des Gemeinwesens ansahen und der Wirtschaft in dieser Hinsicht eher einen zweiten Platz zuwiesen.

Heute wissen wir jedoch, dass die Marxschen Ideen zwar in »normalen« Zeiten aufschlussreich sind, in Krisenzeiten jedoch zu falschen Einsichten führen können. Die schrecklichen Erfahrungen der Selbstzerstörung Jugoslawiens, des Zusammenbruchs der Sowjetunion und der grausamen ethnischen Feindseligkeiten in Zentralafrika scheinen zu belegen, dass unterhalb der Marxschen Basis ein noch tiefer angesiedeltes Fundament ruht – ein Ort, wo politische und soziale Leidenschaften jahrzehntelang schlummern können, um mit gewaltiger Kraft auszubrechen, wenn ein Funke am falschen Ort einschlägt. Wenn es einen Grund dafür gibt, dass der Marxismus viel von seiner früheren geistigen Anziehungskraft verloren hat, dann ist es diese Wiederentdeckung der schlummernden Kräfte, die politische und soziale Überzeugungen entwickeln können – vielleicht die beunruhigendste Lehre, die die heutige Zeit für Ökonomen bereithält.

John Maynard Keynes (1883–1946)

Marx war der geistige Prophet des Kapitalismus als selbstzerstörendes System; John Maynard Keynes zeigte, wie seine Defekte zu reparieren sind. Die zuletzt genannte Aussage stößt heutzutage jedoch nicht überall auf Zustimmung. So heißt es in gewissen Kreisen, Keynes' Lehre sei ebenso gefährlich und zerstörerisch wie diejenige von Marx – eine seltsam ironische These, denn Keynes lehnte die marxistische Gedankenwelt uneingeschränkt ab und setzte seine ganze Schaffenskraft daran, das kapitalistische System zu erhalten und zu verbessern.

Das Misstrauen, das Keynes auch heute noch entgegengebracht wird, beruht darauf, dass er wie kein anderer Nationalökonom als Begründer der »gemischten Wirtschaft« gilt, in der der Staat eine entscheidende Rolle spielt. Vielen Leuten erscheinen heutzutage aber sämtliche staatlichen Aktivitäten bestenfalls als verdächtig, schlimmstenfalls als ausgesprochen schädlich. In manchen Kreisen ist Keynes' Lehre daher äußerst schlecht angesehen. Dennoch bleibt er einer der großen Erneuerer unserer Disziplin, ein Ökonom, der ebenso wie Smith und Marx zu den einflussreichsten Köpfen gehört, die unser Berufszweig hervorgebracht hat. Wie es der Nobelpreisträger Milton Friedman, ein überzeugter Konservativer, einst ausdrückte: »Wir sind heute alle Keynesianer.«

Alle drei großen Nationalökonomen waren Kinder ihrer Zeit: Smith, die Stimme des neugeborenen, optimistischen Kapitalismus; Marx, der Fürsprecher der Opfer seiner dunkelsten industriellen Epoche; und schließlich Keynes, das Produkt eines noch späteren Zeitabschnitts, der Großen Depression.

Porträt eines vielseitigen Engländers

Keynes war fraglos ein Mann mit vielen Talenten. Anders als Smith oder Marx kannte er sich im Geschäftsleben bestens aus und war ein gewiefter Kaufmann und Finanzfachmann. Jeden Morgen las er noch im Bett die Zeitung und entschied, welche Schritte er in dem gefährlichsten aller Märkte, dem Devisenhandel, unternehmen würde. Eine Stunde am Tag oder etwas mehr genügte ihm, um ein großes Vermögen anzuhäufen; sein Geschäftssinn wurde allenfalls noch von demjenigen des großen englischen Ökonomen David Ricardo (1772–1823) übertroffen. Wie Ricardo spekulierte Keynes gerne und häufig. Als er während des Ersten Weltkriegs als Mitarbeiter des britischen Schatzamts die Devisentransaktionen Englands verantwortete, berichtete er einmal freudig seinem Vorgesetzten, dass es ihm gelungen sei, einen größeren Betrag an spanischen Peseten zusammen-zutragen. Der Vorgesetzte zeigte sich erleichtert, dass England nun wenigs-tens mit *dieser* Währung ausreichend versorgt sein würde. »Oh nein«, sag-te Keynes, »ich habe alles verkauft. Ich werde den Markt zerstören.« Und genau das tat er. Als er später während der deutschen Bombenangriffe nach Paris fuhr, um dort im Auftrag der englischen Regierung zu verhan-deln, erwarb er nebenbei einige französische Meisterwerke zu hohen Preis-abschlägen – darunter einen Cézanne für sich selbst.

Neben seinen Begabungen als Ökonom und Spekulant war er ein bril-lanter Mathematiker; ein Geschäftsmann, der eine sehr erfolgreiche Invest-mentgesellschaft leitete; ein Ballettliebhaber, der eine berühmte Ballerina ehelichte; ein hervorragender Stilist und ein vollendeter Redakteur; ein Mann, der überaus freundlich und charmant, aber auch (und bevorzugt) scharfzüngig sein konnte. So kritisierte einmal der Bankier Sir Harry Go-shen den Ökonomen Keynes mit den Worten, er »lasse den Dingen nicht ihren natürlichen Lauf«. – »Soll man über diese schlichten Gefühle nun lächeln oder zürnen?«, schrieb Keynes. »Vielleicht wäre es am besten, wenn Sir Harry Goshen *seinen* natürlichen Lauf nähme.«

Keynes Ruhm liegt vor allem in seinem ökonomischen Erfindungsreich-tum begründet. Als Sohn des angesehenen Wirtschaftswissenschaftlers John Neville Keynes flog ihm diese Begabung vergleichsweise mühelos zu. Bereits während seiner ersten Studienjahre wurde Alfred Marshall, der mehr als drei Jahrzehnte lang die wirtschaftswissenschaftliche Fakultät der Universität Cambridge beherrschte, auf ihn aufmerksam. Nach seinem Abschluss machte Keynes alsbald mit einer brillanten Kurzabhandlung über die Finanzen Indiens auf sich aufmerksam und nahm dann in bera-tender Funktion an den Friedensverhandlungen zum Ende des Ersten Welt-kriegs teil. Von den rachsüchtigen Bestimmungen des Vertrags von Ver-sailles bestürzt und entmutigt, verfasste Keynes eine brillante Polemik, *Die wirtschaftlichen Folgen des Friedensvertrages*, die ihm zu internationalem Ruhm verhalf.

Nahezu 30 Jahre später war Keynes dann selbst als Leiter mehrerer Verhandlungsdelegationen der britischen Regierung tätig, zunächst mit dem Auftrag, die erforderlichen Kriegskredite zu sichern, später als einer der Architekten des Abkommens von Bretton Woods, das die Weltwäh-rungsbeziehungen auf eine neue Grundlage stellte. Als er einmal von einer Reise nach Washington zurückkehrte, sah er sich von Reportern umringt, die ihn fragten, ob der Ausverkauf Englands und die Angliederung des Königreiches an die Vereinigten Staaten beschlossen worden seien. Keynes' knappe Antwort: »Schön wär's.«

Die Weltwirtschaftskrise traf Amerika wie ein Wirbelsturm: Gut die Hälfte des gesamten Produktionswertes verschwand im Nichts. Ein Viertel der Arbeiterschaft verlor ihren Arbeitsplatz. Eine Million städtische Familien mussten die Zwangsvollstreckung ihrer Hypotheken hinnehmen, verloren ihr Zuhause. Neun Millionen Sparkonten gingen verloren, als die Banken ihre Tore (oft für immer) schlossen.

Dieser schrecklichen, von Arbeitslosigkeit und Einkommensverlust gezeichneten Realität stand die wirtschaftswissenschaftliche Zunft, ebenso wie die Geschäftswelt und der Beraterstab der Regierung, hilflos gegenüber. Im Grunde ihres Herzens waren die Ökonomen angesichts der wirtschaftlichen Entwicklung ebenso sprachlos wie das gemeine Volk. In vielerlei Hinsicht erinnert uns dies an die Unsicherheit, mit der sowohl die Riege der Ökonomen als auch die Öffentlichkeit den inflationären Schüben der jüngeren Vergangenheit begegneten.

Vor diesem von Verzweiflung und nahezu panischer Furcht geprägten Hintergrund erschien Keynes' großes Werk, *Allgemeine Theorie der Beschäftigung, des Zinses und des Geldes*. Obwohl kompliziert und viel technischer als *Der Wohlstand der Nationen* oder *Das Kapital*, besaß es doch eine leicht verständliche Hauptbotschaft: Die Höhe der Gesamtaktivität einer Volkswirtschaft, schrieb Keynes (und sowohl Marx als auch Smith hätten ihm zugestimmt), sei abhängig von der Bereitschaft der Unternehmer zu Kapitalinvestitionen. Diese Bereitschaft werde aber gelegentlich von Umständen gehemmt, die eine Kapitalakkumulation erschweren oder gar verhindern: Smith hatte eine zu rasche Entwicklung der Löhne genannt, während Marx mögliche Schwierigkeiten auf jeder Stufe des Produktionsprozesses diagnostizierte.

Alle früheren Ökonomen – zu einem gewissen Grade sogar Marx – hatten jedoch angenommen, dass ein Zustand ohne Kapitalakkumulation immer einen vorübergehenden, sich selbst heilenden Rückschlag darstellen werde. In Smiths Modell würde ein zunehmendes Angebot an frischen Arbeitskräften die Lohnentwicklung in Schach halten. Marx' Vorstellungen zufolge würde jede Krise (bis zur letzten) den verbleibenden Kapitalisten neue Chancen auf ein profitables Engagement bescheren. Keynes jedoch gelangte zu einer schwerwiegenderen Diagnose. Er zeigte, dass ein marktwirtschaftliches System in einen Zustand geraten kann, den er als »Gleichgewicht bei Unterbeschäftigung« bezeichnete – eine Art dauerhafter Stagnation, die trotz Arbeitslosigkeit und ungenutzter Maschinenkapazitäten besteht. Der revolutionäre Aspekt der Keynesschen Theorie lag in der These, dass die Marktkräfte über kein eigenständiges Korrektiv verfügen, das für ein beständiges Wachstum des Kapitalismus sorgt.

Der genaue Inhalt dieser Aussage wird auf den folgenden Seiten zunehmend deutlicher werden, doch schon hier erkennen wir mühelos, welche Folgerungen Keynes aus seiner Analyse ziehen musste. Wenn es keinen Mechanismus gab, der für eine automatische Kapitalakkumulation sorgte, dann würde eine in der Depression verfangene Wirtschaft sich nicht daraus befreien können, es sei denn, man fände einen Ersatz für die ausbleibenden Investitionen der Unternehmen. Eine derartige Stimulierung der Wirtschaft konnte jedoch nur eine Institution leisten: der Staat. Die Kernbotschaft Keynes' bestand also darin, dass Staatsausgaben unverzichtbarer Bestandteil einer Wirtschaftspolitik sein müssten, die darauf gerichtet war, einer in der Krise verfangenen kapitalistischen Wirtschaft wieder auf die Beine zu helfen.

Ob die Keynessche Medizin wirkt oder nicht und wie sich Staatsausgaben auf eine Marktwirtschaft auswirken sind Fragen, die heutige Ökonomen brennend interessieren und die auch uns im Verlauf dieses Buches noch ausführlich beschäftigen werden. Die Bedeutung von Keynes' Werk bestand aber darin, dass er die Wahrnehmung unseres Wirtschaftssystems veränderte. Adam Smiths Modell der Marktwirtschaft führte zur Philosophie des Laissez-faire, die es dem System selbst überließ, seinen natürlichen Drang nach Wachstum und innerer Ordnung zu entwickeln. Marx vertrat einen deutlich entgegengesetzten Standpunkt, nach dem die Stabilität des Systems ständig in Gefahr sei und Krisen an jeder Ecke lauerten; doch natürlich war Marx nicht an politischen Strategien interessiert, die den Kapitalismus stützen würden. Keynes Gedankenwelt war ebenso weit von Smith wie von Marx entfernt. Denn hätte er Recht, dann wäre eine Strategie des Laissez-faire einer kapitalistischen Wirtschaft – zweifellos aber einer in der Depression verfangenen Wirtschaft – nicht angemessen. Und träfe sein Therapievorschlag ins Schwarze, dann würden sich die düsteren Vorhersagen Marx' ebenfalls als falsch erweisen – oder man könnte zumindest dafür sorgen.

Doch hatte Keynes »Recht«? Oder Smith? Oder Marx? Diese Fragen stecken weitgehend den heutigen Rahmen unseres Fachgebietes ab. Insofern sind die »weltlichen Philosophen« zeitgenössisch geblieben, obwohl ihre Theorien ein Teil unserer Vergangenheit sind. Ein ungeduldiger junger Schriftsteller bemerkte einst zu T. S. Eliot, es erscheine ihm sinnlos, die alten Denker zu studieren, da man heutzutage so viel mehr wisse als diese. »Ja«, entgegnete Eliot, »sie sind das, was wir wissen«.

3

UNSERE WIRTSCHAFT
AUS DER VOGELPERSPEKTIVE

Wir sind nun nahezu, aber noch nicht vollständig gewappnet, um unseren Einstieg in die moderne Wirtschaftswissenschaft in Angriff nehmen zu können. Denn die Beschäftigung mit diesem Gebiet setzt voraus, dass wir etwas über die Wirtschaft wissen. Doch was genau ist »die Wirtschaft«? Wenn wir den Wirtschaftsteil einer großen Tageszeitung oder ein Anlegermagazin aufschlagen, werden wir mit einem verwirrenden Themencocktail konfrontiert: Da geht es um das Auf und Ab der Börsen, um Erfolgs- und Misserfolgsstorys von Unternehmen oder um schwer verständliche »Schwankungen an den Devisenmärkten«; man sieht Kolumnen von Wirtschaftsexperten und liest Berichte über Arbeitslosigkeit oder Globalisierung.

Was von alldem ist tatsächlich relevant? Wie sollen wir uns einen Weg durch das Dickicht an Berichten bahnen, um zu dem vorzustoßen, was wir mit Fug und Recht als »Wirtschaft« bezeichnen können?

Die zwei Gesichter der Unternehmenswelt

Natürlich wissen wir, wo wir anfangen müssen. Schließlich bildet die Unternehmenswelt das Herz eines Wirtschaftssystems, das auf Privateigentum und Marktbeziehungen beruht. Beginnen wir also mit einem Blick auf die Geschäftswelt.[6]

Die Tabellen 1 und 2 verdeutlichen schlagartig eine Tatsache: Es

Tabelle 1: Struktur der Unternehmenswelt in den USA, 2000*

	Anzahl der Unternehmen (in Tsd.)	Gesamtumsatz (in Mrd. US-$)	Durchschn. Umsatz pro Unternehmen (in US-$)
Einzelgewerbetreibende (nicht landwirtsch.)	17 905	1 021	57 023
Personengesellschaften	2 058	2 405	1 168 610
Kapitalgesellschaften	5 045	20 606	4 084 440

* Quelle dieser Statistik und nahezu aller folgenden, die sich auf die US-Wirtschaft beziehen, ist der *Statistical Abstract of the United States*, Dept. of Commerce, Washington, D.C. 2003.

Tabelle 2: Struktur der Unternehmenswelt in der Bundesrepublik Deutschland, 2000 (nur umsatzsteuerpflichtige Unternehmen)

	Anzahl der Unternehmen (in Tsd.)	Gesamtumsatz (in Mrd. €)	Durchschn. Umsatz pro Unternehmen (in €)
Einzelunternehmen	2 042	509	249 338
Personengesellschaften*	369	1 240	3 364 847
Kapitalgesellschaften**	458	2 274	4 946 771
Übrige Rechtsformen	52	249	4 745 936

* Offene Handelsgesellschaften (OHG), Kommanditgesellschaften (KG), Gesellschaften bürgerlichen Rechts (GbR); ** Gesellschaften mit beschränkter Haftung (GmbH), Aktiengesellschaften (AG)
Quelle: Bundesamt für Statistik, *Statistisches Jahrbuch 2003*, Wiesbaden 2003.

gibt im Kapitalismus mindestens zwei verschiedene Unternehmenswelten. Die erste, die im Wesentlichen aus Einzelgewerbetreibenden und Personengesellschaften besteht, ist die Welt der Kleinunternehmen – in den Vereinigten Staaten sind das Unternehmen mit einem Jahresumsatz unter 100 000 US-Dollar. Natürlich gibt es auch kleine Kapitalgesellschaften sowie einige sehr große Einpersonenunternehmen und Personengesellschaften. Doch das Hauptmerkmal dieser Gruppe von Unternehmen liegt in ihrer geringen Größe. Hier finden wir die Mehrzahl der Unternehmen, die die Gelben Seiten bevölkern, die überwiegende Zahl aller landwirtschaftlichen Betriebe, Tausende von Tante-

Emma-Läden, Restaurants, Hotels, chemische Reinigungen, Apotheken, Einzelhandelsgeschäfte – kurz, mehr als drei Viertel aller Geschäftsbetriebe.

In der Zwischenzeit haben wir bereits eine zweite Unternehmenswelt entdeckt, die vor allem die Kapitalgesellschaften umfasst. Vergleichen Sie einmal die durchschnittliche Größe einer Kapitalgesellschaft (gemessen am Umsatz) mit der von Einzelgewerbetreibenden und Personengesellschaften: Das Verhältnis beträgt deutlich mehr als 50:1 im Falle von Einzelgewerbetreibenden und nahezu 10:1 bei Personengesellschaften. Doch selbst diese Zahlen spiegeln nicht die enormen Unterschiede zwischen sehr großen und sehr kleinen Unternehmen wider. Innerhalb der Gruppe der Kapitalgesellschaften setzen circa 80 Prozent der Unternehmen weniger als 1 Million US-Dollar pro Jahr um. Auf jene etwa 17 Prozent umfassende Liga, die diesen Wert überschreitet, entfallen jedoch nahezu 95 Prozent aller Umsätze von Kapitalgesellschaften.

Den Gegenpol zur Welt der zahlreichen sehr kleinen Betriebe bildet also die Welt der viel weniger zahlreichen Großunternehmen. Welche Dimensionen hat diese Welt? Bezeichnen wir einmal jede Kapitalgesellschaft mit einem Vermögen von über 250 Millionen US-Dollar als großes Unternehmen. In den USA gibt es rund 3 000 solcher Unternehmen, von denen die Hälfte im Finanzsektor tätig sind, hauptsächlich im Bank- und Versicherungswesen. Etwa ein Fünftel dieser Gruppe besteht aus Unternehmen der verarbeitenden Industrie. Der verbleibende Rest teilt sich in Transport-, Versorgungs-, Telekommunikations- und Handelsunternehmen auf. Nur um die Maßstäbe zu verdeutlichen: Das »reichste« Unternehmen der USA war 2002 vermutlich der Finanzkonzern Citicorp mit einem Gesamtvermögen im Wert von 1 097 Milliarden US-Dollar. (Zum Vergleich: Der vermögendste Konzern in der Bundesrepublik Deutschland ist das deutsch-amerikanische Unternehmen DaimlerChrysler mit einem Nettovermögen von rund 162 Milliarden Euro.)

Das größte Industrieunternehmen der Vereinigten Staaten im selben Jahr war General Motors, das Vermögenswerte in Höhe von mehr als 370 Milliarden US-Dollar sein Eigen nannte. Diese beiden Unternehmen besaßen gemeinsam vermutlich ebenso viel Reichtum (in Form von Vermögenswerten) wie alle 13 Millionen Personengesellschaften der USA zusammengenommen. Die Namen an der Tabellenspitze ändern sich bisweilen – sowohl GM als auch IBM haben schwere Krisen erlebt –, doch die Größenverhältnisse bleiben bestehen.[7] Die 500 größten Unternehmen, die weniger als 0,1 Prozent der Gesamtzahl aller Unternehmen ausmachen, bestreiten rund 75 Prozent aller Umsätze. Ein Blick auf die 100 führenden Unternehmen zeigt, dass diese für nahezu die Hälfte aller Umsätze des gesamten industriellen Sektors verantwortlich sind.

Die Parade der Unternehmen

Wir werden uns in späteren Kapiteln noch ausführlich mit der Welt der Großunternehmen beschäftigen. Doch vielleicht ist es hilfreich, diesen ersten Überblick mit einer bildlichen Darstellung des Sachverhalts zu beschließen. Die zugrunde liegenden Zahlen sind zwar schon einige Jahre alt, doch das Gesamtbild hat sich nicht verändert.

Nehmen wir einmal an, man würde sämtliche ungefähr 21 Millionen US-Unternehmen ihrer Größe nach aneinander reihen und dabei eine gedachte Strecke von San Francisco nach New York zurücklegen. Pro Kilometer wären das 4 000 Unternehmen, sodass jeweils nach rund 25 Zentimetern ein Unternehmen auf der Bildfläche erschiene. Nehmen wir weiter an, man würde jedes Unternehmen mit einer Flagge kennzeichnen, deren Höhe vom Umsatzvolumen abhängt: Eine Höhe von einem viertel Meter entspräche einem Umsatz von 10 000 US-Dollar.

Die so gebildete Fahnenreihe bietet einen hoch interessanten Anblick. Quer durch Kalifornien bis zur Grenze nach Nevada wirkt sie nahezu unscheinbar, eine nur wenige Dezimeter hohe Reihe von Fahnenstangen. Von dort aus bis in die Nachbarschaft von Columbus im Bundesstaat Ohio nimmt die Höhe der Fahnen allmählich zu. In Columbus selbst angekommen, sind wir an vier Fünfteln der Unternehmen vorbeigezogen, doch schon vor Columbus haben wir die Umsatzmarke von zweieinhalb Metern respektive 100 000 US-Dollar überschritten, und auf dem Rest des Weges über Columbus bis nach New York treffen wir die circa ein Drittel verbleibenden Unternehmen, die größer sind.

Auf dem weiteren Weg zur Ostküste beginnen die Fahnenstangen plötzlich in die Höhe zu schießen. Es gibt in den Vereinigten Staaten etwa 1 Million Unternehmen mit Umsätzen über 500 000 US-Dollar. Diese Kapitalgesellschaften belegen die letzten 238 Kilometer der 5 000 Kilometer langen Wegstrecke. Die 700 000 Unternehmen mit Umsätzen von mehr als 1 Million US-Dollar teilen sich die letzten 167 Kilometer des Weges und weisen Fahnenstangen von mindestens 25 Metern Höhe auf. Schließlich gibt es noch 2 300 Unternehmen, die mehr als 50 Millionen US-Dollar umsetzen. Sie belegen den letzten guten halben Kilometer vor der Stadtgrenze mit Fahnenstangen, deren Höhe – mindestens 1 250 Meter – sich mit derjenigen der Wolken messen kann.

Aber der Gipfel ist noch nicht erreicht. Am Stadttor von New York, auf den letzten 25 Metern, treffen wir auf die 100 größten Industrieunternehmen. Ihre Umsätze liegen bei über 5 Milliarden US-Dollar, so dass ihre Fahnen kilometerhoch über den Wolken flattern. Die letzten zweieinhalb Meter des Weges werden von den zehn größten Unternehmen belegt. Ihre Umsätze übertreffen den Wert von 40 Milliarden US-Dollar, und das Ende ihrer Fahnenstangen ist nur noch aus dem Weltraum zu erkennen.

Wie gesagt: Die genannten Zahlen sind bereits einige Jahre alt. Heute wären alle Fahnen ungefähr doppelt so hoch – einen halben Meter zwischen San Francisco und der Grenze nach Nevada und von stratosphärischer Dimension in New York. Doch die Größenverhältnisse zwischen den Fahnenstangen hätten sich kaum geändert.

Größe im weltweiten Vergleich

Ganz zum Schluss wollen wir einen – ganz und gar nicht nebensächlichen – Blick auf die Entwicklung in anderen Teilen der Welt werfen. Der Kapitalismus wird überall von den großen Unternehmen dominiert. Darüber hinaus sind die Unternehmen in Europa und Japan schneller gewachsen als in den USA, so dass US-amerikanische Unternehmen gemessen am Weltbruttoinlandsprodukt und an ihren ausländischen Konkurrenten heute kleiner sind als früher. Von den 50 umsatzstärksten Unternehmen der Welt sind 17 in US-amerikanischer, 13 in japanischer, sieben in deutscher und eines in britischer Hand. Keine einzige der 20 größten Banken ist US-amerikanisch!

Haushalte und Einkommen

Die Existenz zweier Unternehmenswelten verrät uns bereits einiges über die Struktur unseres Wirtschaftssystems. Doch die Wirtschaft besteht aus mehr als nur Unternehmen. Einen weiteren Baustein bilden die privaten Haushalte – jene gut 74 Millionen Familien sowie 35 Millionen Einpersonen- und nichtehelichen Mehrpersonenhaushalte, die zu Beginn des 21. Jahrhunderts die USA bevölkerten. (Zum Vergleich: In Deutschland gibt es gut 38,7 Millionen Privathaushalte, die sich in rund 14,2 Millionen Einpersonen- und etwa 24,5 Millionen Mehrpersonenhaushalte untergliedern.)

Was interessiert den Volkswirt an privaten Haushalten? Zum einen ist es die Tatsache, dass Haushalte die Quelle aller wirtschaftlich nutzbaren Arbeitskraft darstellen; diesem Aspekt werden wir uns später zuwenden. Entscheidender im Rahmen dieses ersten Streifzugs durch das Wirtschaftsgeschehen ist aber, dass eine Analyse der privaten Haushalte Aufschluss über die Einkommensverteilung innerhalb eines Landes gibt. Sie zeigt also, wie sich Reichtum und Armut innerhalb einer Gesellschaft verteilen. Wohlgemerkt: Diese Zahlen sagen nichts über die Veränderungen der Einkommensverteilung aus, auf die wir in der Einleitung dieses Buches hingewiesen haben; diese sind Thema einer späteren Erörterung. An dieser Stelle wollen wir uns jedoch einen allgemeinen Überblick über das Ausmaß der Armut in den Vereinigten Staaten verschaffen. Dieses Ausmaß verändert sich in der Regel nur langsam, obwohl gerade die letzten Jahre von einer unerfreulichen Zunahme der Armut begleitet waren.

Es gibt viele Möglichkeiten, die Verteilung von Einkommen zu beschreiben. Wir verwenden hier eine Methode, die ein Land in fünf Schichten gleicher Größe untergliedert, so als würde man einen großen Kuchen mehrmals horizontal durchschneiden. Mit Hilfe dieser Methode können wir in exakten Geldeinheiten angeben, was wir gemeinhin unter der Zugehörigkeit zur Gruppe der »Armen«, zur Arbeiterschicht, zur Mittelschicht und so weiter verstehen. Die entsprechenden Zahlen bergen einige Überraschungen.

Fangen wir mit der untersten Schicht an, die die »armen« und »armutsnahen« Haushalte umfasst. Nach unserer Definition sind das diejenigen 20 Prozent aller Haushalte mit dem niedrigsten Einkommen. Den Angaben des Statistischen Bundesamtes der Vereinigten Staaten zufolge lag 2001 das höchste Jahreseinkommen innerhalb dieser Schicht unter 24 000 US-Dollar. Zum Vergleich: Das US-Wirtschaftsministerium setzt die Schwelle, ab der ein Vier-Personen-Haushalt als »arm« gelten kann, bei einem Einkommen von 19 100 US-Dollar an. Wir übertreiben also nicht übermäßig, wenn wir das unterste Fünftel aller US-Haushalte als im Wesentlichen arm oder armutsnah bezeichnen.[8]

Der mit der Überschrift »Armut« versehene Kasten auf Seite 70 zeigt einige der besonderen Merkmale armer Haushalte. Daneben müssen wir uns aber zwei weitere wichtige Tatsachen vor Augen halten: Zum einen erscheinen nicht alle Haushalte, die bei einer Volkszählung als arm identifiziert wurden, auch in der nächsten Volkszählung wieder in dieser Kategorie. Etwa jeder siebte arme Haushalt besteht aus einem oder mehreren jungen Menschen, der oder die am Anfang ihrer beruflichen Laufbahn stehen. Einige dieser Berufseinsteiger werden bald der Armut den Rücken kehren. Weiterhin besteht die Gruppe der armen Haushalte zu einem Drittel aus älteren Personen, von denen viele einst vor ihrem Ausscheiden aus dem Berufsleben deutlich mehr verdient haben. Wir müssen dabei auch feststellen, dass viele Haushalte, die zum Zeitpunkt einer Volkszählung nicht arm waren, später in Armut fallen können. Armut ist also kein vollkommen statischer, unveränderlicher Zustand. An jedem Tag werden einige Haushalte der Armut entkommen, während andere neu von ihr erfasst werden. Entscheidend ist natürlich der Saldo dieser Bewegungen. Wie wir im nächsten Kapitel sehen werden, ist dieser Saldo in den USA zuletzt leicht positiv ausgefallen; die Armut hat also zugenommen.

Ein zweiter Umstand verdient ebenfalls Beachtung: In drei Vierteln aller Haushalte unterhalb der Armutsgrenze gibt es mindestens einen Brotverdiener. Deren Armut ist also Ausdruck unzureichender Entlohnung. Mit anderen Worten: Ein beträchtlicher Teil der Armut ist der Tatsache geschuldet, dass einige Arbeitsplätze nicht genügend Lohn abwerfen, um ihre Inhaber über die Armutsschwelle zu heben. In einigen Regionen der Vereinigten Staaten sind bestimmte Arbeiten so schlecht bezahlt, dass selbst zwei Arbeitsplatzbesitzer in einer Familie nicht hinreichen, um diese aus der Armut zu befreien. Dies gilt insbesondere, wenn einer der beiden nur Saisonarbeit leistet – ein häufiger Fall unter umherziehenden Landarbeitern oder Einwanderern, die sich ihr Auskommen in den unbeliebtesten aller Tätigkeiten suchen müssen.

Normalerweise entscheidet die Art der Beschäftigung darüber, ob jemand zur Arbeiterschicht gerechnet wird. So bezeichnen wir einen Fabrikarbeiter als »Arbeiter«, obwohl er möglicherweise mehr verdient als ein angestellter Verkäufer.

Für unsere Zwecke wollen wir jedoch einfach die folgenden beiden Schichten des Einkommenskuchens zusammenfassen und als Arbeiterschicht bezeichnen. Diese Gruppe umfasst also diejenigen 40 Prozent aller Haushalte, die mehr verdienen als der arme Teil der Bevölkerung. Wir verwenden diese Methode, um herauszufinden, wie viel ein Haushalt verdienen muss, bevor er die so definierte Arbeiterschicht verlässt. Die Antwort lautet: 62 500 US-Dollar. Anders ausgedrückt verfügten Anfang des 21. Jahrhundert 40 Prozent der US-Haushalte über Jahreseinkommen zwischen 24 000 und 62 500 US-Dollar.

Nachdem wir nun die Zugehörigkeit der unteren drei Fünftel der US-Gesellschaft bestimmt haben – rund ein Fünftel ist arm, zwei Fünftel gehören der Arbeiterschicht an –, ist es an der Zeit, sich mit den oberen Einkommensgruppen zu beschäftigen. Werfen wir zunächst einen Blick auf die Reichen. Wo sind diese zu finden? Die Antwort lautet, dass Reichtum weniger mit Einkommen als vielmehr mit Vermögen zu tun hat – mit dem Besitz von Aktien, Anleihen, Immobilien und anderen Vermögensgegenständen. Mehr dazu in Kürze.

Unterhalb der Liga der Reichen befindet sich eine deutlich größere Gruppe, die wir als Oberschicht bezeichnen wollen. Sie umfasst nach unserer Definition die oberen 5 Prozent der Bevölkerung eines Landes. Hier finden sich erfolgreiche Ärzte, Rechtsanwälte und Geschäftsleute, die Spitzenpiloten der großen Fluglinien, das obere bis mittlere Management und auch einige Professoren. Im Jahre 2001 fand Eintritt in diesen Kreis der oberen 5 Prozent, wer ein Jahreseinkommen von mehr als 164 100 US-Dollar vorweisen konnte.

Nun müssen wir uns noch mit der Mittelschicht befassen – jener sozialen Gruppierung, der wir alle anzugehören glauben. Sie umfasst nach unserer Methode 35 Prozent der Bevölkerung eines Landes – das heißt alle Haushalte, die mehr als das Spitzeneinkommen der Arbeiterschicht von 62 500 US-Dollar, aber weniger als das niedrigste Einkommen der Oberschicht von 164 100 US-Dollar verdienen. Ein durchschnittliches Ehepaar verdiente 2001 bei Berufstätigkeit beider Eheleute jährlich gut 60 000 US-Dollar – fast genug, um in den Kreis der Mittelschicht aufgenommen zu werden. Kein Wunder, dass sich in der amerikanischen Gesellschaft ein Mittelschichtsbewusstsein breit gemacht hat, das unabhängig von der beruflichen Tätigkeit oder sozialen Herkunft der einzelnen Familien besteht.[9]

Es liegt auf der Hand, dass in den Vereinigten Staaten große Einkommensunterschiede bestehen. Vor einigen Jahren bemerkte Paul Samuelson, der vielleicht berühmteste amerikanische Volkswirt, dass eine Einkommenspyramide aus Legosteinen, bei der jeder Stein 1 000 US-Dollar an Einkommen repräsentiert, den Eiffelturm weit überflügeln würde, und doch befänden sich die meisten Menschen nicht mehr als einen Meter vom Boden entfernt. (Vergleichszahlen für Deutschland, das weit geringere Einkommensunterschiede aufweist, finden Sie in Tabelle 3.)

Viel auffälliger noch als die Einkommensungleichheit präsentiert sich die Ungleichheit der Vermögensverhältnisse in den Vereinigten Staaten, wie aus Tabelle 4 ersichtlich ist (Vergleichswerte für Deutschland zeigt Tabelle 5).

Tabelle 3: Verteilung des Nettoeinkommens in Deutschland, 2000

Haushalte	Gesamt	1. Fünftel	2. Fünftel	3. Fünftel	4. Fünftel	5. Fünftel
Verfügbares Einkommen (in Mrd. DM)	1 912,6	130,2	223,0	322,1	452,3	78,0
Anteil am Gesamteinkommen	100%	6,8%	11,7%	16,8%	23,6%	41,0%
Durchschnittl. Einkommen je Haushalt (in Tsd. DM)	65,3	22,2	38,1	55,0	77,2	134,0

Quelle: Lebenslagen in Deutschland. Der erste Armuts- und Reichtumsbericht der Bundesregierung. Bundesministerium für Arbeit und Sozialordnung, 2001.

Tabelle 4: Vermögensverteilung der Haushalte in den USA, 1988*

Anteil der Haushalte an der Gesamtbevölkerung	Nettovermögen (in US-$)
Die untersten 25 %	< 5 000
Die nächsten 30 %	5 000–50 000
Die nächsten 35 %	50 000–250 000
Die obersten 10 %	> 250 000

* Hinweis: Diese Zahlen sind deutlich weniger aktuell als diejenigen bezüglich der Einkommensverteilung, doch neuere gibt es nicht. Grund dafür ist die Schwierigkeit, entsprechende Daten zusammenzutragen. Die verlässlichste Studie zum Thema findet sich in dem Buch von Edward N. Wolff, *Top Heavy*, New York 1996.

Tabelle 5: Verteilung des Nettovermögens in Deutschland, 2000

	Gesamt	1. Fünftel	2. Fünftel	3. Fünftel	4. Fünftel	5. Fünftel
Nettovermögen (in Mrd. DM)	7433,4	228,6	681,4	1199,8	1918,8	3404,7
Anteil am gesamten Nettovermögen (in %)	100	3,1	9,2	16,1	25,8	45,8
Durchschnittl. Nettovermögen je Haushalt (in Tsd. DM)	253,8	39,0	116,3	204,8	327,6	581,1

Quelle: Lebenslagen in Deutschland. Der erste Armuts- und Reichtumsbericht der Bundesregierung. Bundesministerium für Arbeit und Sozialordnung 2001.

Wie Tabelle 4 verdeutlicht, besaß ein Viertel aller US-Haushalte praktisch kein Vermögen. Zu dieser Kategorie gehörten natürlich das untere Fünftel (die »Armen« der Gesellschaft) sowie der untere Teil jener Gruppe, die wir als Arbeiterschicht bezeichnet haben. Die nächsten 30 Prozent verfügten über bescheidene Vermögenswerte, zu denen in erster Linie ihr Eigenheim, ihr Kraftfahrzeug und das Guthaben auf ihren Sparkonten zählten. Nun erreichen wir allmählich das Terrain der Mittelschicht. Hier treffen wir erstmals auf bedeutendere Vermögen, die an der Grenze zur Oberschicht bis auf 250 000 US-Dollar angewachsen sind – der Gegenwert eines stattlichen Eigenheimes, einiger Versicherungsprämien und anderer Sparanlagen. Hier kommen auch

Aktien und Anleihen ins Spiel: Rund 20 Prozent aller US-Amerikaner besitzen Wertpapiere.

Die Statistik verrät uns aber noch etwas anderes über die Einkommensverteilung am oberen Ende der Fahnenstange. Im Jahr 1988 verfügten in den Vereinigten Staaten 940 000 oder rund 2 Prozent aller Haushalte über ein Nettovermögen von mehr als 1 Million US-Dollar. Zu den Vermögenswerten dieser Gruppe gehörten die Eigenheime oder Privatunternehmen, die sich im Besitz dieser Haushalte befanden. Würde man den Vermögenswerten nur die Kapitalanlagen wie etwa Aktien, Anleihen und Versicherungen zurechnen, so fiele die Zahl der Haushalte mit einem Vermögen von mehr als 1 Million Dollar deutlich auf etwa 250 000 – was einem halben Prozent aller Haushalte entspricht. In den neunziger Jahren hat sich diese Zahl vermutlich verdoppelt.

Wie hoch ist das Gesamtvermögen aller Millionäre? Wir wissen es nicht genau. Schätzungen aus den sechziger Jahren besagen, dass damals die Millionärshaushalte die Hälfte bis zwei Drittel des Gesamtwertes aller Aktien, Anleihen und Privatimmobilien besaßen. Dieses Verhältnis verändert sich mit dem Verlauf der Inflation sowie mit dem Auf und Ab der Aktienmärkte. In den späten sechziger und frühen siebziger Jahren, als die Inflation allmählich in Schwung kam, blieb das Kursniveau an den Börsen nahezu unverändert. Die Folge war, dass ein Haushalt mit einem durchschnittlichen Aktienportfolio einen erheblichen realen Vermögensverlust hinnehmen musste. Wer 1972 ein Portfolio im Wert von 1 Million Dollar besaß, hätte bis 1981 die Hälfte von dessen Kaufkraft eingebüßt. In jenem Jahr setzten die Aktienkurse jedoch zu einem allmählichen Anstieg an, um sich im Zuge des Börsenbooms der Jahre 1985 und 1986 schließlich zu verdoppeln. Ein weiterer Boom führte bis 1992 zu einer erneuten Verdoppelung. Wie es danach weiterging, beschreiben wir in Kapitel 18.

Armut

Mitte der neunziger Jahre lebten 36 Millionen der US-Amerikaner unterhalb der offiziellen Armutsgrenze. Welche besonderen Eigenschaften kennzeichnen diese Haushalte? Hier sind einige von ihnen:

- *Alter:* Gut 10 Prozent aller armen Haushalte bestanden aus Rentnern.
- *Jugend:* Das Armutsrisiko lag für Haushalte mit einem Haushaltsvorstand unter 25 Jahren höher als für solche mit einem Haushaltsvorstand zwischen 25 und 64 Jahren.
- *Hautfarbe:* Etwa 30 Prozent aller Armen waren schwarzer Hautfarbe. Rund ein Drittel aller schwarzen Haushalte und die Hälfte aller schwarzen Kinder lebten in Armut.
- *Geschlecht:* Das Armutsrisiko lag für Haushalte mit weiblichem Haushaltsvorstand sechs Mal so hoch wie für solche mit männlichem Haushaltsvorstand.
- *Schulbildung:* Fast die Hälfte aller Vorstände von armen Haushalten besaßen keinen höheren Schulabschluss.

Natürlich überschneiden sich viele dieser Merkmale und verstärken sich gegenseitig: Arme Haushalte sind oft alt, schwarz und gering gebildet. Keines der genannten Merkmale spielt für sich alleine eine entscheidende Rolle für die Zugehörigkeit eines Haushalts zur Gruppe der Armen. So sind Menschen nicht nur deshalb arm, weil sie über keine Schulbildung verfügen, sondern ihnen fehlt es deshalb an Schulbildung, weil sie arm sind. Armut erzeugt weitere Armut.

Die Parade der Einkommen

Nehmen wir einmal an, wir würden die Bevölkerung anhand der Höhe ihrer jeweiligen Einkommen aufreihen, in gleicher Weise, wie wir die Umsätze der Unternehmen als Flaggenparade dargestellt haben. Die Höhe des mittleren US-Haushalts, der über das Medianeinkommen des Jahres 1995 von 34 000 US-Dollar verfügt, betrüge 1,83 Meter. Dies ist die Höhe, die wir als Beobachter einnehmen wollen. Wie würde sich uns nun die Parade präsentieren?[10]

Am Anfang der Parade stünden einige Haushalte, die *unter* der Erde angesiedelt wären, denn es gibt natürlich Haushalte, die ein negatives Einkommen aufweisen, die also in einem Kalenderjahr Verluste hinnehmen mussten. Diese Verluste rühren zumeist aus unternehmerischer Tätigkeit und sind nicht mit allgemeiner Armut verbunden. Ihnen dicht auf den Fersen folgt eine lange Reihe von Zwergen, die etwa ein Fünftel aller Haushalte ausmachen. Sie erreichen kaum eine Höhe von einem Meter, manche von ihnen sind kleiner als 30 Zentimeter.

Erst zur Mitte der Parade treffen wir auf Menschen, denen wir auf Augenhöhe gegenüberstehen. Nun folgen die Riesen. Zu Beginn der letzten 5 Prozent unserer Parade, wo die Einkommen eine Höhe von 100 000 US-Dollar erreicht haben, sind die Menschen bereits sechs Meter groß. Ganz am Ende der Parade erreichen die Menschen das Hundert- bis Tausendfache des Durchschnitts. Wie hoch ist das höchste Einkommen in den Vereinigten Staaten? Wir wissen es nicht: Es steht zu vermuten, dass die gut 60 Milliardäre mit amerikanischem Pass über Jahreseinkommen von mehr als 100 Millionen US-Dollar verfügen.

Der Staat

Unser erster Streifzug durch die Wirtschaft steht kurz vor dem Abschluss. Zuvor müssen wir uns jedoch noch mit einer letzten Institution befassen: dem Staat. Wie kann man sich ein klares Bild von einem so vielschichtigen und komplexen Mechanismus verschaffen? Einen einzigen, geschweige denn einfachen Weg dahin gibt es nicht. Zwar wird der öffentliche Sektor im weiteren Verlauf dieses Buches immer deutlichere Konturen annehmen. Doch irgendwo müssen wir anfangen – am besten mit einigen Zahlen.

Wie man anhand der Tabellen 6 und 7 unschwer erkennt, ist der privatwirtschaftliche Sektor, gemessen an wirtschaftlichen Kategorien wie der Ausbringung (auch als *Produktionswert* oder *Output* bezeichnet) oder der Anzahl der Beschäftigten, deutlich größer als der öffentliche. Doch eine solche Aussage untertreibt den tatsächlichen Umfang der öffentlichen Hand und ihres Reichtums. Wie soll man etwa den

Tabelle 6: Öffentlicher und privater Sektor in den USA, 2001*

	Öffentlicher Sektor	Privater Sektor
Gesamtproduktionswert (in US-$)	1 281,3 Mrd.	8 800,8 Mrd.
Anzahl der Angestellten	6,1 Mio.	130,8 Mio.

* Werte geschätzt

Tabelle 7: Öffentlicher und privater Sektor in Deutschland, 2000

	Öffentlicher Sektor	Privater Sektor
Gesamtproduktionswert (in €)	280,21 Mrd.	3 436,95 Mrd.
Anzahl der Angestellten	4 816 200	31 719 800

Quelle: Bundesamt für Statistik, *Statistisches Jahrbuch 2003*, Wiesbaden 2003.

staatlichen Landbesitz bewerten? Schließlich befindet sich ein Drittel des Territoriums der Vereinigten Staaten in öffentlichem Eigentum. Welchen ökonomischen Wert misst man dem Instrumentarium der nationalen Verteidigung zu? Wie bewertet man das staatliche Monopol zum Druck von Geld? Solche Fragen zeigen, dass sich der Größenvergleich zwischen privatwirtschaftlichem und öffentlichem Sektor schwieriger gestaltet als zunächst angenommen.

Dennoch gibt es zwei Umstände, denen wir bereits jetzt große Beachtung schenken sollten: Zum einen beschränkt sich der »Staat« keineswegs nur auf den Bundesstaat. Zwar greift dieser, wie wir sehen werden, auf vielfältige und maßgebliche Weise in den Wirtschaftsablauf ein. Doch wir sollten darüber nicht vergessen, dass es die Einzelstaaten beziehungsweise Länder und die Kommunen sind, die einen Großteil der Arbeitsplätze im öffentlichen Sektor stellen – in den Vereinigten Staaten sind in den Verwaltungen der Gemeinden, Kreise (*counties*) und Bundesstaaten rund vier bis fünf Mal so viele Menschen beschäftigt wie in der Hauptstadt Washington (das gleiche Verhältnis zwischen Bundesstaat auf der einen sowie Ländern und Gemeinden auf der anderen Seite präsentiert sich in Deutschland).

Darüber hinaus liegt die Wirtschaftsleistung der Einzelstaaten beziehungsweise der Länder und der Kommunen auf den meisten Gebieten deutlich höher als diejenige des Bundesstaates, wie die Tabellen 8 und 9 belegen. Die Wirtschaftsleistung der öffentlichen Hand ist Bestandteil der Gesamtwirtschaftsleistung eines Landes. Der einzige Bereich, in dem die Wirtschaftsleistung des US-Bundesstaates diejenige der nachgeordneten Gebietskörperschaften übertrifft, ist die Verteidigung, in Deutschland gilt dies auch für den Bereich Energie- und Wasserwirtschaft, Gewerbe und Dienstleistungen.[11] Die Tabellen 8 und 9 sollten unter diesem Aspekt gelesen werden, denn sie zeigen, wie umfangreich das Spektrum staatlicher Aktivitäten ausfällt, das den untergeordneten Verwaltungen übertragen ist – viel umfangreicher jedenfalls, als es das Klischee des formularverliebten Bürokraten nahelegt.

Tabelle 8: Ausgewählte Ausgaben des Bundes gegenüber den entsprechenden Ausgaben der Einzelstaaten und Kommunen in den USA, 2000

	Bund (in Mrd. US-$)	Einzelstaaten/Kommunen (in Mrd. US-$)
Verteidigung	294,5	0
Bildung	53,8	521,6
Straßenbau	31,7	101,3
Gesundheit	154,5	51,4
Wohnungsbau und Versorgung	10,6	26,6
Energie- und umweltpolitische Maßnahmen	25	20,2

Tabelle 9: Ausgewählte Ausgaben des Bundes gegenüber den entsprechenden Ausgaben der Länder und Gemeinden in Deutschland, 2001

	Bund (in Mrd. €)	Länder u. Gemeinden (in Mrd. €)
Verteidigung	23,1	0
Bildung u. Wissenschaft	9,5	80,9
Verkehr (Straßen)	5,9	10,8
Gesundheit	2,7	12,1
Wohnungsbau u. Versorgungsbetriebe	1,6	25,1
Energie- und Wasserwirtschaft, Gewerbe, Dienstleistungen	12,7	9,4

Quelle: Bundesamt für Statistik, *Statistisches Jahrbuch 2003*, Wiesbaden 2003.

Die Vielfalt an Leistungen der öffentlichen Hand zeigt uns – und hierin liegt die zweite bedeutsame Tatsache –, dass der Staat nicht nur eine Belastung für die Wirtschaft darstellt, wie es mancherorts heißt. Jeder, der einmal zur Schule gegangen ist, im Krankenhaus war, eine Straße befahren hat oder in einem Flugzeug geflogen ist, das durch ein staatliches Landelichtsystem geleitet wurde, ist Empfänger öffentlicher Leistungen gewesen und wird erkennen, wie unersetzlich staatliche Produktion sein kann. Selbst diejenigen, die immerzu die nervtötende Bürokratie und die Ineffizienz staatlicher Aktivitäten betonen (obwohl der Staat auf beides kein Monopol besitzt), sollten bedenken, dass das freie Unternehmertum selbst, wie auch unsere Wirtschaft als Ganzes und überhaupt jedes Wirtschaftssystem, von einer unsichtbaren staatlichen Leistung abhängen: der Gewährleistung einer Rechtsordnung.

4

DER TREND:
WOHIN DIE REISE GEHT

Zu Beginn dieses Kapitels werfen wir einen Blick zurück und wagen gleichzeitig einen kurzen Ausblick. In der Einleitung haben wir auf einige bedeutende Entwicklungen der jüngsten Zeit hingewiesen, die uns dazu anregten, dieses Buch zu schreiben. Vielleicht wundern Sie sich, warum wir auf diese Fragen bislang nicht eingegangen sind. Doch wir sind noch nicht ganz so weit. Bevor wir uns dem Naheliegenden zuwenden können, muss zunächst das Gesamtbild klare Konturen erhalten – ebenso wie ein Arzt zunächst die Krankengeschichte seines Patienten erforscht, bevor er zur Diagnose schreitet und ein Rezept ausstellt.

Wenden wir uns also dem »Trend der Dinge« zu; einem Aspekt, den wir bis jetzt ignoriert haben. Unser Ziel ist es dabei nicht, eine »Landkarte« der Wirtschaft zu zeichnen, sondern ein Gefühl für ihre Lebensgeschichte zu entwickeln. Unser wichtigster Eindruck beim Betrachten der Wirtschaft ist natürlich der eines unaufhaltsamen Wachstumsprozesses. Alles scheint beständig an Größe zuzunehmen. Die durchschnittliche Unternehmensgröße ist angewachsen; die Zahl der Haushalte hat genauso zugenommen wie deren durchschnittliches Vermögen; ebenso ist der öffentliche Sektor gewachsen. Und neben alldem hat sich auch das Fundament aller Transaktionen zwischen diesen Akteuren, die Marktwirtschaft selbst, mit der Zeit immer weiter ausgedehnt.

Natürlich beschränkt sich unser Eindruck nicht auf den Wachstumsaspekt. Ebenso wie die Größe der Unternehmen hat sich auch deren Charakter seit Beginn des 19. Jahrhunderts deutlich verändert. Die Zahl der Kapitalgesellschaften ist deutlich gestiegen, Gleiches gilt für den Grad an Diversifizierung in der Unternehmenswelt. Dagegen nimmt die Anzahl der Familienunternehmen immer weiter ab. Auch der Begriff des privaten Haushalts hat sich verändert, denn heutzutage ist jede zweite verheiratete Frau berufstätig. Moderne Gewerkschaften sind nicht länger Fachgewerkschaften, deren Mitglieder ausschließlich einer einzigen Berufsgruppe angehören. Schließlich ist nicht nur das Ausmaß der Aktivität der öffentlichen Hand angewachsen, auch ihr Wesen hat sich mit den Jahren verändert.

Wirtschaftliches Wachstum

Trotz alledem ist es das Wachstum der Wirtschaft, das uns besonders auffallen muss. Der Blick durch die Kameralinse zeigt ein Bild, für dessen Wiedergabe ein immer größerer Bildschirm erforderlich ist – aus dem einfachen Grund, dass dieser Bildschirm einen immer breiteren Strom an Gütern und Dienstleistungen einfangen muss. Betrachten wir daher zunächst den phänomenalen Anstieg des in Geldeinheiten gemessenen Outputs der US-Wirtschaft (Abbildung 1). Dieser Output, der sämtliche erstellten Güter und Dienstleistungen sowohl des öffentlichen als auch des privaten Sektors umfasst, wird als *Bruttoinlandsprodukt* (BIP) bezeichnet. Im nächsten Kapitel werden wir diese Größe im Einzelnen definieren. An dieser Stelle mag es genügen, einen Blick auf den beeindruckenden Anstieg des US-amerikanischen BIP im Zeitraum von 1900 bis 2002 zu werfen. (Abbildung 2 zeigt zum Vergleich das Wachstum des deutschen BIP in der Zeit von 1950 bis 1997.) In Teil II dieses Buches werden wir uns eingehender mit der Entwicklung nach 1980 beschäftigen.

Wie man erkennt, ist der in Geldeinheiten gemessene Output in dem früheren Zeitraum ungefähr um das Einhundertfache gestiegen. Doch zweifellos ist nun bereits ein Warnsignal vor Ihren Augen aufgeleuchtet: Wenn man das Wachstum des BIP im Zeitverlauf betrachtet und

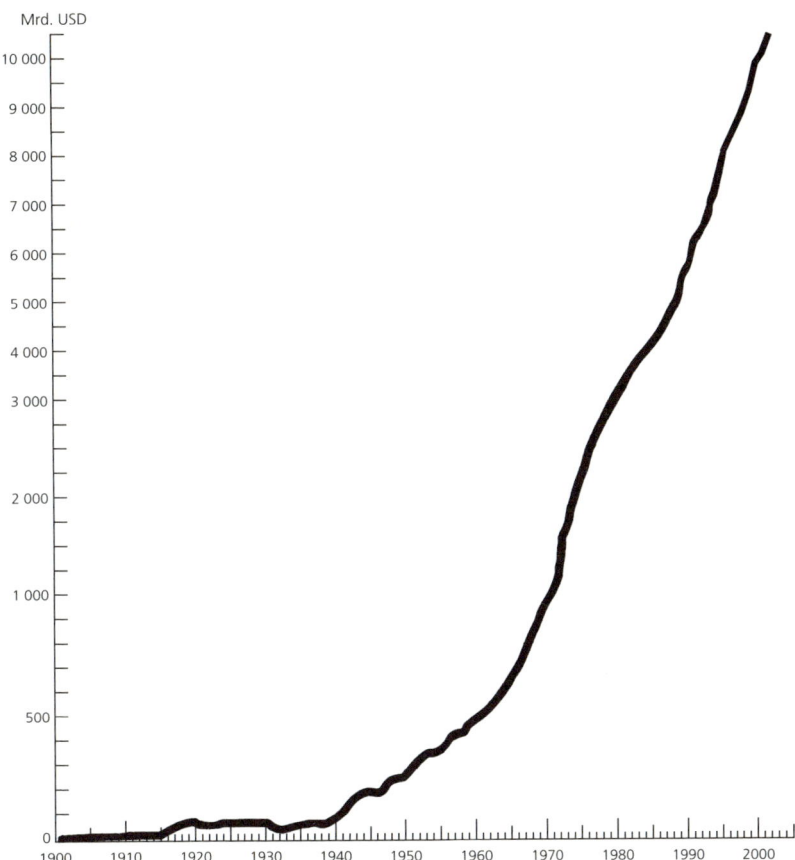

Abbildung 1: Nominales Bruttoinlandsprodukt (BIP) der USA, 1900 bis 2002

dabei seinen in Geldeinheiten gemessenen Wert zugrunde legt, wäre es dann nicht möglich, dass man einen reinen Preisanstieg als echtes Wirtschaftswachstum missdeutet?

Diese Bedenken sind völlig berechtigt. Nehmen wir einmal an, eine Wirtschaft produziere ausschließlich Weizen, und unterstellen wir weiterhin, dass Weizen im Jahr 1900 genau 1 US-Dollar, im Jahr 1980 aber 4 US-Dollar kostete. Der tatsächliche Output an Weizen habe aber unverändert bei 1 Million Tonnen gelegen. In diesem Beispiel hätte das BIP im Jahr 1900 somit 1 Million US-Dollar betragen

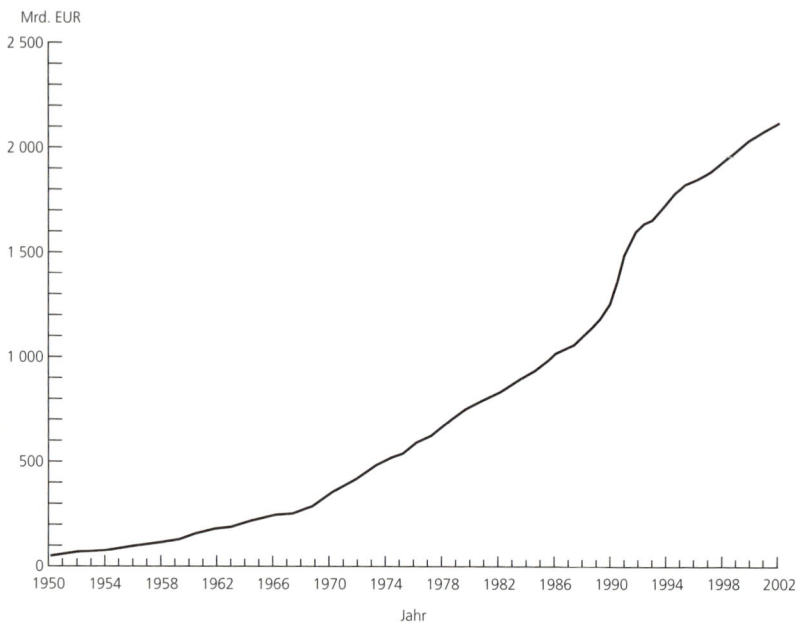

Abbildung 2: Nominales Bruttoinlandsprodukt (BIP) für Deutschland, 1950 bis 2002 (bis 1990 nur Westdeutschland)
Quelle: Statistisches Jahrbuch 2003.

(1 Million Tonnen × 1 Dollar), im Jahr 1980 dagegen 4 Millionen US-Dollar! Es liegt also auf der Hand, dass unsere Zahlen um die Inflationsentwicklung bereinigt werden müssen. Dies geschieht, indem man den Werten beider Vergleichsjahre dasselbe Preisniveau zuordnet. Bei einer solchen Berechnungsweise wird das BIP in unserem Beispiel unabhängig von dem gewählten Preisniveau natürlich stets unverändert bleiben.

Das anhand der jeweiligen Preise berechnete BIP wird als laufendes oder nominales BIP bezeichnet. Berechnet man jedoch das BIP über mehrere Jahre hinweg und legt man dabei die Preise eines einzigen Jahres zugrunde, erhält man das reale BIP. Es ist real in dem Sinne, dass der nur auf Preisbewegungen beruhende Teil der Outputveränderung eliminiert wurde. Das reale BIP misst daher die tatsächlichen Veränderungen der Produktionsmenge.

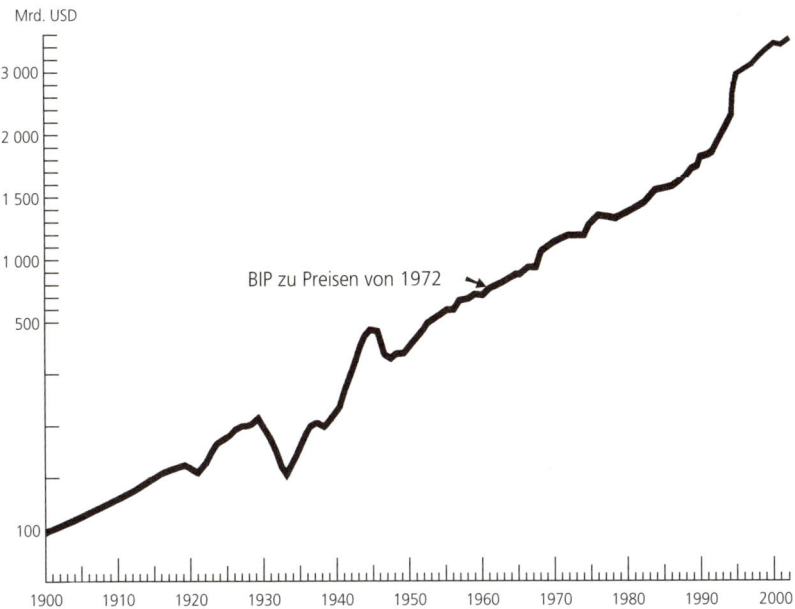

Mrd. USD

BIP zu Preisen von 1972

Abbildung 3: Reales BIP der USA, 1900 bis 2002

Die Abbildungen 3 und 4 zeigen, wie sich unsere Kurve verändert, wenn wir das BIP für jedes einzelne Jahr berechnen, indem wir das Preisniveau eines einzigen Jahres (hier 1972 beziehungsweise 1991) zugrunde legen. Zweifellos sieht das Ergebnis – im Fall der Vereinigten Staaten ein Anstieg um das 35fache – noch immer beeindruckend aus. Doch der Anstieg der Kurve vor Berücksichtigung der Inflation stellte sich weitaus dramatischer dar.

Eine weitere Anpassung muss vorgenommen werden: Nicht nur der Output ist im Verlauf des 20. Jahrhunderts kräftig angewachsen, sondern auch die Bevölkerung. Die Zahl der US-Bürger stieg im Zeitraum von 1900 bis 2002 von 76 auf etwa 287 Millionen. In Deutschland wuchs die Bevölkerung im selben Zeitraum von knapp 30 auf gut 82 Millionen. Um das reale BIP bewerten zu können, müssen wir es mit der Größe der Bevölkerung in Beziehung setzen und erhalten auf diese Weise das BIP pro Kopf. Diese Berechnung führt zu überraschenden Erkenntnissen: Seit Beginn der wirtschaftsstatistischen Aufzeichnun-

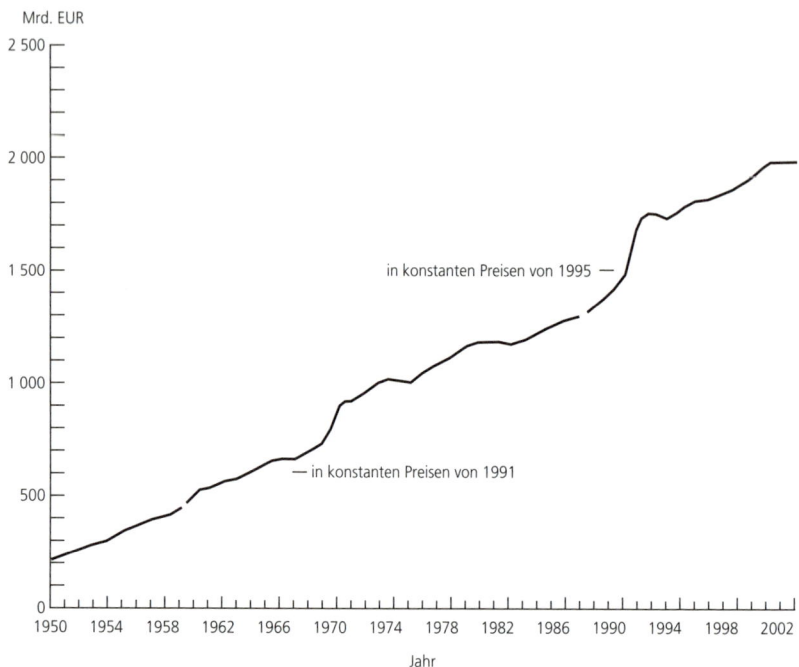

Abbildung 4: Reales BIP für Deutschland, 1950 bis 2002 (bis 1990 nur West-deutschland)
Quelle: Statistisches Jahrbuch 2003.

gen im 19. Jahrhundert ist die Wachstumsrate des Pro-Kopf-BIP relativ konstant geblieben. Zwar gab es immer wieder Abweichungen von diesem Trend, manche davon waren auch stärker ausgeprägt. Doch diese Schwankungen bewegten sich zumeist innerhalb einer Spanne von 10 Prozent beiderseits der Haupttrendlinie.

Dieser Haupttrend beläuft sich auf ein jährliches reales Pro-Kopf-Wachstum von circa 1,5 Prozent. Obwohl sich dieser Wert vergleichs-weise bescheiden ausnimmt, ist es ihm doch zu verdanken, dass sich der reale Lebensstandard pro Kopf in den Vereinigten Staaten alle 47 Jahre verdoppelt hat – das Fleisch gewordene Wachstumsmodell des Adam Smith!

Dieser lange, beständige Aufwärtstrend ist im Wesentlichen das

Ergebnis zweier Einflüsse: Zum einen hat sich die *Quantität* der im Wirtschaftsprozess eingesetzten Produktionsmittel erhöht. Das Arbeitskräftepotenzial in den Vereinigten Staaten stieg im Zeitraum von 1900 bis 1980 von 27 Millionen auf 108 Millionen. Es liegt auf der Hand, dass zusätzliche Arbeitskräfte auch zusätzliche Güter und Dienstleistungen produzieren. Ebenso stieg der Einsatz von Kapitalgütern. So belief sich im Jahr 1900 die Gesamtzahl der von allen »Primärenergieträgern« – insbesondere Maschinen, Arbeitstieren, Schiffen und Eisenbahnen – geleisteten Pferdestärken auf 65 Millionen. Im Jahr 1980 war diese Leistung auf 30 Milliarden Pferdestärken angestiegen.

Zum anderen hat sich auch die *Qualität* der eingesetzten Produktionsmittel verbessert. Nicht nur verfügte die US-Wirtschaft 1980 über deutlich mehr Arbeitskräfte als noch 1900, sondern diese waren auch besser ausgebildet. Dies lässt sich vielleicht am besten anhand des Schulbildungsstands verdeutlichen. Im Jahre 1900, als gerade einmal 6,4 Prozent der berufstätigen Bevölkerung eine weiterführende Schule besucht hatten, besaß diese einen Gesamtbildungsstand von 223 Millionen Schuljahren. 80 Jahre später konnten zwei Drittel der Bevölkerung einen höheren Schulabschluss vorweisen, mit der Folge, dass der Gesamtbildungsstand auf über eine Milliarde Schuljahre angewachsen war.

In gleicher Weise hat sich mit zunehmender Menge auch die Qualität der eingesetzten Kapitalausrüstung verbessert. Ersichtlich ist dies beispielsweise anhand der Entwicklung des für die gesamtwirtschaftliche Produktion so wichtigen Wegenetzes. Im Jahr 1900 verfügten die Vereinigten Staaten über ein Netz an versiegelten Straßen von etwa 240 000 Kilometern Länge. Bis 1980 war dieses auf nahezu 6,5 Millionen Kilometer angewachsen – ein Zuwachs von über 2 500 Prozent. Als viel entscheidender noch für die Transportkapazität erwies sich der qualitative Unterschied zwischen beiden Straßennetzen: das eine geprägt von engen Schotterwegen, die Höchstgeschwindigkeiten von allenfalls 15 bis 30 Kilometer pro Stunde zuließen; das andere in Form von mehrspurigen Beton- oder Asphalttrassen angelegt, mit entsprechend schnell fließendem Verkehr.

Es lassen sich noch weitere Wachstumsquellen anführen, darunter Verlagerungen bei der Berufswahl der Arbeitskräfte sowie Effizienzgewinne aufgrund der Massenproduktion von Gütern, doch entscheidend bleiben das quantitative und qualitative Wachstum der eingesetzten Produktionsmittel. Dabei kommt den qualitativen Verbesserungen der eingesetzten Produktionsmittel – des so genannten Humankapitals sowie der Kapitalausrüstung – ein weitaus bedeutenderer Anteil am wirtschaftlichen Wachstum zu als den rein quantitativen Veränderungen. Ein höherer Ausbildungsstand und eine verbesserte Technologie erhöhen die Produktivität der Arbeitskräfte, sprich die Menge an Gütern und Dienstleistungen, die in einem gegebenen Zeitraum hergestellt werden können.

Der Trend zum Big Business

Kommen wir nun zum Unternehmenssektor. Hier fällt eine Veränderung unmittelbar ins Auge: der erhebliche Bedeutungsverlust der unabhängigen, kleinen Betriebe mit ihren selbstständigen Beschäftigten, die heute zunehmend eine Randgruppe darstellen.

Im Jahr 1900 gab es in den Vereinigten Staaten noch rund acht Millionen eigenständige Betriebe, von denen 5,7 Millionen in der Landwirtschaft tätig waren. Anfang der neunziger Jahre war die Zahl der Einzelunternehmen, wie wir im letzten Kapitel gesehen haben, auf über 14 Millionen angestiegen, darunter 2,1 Millionen landwirtschaftliche Betriebe. Gleichzeitig hatte sich die Zahl der abhängig Beschäftigten mehr als verdreifacht. Der prozentuale Anteil der Selbstständigen an dem gesamten Arbeitskräftepotenzial ist somit von etwa 30 Prozent im Jahr 1900 auf heute rund 7,5 Prozent zurückgegangen.

Mit dem Bedeutungsverlust der Selbstständigen ging der Aufstieg der Unternehmensriesen einher. Zu Beginn des 20. Jahrhunderts war die Unternehmensform des Konzerns gerade im Entstehen begriffen. Der Finanzier J. P. Morgan gründete 1901 mit der United States Steel Corporation das weltweit erste milliardenschwere Unternehmen, das er aus zwölf kleineren Betrieben zusammenfügte. In diesem Jahr betrug die Marktkapitalisierung sämtlicher Aktiengesellschaften mit einem Wert von mehr als 1 Million Dollar gerade einmal 5 Milliarden US-Dollar. Drei Jahre später, im Jahr 1904, hatte sich dieser Wert auf 20 Milliarden US-Dollar erhöht. Im Jahr 1985 lautete er auf rund 10 Billionen US-Dollar.

Es wird niemanden überraschen, dass die Ausbreitung des Big Business als Haupttrend der letzten 80 Jahre bezeichnet werden muss. Interessanter erscheint da schon die Frage, ob dieser Trend sich weiter fortsetzt. Die Antwort darauf fällt nicht leicht, denn Wachstum lässt sich auf verschiedene Weisen definieren.

Zweifellos hat das Gewicht der größten Unternehmen innerhalb der Gruppe der Kapitalgesellschaften zugenommen, wie Tabelle 10 belegt. Mit der Vorhersage dieses Trends hat Marx also Recht behalten.

Tabelle 10: Prozentualer Anteil der größten Hersteller am gesamten Vermögenswert aller US-Unternehmen

	1948	1960	1970	1975	1983	1991 (geschätzt)*
100 größte Unternehmen	40,2	46,4	48,5	45,0	48,3	69,5
200 größte Unternehmen	48,2	56,3	60,4	57,5	60,8	88,7

* aktuellste verfügbare Zahlen

Die Tabelle zeigt, dass im Jahr 1983 die 100 größten Firmen einen ähnlich hohen Anteil am gesamten Vermögenswert aller Unternehmen besaßen, wie ihn im Jahr 1948 die *200* größten Betriebe beansprucht hatten. Diese wachsende Konzentration von Vermögenswerten in den Händen der mächtigsten Unternehmen muss jedoch von einem Trend zur Monopolisierung unterschieden werden. Unter Monopolisierung verstehen wir das zunehmende Gewicht eines Unternehmens in einem bestimmten Markt, etwa dasjenige von GM innerhalb der Automobilbranche. In den allermeisten Märkten ist der Anteil der größten Unternehmen nicht wesentlich gestiegen und oft sogar zurückgegangen, obwohl das Gesamtvermögen der Unternehmenswelt sich zunehmend in ihren Händen konzentriert.

Der Trend zur Konzentration der Vermögenswerte lässt sich ebenso erklären wie der Wachstumstrend des BIP. Volkswirte nennen im Wesentlichen drei Gründe für diese Entwicklung: Erstens hat der technische Fortschritt die Massenproduktion von Gütern und Dienstleistungen ermöglicht. Die zunehmende Größe von Unternehmen ist in erster Linie der technologischen Entwicklung geschuldet. Ohne die Erfindung der Dampfmaschine, der Drehbank oder der Eisenbahn ist das Aufkommen des Big Business nur schwer vorstellbar.

Doch die Technologie ermöglichte mehr als nur Massenproduktion. Sie führte in aller Regel auch zu einem wirtschaftlichen Phänomen, das man als *Kostendegression* oder auch als *Effekt der steigenden Skalenerträge* bezeichnet. Der Produktionsprozess wurde also durch die verbesserte Produktionstechnik nicht nur ausgeweitet, sondern auch verbilligt. Die Kosten je hergestellter Einheit fielen mit steigender Output-Menge. Ein ausgezeichnetes Beispiel für dieses Phänomen liefert der Übergang von der stückweisen Montage zur Fließbandproduktion in der Automobilindustrie (siehe Einschub, S. 85).

Steigende Skalenerträge sorgten für einen weiteren Wachstumsschub hinsichtlich der Unternehmensgröße. Pioniere bei der Einführung von Techniken zur Massenproduktion sicherten sich zumeist einen Wettbewerbsvorteil vor der Konkurrenz, den sie zu einem ungehinderten Wachstum nutzen konnten, wodurch sich ihr Vorsprung weiter vergrößerte. Das erstmalige Auftreten sehr großer Unternehmen lässt sich in vielen Branchen insbesondere auf diese die Kosten reduzierenden Vorteile zurückführen. Ebenso erklärt das Fehlen entsprechender Technologien, warum in bestimmten Branchen keine Unternehmensriesen entstanden.

Ein zweiter Grund für das Aufkommen des Big Business liegt in den Zusammenschlüssen von Kapitalgesellschaften. Seit der Bildung von U.S. Steel durch J. P. Morgan sind Fusionen stets eine Hauptquelle des Unternehmenswachstums gewesen. Die erste Fusionswelle erfasste die Vereinigten Staaten bereits zum Ende des 19. Jahrhunderts und brachte die ersten Unternehmensgiganten hervor, darunter U.S. Steel. Im Jahre 1890 regierte noch überall der Wettbewerb; nirgendwo gab es ein marktbeherrschendes Unternehmen. Bis 1904 waren – meist durch

Zusammenschlüsse – in 78 Einzelbranchen ein oder zwei Marktführer entstanden, die mehr als die Hälfte des Branchenoutputs bestritten.

Zwischen 1951 und 1960 verschwanden wiederum ein Fünftel der 1 000 größten Kapitalgesellschaften von der Bildfläche – nicht aufgrund von Insolvenz, sondern weil sie von anderen Unternehmen aufgekauft wurden. Insgesamt sind Fusionen für rund zwei Fünftel der Zunahme an Konzentration in der US-Wirtschaft zwischen 1950 und 1970 verantwortlich; der verbleibende Rest ist Folge internen Wachstums.

Schließlich fördert auch der Konjunkturzyklus die Herausbildung von Konzentration. Konjunkturelle Abschwünge oder Rezessionen stürzen manch kleines Unternehmens in den Konkurs und ermöglichen es größeren und solventeren Firmen, solche Unternehmen preisgünstig aufzukaufen. Wieder einmal bewahrheitet sich eine Marxsche Voraussicht: Wenn eine Industrie bedroht ist, sterben die kleinen Unternehmen, die großen aber gehen gestärkt aus der Krise hervor. Bedenken Sie beispielsweise, dass drei ehemals bekannte US-amerikanische Fahrzeughersteller – Studebaker, Packard und Kaiser Motors – den vergleichsweise milden Rezessionen der fünfziger und sechziger Jahre und dem ausländischen Konkurrenzdruck nicht standhalten konnten. Im Jahr 1980 entging auch Chrysler nur knapp dem Konkurs.

Von der Stecknadelmanufaktur zum Fließband

Wir erinnern uns an die von Adam Smith geschilderte Stecknadelmanufaktur (Kapitel 2). Hier die Beschreibung einer moderneren Form der Arbeitsteilung, wie sie in der frühen Fließbandproduktion bei Ford praktiziert wurde:

»Wie gelang es, die Hauptfließbänder mit den Fließbändern, an denen die Einzelteile gefertigt und bereitgestellt wurden, zu koordinieren? Allein für die Anfertigung des Fahrzeugchassis mussten zwischen 1 000 und 4 000 Einzelteile täglich genau zur richtigen Zeit und am richtigen Ort bereitgestellt werden: Ein einziger Betriebsfehler, und das gesamte Räderwerk wäre kreischend zum Stillstand gekommen ... Aufseher mussten jederzeit in Kenntnis darüber sein, wie viele Einzelteile gerade produziert

wurden oder sich auf Lager befanden. Wann immer die Gefahr eines Eng-
passes bestand, musste ein Spezialist für die Materialversorgung – eine in
der ganzen Automobilbranche wohlbekannte Figur – sich in die Bresche
werfen. Zähler und Kontrolleure waren ihm unterstellt. Unheilvolle Berichte jeder Art überprüfte er stets selbst und wies die jeweiligen Vorarbeiter an, Mängel abzustellen. Dreimal täglich lieferte er der Verrechnungs-
stelle seiner Fabrik einen mit Schreibmaschine erstellten Prüfbericht in
mehrfacher Ausfertigung ab, während er gleichzeitig im Büro der Verrech-
nungsstelle eine Tafel mit den aktuellen Ergebnissen aller Herstellungs-
und Montageabteilungen beschrieb.«[12]

Diese Systematisierung der Produktion allein führte bereits zu erstaunlichen Produktivitätszuwächsen. In einem System, in dem jeder Arbeitsvorgang analysiert und in seine einfachsten Komponenten zerlegt wurde, in
dem ein stetiger Fluss an zu leistender Arbeit an Arbeitskräften vorbeizog,
die ihren Platz niemals verlassen mussten, und in dem ein ununterbroche-
nes, aber kontrolliertes Arbeitstempo herrschte, sank die zur Fertigung
eines Kraftfahrzeugs erforderliche Gesamtzeit in verblüffendem Maße. Innerhalb eines einzigen Jahres ging die Montagezeit eines Motors von 10
Stunden auf 3 Stunden und 46 Minuten zurück; diejenige eines Fahrzeugchassis sank von 12 Stunden und 28 Minuten auf 1 Stunde und 33 Minuten. Ein Kontrolleur wurde gebeten, einen dreiminütigen einfachen Mon-
tagevorgang, bei dem Kolben mit Antriebsstangen verbunden wurden, mit
der Stoppuhr zu beobachten. Der Arbeitsvorgang wurde in drei kleinere
Schritte unterteilt, mit dem Erfolg, dass die gleiche Leistung nun von der
Hälfte der Arbeiter erbracht werden konnte.

Das Fusionsfieber

Hat der Trend zum Wachstum in der Unternehmenswelt abgenommen?
Noch vor einigen Jahrzehnten schien es so. Doch in den achtziger Jahren
kam es erneut zu einer Fusionswelle – der bis zu diesem Zeitpunkt
größten der Geschichte. Allein 1984 fanden in den USA etwa 3 000
Fusionen statt, von denen Vermögenswerte im Umfang von 124 Milliarden US-Dollar betroffen waren. Im darauf folgenden Jahr lag dieser
Wert sogar noch höher. Das Jahr 1985 brachte mindestens fünf Unter-

nehmenszusammenschlüsse mit einem Volumen, das jeweils das Gesamtvolumen aller Fusionen des vorangegangenen Jahrzehnts überstieg. So erwarb beispielsweise General Electric den Elektronikhersteller RCA für 6,3 Milliarden US-Dollar, während General Motors für 5,1 Milliarden US-Dollar den Flugzeugbauer Hughes Aircraft übernahm. Dieser Trend setzte sich bis 1989 fort, ein Jahr, in dem wiederum mehr als 4 000 Fusionen mit einem Gesamtwert von 254 Milliarden US-Dollar registriert wurden.

In der zweiten Hälfte der neunziger Jahre wurde die Unternehmenswelt von einer weiteren, noch weitaus stärkeren Fusionswelle erfasst. Diese unterschied sich von ihren Vorgängern durch zwei wichtige Merkmale: Auffällig war zum einen die hohe Zahl an Zusammenschlüssen zwischen Großunternehmen, zum anderen der oft grenzüberschreitende Charakter der Fusionen und Übernahmen. Sowohl die Zahl als auch das Volumen der Unternehmenszusammenschlüsse explodierten geradezu; im Boomjahr 1999 wurden weltweit knapp 25 000 Fusionen mit einem Gesamtwert von 2 380 Milliarden US-Dollar registriert. An diesem Volumen hatten die größten Zusammenschlüsse, die so genannten Megafusionen, einen Anteil von 23 Prozent. Erst die Anfang 2000 einsetzende, lang anhaltende Börsenbaisse setzte diesem Trend ein vorläufiges Ende: Im ersten Halbjahr 2001 kam es zu einem dramatischen Rückgang der Fusionsaktivitäten; ihr Volumen verringerte sich gegenüber dem Vorjahr um mehr als die Hälfte, wobei die stärkste Minderung in Westeuropa auftrat.

Zeichen des Wandels

Noch vor wenigen Jahren stellte sich die Lage wie folgt dar: Es hatte ohne Zweifel eine außergewöhnliche Fusionswelle gegeben, doch einige Anzeichen sprachen für deren bevorstehendes Abklingen. Ein neuer Trend zur Verkleinerung, »Downsizing« genannt, war entstanden. Unternehmensriesen, die gerade aufgrund ihrer Größe als unangreifbar erschienen waren, hatten sich als wirtschaftliche Dinosaurier erwiesen, denen es nicht gelang, in der hoch technologisierten, schnelllebigen Welt der neunziger Jahre mitzuhalten; einer Welt, deren Schlüssel zum Erfolg in der Just-in-Time-Produktion lag. Unternehmen wie General Motors, IBM oder Sears Roebuck leiteten umfangreiche Downsizing-Maßnahmen ein, in der Hoffnung, damit ein wenig von der Flexibilität und Effizienz zurückzugewinnen, die im Verlauf eines als Selbstzweck betriebenen Wachstums verloren gegangen war.

Wo stehen wir heute hinsichtlich dieser wichtigen Frage? Die Antwort lautet, dass wir uns in einer Zeit befinden, die von erheblicher Unsicherheit gekennzeichnet ist. Ursache dafür ist jenes Phänomen, das erst in den frühen neunziger Jahren seine Fühler auszustrecken begann und nun Jahr für Jahr größer und bedrohlicher erscheint: die Globalisierung. Dieser neue Begriff in unserem wirtschaftlichen Vokabular, der eine technologische und organisatorische Neuorientierung der Unternehmenswelt beschreibt, kennzeichnet einen so bedeutenden Wandel, dass wir ihm zum Ende dieses Buches ein ganzes Kapitel widmen werden.

In der Zwischenzeit und in der Hoffnung, den Appetit des Lesers geweckt zu haben, wollen wir die Aufgabe vollenden, die wir uns für dieses Kapitel gestellt haben. Nach dem Überblick über die Entwicklung des Wachstumstrends in der Unternehmenswelt müssen wir uns noch zwei weiteren Sektoren widmen, die einer ähnlichen Einführung bedürfen – der Arbeitswelt und dem Staat.

Wie Sie erkennen werden, werfen auch diese beiden Sektoren bedeutende Fragen auf, denen wir uns an späterer Stelle zuwenden müssen – Grund genug, ihre jüngere Vergangenheit zu beleuchten.

Aufstieg und Fall der Gewerkschaften

In den Jahren ihrer Gründung konnten die Gewerkschaften ihre zunehmende Stärke daraus ziehen, dass sie ein Gegengewicht zu dem aufkommenden Big Business bildeten. Schließlich entstanden die Gewerkschaften als soziale Reaktion auf den Druck, den viele Großunternehmen auf ihre Belegschaften ausübten. So kam es, dass die Zahl der Gewerkschaftsmitglieder in den Vereinigten Staaten, die 1897 noch weniger als eine halbe Million betragen hatte, bis 1929 auf etwas über 3,5 Millionen anstieg. Sie veränderte sich in den nächsten Jahren kaum, bis sich durch die Verabschiedung des National Labor Relations Act im Jahr 1935 die Situation grundlegend änderte: Dieses Gesetz legitimierte erstmals die Gründung von Industrie- und Fachgewerkschaften. Nachdem die Ampel somit auf Grün stand, verdoppelte sich rasch die Mitgliederzahl der Gewerkschaften; eine Entwicklung, die sich auch in der Zeit nach Ende des Zweiten Weltkriegs zunächst fortsetzte. Mitte der fünfziger Jahre gehörten rund 18 Millionen Arbeitskräfte oder etwa 31 Prozent der berufstätigen Bevölkerung einer Industrie- oder Fachgewerkschaft an.

In der Folgezeit setzte ein dramatischer Rückgang der Mitgliederzahlen ein, der bis heute zu einer Halbierung des prozentualen Anteils der gewerkschaftlich organisierten Arbeitnehmer an der Gesamtzahl der abhängig Beschäftigten geführt hat. Welche Ursachen liegen dieser bemerkenswerten Entwicklung zugrunde? Hierauf gibt es verschiedene Antworten. Der Niedergang setzte mit der Zunahme der Beschäftigung im Dienstleistungssektor im Verlauf der fünfziger und sechziger Jahre ein – einem Sektor mithin, in dem kleine Unternehmen vorherrschen und die Belegschaften überwiegend weiblichen Geschlechts sind, beides Faktoren, die eine gewerkschaftliche Organisierung erschweren. Der Niedergang spiegelt aber auch eine zunehmende Unbeweglichkeit der gewerkschaftlichen Leitungsebenen in den sechziger Jahren wider, die sich in ihren Vereinbarungen mit dem Unternehmerlager gemütlich einrichteten. Er verstärkte sich in den siebziger Jahren, als die Unternehmer angesichts sinkender Gewinnmargen zunehmend auf Konfrontationskurs zu den Gewerkschaften gingen. Mit dem Amtsantritt der offen gewerkschaftsfeindlichen Regierung Reagan war schließlich der Niedergang der Gewerkschaften besiegelt.

Entscheidender noch als dieses Achterbahnprofil gewerkschaftlicher Macht in den Vereinigten Staaten ist vielleicht die Tatsache, dass die Gewerkschaften in den USA nie jene gesellschaftliche Legitimität erlangten, die sie in Kanada und in nahezu sämtlichen europäischen

Staaten besitzen. Der Bedeutungsverlust, den wir beschrieben haben, ist dort nicht annähernd in demselben Maße eingetreten – in Deutschland etwa liegt der Organisationsgrad von Arbeitnehmern noch heute bei gut 25 Prozent –, und auch die Gegnerschaft des Staates sowie der Unternehmer findet sich in diesen Ländern, wenn überhaupt, nur in weit weniger ausgeprägter Form. In Deutschland gehören beispielsweise Gewerkschaftsführer den Aufsichtsräten von Aktiengesellschaften an. Aus diesem Konsensprinzip können europäischen Unternehmen große Wettbewerbsvorteile erwachsen, sofern es dazu führt, dass inflationäre Lohnforderungen eingedämmt werden und die Managementeffizienz steigt. Es sieht derzeit nicht danach aus, als sei diese Art des Umgangs mit dem »Arbeitskräfteproblem« in den Vereinigten Staaten auch nur denkbar. Wie versprochen, kommen wir auf dieses sehr wichtige Thema noch einmal zurück.

Die wachsende Rolle des Staates

Wenden wir uns nun dem letzten großen wirtschaftlichen Trend zu; einem Trend, dem wir das Entstehen jenes umfangreichen staatlichen Instrumentariums verdanken, das wir im letzten Kapitel angesprochen haben.

Die Bedeutung des öffentlichen Sektors lässt sich auf drei sehr unterschiedliche Weisen messen. Zum einen kann man untersuchen, wie sich der Anteil der öffentlichen Hand an der Produktion des BIP beziehungsweise an dessen Erwerb entwickelt hat. Man erhält so einen groben Hinweis auf den Grad der Verstaatlichung einer Wirtschaft.

Eine zweite Möglichkeit besteht darin, die Umverteilungsaktivitäten des Staates zu messen, sprich zu untersuchen, wie stark er Einkommen besteuert, um damit Transferleistungen wie etwa Renten, Sozialleistungen oder Arbeitslosenunterstützung zu finanzieren. Eine solche Untersuchung gibt Aufschluss darüber, bis zu welchem Grad wir in einem Wohlfahrtsstaat leben.

Als dritter und letzter Indikator gilt der Umfang, in dem der Staat regulierend in die Wirtschaft eingreift oder seine wirtschaftliche Macht auf andere Weise ausspielt. Dieser Indikator ist bei weitem am schwersten zu messen; er deutet an, welchen Grad an Lenkung oder Kontrolle der Kapitalismus in einem gegebenen Land aufweist.

Es wird niemanden erstaunen, dass alle drei Indikatoren langfristig nach oben zeigen. Betrachten wir beispielsweise den Anteil des Staates am BIP: In den Vereinigten Staaten erwarb die öffentliche Hand im Jahr 1929 weniger als 10 Prozent des Gesamtproduktionswertes, 1980 waren es gut 20 Prozent. Ein Großteil dieses Anstiegs speist sich aus zwei Quellen: einem sehr kräftigen Zuwachs des Verteidigungshaushaltes und einem ebenso bedeutenden Anstieg der Ausgaben für den Bildungssektor und den Straßenbau durch die Einzelstaaten und Kommunen. Sieht man einmal von dem Bereich Verteidigung ab, so ist der US-Bundesstaat nur in geringem Maße am Kauf von Gütern und Dienstleistungen beteiligt, obwohl der Anschein für das Gegenteil sprechen mag. Im Übrigen ist der Anteil des Bundesstaates am Erwerb des BIP seit nunmehr 25 Jahren stabil.

Doch zweifellos gibt der Bundesstaat eine Menge Geld aus. Dies führt uns zu dem zweiten Indikator für eine zunehmende Rolle des Staates in der Wirtschaft, seiner Wohlfahrtsfunktion. Im Jahre 1929 wurde in den Vereinigten Staaten weniger als 1 Prozent des BIP in Form von staatlichen Transferleistungen umverteilt. Dieser Wert hatte sich bis 1980 auf 11 Prozent vervielfacht. Ein Großteil dieser Transferzahlungen ging auf das Konto der Rentenversicherung, der Krankenversicherung für Bedürftige und anderer Bereiche des staatlichen Sicherheitsnetzes. Somit beruht das Wachstum der Staatsausgaben nicht auf einer Zunahme des Erwerbs von Gütern und Dienstleistungen, sondern auf dem Anstieg der Transferleistungen. Zusammengerechnet entsprechen beide Ausgabenfelder etwa einem Drittel des BIP. Dieser Trend ist übrigens weltweit zu beobachten, wobei die Staatsquote in den meisten kapitalistisch orientierten europäischen Ländern deutlich höher liegt als in den Vereinigten Staaten, das heißt, es wird dort ein größerer Anteil am BIP vom Staat erworben oder umverteilt. So entsprechen beispielsweise in Deutschland die Transferzahlungen heute einem Drittel des BIP, und die Staatsquote pendelt um die Marke von 50 Prozent. (Zum Vergleich: In den USA lag sie 2002 bei knapp 19 Prozent.)

Schließlich gilt es noch den dritten Maßstab für die Aktivität des Staates zu untersuchen – das Ausmaß seiner Regulierungsaktivitäten, mit anderen Worten: den Grad seiner schieren Präsenz als Steuerorganismus des Gemeinwesens.

Da sich der staatliche Einfluss auf verschiedene Weise manifestieren kann und nicht immer anhand investierter Geldbeträge oder der Zahl der im öffentlichen Sektor beschäftigten Personen zu messen ist, fällt eine Bewertung hier am schwersten. Ein Großteil der oben beschriebenen Ausgaben wird durch speziell zu diesem Zweck eingerichtete Behörden getätigt, etwa durch das Verteidigungsministerium, das für Rüstungsausgaben verantwortlich ist, oder das Gesundheits- und Wohlfahrtsministerium, das die Rentenzahlungen anweist.

Manche dieser Behörden, etwa die Zollkommission, sind nahezu 100 Jahre alt. Andere, wie die Umweltschutzbehörde, sind vergleichsweise jungen Ursprungs. Doch in jedem Fall haben die Spannweite und das Ausmaß staatlicher Eingriffe in die Wirtschaft sowohl bei mittel- als auch bei langfristiger Betrachtung zugenommen. Womöglich wird dieser lang anhaltende Trend in der Zukunft einmal zum Stillstand kommen oder sich sogar dauerhaft umkehren. Die Aussichten dafür werden wir im Folgenden ausloten. Zunächst aber müssen wir die Ursachen für den langfristigen Anstieg sämtlicher Indikatoren erforschen, die für eine wachsende Rolle des Staates sprechen: den staatlichen Erwerb von Gütern und Dienstleistungen, staatliche Transferleistungen sowie staatliche Eingriffe in die Wirtschaft.

Natürlich lässt sich auch in diesem Fall keine unwiderlegbare, geschweige denn einfache Erklärung formulieren. Doch ein geschichtlicher Rückblick deutet auf folgende Ursachen für diese Entwicklung hin:

Das Wachstum der Wirtschaft selbst hat staatliche Eingriffe erforderlich gemacht. Mit zunehmender Größe von Betrieben sind die sozialen Konsequenzen unternehmerischer Einzelentscheidungen immer bedeutender geworden. Die Entscheidungen großer Unternehmen haben weitreichende Konsequenzen. Der Beschluss, eine Niederlassung zu eröffnen oder nicht, kann über das Wohl und Wehe einer Kleinstadt oder sogar eines Bundesstaates oder -landes entscheiden. Eine mörderische Konkurrenzsituation ist dazu geeignet, einen ganzen Industriezweig in den Ruin zu treiben. Die Verschmutzung eines Flusses führt möglicherweise eine Region ins Unheil. Ein bedeutender Teil staatlicher Aktivitäten sowohl auf Bundes- als auch auf Landes- und lokaler Ebene ist darauf gerichtet, große Unternehmen davon abzuhalten, soziale oder wirtschaftliche Probleme zu schaffen, oder aber derartige Probleme zu entschärfen, wenn sie bereits aufgetreten sind.

Die technologische Entwicklung hat zu einer Aufsichtspflicht des Staates geführt. Ein nicht unbeträchtlicher Teil staatlicher Aktivitäten richtet sich auf die Regulierung von Technologien, deren Einsatz zu unerwünschten Nebenwirkungen führt. Dazu gehören etwa die Unterhaltung der Straßenverkehrspolizei und anderer Behörden, die sich um die vom Automobil verursachten Probleme kümmern, sowie einer Vielzahl weiterer Behörden, die für die Überwachung des Luftverkehrs, der Telekommunikation, der Atomenergie, des Medikamentenhandels oder des Waffenbesitzes zuständig sind. Solange der Einfluss von Technologien auf unsere Sozialordnung und unsere Umwelt weiter zunimmt, ist auch mit einer weiteren Zunahme staatlicher Überwachungsaktivitäten zu rechnen.

Der Trend zur Verstädterung hat einen Bedarf an zentralisierter Verwaltung hervorgerufen. Das Leben in der Stadt hat seine Reize, ist aber auch nicht ganz ungefährlich. Ballungsräume sind in weitaus größerem Maße als ländliche Gebiete auf eine funktionierende Polizei, ein öffentliches Gesundheitssystem, ein stabiles Verkehrswegesystem, gute hygienische Verhältnisse sowie ein ausreichendes Bildungsangebot angewiesen. Staatliche Aktivitäten fallen daher in Städten seit jeher besonders umfangreich aus. Die Verstädterung eines Landes führt somit automatisch zu einer Ausdehnung der öffentlichen Hand.

Die Vereinigung der Wirtschaft hat zu neuen, zusätzlichen Problemen geführt. Infolge der Industrialisierung ist eine Wirtschaft entstanden, die sich mit einem gewaltigen, ineinander verschachtelten Räderwerk vergleichen lässt. Eine vorindustrielle, lokalisierte Wirtschaft ähnelt dagegen einem Sandhaufen: Wenn man einen Finger hineinsteckt, werden einige Unternehmen und Individuen davon betroffen sein, doch auf der anderen Seite des Sandhaufens hat sich nichts verändert. Die zunehmende Größe und der wachsende Spezialisierungsgrad von Produktionsabläufen verwandeln den Sandhaufen in einen zusammenhängenden Organismus: Steckt man einen Finger hinein, gerät der gesamte Haufen ins Wanken. Probleme lassen sich nicht mehr auf lokaler Ebene lösen. Die Schwierigkeiten, denen die Wirtschaft gegenübersteht, wachsen mit ihrer Ausdehnung: Nicht ein lokales, sondern ein nationales Konzept für die Energieversorgung wird benötigt; Gleiches gilt für das Transportwesen, für den Bereich der Stadtentwicklung sowie für das Bildungswesen. Der Staat – vorzugsweise der Bundesstaat – ist die Instanz, die derartige Aufgaben in Angriff nimmt.

Marktversagen hat staatliche Eingriffe erforderlich gemacht. Noch vor 75 Jahren begegnete man der Wirtschaft zumeist mit respektvoller Ehrfurcht. Es herrschte die Überzeugung vor, dass es sinnlos und auch kontraproduktiv sei, in den alltäglichen Lauf der Dinge einzugreifen. Mit dem Einsetzen der Großen Depression änderte sich diese Haltung für immer. Der wirtschaftliche Zusammenbruch führte zu einer deutlich ausgeweiteten Rolle des Staates, mit dem Ziel, die Wirtschaft wieder in Gang zu bringen. Das Trauma der Großen Depression und die Entschlossenheit, ihre Wiederkehr mit allen Mitteln zu verhindern, erwiesen sich als Wasserscheide, die den Trend hin zu wachsenden Staatsausgaben und zunehmenden staatlichen Eingriffen in die Wirtschaft auslöste. Das Keynessche Gedankengebäude spielte bei diesem Übergang zu einer gemischtwirtschaftlichen Ordnung eine große Rolle, und selbst die marktliberalste Regierung denkt heute nicht mehr daran, zu einem System des Laissez-faire zurückzukehren. Es wäre auch nicht möglich.

Nicht zuletzt wird heutzutage die Verantwortung für den Lebensunterhalt im Ruhestand oder in Perioden der Arbeitslosigkeit sowie für Ausgaben zur Erhaltung der Gesundheit nicht mehr allein dem Einzelnen

zugeschrieben. Wie auch immer man dies bewerten mag: Diese Verantwortung ist neben ähnlichen Zuständigkeiten in allen kapitalistischen
Ländern zunehmend auf den Staat übergegangen. Im Vergleich zu Europa liegen die Vereinigten Staaten in dieser Hinsicht klar zurück. Dieser Prozess ist hauptverantwortlich für das anschwellende Volumen
staatlicher Aktivitäten auf allen Ebenen, die zu einer stetigen Bedeu-
tungszunahme des Staates innerhalb der Wirtschaft geführt haben.[13]

Zweifellos könnte man unserer Aufzählung noch weitere Punkte hinzufügen. So neigen Bürokratien dazu, sich selbst aufzublähen. Defizitäre
Staatshaushalte haben zu höheren Staatsausgaben geführt, aus Gründen
und mit Konsequenzen, die wir an späterer Stelle behandeln werden.
Doch die Hauptschlussfolgerung dürfte inzwischen deutlich geworden
sein: In der kapitalistischen Wirtschaft von heute spielt der Staat eine
herausragende Rolle. In zunehmendem Maße schreiben wir selbst unsere Geschichte, statt auf ihr Eintreffen zu warten. Wie gut es der öffentlichen Hand gelingt, ihren Aufgaben und den in sie gesetzten Erwartungen gerecht zu werden, ist ständiges Thema der folgenden Seiten.

TEIL II
MAKROÖKONOMIE

DIE ANALYSE VON
WOHLSTAND UND KONJUNKTUR

5

DAS BRUTTOINLANDSPRODUKT

Einer der Gründe für das nahezu mystische Bild, das viele Normalbürger von der Wirtschaftswissenschaft gemeinhin besitzen, liegt in ihrem Vokabular. Nicht nur verwendet sie alltägliche Begriffe wie »sparen« oder »investieren« in einer Weise, die nicht exakt dem landläufigen Gebrauch entspricht, vielmehr bedient sie sich auch noch so barbarischer und einschüchternder Vokabeln wie *Makroökonomie* und *Bruttoinlandsprodukt*.

Natürlich wäre es schön, wenn wir die Wirtschaftswissenschaft von ihrem Fachjargon befreien könnten, aber das liefe auf das Gleiche hinaus, als würde man von einem Arzt verlangen, seine Diagnose in Umgangssprache zu kleiden. Stattdessen sind wir genötigt, ein paar Schritte in die Begriffswelt der Ökonomen zu tun – sprich, wir müssen uns einigen Fachjargon aneignen, den Ökonomen zur Beschreibung wirtschaftlicher Sachverhalte verwenden, und in diesem heimisch werden.

Zu diesen grundlegenden Fachbegriffen zählt auch das Wort »Makroökonomie«. Es leitet sich aus dem griechischen Wort »macro« ab, das so viel wie »groß« bedeutet, was sogleich vermuten lässt, dass sich Makroökonomen mit sehr umfangreichen Fragestellungen beschäftigen. Diese Vermutung trifft auch zu, und zu den Themen, die dieser Begriff umfasst, gehören so wichtige Phänomene wie Inflation, Rezession, Arbeitslosigkeit und Wachstum. Der Hauptunterschied zwischen der Makroökonomie und ihrer Schwester, der Mikroökonomie, ist jedoch woanders zu suchen: Er liegt in der eingenommenen Perspektive, dem Standpunkt, von dem aus wir die Wirtschaft betrachten.

Wie präsentiert sich die Wirtschaft aus der Makroperspektive? Antwort: Diese Perspektive unterscheidet sich gar nicht so sehr von der Sicht, die wir in den vorangegangenen Kapiteln eingenommen haben. Wir blicken dabei wie aus einem Flugzeug auf die Wirtschaft hinab und erkennen eine Landschaft voller Unternehmen, Haushalte und staatlicher Einrichtungen. Wenn wir uns später mit der Mikroökonomie beschäftigen, werden wir die Vogelperspektive verlassen und stattdessen eine Froschperspektive einnehmen – mit überraschenden Folgen für die Struktur der betrachteten Landschaft.

Der Vorteil der makroökonomischen Sichtweise liegt darin, dass sie es gestattet, einen äußerst wichtigen Prozess klar und deutlich zu erkennen – und zwar besser, als dies aus der Froschperspektive möglich wäre. Gemeint ist der niemals endende Produktionsstrom innerhalb eines Landes, das unablässige Entstehen und die andauernde Erneuerung jenes volkswirtschaftlichen Vermögens, mit dem ein Land seinen materiellen Wohlstand aufrechterhält und erweitert. Dieser große Hauptstrom, von dem wir alle abhängen, wird *Bruttoinlandsprodukt* oder kurz BIP genannt. Wenn man in den Nachrichten hört, das Bruttoinlandsprodukt sei gewachsen oder geschrumpft, so heißt das nichts anderes, als dass der Produktionsstrom schneller oder langsamer fließt, sprich, die Volkswirtschaft mehr oder weniger produziert hat als zuvor. Die Makroökonomie beschäftigt sich vornehmlich mit der Frage, warum das Ausmaß der Produktion schwankt.

Die Zusammensetzung des BIP

Um der Beantwortung dieser Frage näher zu kommen, wollen wir zunächst die Bestandteile des Produktionsflusses unter die Lupe nehmen. Eines ist unmittelbar einsichtig: Der Output-Strom ist das Ergebnis eines Zusammenspiels aller Produktionsfaktoren – der von den Haushalten bereitgestellten Arbeitskraft, des Grund und Bodens sowie der Kapitalgüter, die sich zumeist in privater Unternehmenshand befinden, und schließlich der staatlichen Regelungen und Gesetze. Wir erkennen, wie sich der Produktionsstrom aus den Millionen von Bauernhöfen und Fabriken, Büros und Agenturen speist, über die wir hinwegschweben. Dies sind die Quellen, aus denen das Sozialprodukt gewonnen wird.

Auf den ersten Blick scheint es, als sei der Strom aus einer Ansammlung von Outputs zusammengesetzt, die sich jeder Einteilung entzieht. Der Produktionsstrom enthält Hunderttausende, vielleicht auch Millionen verschiedener Güter und Dienstleistungen – Lebensmittel jedweder Couleur, verschiedenste Kleidungsstücke, Maschinenparks, daneben auch jede Menge nutzlosen Ramsches. Auf den zweiten Blick gelingt es aber doch, diesen so vielfältigen Output in zwei verschiedene Gruppen zu unterteilen. Die erste Gruppe an produzierten Gütern und Dienstleistungen findet ihre Abnehmer in der Regel unter den privaten Haushalten sowie bei Beschäftigten des Staates, die diese Produkte zum Eigenverbrauch erwerben. Zu ihnen gehören etwa Pkws, Haarschnitte, Schmuck, Fleisch, Gesundheitsfürsorge oder Wettervorhersagen. Wir bezeichnen diesen Zweig des Produktionsstroms als Konsum und die darin enthaltenen Güter und Dienstleistungen als *Konsumgüter*.

Dieser Output-Bereich ist uns vertraut. Doch ein weiterer Blick von unserer privilegierten Warte aus zeigt, dass es andere Güter und Dienstleistungen gibt, die niemals in den Besitz der privaten Haushalte gelangen. Gemeint ist der Zweig des Produktionsstroms, der aus großen Maschinen, Straßen, Bürogebäuden, Brücken und Flughäfen besteht, aber natürlich auch aus kleineren Objekten wie Büromöbeln und -schreibmaschinen. Diese Güter sind offensichtlich ebenfalls Teil unseres Bruttoinlandsproduktes, ohne jedoch Konsumgüter darzustellen. Wir verleihen ihnen daher einen eigenen Namen – *Investitionsgüter* oder *Kapitalgüter* – und werden bald feststellen, dass ihnen im Rahmen der Zustandsbeschreibung unserer Wirtschaft eine bedeutende Rolle zukommt. Zusätzlich zu den physischen Investitionsgütern sind noch der Ausstoß an Bildung durch Schulen und Universitäten sowie das durch Forschungs- und Entwicklungsaktivitäten generierte Wissen zu nennen. Beides zusammen wird oft als *Humankapital* bezeichnet.

Die Makroperspektive ermöglicht uns darüber hinaus eine recht überraschende Feststellung hinsichtlich der zwei Teilströme des gesamtwirtschaftlichen Outputs: Jeder von ihnen unterstützt einen bestimmten Teil unserer Wirtschaft. Der Strom an Konsumgütern dient ganz offensichtlich der Wiederherstellung der Arbeitskraft und des Wohlbefindens der privaten Haushalte. Ohne diesen Strom gingen wir binnen weniger Wochen zugrunde. Doch auch dem Strom an Kapitalgütern kommt eine restaurative Funktion zu: Der investitionsorientierte Output erneuert den Kapitalstock eines Landes. Er besteht aus Sanierungen und Erweiterungen unseres Verkehrswegesystems, aus Fließbändern und Lagerhäusern, Drehbänken und Bohrmaschinen, landwirtschaftlichen Ausrüstungsgegenständen, Apartmenthäusern, Fachkenntnissen und Wissen. Wenn dieser Output-Strom versiegte, würden wir zwar nicht so schnell zugrunde gehen wie bei einem Versiegen des Konsumstroms, doch unsere Produktivkraft wäre bald erlahmt und wir würden ganz allmählich auf das Niveau einer unterentwickelten und später einer primitiven Gesellschaft zurückfallen.

Das BIP besteht mithin aus zwei Hauptströmen an Gütern und Dienstleistungen – aus Konsumgütern und Kapitalgütern. Die rund 10,5 Billionen US-Dollar des amerikanischen oder die gut 2,1 Billionen Euro des deutschen BIP aus dem Jahre 2002 entsprechen beispielsweise nichts anderem als dem Gesamtverkaufswert dieser beiden Grundformen des Outputs. Vielleicht ist es hilfreich, sich vorzustellen, wie der Produktionsfluss an den Kassen eines riesigen Supermarkts vorbeifließt. Das Preisetikett jedes Gutes wird an der Kasse eingelesen, und nach einem Jahr werden die Einnahmen sämtlicher Kassen zusammengezählt. Diese Summe entspricht dem BIP dieses Jahres.[14]

Einige Bemerkungen sind hinsichtlich dieses BIP angebracht. So besteht der Output-Strom, der die Registrierkassen passiert, sowohl aus privaten wie auch aus öffentlichen Gütern und Dienstleistungen. Betrachten wir beispielsweise den Konsumstrom: Konsumgüter oder -dienstleistungen sind Güter, die wir, wie der Name bereits ausdrückt, konsumieren – und zwar meistens innerhalb vergleichsweise kurzer Zeit. Die Mehrzahl aller Konsumgüter wird von privaten Haushalten zum Eigenverbrauch erworben, seien es Lebensmittel oder Kleidungsstücke, Kinovorführungen oder rechtliche Beratung. Doch manche

Konsumgüter finden ihre Abnehmer auch bei staatlichen Stellen. Die Leistungen der Feuerwehr gleichen zwar der professionellen Dienstleistung eines Rechtsanwalts oder des betrieblichen Katastrophenschutzes, bilden aber dennoch einen Teil des öffentlichen und nicht des privaten Konsums. Dies gilt übrigens, obwohl letztlich private Haushalte von den Leistungen der Feuerwehr profitieren: Der Zahlmeister dieser Leistungen ist der Staat.

Die gleiche Unterscheidung in private und öffentliche Güter lässt sich bei Kapitalgütern treffen. Diese sind zumeist langlebig und werden erst ersetzt, wenn sie verschleißen, etwa im Falle einer Fabrik. Doch Gleiches gilt auch für Straßen, Dämme oder eine städtische Müllverbrennungsanlage. Auch in diesen Fällen handelt es sich um Kapitalgüter, die allerdings öffentlicher und nicht privater Natur sind. Manche Kapitalgüter, wie Fachkenntnisse und Wissen, werden sowohl vom öffentlichen wie auch vom Privatsektor erworben.

Einem weiteren Phänomen sollten wir bei unserer Betrachtung der öffentlichen Ausgaben Beachtung schenken: Gemeint ist jener umfangreiche und bedeutsame Strom an Staatsausgaben, den wir als Transferzahlungen bezeichnen. Es handelt sich um den in Kapitel 4 bereits erwähnten Finanzstrom aus Rentenzahlungen, Maßnahmen der Gesundheitsvorsorge, Arbeitslosenunterstützung, Sozialleistungen und verschiedenen anderen Subventionen, der weitgehend der Sicherung des sozialen Netzes dient. Die Summe der staatlichen Transferzahlungen erreichte 2002 in den Vereinigten Staaten einen Wert von 1,1 Billionen US-Dollar oder rund 11 Prozent des BIP, in Deutschland belief sie sich auf rund 690 Milliarden Euro oder rund 32 Prozent des BIP.

Das BIP enthält allerdings keine Transferzahlungen! Der Grund liegt darin, dass Transferzahlungen Sozialleistungen darstellen, denen keine nützliche Leistung der Empfänger gegenübersteht, die also nicht der Bezahlung von Gütern oder Dienstleistungen dienen. Entlohnen wir beispielsweise eine Reinigungskraft, so transferieren wir Zahlungsmittel an eine Person, die eine Arbeit für uns geleistet hat. Gleiches gilt, wenn wir Steuern entrichten, mit deren Hilfe Schulen, Feuerwehrdienststellen oder auch Armeen finanziert werden: Auch in diesem Fall bezahlen wir letztlich Einzelpersonen für bestimmte Dienstleistungen, die sie in unserem Interesse ausführen. Doch der Steueranteil, der Personen zufließt, die keine Arbeit finden, sich aufgrund von Krankheit nicht selbst ernähren können oder das Rentenalter erreicht haben, stellt keine Entlohnung für eine bestimmte Leistung dar, sondern vielmehr das staatliche Äquivalent privater Fürsorge. Da aber keine direkte Produktionsleistung im Austausch für eine Transferzahlung wie die Altersrente stattfindet, wird diese bei der Berechnung des BIP nicht berücksichtigt.[15] Das Gleiche gilt für Wetteinsätze in Spielkasinos, den Kauf von Aktien und Anleihen oder Nothilfemaßnahmen bei Katastrophenfällen. Natürlich handelt es sich dabei um Gebiete, auf denen umfangreiche und unverzichtbare Ausgaben getätigt werden, doch spiegeln diese Ausgaben eben nicht die Produktionsaktivität wider, die das BIP messen soll. In all den genannten Fällen werden Mittel von einer Person zur anderen transferiert, ohne dass dabei zusätzlicher Output erzeugt würde.

Wenn die für die Erstellung von Wirtschaftsstatistiken zuständige Behörde eines Landes – in den Vereinigten Staaten das Handelsministerium, in Deutschland das Statistische Bundesamt – das BIP nun tatsächlich berechnet, wird der Output-Strom nicht nur an einer, sondern an vier Registrierkassen vorbeigeleitet. Die erste dieser Kassen registriert die Gesamtheit der individuellen Konsumausgaben, die ausschließlich auf das Konto der privaten Haushalte gehen. Eine zweite Kasse berechnet die Summe des privaten inländischen Outputs an Kapitalgütern, der weitgehend aus der Errichtung und Ausrüstung von Produktionsstätten sowie aus dem privaten Haus- und Wohnungsbau herrührt. Kasse Nummer drei misst die Summe des staatlichen Outputs auf Bundes-, Landes- und kommunaler Ebene, wobei in den Vereinigten Staaten nicht zwischen dem verbrauchs- und dem investitionsbezogenen Output unterschieden wird. Es ist letztlich nicht nachvollziehbar, warum der Output-Strom der öffentlichen Hand nicht auch hier, wie in anderen Ländern, ebenso wie der private Output in einen konsumtiven und einen investiven Zweig unterteilt wird. Eine solche Aufteilung könnte zum besseren Verständnis der Rolle des Staates in der Wirtschaft beitragen. Aber sie wird nun einmal nicht vorgenommen, und so gehen subventionierte Schulmahlzeiten und neue U-Bahn-Gleise in ein und dieselbe statistische Größe ein.

Derselben Ungenauigkeit der Darstellung ist es auch zu verdanken, dass Bildungsausgaben in der offiziellen US-Statistik stets als konsumtive Ausgaben eingestuft werden, obwohl sie tatsächlich eine Mischung aus Konsum und Investition darstellen. Auch werden Ausgaben zur Anschaffung von physischen Gegenständen für Forschung und Entwicklung als Investition eingestuft, nicht aber Ausgaben für die in diesem Sektor tätigen Beschäftigten. Hintergrund ist die Tatsache, dass zu Zeiten, als der Investitionsbegriff in die BIP-Statistik eingeführt wurde, dieser noch einen Beigeschmack von Kelle und Mörtel hatte; eine Konnotation, die heute zwar überholt ist, aber dennoch Wurzeln in der offiziellen Statistik geschlagen hat.[16]

Schließlich gibt es noch eine vierte Registrierkasse, die alle im Inland produzierten, aber ins Ausland verkauften Güter und Dienstleistungen aufsummiert und hiervon die im Inland gekauften ausländischen Güter und Dienstleistungen abzieht. Wird mehr verkauft als gekauft, weist das BIP eine positive Außenhandelsbilanz aus. Verhält es sich – wie im Falle der Vereinigten Staaten in den letzten Jahren – umgekehrt, wird also mehr ein- als ausgeführt, so ist die Außenhandelsbilanz negativ und ein Nettostrom an Kaufkraft findet den Weg ins Ausland.

Das veröffentlichte BIP stellt also die Summe vier verschiedener Berechnungen des inländischen Produktionswertes dar (die jeweils auf Aberhunderten von detaillierten Berichten und Schätzungen beruhen). Zwei Beispiele für das Ergebnis der vier Berechnungen zeigen die Tabellen 11 und 12.

Tabelle 11: Bruttoinlandsprodukt der USA, 2002

	Mrd. US-$
Privater Konsum	7 304
Private Investitionen	1 593
Staatsausgaben	1 973
Außenbeitrag	424
Summe	*10 446*

Tabelle 12: Bruttoinlandsprodukt Deutschland, 2002

	Mrd. €
Privater Konsum	1 241,9
Private Investitionen	380,5
Staatsausgaben	402,8
Außenbeitrag	83,0
Summe	2 108,2

Quelle: Bundesamt für Statistik, *Statistisches Jahrbuch 2003.*

Einen letzten Punkt gilt es zu bedenken: Bei der Berechnung des BIP geht der Wert eines Gutes, das mehrere Verarbeitungsstufen durchläuft, nicht bei jedem Zwischenverkauf in die Statistik ein. Wäre dem so, dann müssten der Wert eines Weizenscheffels beim Verkauf an den Getreideheber, derjenige des Getreides beim Verkauf an die Getreidemühle, derjenige des Mehls beim Verkauf an den Bäcker und schließlich derjenige des Brotes beim Verkauf an den Endverbraucher aufaddiert werden – mit der Folge, dass die Summe den tatsächlichen Wert des Brotlaibes um ein Vielfaches überstiege. Und doch enthält dieser Wert die vorherigen Zahlungen an den Bäcker, den Müller, den Getreideheber und den Getreidebauern!

Die Statistik beschränkt sich also darauf, den Wert der Endprodukte zu messen und nicht denjenigen der Zwischenprodukte. Die vier Registrierkassen bewerten erwartungsgemäß je eine Kategorie von Endprodukten: Konsumgüter, Kapitalgüter, Staatsausgaben und Nettoexporte.

Was uns das BIP sagt

Es sollte inzwischen deutlich geworden sein, aus welchen Bestandteilen sich das BIP zusammensetzt. Doch wie aussagekräftig ist diese Größe? Lässt sich aus der Höhe des BIP zuverlässig auf den Wohlstand eines Landes schließen? Ist ein steigendes BIP vorteilhaft, ein sinkendes BIP dagegen von Nachteil?

Die zuletzt genannte Frage lässt sich gleichzeitig mit Ja und Nein beantworten. Die Vorteile eines steigenden BIP leuchten unmittelbar ein: Wenn der Gesamtwert der produzierten Güter steigt, werden mehr Menschen eine Beschäftigung finden. Mit zunehmendem Output steigt auch der Gesamtwert der Einkommen. Es besteht also eine offensichtliche Verbindung zwischen der Höhe des BIP auf der einen Seite und dem Beschäftigungsgrad sowie dem Einkommensniveau auf der anderen. Das BIP erlaubt zudem allgemeine Rückschlüsse auf das Gesamtangebot an verfügbaren Gütern und Dienstleistungen sowohl für den privaten als auch für den öffentlichen Verbrauch. Aus diesen Gründen ist ein Anstieg des BIP letztlich immer zu begrüßen und ein Rückgang unerwünscht.

Und doch stellt das BIP auch einen irreführenden und mit Fehlern behafteten Maßstab unseres Wohlstands dar, dessen Schwächen wir daher ebenso gut kennen sollten wie seine Stärken, zumal es sich um den wichtigsten wirtschaftlichen Einzelindikator handelt.

So wird das BIP beispielsweise in Geldwerten und nicht in physischen Einheiten gemessen. Es muss daher um den Einfluss der Inflation korrigiert werden. Wie wir im letzten Kapitel gesehen haben, droht Gefahr, wenn das BIP zweier aufeinander folgender Jahre verglichen wird, um die Entwicklung des gesellschaftlichen Wohlstands zu beurteilen. Sind die Preise gestiegen, so wird das BIP im zweiten Jahr als größer erscheinen, obwohl das Produktionsvolumen tatsächlich unverändert geblieben oder sogar gesunken ist. Das BIP lässt also nur dann genaue Rückschlüsse auf die Entwicklung des Wohlstands zu, wenn man die Inflation sorgfältig herausrechnet. Dies aber gelingt nur zum Teil und nicht hundertprozentig. Der Vergleich des BIP verschiedener Jahre wird immer mit einem gewissen Grad an Unsicherheit behaftet sein.

Eine zweite Schwäche des BIP bezieht sich wiederum auf seine Unfähigkeit, den Verlauf »realer« Trends nachzuzeichnen: In diesem Fall geht es um die Schwierigkeit, Veränderungen hinsichtlich der Qualität von Gütern und Dienstleistungen zu messen. In einer von technologischem Fortschritt geprägten Gesellschaft steigt die Qualität von Gütern in der Regel beständig an, und immer neue Güter und Dienstleistungen erreichen den Markt. Gleichzeitig führt die wachsende Bevölkerungsdichte in den Städten auch dazu, dass die Qualität mancher Dienstleistungen nachlässt: So ist ein Linienflug heutzutage zweifellos einer vergleichbaren Reise vor 30 Jahren vorzuziehen, das Gleiche gilt jedoch nicht für eine U-Bahn-Fahrt.

In der Vergangenheit hat sich die offizielle Statistik darum bemüht, Qualitätsverbesserungen in der verarbeitenden Industrie in die Berechnung des BIP einfließen zu lassen. Gleichzeitig wurden qualitative Verbesserungen im Dienstleistungssektor vollständig außer Acht gelassen. Als das BIP noch von der Güterproduktion beherrscht wurde und diese als Motor des Wirtschaftswachstums fungierte, führte diese Praxis kaum zu gravierenden Messfehlern. In der heutigen Zeit jedoch, in der 70 Prozent des BIP vom Dienstleistungssektor erwirtschaftet werden und dieser sich zunehmend als Hauptantriebskraft der Wirtschaft erweist, gewinnt diese Fehlerquelle immer mehr an Bedeutung.

Denken Sie etwa an die Möglichkeit, mitten in der Nacht einen Geldautomaten aufzusuchen und diesem Bargeld zu entnehmen. Diese Leistung stellt eine eindeutige Verbesserung des Serviceangebotes der Banken dar; dennoch ist dieser Qualitätssprung niemals in die Berechnung des BIP eingeflossen. Wenn aber Qualitätsverbesserungen des Dienstleistungssektors nicht erfasst werden, führt dies zur Unterbewertung des realen Wirtschaftswachstums und zur Überbewertung inflationärer Einflüsse. Vielfach handelt es sich bei den angeblichen Preissteigerungen im Dienstleistungssektor um nicht anderes als um die Bereitstellungskosten verbesserter Angebote.

Das BIP wird in den Vereinigten Staaten seit jeher in fünf verschiedene Sektoren unterteilt: Landwirtschaft, Bergbau, Baugewerbe, produzierendes Gewerbe sowie Dienstleister. (In Deutschland wird hingegen nach sechs Sektoren unterschieden: Land- und Forstwirtschaft sowie Fischerei; produzierendes Gewerbe ohne Baugewerbe; Baugewerbe; Handel, Gastgewerbe und Verkehr; Finanzierung, Vermietung und Unternehmensdienstleister; öffentliche und private Dienstleister.) Der Dienstleistungssektor ist allerdings im Gegensatz zu den anderen Sektoren nicht homogen. Er beinhaltet schlicht und einfach alle Wirtschaftsaktivitäten, die von den zuerst genannten Sektoren nicht erfasst werden. Dazu gehören sowohl kapitalintensive Hightech-Entwicklungen, wie beispielsweise die Atomkraft, als auch arbeitsintensive Lowtech-Aktivitäten wie etwa Babysitting. In diesen großen Topf gehen ebenso die großen Fluggesellschaften ein wie der Friseur an der Ecke. Der Dienstleistungssektor bietet Ärzten und Investmentbankern absolute Spitzengehälter, dennoch handelt es sich im Durchschnitt um ein Niedriglohnsegment. Die Zusammensetzung dieses Sektors ist derart heterogen, dass er sich einer seriösen statistischen Analyse nahezu vollständig entzieht. In nicht allzu ferner Zukunft wird die Berechnungsweise des BIP zweifellos umfassend überarbeitet werden, um den Dienstleistungssektor auf sinnvollere Weise als bisher einzubeziehen.

Ein dritter Kritikpunkt am BIP liegt in der Tatsache begründet, dass es keinerlei Rückschlüsse auf die Verwendung der produzierten Güter zulässt. Steigt beispielsweise das BIP von einem Jahr zum nächsten aufgrund höherer Bildungsausgaben um 1 Milliarde US-Dollar oder Euro und im folgenden Jahr infolge einer gestiegenen Zigarettenproduktion um denselben Betrag, so stellt sich die statistische Veränderung des BIP jeweils identisch dar. Selbst vollkommen verschwendeter Output, wie etwa im Falle einer Produktentwicklung, die niemand kaufen möchte, oder einer neuen militärischen Waffe, die bereits zum Zeitpunkt ihrer Produktion veraltet ist, findet Eingang in das BIP.

Soziale oder umweltpolitische Folgekosten der Produktion stellen ein weiteres Problem dar. Manches BIP-Wachstum lässt sich unmittelbar auf umweltschädliche Produkte zurückführen, beispielsweise Fahrzeuge, Papier oder Stahlerzeugnisse. Doch auch Güter, die der Umweltzerstörung entgegentreten, verursachen ein Wachstum des BIP, etwa Müllverbrennungsanlagen oder Fahrzeugkatalysatoren. Schlösser und Alarmanlagen erhöhen das BIP, obwohl sie doch Anzeichen einer verminderten Lebensqualität sind. Das BIP unterscheidet nicht zwischen Gefängnissen und Hotels.

Grundverschiedene oder sogar entgegengesetzte Outputs gehen also in gleicher Weise in das BIP ein. Fallen etwa Reinigungskosten an, um Kleidung von dem Schmutz der nahe gelegenen Fabrik zu befreien, so erhöhen diese das BIP, obwohl die Lebensqualität des Betroffenen sich nicht verbessert hat, sondern infolge der Reinigung gerade einmal auf den früheren Stand zurückgekehrt ist. Ebenso fließt unbezahlte Hausarbeit in keiner Weise in das BIP ein. Kehrt daher eine Mutter nach der Kinderpause an ihren Arbeitsplatz zurück, so übersteigt der gemessene Anstieg des BIP den tatsächlichen Output-Zuwachs, denn die nun zu Hause nicht mehr erbrachte Leistung wird nicht abgezogen!

Schließlich erlaubt das BIP keinerlei Rückschlüsse bezüglich der Verteilung von Gütern und Dienstleistungen innerhalb einer Volkswirtschaft. Es gibt in dieser Hinsicht jedoch bedeutsame Unterschiede zwischen verschiedenen Gesellschaften: Vergleichen Sie etwa das hoch egalitäre Schweden und Mexiko, ein Land mit extremer Ungleichverteilung der Einkommen und Vermögen: Beide weisen ein etwa gleich hohes BIP auf. Die absolute Höhe des BIP oder auch des BIP pro Kopf sagt also nichts über die sozialen Verhältnisse in einem Land aus. Eine reiche Gesellschaft kann ein hohes Ausmaß an Armut aufweisen, dem sie entweder gleichgültig gegenübersteht oder dessen Beseitigung ihr nicht gelingt. Ebenso kann ein armes Land durchaus einige Millionärsfamilien hervorbringen: So war es früher in Indien üblich, dass mancher Prinz jährlich von seinen Untertanen in Gold aufgewogen wurde.

Die genannten Zweifel und Vorbehalte (neben einigen anderen, auf deren Erwähnung wir hier verzichten) sollten uns davon abhalten, das BIP als uneingeschränkten Maßstab für Glück und soziale Zufriedenheit zu betrachten. Der Ökonom Edward Denison bemerkte einmal, dass vielleicht nichts das wirtschaftliche Wohlergehen eines Landes so stark beeinflusse wie das Wetter; ein Faktor, der zweifellos nicht in die Berechnung des BIP einfließt! Denken wir also immer daran: Die Tatsache allein, dass ein Land ein höheres Pro-Kopf-BIP als ein anderes aufweist, darf nicht zu dem Schluss verführen, dass es sich dort besser leben lässt. Das Gegenteil kann zutreffen.

Doch trotz all seiner Mängel stellt das BIP noch immer die einfachste Möglichkeit dar, die wirtschaftliche Aktivität eines Landes zu messen. Interessieren wir uns dagegen für die Wohlfahrt der Bevölkerung, sollten wir uns an bestimmte soziale Indikatoren halten, etwa Lebenserwartung, Gesundheitsstand, Verfügbarkeit preiswerter medizinischer Versorgung sowie Umfang und Qualität der Versorgung mit Nahrungsmitteln. Keiner dieser Indikatoren ist allein anhand der BIP-Statistiken ersichtlich. Doch die Messung von Wohlfahrt wird von der Wirtschaftswissenschaft gerne vernachlässigt, nicht zuletzt deshalb, weil sie sich aufgrund ihrer Komplexität kaum in Form einer einzigen Maßzahl ausdrücken lässt. So ist die Gesundheitsversorgung in Japan besser als in den Vereinigten Staaten, und auch die Verbrechensrate liegt deutlich niedriger. Ganz anders verhält es sich, wenn man den verfügbaren Wohnraum pro Kopf als Indikator heranzieht. Daneben lässt sich eine Vielzahl an weiteren Daten anführen.

Unter dem Strich bleibt das BIP dennoch die beste verfügbare Größe zur Messung der wirtschaftlichen Aktivität einer Gesellschaft, zumal es sich um Daten handelt, die jedermann zugänglich sind. Aus diesem Grunde hat sich das BIP weltweit als wirtschaftlicher Maßstab etabliert, ob uns das nun gefällt oder nicht. Glücklicherweise handelt es sich dabei nicht um ein statisches, sondern vielmehr um ein wandlungsfähiges Konzept. Die genauen Methoden zur Messung des BIP haben sich im Laufe der Jahre allmählich herausgebildet, und so wird das BIP auch in den kommenden Jahren und Jahrzehnten eine bedeutsame Rolle in der Wirtschaftswissenschaft spielen.

6
SPAREN UND INVESTIEREN

Warum schwankt das Bruttoinlandsprodukt? Wie erklärt es sich – wenn wir einmal von Wettereinflüssen und Naturkatastrophen absehen –, dass die Geschwindigkeit des Produktionsstroms sich von Jahr zu Jahr unterscheidet? Mit dieser Frage nähern wir uns dem Kernbereich der makroökonomischen Analyse. Wir wissen nun, wie sich das BIP zusammensetzt und wie es berechnet wird. Interessieren soll uns im Folgenden, warum es sich so verhält, wie es die Zahlen widerspiegeln, sprich, aus welchen Gründen das BIP eine stetige Auf- und Abwärtsbewegung vollzieht.

Einen guten Einstieg in diese Untersuchung bietet wiederum ein Blick auf den Produktionsstrom. Diesmal interessieren wir uns jedoch nicht für den tatsächlichen Ausstoß an Gütern und Dienstleistungen, der von den statistischen Ämtern gemessen wird, sondern für die Käufer, die an den Registrierkassen darauf warten, diese Produktion in Empfang zu nehmen. Wie nicht anders zu erwarten, versammeln sich die privaten Haushalte eines Landes an der Konsumregistrierkasse, die Unternehmen an der Investitionskasse und die staatlichen Behörden an der Kasse der öffentlichen Hand, während die ausländischen Unternehmen, Einzelpersonen und Staaten an der letzten Registrierkasse zusammenkommen.

Aus dieser Perspektive betrachtet erscheint das BIP weniger als Güterstrom, sondern es gleicht vielmehr einem Strom an Kaufkraft, einem Ausgaben- und Nachfragestrom. Motor jedes einzelnen Gutes auf seinem Weg den Produktionsstrom hinunter ist die Bereitschaft irgendeines Abnehmers, dieses Gut zu kaufen. Geld bewegt Güter, oder in den Worten Adam Smiths: »Geld ist das große Rad, das den Wirtschaftskreislauf am Laufen hält.«

Sobald wir unsere Aufmerksamkeit von der Produktion ab- und dem Konsum zuwenden, kommen wir der Lösung der Frage, warum das BIP schwankt, ein gutes Stück näher. Der Output an Gütern und Dienstleistungen ist veränderlich, weil die Nachfrage nach diesem Output sich verändert. Dies ist zwar nicht der einzige Grund – auch Dürrekatastrophen und Erdbeben, Streiks, technische Störungen oder staatliche Regulierungen beeinflussen das Produktionsniveau, ebenso wie Besteuerung einen Anreiz schafft, auf Produktion zu verzichten. Doch selbst der wirtschaftsliberalste Ökonom wird zugestehen, dass ohne Nachfrage – die Fähigkeit und Bereitschaft zum Kauf von Gütern – der Produktionsfluss rasch versiegt. Wir beginnen daher unsere Untersuchung mit der Frage, wo Nachfrage herrührt und aus welchen Gründen sie steigt oder zurückgeht.

Das Sparverhalten der privaten Haushalte und das Ausgabeverhalten der Unternehmen

Wenden wir uns zunächst der ersten Registrierkasse zu – derjenigen, an der die privaten Haushalte anstehen, um den Output an Gütern und Dienstleistungen zu erwerben. Woher stammt der Ausgabenstrom der Haushalte? Antwort: Er resultiert im Wesentlichen aus den Haushaltseinkommen, sprich aus Löhnen, Gehältern, Mieteinnahmen, Dividenden, Gewinnen oder anderen Zahlungen, die Einzelpersonen als Ausgleich für ihre Leistungen erhalten haben. Eine weitere Quelle stellen Transferleistungen wie etwa Rentenzahlungen dar. Der Ausgabenstrom kann sich zumindest zeitweise verbreitern, wenn die privaten Haushalte ihre Sparkonten auflösen oder Vermögenswerte wie etwa Aktien oder Anleihen veräußern, doch geschieht dies nur selten zum Kauf von herkömmlichen Konsumgütern. Schließlich kann der Ausgabenstrom auch durch das Leihen von Geld, sprich durch Kreditaufnahmen anwachsen, so dass die Ausgaben in einem gegebenen Jahr über den Einnahmen liegen – ein häufig auftretender Fall, wenn es darum geht, ein teures Konsumgut wie beispielsweise ein Kraftfahrzeug zu finanzieren.[17]

Ein Vergleich der Summe der Haushaltseinkommen mit den Gesamtausgaben der privaten Haushalte für Konsumgüter verrät jedoch, dass die Haushalte als Ganzes – der »Haushaltssektor«, wie die Ökonomen sagen – regelmäßig einen Teil ihres Einkommens sparen (sprich, nicht ausgeben). Die Sparquote in den Vereinigten Staaten fiel von einem Wert von rund 9 Prozent in den frühen siebziger Jahren zunächst allmählich bis auf etwa 5 Prozent im Jahre 1996 und sackte dann im Zuge der Börsenschwäche von 2000/2001 bis auf einen Wert von 1 Prozent ab, um sich Ende 2001 wieder der Marke von 4 Prozent zu nähern. Anders ausgedrückt: Trotz aller Kredite, Lastschriften, Kreditkarteneinsätze oder sonstigen Ausgaben nehmen die privaten Haushalte im Durchschnitt immer noch mehr Geld ein, als sie ausgeben.

Die Sparquote der privaten Haushalte unterscheidet sich von Land zu Land beträchtlich. Bis zur Asienkrise der späten neunziger Jahre waren alle Haushalte in Singapur gesetzlich verpflichtet, die Hälfte ihrer Einkommen einem staatlichen Sparplan zuzuführen. Deutsche und japanische Haushalte sparten gut 10 Prozent ihrer Einkünfte, italienische Haushalte mehr als doppelt so viel. Bis zu einem gewissen Grad resultieren diese Unterschiede aus dem, was Volkswirte als unterschiedliche *Zeitpräferenzen* bezeichnen. Damit ist die Bereitschaft des Einzelnen gemeint, auf heutigen Konsum zu verzichten, um morgen mehr zu konsumieren.

Während verschiedene Gesellschaften fraglos unterschiedliche Zeitpräferenzen aufweisen, lassen sich die bedeutenden Abweichungen zwischen den Sparquoten einzelner Länder eher auf Unterschiede im Zugang zu Konsumentenkrediten zurückführen. Wird der Verbraucher von Kreditaufnahmen abgeschreckt, etwa durch erschwerten Zugang zu Hypothekardarlehen oder Kreditkarten oder auch durch ein staatliches Regelwerk, das hohe Anzahlungen und schnelle Rückzahlungen vorsieht, liegt die Sparquote – unabhängig von den jeweiligen Zeitpräferenzen – weit höher. Dies erklärt vermutlich, warum die Japaner in der Vergangenheit einen so großen und die US-Amerikaner einen derart geringen Teil ihrer Einkommen gespart haben.

Es ist unschwer zu erkennen, woher die Nachfrage nach jenem Teil des BIP rührt, der aus Konsumgütern besteht. Sie entspringt unmittelbar den Verdienst- und Transfereinkommen der privaten Haushalte zuzüglich der aufgenommenen Kredite. Die Frage aus der Makroperspektive lautet daher nicht, woher die Konsumnachfrage stammt, sondern was mit dem Anteil an den Haushaltseinkommen geschieht, der nicht in den Wirtschaftskreislauf zurückfließt, sondern gespart wird.

Diese Frage führt uns zu der zweiten Registrierkasse, an der Privatunternehmen Kapitalgüter erwerben. In gleicher Weise, wie der Haushaltssektor alltägliche Konsumgüter vornehmlich aus seinem Einkommen finanziert, deckt der Unternehmenssektor seinen täglichen Bedarf aus seinen Umsätzen. Man kann sich eine Wirtschaft als einen gigantischen Haushalt vorstellen, der seinen Bedarf an Arbeitskraft, Rohstoffen und halbfertigen Produkten aus dem Ertrag finanziert, den er durch den Verkauf von Fertigprodukten erwirtschaftet.

Haushalts- und Unternehmenssektor unterscheiden sich jedoch in einem wichtigen Punkt. Der Unternehmenssektor spart nämlich üblicherweise nicht. Im Gegenteil: Er gibt in aller Regel mehr aus, als er durch Umsätze erwirtschaftet. Diese Erkenntnis ist so entscheidend, dass wir sie noch einmal wiederholen: Das normale, gesunde und sogar notwendige Verhalten der Unternehmen besteht darin, dass sie insgesamt mehr Geld für Löhne und Gehälter, Rohstoffe, Halbfertigprodukte, Grund und Boden sowie Kapital ausgeben, als sie in Form von Absätzen der eigenen Produkte und Dienstleistungen wieder einnehmen.

Das klingt gefährlich. Wie kann selbst der größte Konzern es sich leisten, Jahr für Jahr mehr auszugeben als einzunehmen? Die Erklärung lautet, dass Unternehmen neben ihren Umsätzen noch über weitere Einnahmequellen verfügen. Dazu gehören Bankkredite ebenso wie Verkäufe von Aktien und Anleihen. Diese zusätzlichen Ressourcen – das zusätzlich aufgenommene Kapital – werden ebenfalls ausgegeben, nicht zur Finanzierung der laufenden Ausgaben, sondern um die Ausstattung der Unternehmen zu verbessern. Ein großes Telekommunikationsunternehmen wie AT&T wird die Erträge aus dem Verkauf von Anleihen nicht zur Begleichung der Lohnkosten seiner Telefonauskunftsbediensteten verwenden, sondern sie für die Anschaffung zusätzlicher Telefonleitungen, die Errichtung von Dienstgebäuden oder den Bau von Fernmeldesatelliten einsetzen.

Der Prozess des Sparens und Investierens steht also im Mittelpunkt der makroökonomischen Analyse: Die Ersparnisse der privaten Haushalte und anderer Wirtschaftssubjekte werden von den Unternehmen »erworben«, um damit die Anschaffung neuer Kapitalgüter zu finanzieren. Dieser Erwerb von Kapitalgütern wiederum bildet eine Hauptquelle des Zuwachses an Produktivität (Output pro geleisteter Arbeitsstunde), der seinerseits zum Wachstum des BIP führt. Damit erhalten wir eine erste Antwort auf die Frage, warum das BIP wächst und weshalb seine Höhe schwankt. Halten wir dieses sehr wichtige Ergebnis noch einmal fest:

1. Das Bruttoinlandsprodukt wächst, weil gespartes Einkommen der privaten Haushalte in Kapitalgüter umgewandelt wird.
2. Das BIP schwankt, weil dieser Umwandlungsprozess nicht immer gleichförmig und störungsfrei verläuft.

Das Zusammenspiel der Wirtschaftssektoren

Die obigen Erkenntnisse mögen manchem Leser banal erscheinen, da doch allgemein bekannt ist, dass das Wirtschaftswachstum auf Sparen und Investieren beruht – auch wenn der genaue Zusammenhang zumeist nicht so deutlich formuliert wird. Es gibt jedoch Aspekte des Spar- und Investitionsprozesses, die den meisten Leuten nicht bewusst sind, und genau diesen wollen wir uns im Folgenden zuwenden. Betrachten wir zunächst den Vorgang des Sparens: Gemeinhin stellt man sich darunter vor, dass Otto Normalverbraucher zur Bank geht und dort seinen Spargroschen hinterlegt. Doch Sparen bedeutet in Wirklichkeit zweierlei: Zum einen geht es tatsächlich darum, Geld auf die hohe Kante zu legen, anstatt es auszugeben. Zum anderen aber bedeutet Sparen einen Verzicht auf Ressourcen im Austausch für deren Investition.

Wenn Geld auf ein Sparkonto eingezahlt oder zum Kauf von Aktien oder Investmentfondsanteilen verwendet wird, entsteht eine unmittelbare Nachfragelücke. Diese Lücke rührt daher, dass ein Teil der Einkünfte der privaten Haushalte nicht in Form von Konsumausgaben in den Wirtschaftskreislauf zurückfließt. Um es kurz und prägnant auszudrücken: Sparen bedeutet Konsumverzicht. Wie wir gesehen haben, werden die gesparten Finanzmittel allerdings nicht dauerhaft dem Wirtschaftskreislauf entzogen. Die privaten Haushalte an der Konsumregistrierkasse verleihen vielmehr oder transferieren auf andere Weise ihr Sparvermögen an die Unternehmen, die an der Investitionskasse anstehen. Doch bevor dieser Austausch tatsächlich stattgefunden hat, sei es auf dem Wege des Bankensystems oder über den Aktienmarkt, bedeutet Sparen lediglich, dass die privaten Haushalte einen Teil ihrer Einnahmen beiseite gelegt haben und nicht zum Kauf von Konsumgütern verwenden.

Wir werden uns in Kürze ausführlicher mit der Frage beschäftigen, wie die Spargroschen in die Hände der Unternehmen gelangen. Zunächst müssen wir erkennen, dass Sparen mehr ist als nur ein finanzieller Vorgang. Es führt ebenso dazu, dass eine bestimmte Menge an Arbeitskraft und Ressourcen von der Konsumgüterproduktion entbunden wird und somit zur Produktion anderer Güter zur Verfügung steht.

Dieser Zusammenhang lässt sich am besten wie folgt veranschaulichen: Nehmen wir an, die Unternehmenswelt sähe einen Wirtschaftsboom voraus und beschlösse daraufhin, ihre Investitionsausgaben zu verdoppeln. Oder aber, die Regierung rechnete mit einem Krieg und verdoppelte daher den Verteidigungshaushalt. In beiden Fällen würde der Ausgabenanstieg des Unternehmens- beziehungsweise des staatlichen Sektors dazu führen, dass die Arbeitskosten und die Einkaufspreise bestimmter Rohstoffe sprunghaft anstiegen, da die entsprechende Nachfrage seitens der Unternehmen oder des Staates drastisch zunähme. Der daraus resultierende Kostenanstieg könnte wiederum eine Inflationsspirale in Gang setzen.

Der einzige Weg aus diesem Dilemma, der einen starken und dennoch weitgehend inflationsfreien Anstieg der Investitions- oder Staatsausgaben ermöglicht, besteht darin, den Unternehmen beziehungsweise dem Staat die benötigten Ressourcen und Arbeitskräfte zur Verfügung zu stellen. Wie kann dies gelingen? Eine Möglichkeit liegt in der Besteuerung der privaten Haushalte – man entzieht ihnen also einfach Kaufkraft und überträgt diese an den Staat. Dieses Instrument steht den Unternehmen jedoch nicht zur Verfügung. Die Unternehmenswelt ist vielmehr darauf angewiesen, dass die privaten Haushalte ihnen die benötigten Ressourcen freiwillig zur Verfügung stellen. Diesen Vorgang des freiwilligen Verzichts auf Ressourcen bezeichnen wir als *Sparen*. Natürlich können alle möglichen Anreize seitens der Banken oder anderer Institutionen einen privaten Haushalt zu einem Ausgabenverzicht bewegen; entscheidend bleibt aber, dass dieser Verzicht freiwillig erfolgt.

Der konstruktive Aspekt des Sparens beruht also nicht so sehr auf seiner finanziellen Auswirkung, die darin besteht, eine Nachfragelücke zu schaffen, sondern vielmehr auf seinem »realen« Effekt – dem Verzicht auf die unmittelbaren Erträge aus Boden, Arbeit und Kapital.

Damit kommen wir zum letzten entscheidenden Glied in unserer Kette. Die freigesetzten Ressourcen müssen nun vom Unternehmenssektor aufgegriffen und nutzbringend eingesetzt werden. Geschieht dies nicht, wird der infolge des Sparvorgangs entstandene Nachfrageausfall lediglich den Konsumgüterabsatz vermindern, ohne dass dieser Verlust durch den Verkauf anderer Güter kompensiert würde. Gleichzeitig blieben die freigesetzte Arbeitskraft und die freigesetzten sonstigen Ressourcen ungenutzt. Der letzte, aktivste und kreativste Schritt des Prozesses liegt also bei den Unternehmen, die über die Art und Weise der Kapitalbildung entscheiden müssen. Wie wir im nächsten Kapitel sehen werden, ist dieser Prozess notwendigerweise mit Risiken und Unsicherheit behaftet.

Sparen und Investieren bedeutet also mehr, als man landläufig darunter versteht. Wir haben nun einen verborgenen Aspekt des Sparens und Investierens kennen gelernt, der den Schlüssel zur Analyse des Makrosystems beinhaltet: Wirtschaftswachstum beruht auf der Abstimmung und Zusammenarbeit der einzelnen Wirtschaftssektoren.

Kein gewöhnlicher Teilnehmer am Wirtschaftsleben würde jemals daran denken, seine Aktivitäten mit denen anderer Teilnehmer, geschweige denn ganzer Sektoren zu koordinieren. Ebenso käme kein Unternehmer bei der Entscheidung über die Ausweitung seines Betriebes auf die Idee, sich mit den privaten Haushalten oder einem anderen Sektor abzustimmen. Beide treffen ihre Entscheidung über Konsum oder Investition aufgrund der jeweiligen Marktpreise. Es sind diese Preise, die den wirtschaftlichen Akteuren anzeigen, ob sie sich für einen Kauf von Konsumgütern oder vielmehr für eine Investition entscheiden sollten. Genau diese indirekte Abstimmung über die Marktpreise beschrieb Adam Smith mit seiner Metapher der »unsichtbaren Hand«. Die ständige Abstimmung und Zusammenarbeit der Wirtschaftssektoren führt zum Wachstum der Wirtschaft – und ist dort, wo sie versagt, für deren Schwächen verantwortlich.

Dieses Zusammenspiel lässt sich wie folgt zusammenfassen:

1. Eine Nachfragelücke – gleich in welchem Sektor – muss durch zusätzliche Nachfrage in einem anderen Sektor kompensiert werden. Geschieht dies nicht, kommt es zu einem Nachfragerückgang, verbunden mit einem sinkenden BIP, Arbeitslosigkeit und Strukturproblemen.

2. Eine Zunahme der Investitionen oder der Staatsausgaben setzt bei Annahme von Vollbeschäftigung voraus, dass dem expandierenden Sektor zusätzliche Ressourcen zur Verfügung gestellt werden. Dies ist ausschließlich durch Besteuerung oder durch freiwilliges Sparen möglich.

3. Übersteigen die Ausgaben des expandierenden Sektors die Summe der Sparvermögen, die ihm zur Verfügung gestellt werden, so entsteht ein aufwärts gerichteter Druck auf das Wirtschaftssystem, der die Gefahr eines Inflationsschubs in sich birgt. Geben die aktiven Sektoren weniger aus, als ihnen in Form von Sparvermögen zur Verfügung steht, entsteht ein abwärts gerichteter Druck auf das Wirtschaftssystem, und es droht eine Rezession.

Natürlich ist damit noch längst nicht alles zum Thema Boom und Krise, Inflation und Rezession gesagt. Wir haben uns bislang in keiner Weise mit so wichtigen Fragen wie jenen nach der Rolle des Geldes, der Produktivität oder des Staates befasst. Und doch beginnen wir die *Strukturen* des Wirtschaftskreislaufs zu verstehen. Wir erkennen, dass Wirtschaftswachstum keineswegs aus dem Nichts heraus entsteht, sondern die Folge eines Zusammenspiels der einzelnen Wirtschaftssektoren ist, die sich in diesem Prozess gegenseitig unterstützen. Die Frage, wie dieses Zusammenspiel angestoßen und wie es korrigiert werden kann, wenn es andere als die gewünschten Ergebnisse zeitigt, wird uns im Folgenden ausführlich beschäftigen.

Die Rolle des Staates

Wir haben jedoch den Kassenbereich noch nicht verlassen. Zwar ist bereits deutlich geworden, dass die Nachfrage nach dem Bruttoinlandsprodukt der Bereitschaft der privaten Haushalte zu verdanken ist, einen Großteil ihres Einkommens auszugeben, sowie der Neigung der Unternehmen, den größten Teil ihrer eigenen Einkünfte zuzüglich der vom Haushaltssektor erworbenen Ersparnisse zum Kauf von Kapitalgütern zu verwenden. Doch es fehlt noch eine Beschreibung dessen, was an der Registrierkasse der öffentlichen Hand sowie an der für Ausländer reservierten Kasse geschieht.

Zunächst zum Staat: Auf den ersten Blick scheinen gewichtige Parallelen zwischen dem öffentlichen Sektor und dem Unternehmens- sowie dem Haushaltssektor zu bestehen. Wenn man den öffentlichen Sektor als Ansammlung von Einkaufsagenturen des Bundesstaates, der Einzelstaaten oder -länder und der Kommunen betrachtet, erkennt man, dass der öffentliche Sektor seinen Erwerb von Gütern und Dienstleistungen aus seinen täglichen Einkünften – genauer: seinen Steuereinkünften – finanziert, in gleicher Weise, wie Unternehmen und Haushalte ihre täglichen Einnahmen wieder ausgeben. In einem zentralen Punkt unterscheiden sich jedoch die Einkünfte des Staates von denjenigen der privaten Haushalte und Unternehmen: Mit wenigen Ausnahmen, zu denen etwa Straßenmauten oder Landegebühren für Flugzeuge gehören, verkauft der Staat seinen Output nicht, ganz gleich wie nützlich dieser auch sein mag, sondern er bietet seine Dienste kostenlos an. Er muss sein Auskommen also auf andere Weise sichern und beschlagnahmt daher einfach einen Teil der Einkommen der privaten Haushalte sowie der Unternehmen. Das Wort *beschlagnahmen* mag drastisch klingen, doch man bedenke, dass es sich bei Steuern nicht um gewöhnliche Gebühren handelt. Ein Haushalt oder ein Unternehmen kann sich gegen den Kauf eines Produktes entscheiden, das ein anderes Unternehmen oder ein anderer Haushalt hergestellt hat; beide können jedoch nicht den Kauf des staatlichen Outputs ablehnen. Steuern stellen eine Zwangsabgabe dar.

Auf der anderen Seite sollte man sich durchaus vor Augen halten, dass die Erhebung von Steuern auch dem erklärten Willen des Wahlvolkes entspricht, selbst wenn dieser Wille nur sehr verschwommen zum Ausdruck kommt. Darüber hinaus stellt der Staat im Gegenzug für die Erhebung von Steuern eine absolut unverzichtbare Dienstleistung bereit – eine Dienstleistung, ohne die kein privater Haushalt und kein Unternehmen auch nur einen Cent verdienen könnte: Er sorgt für Recht und Ordnung und für die Wahrung der Eigentumsrechte. »Allein der Schutzschild des Zivilrichters sorgt dafür«, schrieb Adam Smith in *Der Wohlstand der Nationen*, »dass der Eigentümer von ... wertvollem Besitz ... auch nur eine einzige Nacht sicher schlafen kann«.

Die politischen Rollen des privaten und des öffentlichen Sektors unterscheiden sich also tiefgreifend. Hinsichtlich des Prozesses, mithilfe dessen sich eine wirtschaftliche Abstimmung und Zusammenarbeit vollzieht, besteht zwischen beiden jedoch auch eine bemerkenswerte Ähnlichkeit. Nehmen wir beispielsweise an, dass der Haushaltssektor mit seinem Ersparten eine Nachfragelücke schafft, die der Unternehmenssektor – aus welchen Gründen auch immer – nicht durch Kreditaufnahmen, Aktienemissionen und Ähnliches vollständig auffüllt. Könnte der Staat diese brachliegenden Sparvermögen nicht ausleihen und die Nachfragelücke schließen, indem er diese Gelder für öffentliche Zwecke ausgibt, etwa für staatliche Investitionen?

Die Antwort lautet natürlich: Ja, er kann. Sofern eine Nachfragelücke besteht, die durch Investitionsausgaben »geschlossen« werden muss, ist es unerheblich, ob ein Kommunikationssatellit von AT&T oder vom US-amerikanischen Bundesstaat in Auftrag gegeben wird, ob ein Versorgungsbetrieb von einem großen Konzern oder vom Staat gebaut oder ob eine private Fabrik oder vielmehr ein öffentlicher Staudamm errichtet wird. Entscheidend bleibt, dass die Ersparnisse des einen Sektors von einem anderen ausgegeben beziehungsweise die Investitionsausgaben des einen Sektors von einem anderen gespart werden.

Selbstverständlich ist das Thema damit noch nicht beendet. Die Frage, welche Art von Investitionen oder Konsumausgaben der Staat vornehmen sollte und welche nicht, bleibt heftig umstritten. Gleiches gilt für die Frage, inwieweit der Staat seine Einkünfte für Zwecke ausgeben sollte, die – wie etwa Rentenzahlungen – nicht zu künftigen Einnahmeströmen führen. Eine dritte Streitfrage lautet schließlich, ob eine Ausdehnung der staatlichen Aktivitäten nicht zu einer unbeabsichtigten »Verdrängung« privater Investitionen führt – eine Kontroverse, der wir uns später widmen werden.

Die Frage, welche Rolle dem Staat zukommen sollte, ist daher nicht leicht zu beantworten. Fest steht dagegen, dass der öffentliche Sektor hinsichtlich der Sicherung von Investitionen die Rolle des Unternehmenssektors einnehmen kann. Genau wie die Unternehmen kann der Staat sein Potenzial zur Kreditaufnahme nutzen, um eine anderswo entstandene Nachfragelücke auszugleichen. Ob er das tatsächlich tun sollte, bleibt Gegenstand weiterer Untersuchungen. Wichtig ist jedoch die Erkenntnis, dass der Staat als Sektor seine Aktivitäten mit denjenigen anderer Sektoren abstimmen kann, ja sogar muss. Kein Ökonom gleich welcher Schule würde dies bestreiten.

Werfen wir noch einen kurzen Blick auf eine letzte Nachfragequelle. Gemeint ist die für Ausländer bestimmte Registrierkasse, wo ausländische Abnehmer die inländische Warenproduktion in Form von Weizen, Computern, Düsenflugzeugen oder Maschinen entgegennehmen und im Gegenzug Kaffee, Erze, Öl und Fiats oder Toyotas an inländische Käufer liefern. Dieser wirtschaftliche Austauschprozess ist ein wenig komplizierter als derjenige, der in den anderen Sektoren jeweils stattfindet, denn er hängt von den Einkommensverhältnissen in anderen Ländern sowie von den Wechselkursen zwischen verschiedenen Währungen ab. In Kapitel 18 kommen wir darauf zurück. Hier genügt es, dieses Problem zur Kenntnis zu nehmen, während wir uns auf die drei inländischen Registrierkassen – die der privaten Haushalte, der Unternehmen und der öffentlichen Hand – konzentrieren.

Wir haben festgestellt, dass sowohl das Wirtschaftswachstum als auch dessen Schwankungen auf dem Spar- und Investitionsprozess beruhen. Das Wirtschaftswachstum lässt sich auf diesen Prozess zurückführen, weil Investitionen das Feld der Maschinen, Fertigkeiten und Fachkenntnisse bestellen, dessen Erträge die Produktivität einer Wirtschaft erhöhen. Innerhalb von zwei Jahrhunderten hat es die Menschheit von der einfachen Stecknadelmanufaktur zu Zeiten von Adam Smith bis hin zu den heutigen milliardenschweren Halbleiterfabriken gebracht und dabei die Zahl der materiellen Güter, die innerhalb einer Stunde gefertigt werden können, zunächst verzehnfacht, dann verhundertfacht und schließlich vertausendfacht.

Auch die Schwankungen des BIP sind auf den Spar- und Investitionsprozess zurückzuführen, denn dieser Prozess vollzieht sich nicht mit gleichbleibender Geschwindigkeit. Diese hängt vielmehr davon ab, wie verschiedene Faktoren das Sparverhalten beeinflussen – oder, häufiger noch, ob diese Faktoren neue Investitionen als lohnenswert erscheinen lassen. Dieses Thema behandeln wir im folgenden Kapitel.

Halten wir jedoch zunächst einen entscheidenden Punkt fest: Die Nachfrage nach Gütern und Dienstleistungen treibt die Wirtschaft an. Seinen täglichen Wachstumsschub erhält das BIP durch die Gesamtheit der Ausgaben – der Ausgaben der privaten Haushalte für Konsumgüter, derjenigen der Unternehmen für Kapitalgüter, derjenigen des Staates für öffentlichen Verbrauch sowie öffentliche Investitionen und schließlich derjenigen der Ausländer für Nettoexporte. Gerät die Nachfrage aus irgendeinem Grunde ins Stocken, wirkt sich dieser Umstand als Bremsklotz auf das BIP und damit in gleicher Weise auch auf das Beschäftigungs- und Einkommensniveau aus. Doch warum sollte sie ins Stocken geraten? Dieser Frage wollen wir uns nun zuwenden.

7

PASSIVER KONSUM,
AKTIVE INVESTITIONEN

Unter allen möglichen Spielarten wirtschaftlichen Verhaltens ist uns das Ausgabe- und Sparverhalten der privaten Haushalte am besten vertraut. Wer von uns hat noch niemals darüber gehadert, ob er seine freien Finanzmittel nun einem Sparbuch oder einer Lebensversicherung zuführen oder vielmehr zum Erwerb von Aktien oder Investmentfondsanteilen verwenden soll? Und wer kennt nicht aus eigener Erfahrung das Tauziehen zwischen dem Verlangen, das Leben »hier und jetzt« zu genießen und sich seine materiellen Wünsche notfalls auch kreditfinanziert zu erfüllen, und dem Bedürfnis, Vorsorge zu treffen für schwere Zeiten, für eine besonders teure Ausbildung der Kinder, für den Ruhestand oder wofür auch immer?

Diese und ähnliche kleine Dramen bei der Entscheidung zwischen Konsum und Sparen spielen sich tagtäglich in Millionen von privaten Haushalten ab, von denen jeder einzelne von der Einzigartigkeit seiner Lage überzeugt ist. Wenn wir aber den Haushaltssektor als Ganzes betrachten, lässt sich der Ausgang der vielen Einzeldramen erstaunlich gut vorhersagen. Wie wir bereits im letzten Kapitel festgestellt haben, gibt die Gesamtheit der privaten Haushalte in den Vereinigten Staaten heute etwa 96 Prozent ihrer Einnahmen wieder aus und spart die verbleibenden 4 Prozent. Der internationale Vergleich hat gezeigt, dass die US-Amerikaner damit als verschwenderisch gelten können. Dieser Unterschied zwischen den Sparquoten verschiedener Länder wird uns später noch einmal beschäftigen, wenn wir uns dem Konzept der Produktivität zuwenden.

Die Konsumneigung

Da wir uns derzeit aber noch mit den Kräften befassen, die das BIP antreiben, sollten wir uns vergegenwärtigen, dass die Sparquote eines ganzen Landes – anders ausgedrückt, die Spareigung der privaten Haushalte – sich nur sehr langsam verändert. Aufgrund ihrer kurzfristigen Stabilität lässt sich die Höhe des Konsums (und im Umkehrschluss auch die Höhe des Sparvolumens) bei einem gegebenen Haushaltseinkommen sehr zuverlässig vorhersagen.

Zusammengenommen erreicht dieser Konsumstrom einen Wert, der etwa zwei Drittel des BIP beträgt. Mit anderen Worten: Die Nachfrage der privaten Haushalte zeichnet für zwei Drittel der Gesamtproduktion verantwortlich. In den Vereinigten Staaten fließen etwa 30 Prozent dieser Ausgaben in den Erwerb von Waren mit begrenzter Haltbarkeit wie etwa Lebensmittel oder Kleidung, in Deutschland sind es knapp 20 Prozent. Ein etwas größerer Anteil wird in beiden Ländern zum Kauf einer großen Bandbreite von Dienstleistungen verwendet, die von Flügen bis zu Mahlzeiten in Restaurants reicht. Der verbleibende Rest entfällt auf den Erwerb so genannter langlebiger Konsumgüter, zu denen etwa Kraftfahrzeuge oder Haushaltsutensilien gehören. Wie nicht anders zu erwarten, schwankt die Nachfrage nach langlebigen Konsumgütern viel stärker als diejenige nach Waren mit begrenzter Haltbarkeit: Ohne Nahrungsmittel kann man nicht überleben, der Erwerb eines neuen Fernsehgerätes dagegen lässt sich auf später verschieben. Der große Ausgabenstrom der Haushalte unterteilt sich also in Unterströme, von denen einige sehr stabil sind, andere dagegen in ihrer Größe stark variieren.

Trotz dieses Einwandes ist die Konsumnachfrage als Ganzes verlässlich und vorhersehbar. Ein Volkswirt, der mit einer bestimmten Höhe des BIP in einem gegebenen Jahr rechnet, kann mit einer Fehlermarge von nur wenigen Zehntel Prozentpunkten die Höhe der Konsumnachfrage im selben Jahr prognostizieren. Auf dieser Verlässlichkeit beruhen auch Vorhersagemodelle für die Wirtschaft, die es den Unternehmen erlauben, ihre allgemeinen Geschäftsaussichten für die nächsten Jahre zu beurteilen.[18]

Es lassen sich nur drei Ausnahmesituationen anführen, in denen das Verbraucherverhalten nicht den oben beschriebenen Regeln gehorcht. Das erste dieser Szenarien ist ein Krieg. In den meisten Kriegen wird der anschwellende Bedarf des Militärs durch hohe Sondersteuern gedeckt, die Kaufkraft von den privaten Haushalten abschöpfen. Infolge einer extrem hohen Besteuerung sank beispielsweise der Anteil der Konsumausgaben am BIP der Vereinigten Staaten während des Zweiten Weltkriegs auf wenig mehr als 50 Prozent. Am Ende der Großen Depression befand sich die Konsumnachfrage auf einem äußerst niedrigen Niveau, und so stiegen die absoluten Konsumausgaben auch während des Krieges beständig an. Das BIP selbst legte im gleichen Zeitraum jedoch weit stärker zu, mit der Folge, dass der Anteil der Konsumausgaben am BIP fiel: Die Verbraucher nahmen sich ein relativ gesehen kleineres Stück eines deutlich größeren Kuchens. Während des Vietnamkrieges wurden die gestiegenen Militärausgaben nicht durch Steuererhöhungen kompensiert; ein Umstand, der zu einem Nachfrageüberschuss nach Gütern und Dienstleistungen führte und damit eine inflationäre Entwicklung in Gang setzte.

Das zweite Szenario, das zu einer abweichenden Konsumneigung führt, ist eine schwere Rezession. Es gibt bestimmte Grundbedürfnisse, ohne deren Befriedigung ein Überleben nicht möglich ist. Wenn hohe Arbeitslosigkeit jedoch zu starken Einkommensverlusten führt, werden Betroffene zumindest in Ländern ohne ausreichendes soziales Netz ihren Lebensunterhalt erbetteln, sich verschulden oder – falls notwendig – zum Mittel des Diebstahls greifen. Mit Sicherheit aber schmelzen die Sparguthaben der privaten Haushalte in schlechten Zeiten spürbar zusammen. Der Konsum weitet also seinen *Anteil* am BIP aus, obwohl er in absoluten Zahlen betrachtet abnimmt. Um in unserem obigen Bild zu bleiben: Der gesamtwirtschaftliche Kuchen wird kleiner, doch das vom Konsum besetzte Stück des kleineren Kuchens nimmt an Größe zu.

Schließlich kann die Konsumneigung auch in Zeiten von Inflation von der Norm abweichen. Grund ist das Bedürfnis der Verbraucher, eine Ware zu erstehen, bevor ihr Preis womöglich steigt, und damit oft früher, als sie tatsächlich gebraucht wird. Inflation kann somit zu einem Anstieg des Konsums auf Kosten des Sparens führen.

Die Wirtschaftswissenschaft hat sich eingehend mit der Konsumneigung beschäftigt. Uns interessiert an dieser Stelle eine einfache, aber entscheidende Erkenntnis, die sich aus dem verlässlichen und vorhersehbaren Verhalten der normalen Konsumnachfrage ergibt: Dieser breite Ausgabenstrom der privaten Haushalte, der zwei Drittel des BIP verbraucht, treibt die Wirtschaft nicht an, sondern er wird von ihr angetrieben. Trotz seiner immensen Größe bildet er nicht den Motor des BIP, sondern stellt dessen Dienstgefährt dar.

Natürlich ist diese Aussage mit einiger Vorsicht zu genießen. Wie wir bereits festgestellt haben, schwankt die Nachfrage nach langlebigen Konsumgütern wie Kraftfahrzeugen wesentlich stärker, als dies bei Waren mit begrenzter Haltbarkeit oder bei Dienstleistungen der Fall ist. Ein Rückgang der Nachfrage nach langlebigen Konsumgütern kann der Wirtschaft einen heftigen Schlag versetzen. So stellten die Verbraucher in den Jahren 1974 und 1979 ihre geplanten Fahrzeugkäufe aufgrund der Ölkrisen zurück, und allein der daraus resultierende Umsatzeinbruch bei den Automobilkonzernen wirkte sich negativ auf das Wachstum des BIP aus.

Doch dies sind Ausnahmen, die die Regel bestätigen. Bei normalem Verlauf der Dinge mögen die Verbraucher noch so dringende Konsumwünsche hegen – sie verfügen nicht über die finanziellen Mittel, sie allesamt zu verwirklichen. Die Nachfrage der Verbraucher bedarf zu ihrer Befriedigung ausreichender Mengen an Bargeld.

Dies bringt uns zu einer weiteren sehr wichtigen Erkenntnis: Bedürfnisse allein sorgen noch nicht für Wirtschaftswachstum. Wäre dem so, dann müsste in Zeiten einer Depression, wenn Hunger herrscht, eine größere Nachfrage nach Konsumgütern bestehen als in Boomphasen mit allgemeinem Wohlstand. Man erkennt unmittelbar die Nutzlosigkeit der Forderung, eine Depression mit vermehrtem Konsum zu bekämpfen. Nichts würden die Verbraucher lieber tun, als mehr zu kaufen, wenn sie es sich nur leisten könnten. Vergessen wir darüber hinaus nicht, dass die Verbraucher ohnehin den unablässigen Bemühungen der Werbeindustrie ausgesetzt sind, die sie zur Steigerung ihrer Ausgaben animieren will.

Doch das Problem besteht wie gesagt darin, dass die Verbraucher nur dann mehr ausgeben können, wenn auch ihr Einkommen steigt. Natürlich können sie kurzfristig Kredite aufnehmen oder ihre persönliche Sparquote drastisch reduzieren, doch das mögliche Kreditvolumen sowie das ersparte Vermögen eines Haushalts sind begrenzt, sodass sich nach vorübergehender Ausweitung der Konsumtätigkeit bald die alten Spar- und Konsumgewohnheiten wieder durchsetzen werden.

Fazit: Der Konsumsektor ist trotz seiner Bedeutung nicht ursächlich für spürbare Veränderungen der wirtschaftlichen Aktivität. Die Konsumausgaben spiegeln Entwicklungen wider, die anderswo in der Wirtschaft stattgefunden haben, liegen aber nicht an der Wurzel der meisten langfristigen wirtschaftlichen Erfolgs- oder Misserfolgsgeschichten. Es ist wichtig, dies im Auge zu behalten.

Die Investitionsnachfrage

Wenn Konsumausgaben, wie wir festgestellt haben, für rund zwei Drittel des BIP-Verbrauchs verantwortlich sind, worauf entfällt dann der Rest? Wir wissen bereits, dass die weiteren Abnehmer an den drei verbleibenden Registrierkassen zu suchen sind: Es sind Unternehmer, die ihren Kapitalstock vergrößern möchten; der Staat, der verschiedene öffentliche Güter erwirbt; und Ausländer, die inländische Waren und Dienstleistungen kaufen.

Den Investitionen der Unternehmen wollen wir uns im Folgenden zuwenden. Da uns aber das Investieren weniger vertraut ist als das Konsumieren, wollen wir einen Augenblick bei dieser Vokabel verweilen.

Die meisten Menschen verstehen unter einer Investition den Kauf von Aktien oder Anleihen. Ökonomen meinen damit jedoch etwas anderes: Investieren bedeutet für sie das Gegenteil des »realen« Sparvorgangs. Reales Sparen, wir erinnern uns, meint die Freigabe von Ressourcen, die in den Konsum hätten fließen können, um sie möglichen Investitionen zuzuführen. Reales Investieren bedeutet demnach, diese Ressourcen einzusetzen, um Kapitalgüter zu schaffen.

Dieser reale Investitionsvorgang kann den Erwerb von Aktien oder Anleihen beinhalten oder auch nicht. In der Regel befand sich eine an der Börse erworbene Aktie zuvor im Besitz eines anderen Aktionärs. Das, was wir landläufig als Investieren bezeichnen, ist daher aus ökonomischer Sicht nichts anderes als eine Übertragung von Forderungen, die ohne Auswirkungen auf das gesamtwirtschaftliche Wohlstandsniveau bleibt. *A* zahlt einen gewissen Betrag an *B* und erhält dafür dessen VW-Aktie; *B* nimmt das Geld des *A* und verwendet es vermutlich zum Kauf anderer Aktien von *C*. Die zwischen *A*, *B* und *C* stattfindenden Transaktionen haben jedoch keinerlei Auswirkungen auf die Höhe des realen gesamtwirtschaftlichen Kapitals.

Der Fall, dass eine private Finanzinvestition tatsächlich den wirtschaftlichen Wohlstand mehrt, tritt nur ein, wenn neu ausgegebene Aktien oder Anleihen erworben werden und zudem die Erträge aus dieser Neuemission unmittelbar der Finanzierung neuer Ausrüstungsgegenstände oder Produktionsstätten zufließen. In diesem Fall kauft *A* seine Aktien direkt von VW (in der Regel über einen Broker). Das Geld des *A* kann VW nun für den Kauf neuer Kapitalgüter verwenden, was sehr wahrscheinlich auch geschehen wird.

Der üblichere Verlauf besteht jedoch darin, dass ein Sparer sein Geld auf die Bank trägt und diese wiederum den Unternehmen Kredite zur Verfügung stellt, die ihnen zur Finanzierung ihrer Investitionen dienen. Vermögenderen Privatpersonen bietet sich die Möglichkeit, ihr Geld einem Wagniskapitalgeber anzuvertrauen, der unmittelbar in neu gegründete Start-up-Unternehmen investiert.

Ein Großteil dessen, was Ökonomen als Investition bezeichnen, stellt also eine Aktivität dar, die der breiten Mehrheit der Bevölkerung unbekannt ist. Dies gilt nicht nur, weil reale Investitionen nicht mit individuellen Finanzinvestments identisch sind, sondern auch, weil die realen Investoren eines Landes gleichzeitig andere Gruppen als die vertraute Familie respektive den Haushalt repräsentieren. Es sind die Vorstände, Generaldirektoren oder Einzelunternehmer, die darüber entscheiden, ob mit den Erlösen des Geschäftsbetriebs neue Ausrüstungsgegenstände oder Produktionsstätten finanziert werden sollen oder nicht. Diese Entscheidung aber trägt einen ganz anderen Charakter und entspringt einer anderen Motivation als die Entscheidungen, die der Haushaltssektor gemeinhin zu treffen hat.[19]

Private Haushalte erwerben Konsumgüter, um ihre materiellen Bedürfnisse zu befriedigen, und wir haben gesehen, wie stabil ihre Konsumneigung ausfällt. Die Investitionsentscheidung hängt dagegen nicht von persönlich gefärbten Erwägungen ab. Entscheidend ist allein die Erwartung, dass eine Vergrößerung des Kapitalstocks einen nennenswerten Ertrag erbringen wird. Anders als im Haushaltssektor herrscht im Unternehmenssektor das Gewinnmotiv: »Ich mache das nicht meiner Gesundheit zuliebe« ist ein bekanntes Bonmot innerhalb der Unternehmenswelt. Man erwartet von Investitionsaktivitäten, dass ihr Ertrag den ursprünglichen Einsatz übersteigen wird.

Das Primat der Gewinnerzielung bildet natürlich einen Kernbestandteil des Kapitalismus, der sowohl für die Dynamik dieser Wirtschaftsordnung als auch für viele ihrer typischen Krankheiten ursächlich ist. In Bezug auf das BIP ist jedoch entscheidend, dass das Gewinnmotiv stets in die Zukunft gerichtet ist. Ein Unternehmen mag zwar mit seiner bestehenden Ausstattung hohe Gewinne erwirtschaften, wenn es sich aber von einer neuen Investition keine zusätzlichen Profite verspricht, wird es sie unterlassen. Ein anderes Unternehmen, das gerade mit Verlust arbeitet, könnte dagegen sehr hohe Investitionskosten zu tragen bereit sein, wenn es sich von dem dadurch produzierbaren Gut ausgezeichnete Gewinne verspricht. Der Blick richtet sich in beiden Fällen stets nach vorne, niemals in die Vergangenheit.

Es gibt gute Gründe für diesen in die Zukunft gerichteten Charakter von Investitionsentscheidungen. In der Regel sollen Kapitalgüter jahrelang halten und sich erst im Laufe der Zeit amortisieren. Darüber hinaus sind viele von ihnen hoch spezialisiert. Wenn Kapitalgüter sich innerhalb von ein oder zwei Jahren amortisierten oder wenn es möglich wäre, sie mühelos einer anderen Verwendung zuzuführen, wäre das mit ihrer Anschaffung verbundene Risiko weit geringer. Doch zumeist vergehen von dem ursprünglichen Entwurf bis zur vollen Einsatzbereitschaft zwei bis vier Jahre. Das Unternehmen muss also eine sehr langfristige Prognose hinsichtlich der Nachfragesituation treffen. Hinzu kommt die Langlebigkeit vieler Kapitalgüter, deren Lebenserwartung oft zehn Jahre übersteigt, und ihre mangelnde Einsatzfähigkeit auf anderen als den ursprünglich vorgesehenen Feldern. Es ist nun einmal nicht möglich, Baumwolle in einem Stahlwerk zu verarbeiten oder, umgekehrt, Stahl in einer Baumwollspinnerei.

Aus diesen Gründen richtet sich die Investitionsentscheidung stets in die Zukunft. Selbst wenn der Anreiz dazu aus aktuellen Entwicklungen herrührt, beziehen sich die Berechnungen, von denen diese Entscheidung letztendlich abhängt, notwendigerweise auf den erwarteten künftigen Ertragsstrom. Es liegt in der Natur der Sache, dass diese Erwartungen auf weit unsichererem Boden stehen als die aktuellen Bedürfnisse, die den Verbraucher antreiben. Gleich, ob sie auf Vermutungen oder auf seriösen Prognosen beruhen: Erwartungen sind stets anfällig für plötzliche und scharfe Korrekturen, denen die Konsumnachfrage nur in sehr seltenen Fällen unterworfen ist.

Aus dem Gesagten ergibt sich eine wichtige Folgerung für unser Verständnis des BIP: Die Höhe der Investitionen schwankt von Natur aus deutlich stärker als diejenige der Konsumausgaben. Diese Unbeständigkeit äußert sich kurzfristig oft in starken Schwankungen der Nachfrage nach Vorräten. Diese werden gemeinhin nicht als Bestandteil des gesamtwirtschaftlichen Kapitalstocks angesehen, doch zu Unrecht. Ein Unternehmen, das mit kurzfristig steigenden Umsätzen rechnet, wird entweder in sofort verkäufliche Waren investieren oder aber zusätzliche Rohstoffe und Vorprodukte erwerben, mit deren Hilfe es seinen Ausstoß an Gütern erhöhen kann. Die Unbeständigkeit der Nachfrage nach Lagerbeständen lässt sich darauf zurückführen, dass Unternehmen je nach ihrer Beurteilung der Absatzentwicklung sehr rasch über eine Aufstockung oder Reduzierung entsprechender Käufe entscheiden können. Beschließen sie, ihre Bestände auszuweiten, sorgt das natürlich für eine rasche Zunahme der Nachfrage nach Kapitalgütern. Reduzieren sie dagegen ihre Käufe von Ausrüstungsgegenständen, so führt dies in gleicher Weise zu einem scharfen Rückgang der Investitionsnachfrage. So fiel beispielsweise der Bestand an Kapitalgütern in den Vereinigten Staaten im letzten Quartal des Jahres 1990 um hochgerechnet 24 Milliarden US-Dollar pro Jahr. Im gleichen Quartal des Folgejahres stockten die Unternehmen ihren Bestand mit einer

Rate von 14 Milliarden US-Dollar pro Jahr auf. Das entsprach einer Veränderung der BIP-Nachfrage um 38 Milliarden US-Dollar.

Die Unbeständigkeit der Investitionsausgaben zeigt sich noch auf eine andere Weise, die eng mit dem langfristigen Auf und Ab des Konjunkturzyklus verwandt ist. Wenn die Wirtschaftsaussichten auf mehrere Jahre hinaus als düster erscheinen, kann die Investitionsnachfrage ganz erheblich zurückgehen. Während der Großen Depression der dreißiger Jahre wurden nahezu sämtliche Expansionsvorhaben auf Eis gelegt; die Unternehmen ersetzten gerade einmal ihre stillgelegten Maschinen. In dem Zeitraum von 1929 bis 1933, als die private Konsumnachfrage um 41 Prozent zurückging, kam es bei den Investitionen zu einem Einbruch um 91 Prozent. Wirtschaftshistoriker schätzen, dass am Tiefpunkt der Depression nahezu ein Drittel aller Arbeitsplatzverluste auf den katastrophalen Zusammenbruch der Nachfrage nach Kapitalgütern zurückzuführen war. Als die Konjunktur im Jahr 1933 schließlich wieder nach oben drehte, stieg umgekehrt die Konsumnachfrage innerhalb von sieben Jahren um gut 50 Prozent, während sich die Investitionen im gleichen Zeitraum verneunfachten.

Eine letzte, nicht gering zu schätzende Antriebskraft von Investitionsentscheidungen bildet der technische Fortschritt. Im weiteren Verlauf dieses Kapitels werden wir den umwälzenden Charakter mancher – nicht aller – technischen Erfindungen beleuchten. An dieser Stelle genügt es, die technologische Entwicklung jener Liste von Einflüssen hinzuzufügen, die die Investitionsnachfrage nicht nur beflügeln, sondern auch dafür sorgen, dass sie im Zeitablauf schwankt. Bedeutsame Erfindungen gehorchen keinem Fahrplan, und wenn sie sich rar machen oder gar ausbleiben, hilft nur Abwarten, bis Forschung und Entwicklung, ein Geniestreich oder auch der Zufall ein neues Betätigungsfeld für den Erwerb von Kapitalgütern schaffen.

Ein weiterer Aspekt des Investitionsproblems verdient unsere Aufmerksamkeit: Investitionen treiben nicht nur unsere Wirtschaft an und können sie gegebenenfalls durch ihr Ausbleiben destabilisieren, sondern ihre Auswirkungen werden noch durch den so genannten »Multiplikatoreffekt« verstärkt. Das Prinzip des Multiplikatoreffekts ist unmittelbar einleuchtend: Wenn sich die Höhe der Investitionsausgaben verändert, beispielsweise weil ein Unternehmen eine neue Produktionsstätte errichtet, wirkt sich dies nicht nur auf die Ausgaben für Arbeitskräfte, Baumaterial und Ähnliches aus. Die Empfänger dieser Zahlungen werden vielmehr selbst ihren Konsum steigern. Ihre Käufe wiederum führen zu steigenden Umsätzen und damit zu neuen Arbeitsplätzen für andere. Und so führt der ursprüngliche Nachfrageanstieg zu weiteren Zuwächsen, bis der Effekt schließlich voll ausgereizt ist.

Die meisten Ökonomen schätzen die Höhe des Multiplikatoreffekts im Verlauf eines Jahres etwa auf den Faktor zwei. Dieser Effekt wirkt übrigens in beide Richtungen. Dies würde bedeuten, das beispielsweise der Rückgang der Investitionen in den Vereinigten Staaten im Jahre 1990 um 28 Milliarden US-Dollar die Gesamteinkommen um das Doppelte gesenkt und somit zu einem Rückgang des BIP-Verbrauchs um 56 Milliarden US-Dollar geführt hat, sofern diesem Nachfrageverlust kein ebenso hoher Exportzuwachs gegenüberstand. Umgekehrt würde ein Anstieg der Investitionsausgaben um 10 Milliarden US-Dollar dazu führen, dass die Einkommen um das Doppelte, also insgesamt 20 Milliarden US-Dollar, anstiegen.

Daraus lassen sich zwei abschließende und sehr bedeutsame Schlussfolgerungen ableiten. Zum einen haben wir gesehen, dass Investitionen die Wirtschaft antreiben und nicht umgekehrt. Zweifellos hängt die Höhe der Investitionsausgaben auch von den Erträgen der Unternehmen ab. Insofern unterscheidet sie sich nicht von der Konsumnachfrage, die von der Einkommenssituation der privaten Haushalte abhängig ist. Die Konsumnachfrage wiederum beeinflusst ebenfalls die Entscheidung über Investitionen, insbesondere wenn sie stark zunimmt oder zurückgeht. Wenn die Konsumausgaben ansteigen, müssen neue Produktionsstätten errichtet werden, um sie zu befriedigen. Das entscheidende Merkmal der Investitionsausgaben als wichtigste Aktivität des Unternehmenssektors besteht jedoch darin, dass sie den Motor der Wirtschaft darstellen und nicht ihr Dienstgefährt.

Unsere zweite Schlussfolgerung bezieht sich auf die Frage, warum die Höhe der Investitionsausgaben offensichtlich einen zyklischen Verlauf nimmt, wobei sich Boomphasen mit Jahren der Flaute abwechseln. In den siebziger Jahren des 19. Jahrhunderts stellte der Nationalökonom William Stanley Jevons die These auf, dies hänge mit den Sonnenflecken zusammen. Diese Theorie war weniger absurd, als dies zunächst den Anschein haben mag. Jevons, ein ausgebildeter Astronom, war davon überzeugt, dass der bekannte Zehnjahreszyklus der Sonnenaktivität sich auf das Wetterverhalten auswirke, das wiederum die Niederschlagstätigkeit und in der Folge die Ernteerträge beeinflusse, von denen schließlich die Höhe des Outputs abhinge. Seine Theorie wurde jedoch später durch den Nachweis widerlegt, dass der Zyklus der Sonnenaktivität nur unzureichend mit dem Wetterverhalten korreliert.

In der Folgezeit hat es eine Vielzahl von Vorschlägen gegeben, wie die Kausalkette neu zu bilden sei: Überoptimismus, der zu hektischer Akkumulation von Kapitalgütern führe, die dann später von unvermeidlichen Ausverkaufsphasen abgelöst werde; ein Überangebot an Krediten, gefolgt von einer Kreditklemme – dem zuletzt genannten Thema widmen wir uns in den Kapiteln 10 und 11. Einige Zyklen lassen sich eindeutig auf das Auf und Ab der Verteidigungsausgaben zurückführen. In den letzten Jahren richtet sich das Interesse der Ökonomen jedoch weniger auf diesen Pendelmechanismus, der Zyklen innewohnt, als vielmehr auf die Frage, welche fundamental wirkenden Kräfte es sind, die bewirken, dass der Motor des Wirtschaftswachstums – die Investitionsausgaben – manchmal schneller und manchmal langsamer läuft.

Investitionen und die Aktienmärkte

Wie wirkt sich das Auf und Ab an der Börse auf die Investitionsnachfrage aus? Es lassen sich drei unmittelbare Effekte anführen: Zum einen gilt die Börse traditionell als Stimmungsbarometer, das die Erwartungen der unternehmerisch denkenden Bevölkerung als Ganzes widerspiegelt. Wir verwenden hier absichtlich nicht den Begriff »Unternehmenswelt«, denn die Nachfrage nach Aktien und das entsprechende Angebot rührt hauptsächlich von Wertpapierhändlern, Brokern und Anlegern her und nur zu einem geringen Teil von den Unternehmen selbst, sofern sie nicht in der Finanzbranche tätig sind. Boomt die Börse, so erhalten die Unternehmen das Signal, dass ein positives »Wirtschaftsklima« herrscht, woraufhin die Entscheider ihren – wie Keynes es ausdrückte – »tierischen Trieben« folgen und ihre Expansionsvorhaben in Angriff nehmen werden. In Baisse-Zeiten dagegen wird der Überschwang gebremst und die Unternehmenslenker werden sehr genau überlegen, ob sie ihre Expansionspläne angesichts des allgemeinen Pessimismus aufrecht erhalten sollten.

Diese traditionelle Wirkungsbeziehung wird allerdings durch die zunehmenden staatlichen Eingriffsmöglichkeiten in die Wirtschaft deutlich abgeschwächt. Früher blickte die Unternehmenswelt an die Wall Street, um von dort die Hauptsignale für die zukünftige Entwicklung zu empfangen. Heute richtet sich der Blick auf Washington. Infolgedessen ist die Investitionsnachfrage im vergangenen Jahrzehnt, das durchaus größere Schwankungen an den Aktienmärkten mit sich brachte, weitgehend stabil geblieben. Diese Entwicklung spiegelt die Erwartung der Unternehmensführer wider, dass die öffentliche Hand die Wirtschaft schon auf dem Wachstumspfad halten werde, gleich wie »der Markt«, sprich die Börse, die jeweilige Lage einschätzt. In den Jahren 1994 und 1995 boomten die Aktienmärkte trotz eines nur verhaltenen Wirtschaftswachstums.

Ein zweiter unmittelbarer Zusammenhang zwischen der Börsenentwicklung und der Investitionsnachfrage ergibt sich aus der Praxis der Aktien- und Anleihenemission. Derartige Emissionen bilden eine der Möglichkeiten zur Aufnahme von Kapital, das dann zur Finanzierung von Produktionsstätten und Ausrüstungsgegenständen verwendet werden kann. Wenn sich die Börse nun im Aufschwung befindet, lässt sich eine Neuemission viel leichter platzieren als in der Baisse. Dies ist besonders für solche Branchen entscheidend, die – wie beispielsweise die Versorger – zur Kapitalaufnahme stark von Aktienemissionen abhängen und kaum auf einbehaltene Gewinne zurückgreifen können. Steigende Kurse erleichtern es auch den Wagniskapitalgebern, Investoren zu finden, die ihr Kapital jungen Unternehmen zur Verfügung stellen möchten, weil sie sich davon innerhalb von einigen Jahren einen beträchtlichen Wiederverkaufsgewinn versprechen.

Schließlich könnten viele Unternehmen am Tiefpunkt einer Baisse geneigt sein, ihre einbehaltenen Gewinne zum Rückkauf eigener Aktien oder zur Übernahme anderer Unternehmen zu verwenden, anstatt sie dem Kauf neuer Kapitalgüter zuzuführen. Finanzinvestitionen können mit anderen Worten reale Investitionen ersetzen. Dies trägt zum Wachstum ohnehin gesunder Unternehmen bei, mehrt aber nicht unmittelbar den gesamtwirtschaftlichen Wohlstand.

Herkömmliches Wachstum und Transformationswachstum

Auf das Risiko hin, die Dinge ein wenig zu stark zu vereinfachen, hier die gängige Auffassung innerhalb der Ökonomenzunft: Wachstum stellt in einer kapitalistischen Wirtschaft den Normalzustand dar. Dies ist deshalb der Fall, weil jedes Unternehmen – jedenfalls insofern es sich nicht um einen Tante-Emma-Laden handelt – beständig nach zusätzlichen Gewinnen strebt. Um dieses Ziel aber zu erreichen, muss es expandieren, sprich, es muss Ausschau nach neuen Produkten und Märkten halten, seine Effizienz verbessern und mehr. Die innere Dynamik einer freien Marktwirtschaft strebt also nach Expansion, ganz wie es einst Adam Smith formulierte. Eine Marktwirtschaft neigt überdies dazu, auf dem Wachstumspfad zu bleiben, anstatt einfach einen Bedarf zu erfüllen und dann in Untätigkeit zu verfallen. Smith sah nicht voraus, dass angesichts einer gesättigten Nachfrage nach Stecknadeln jemand auf die Idee kommen würde, Sicherheitsnadeln zu erfinden, gefolgt von Reißverschlüssen und schließlich Klettverschlüssen. Die Anstrengungen der Kapitalisten führen also zumindest vorübergehend zu einer Erweiterung der Investitionschancen.

Herkömmliches Wachstum kann durch eine Reihe von Umständen gestützt oder behindert werden. Einige davon liegen außerhalb jedes menschlichen Einflusses, andere dagegen nicht. Mit Sicherheit wirkt eine Geldpolitik, die für niedrige Zinsen sorgt und damit die für jede Expansion unverzichtbare Kreditnachfrage ankurbelt, unterstützend auf den Wachstumsprozess. Umgekehrt verlangsamt eine Politik des »knappen« Geldes das Wachstum und bringt es schließlich zum Stillstand. Zweifellos spielen auch politische Entscheidungen eine Rolle. Eine hohe Besteuerung der Unternehmensgewinne schreckt von Investitionen ab, während niedrige Steuern die Investitionsnachfrage anheizen. Staatliche Ausgaben für Infrastrukturmaßnahmen, Bildung oder Forschung und Entwicklung senken die Kosten und sorgen dafür, dass das notwendige Fachwissen zur Entwicklung neuer Produkte und Prozesse bereitsteht. Das Ausgabeverhalten der öffentlichen Hand – die so genannte *Fiskalpolitik* – kann das Wachstum unterstützen oder auch behindern.

Doch trotz alledem bildet das Auf und Ab des herkömmlichen Wirtschaftswachstums nur den Hintergrund für das Investitionsdrama, das sich vor unseren Augen abspielt. Wie nicht allzu schwer zu erraten, ist es vermutlich die technologische Entwicklung, die eine entscheidende Rolle spielt – genauer gesagt, jene technologischen Quantensprünge, die zu dem so genannten »Transformationswachstum« führen, eine Wortschöpfung des Ökonomen Edward J. Nell. Der erwähnte Begriff bezieht sich auf besonders bemerkenswerte Erfindungen und Innovationen, die die so genannte »Grenze der Produktionsmöglichkeiten« weiter hinausschieben, also den Kanon der realisierbaren und profitablen wirtschaftlichen Aktivitäten vergrößern. Im ersten Kapitel haben wir gezeigt, dass der Dampfmaschine im späten 18. sowie im frühen 19. Jahrhundert eine solche Rolle zukam. Eine ähnlich bedeutsame Erfindung, die im 19. Jahrhundert die wirtschaftliche Landkarte jedes einzelnen Industrielandes »transformierte«, war die Einführung der Eisenbahn. Als dritte derartige Innovation ist die Elektrifizierung zu nennen, die auch entlegeneren Landstrichen und – wichtiger noch – den privaten Haushalten Energie brachte. Eine vierte epochale Erfindung war das Automobil, dem wir versiegelte Straßen, Tankstellen, Garagen und letztlich ein verändertes Lebenstempo verdanken. Der Computer und die mikroelektronische Revolution veränderten überall die Unternehmensorganisation, vom Reinigungsbetrieb bis hin zum multinationalen Konzern. Das Düsenflugzeug schließlich führte zum Aufkommen des Tourismus, der sich in den sechziger Jahren zur weltweit größten Einzelbranche entwickelte. Noch entscheidender war, dass es die Entwicklung einer vernetzten Weltwirtschaft ermöglichte.

Umbrüche dieser Art haben dem Wirtschaftsleben enorme Impulse versetzt. Und doch gehört es zum Wesen dieser Veränderungen, dass die Grenze der Produktionsmöglichkeiten alsbald besetzt und die Expansionsphase von einer Periode des »Verdauens« abgelöst wird. Dann beginnt die Zeit des Abwartens, bis ein neuer Transformationsboom einsetzt.

8

DIE ÖKONOMIE DES ÖFFENTLICHEN SEKTORS

Die Ökonomie der privaten Haushalte und Unternehmen wirft keine besonderen Probleme auf. Ganz anders verhält es sich mit der Ökonomie des öffentlichen Sektors. Noch bevor sie eine Zeile darüber gelesen haben, *wissen* viele Menschen, dass sie den Staat hassen oder lieben, dass staatliche Eingriffe unsere Wirtschaft in den Ruin führen oder das Tor ins Himmelreich darstellen.

Wir möchten dem begegnen, indem wir uns diesem Problem in einem zweistufigen Verfahren nähern. Zunächst werden wir einige Grundlagen der Ökonomie des öffentlichen Sektors behandeln, über die zwischen den Ökonomen jeglicher politischer Couleur weitgehend Einigkeit besteht. Obgleich diese Sachverhalte keinen Anlass zu Kontroversen bieten, sind sie wichtig und enthalten womöglich sogar einige überraschende Erkenntnisse. Im weiteren Verlauf wenden wir uns den Fragen zu, hinsichtlich derer konservativ-liberale Ökonomen auf der einen und staatsinterventionistisch gesinnte auf der anderen Seite unterschiedliche Meinungen vertreten. Dabei geht es im Wesentlichen um die *Effektivität* staatlicher Eingriffe in das Wirtschaftsgeschehen. Wie stark bremsend wirkt sich Besteuerung auf den Anreiz zu individueller wirtschaftlicher Tätigkeit aus und welche Vorteile bieten öffentliche Ausgaben gegenüber solchen der privaten Haushalte und der Unternehmen? Es geht hier nicht um die Frage, wie sich der öffentliche Sektor in das BIP einfügt. Diesem Thema wenden wir uns in späteren Kapiteln zu. Im Folgenden möchten wir zunächst einige grundlegende Sachverhalte darstellen.

Die öffentliche Hand als Wirtschaftssektor

Um zu beurteilen, welche Rolle die öffentliche Hand spielen sollte, ist es notwendig, ihre Strukturen und ihre Arbeitsweise zu kennen. So heftig die Ökonomen auch über die angemessene Rolle des Staates in der Wirtschaft streiten mögen, so einig sind sie sich hinsichtlich der Frage, wie der öffentliche Sektor funktioniert.

Beginnen wir mit der unterschiedlichen Motivation, die staatliches und privates Ausgabeverhalten kennzeichnet. Die Motive der privaten Haushalte und der Unternehmen entspringen eigenständigen Abwägungsprozessen. Private Haushalte entscheiden frei darüber, welchen Anteil ihres Einkommens sie sparen oder konsumieren. In gleicher Weise fußen die Investitionsentscheidungen von Unternehmen auf ihrer Beurteilung der wirtschaftlichen Lage.

Anders sieht es in Bezug auf das Ausgabeverhalten der öffentlichen Hand aus. Hier treffen wir auf eine vollkommen neue Motivation: Nicht Gewohnheiten oder das Gewinnmotiv bestimmen die Höhe der Ausgaben, sondern politische Entscheidungen – anders ausgedrückt, der kollektive Wille der Bevölkerung, wie er sich in den Bekundungen und Entscheidungen der gewählten Volksvertreter auf den verschiedenen staatlichen Ebenen ausdrückt.

Es ist also dieser ausdrückliche politische Wille, der dem öffentlichen Sektor eine besondere Bedeutung verleiht. Dieser Sektor ist als einziger hinsichtlich seiner Einnahmen und Ausgaben einer Planung und Steuerung zugänglich. Durch hoheitliche Maßnahmen wie Besteuerung, Ausgaben und Regulierungen kann der Staat das Verhalten der privaten Haushalte und Unternehmen massiv beeinflussen. Es steht jedoch kein Instrument zur Verfügung, mit dem man in gleichem Maße auf das wirtschaftliche Verhalten dieser Sektoren einwirken könnte, wie dies im Falle des öffentlichen Sektors möglich ist.

Der Grundgedanke hinter jeder modernen makroökonomischen Politik in Bezug auf den öffentlichen Sektor ist leicht zu verstehen. Wir haben gesehen, dass Rezessionen auf der Unfähigkeit des Unternehmenssektors beruhen, die gesamtwirtschaftlichen Ersparnisse durch ausreichende Investitionen zu kompensieren. Doch wenn ein Rückgang des BIP durch unzureichende Ausgaben eines Sektors verursacht wird, legt unsere Analyse einen Ausweg nahe: Könnte die mangelnde Ausgabefreudigkeit im Unternehmenssektor nicht durch zusätzliche Ausgaben eines anderen Sektors aufgewogen werden – eben des öffentlichen Sektors? Und könnte der öffentliche Sektor nicht als zusätzliches Medium dienen, um Ersparnisse in Ausgaben umzuwandeln?[20]

Wir kennen bereits die Antwort auf diese Fragen: Eine Nachfragelücke lässt sich in der Tat dadurch schließen, dass man dem öffentlichen Sektor Ersparnisse überträgt, die anschließend von diesem ausgegeben werden. Wir haben gesehen, dass es hinsichtlich der wirtschaftlichen Auswirkungen unerheblich ist, ob Ersparnisse von dem Unternehmen AT&T ausgeliehen werden, um damit einen privaten Kommunikationssatelliten zu bauen, oder ob derselbe Satellit vom US-amerikanischen Bundesstaat in Auftrag gegeben und aus Geldern finanziert wird, die das US-Schatzamt ausgeliehen hat. Der Unterschied liegt in der politischen Bedeutung dieser Maßnahmen. Die jeweiligen Auswirkungen auf das Investitionsklima, die wirtschaftlichen Erwartungen und das Vertrauen in die konjunkturelle Entwicklung können stark auseinanderfallen. Doch in Bezug darauf, wie die beiden Sektoren funktionieren und ineinander greifen, unterscheiden sich beide Vorgänge nicht voneinander. Obwohl die Ökonomen im Hinblick auf die Bedeutung und die Folgen staatlicher Ausgabenpolitik leidenschaftliche Gefechte austragen, stimmen doch alle darin überein, dass die wirtschaftlichen Aktivitäten der öffentlichen Hand als Sektor zu analysieren und insofern mit dem Haushalts- und dem Unternehmenssektor vergleichbar sind.

Dies bedeutet, dass zusätzliche Käufe der öffentlichen Hand in Form eines höheren Ausgabenvolumens oder einer stärkeren Kreditaufnahme genauso das BIP steigern wie zusätzliche Käufe der privaten Haushalte oder der Unternehmen.[21]

Umgekehrt führt ein Rückgang der staatlichen Ausgaben ebenso zu einem sinkenden Auslastungsgrad der Wirtschaft, als wenn sich private Haushalte oder Unternehmen entsprechend verhielten. Und schließlich erzeugt ein Staat, der spart, indem er regelmäßig mehr Steuern einnimmt, als er ausgibt (der also einen Haushaltsüberschuss erwirtschaftet), ebenso eine Nachfragelücke, wie dies bei einer zu hohen Sparquote der privaten Haushalte der Fall ist. Fällt beides zusammen, dann müssen die Investitionen der Unternehmen die Ersparnisse sowohl des Haushalts- als auch des öffentlichen Sektors aufwiegen, wenn es nicht zu einer Schrumpfung des BIP kommen soll.

Haushaltsdefizite und Staatsverschuldung

Es kommt also darauf an, die Aktivitäten der öffentlichen Hand als diejenigen eines *verantwortlichen* Sektors zu betrachten, im Gegensatz zu den Entscheidungen eines privaten Haushaltes oder Unternehmens, die auf die gesamtwirtschaftlichen Auswirkungen ihrer Handlungen keine Rücksicht zu nehmen brauchen. Dieser Unterschied wird am deutlichsten, wenn wir jene staatliche Aktivität untersuchen, die am häufigsten missverstanden wird – das Erwirtschaften von Haushaltsdefiziten. Ein Haushaltsdefizit entsteht, wenn der Staat mehr ausgibt, als er durch Steuererträge einnimmt, wobei er den Fehlbetrag durch Kreditaufnahmen finanziert. Die dabei gewonnenen Finanzmittel gehen in die staatliche Schuldenlast ein, und oft wird diese kritisiert, als handele es sich um die Verschuldung eines einzelnen privaten Haushaltes oder eines einzelnen Unternehmens. »Der Staat«, so heißt es dann, »kann nicht ewig Schulden machen, genauso wenig wie eine Familie oder ein Unternehmen. Eine Regierung, die ein Haushaltsdefizit erwirtschaftet, lebt schlicht und einfach über ihre Verhältnisse.«

Trifft diese Behauptung zu? Sie klingt jedenfalls zutreffend. Und doch würden selbst Ökonomen, die Haushaltsdefizite aus anderen Gründen vehement ablehnen, zugeben, dass die öffentliche Hand nicht mit einer Familie oder einem Unternehmen gleichzusetzen ist. Betrachten wir diese Frage einmal etwas genauer: Kann der Staat es sich leisten, ein Defizit auszuweisen – also neben seinen Steuereinnahmen auch Kredite aufzunehmen? Als wir in Kapitel 5 zum ersten Mal untersucht haben, wie die verschiedenen Sektoren das BIP erwerben, haben wir festgestellt, dass der Unternehmenssektor als Ganzes regelmäßig mehr ausgibt, als er durch seine Umsätze einnimmt. Dabei deckt er den Differenzbetrag – wir erinnern uns – durch die Aufnahme von Krediten beim Haushaltssektor, mit deren Ersparnissen er somit seine Kapitalgüter finanziert.

Eine derartige »ungedeckte« Ausgabe von Finanzmitteln wird allerdings mit Sicherheit in keinem Unternehmen als Defizit bezeichnet. Wenn AT&T oder Exxon öffentliche Ersparnisse verwenden, um eine neue Produktionsstätte und die zugehörigen Ausrüstungsgegenstände zu finanzieren, weisen diese Unternehmen deswegen keinen Bilanzverlust aus, obwohl ihre Gesamtauslagen zur Deckung der laufenden Kosten sowie des Erwerbs von Kapitalgütern ihre Umsätze möglicherweise übertreffen. Vielmehr unterscheiden sie zwischen zwei Arten von Aufwand: dem Aufwand zur Deckung von laufenden Kosten, der den laufenden Einnahmen gegenübergestellt wird, und demjenigen zur Finanzierung von Kapitalgütern, der in einen gänzlich anderen Bilanzposten einfließt. Der Ausgabenüberschuss wird dabei nicht als Defizit, sondern als Investition bezeichnet.

Können AT&T oder Exxon es sich leisten, derartige »Defizite« über einen unendlichen Zeitraum hinweg auszuweisen? Die Antwort auf diese Frage lautet Ja. Die zusätzlichen Einnahmen, die sie aufgrund dieser Investitionen erwirtschaften, gestatten es den Unternehmen, die fälligen Zins- und Tilgungszahlungen auf ihre laufenden Anleihen zu leisten. Üblicherweise wird ein Unternehmen bei Fälligkeit einer Anleihe eine neue mit gleichem Gesamtwert ausgeben und mit Einnahmen aus dem Verkauf dieser neuen Anleihe seine alten Gläubiger befriedigen. Ein erfolgreiches Unternehmen ist ständig auf der Suche nach frischem Kapital, um seine Investitionsbasis auszudehnen. Von 1929 bis heute weitete Exxon seine langfristige Schuld von 170,1 Millionen US-Dollar auf über 10 Milliarden US-Dollar aus. Dennoch hat die Kreditwürdigkeit des Unternehmens nicht gelitten, sondern sich eher noch verbessert.

Auch der Unternehmenssektor als Ganzes hat das Ausmaß seiner Verschuldung laufend erweitert. So belief sich im Jahre 1975 die langfristige Schuldenlast aller US-Unternehmen (das heißt die Summe der Schulden mit einer Restlaufzeit von mehr als einem Jahr) auf 587

Milliarden US-Dollar. Im Jahre 2002 war sie auf mehr als 7,3 Billionen US-Dollar angestiegen. War diese Entwicklung gefährlich? Diese Frage führt uns zu einer sehr wichtigen Erkenntnis: Ob eine Kreditaufnahme gefährlich oder ungefährlich ist, hängt weitgehend davon ab, welchem Zweck sie dient. Wenn ein Unternehmen mit geliehenem Kapital die Errichtung neuer Produktionsstätten sowie den Kauf neuer Ausrüstungsgegenstände finanzieren will und seine Projekte sorgfältig ausgewählt hat, ist eine wachsende Verschuldung in der Regel vollkommen ungefährlich. Der Schuldenanstieg spiegelt in diesem Fall einfach die finanzielle Seite der wachsenden Ausstattung des Unternehmens mit Anlagevermögen (das heißt mit Maschinen und Ausrüstungsgegenständen, die mit dem geliehenen Kapital erworben wurden) sowie seine Fähigkeit zur Gewinnerzielung wider. Solange dieses physische Kapital produktiv bleibt und regelmäßig ersetzt wird, gibt es keinen Grund, daran zu zweifeln, dass die Anleihen, die zu seiner Finanzierung ausgegeben wurden – oder neue Anleihen, die die auslaufenden ersetzen –, grundsolide Investitionen für Einzelpersonen, Banken oder andere Finanzinstitute darstellen, die auf der Suche nach profitablen Anlagemöglichkeiten für ihre Ersparnisse sind. Dieser Umstand hat dazu geführt, dass ein Großteil der Unternehmensschulden mit der Zeit immer sicherer geworden ist. Natürlich werden stets einige Unternehmen Schiffbruch erleiden, mit der Folge, dass ihre Anteile an Wert verlieren oder gelegentlich sogar wertlos verfallen. Doch insgesamt betrachtet sind Unternehmensschulden überaus sicher. Wäre dem nicht so, dann wäre die freie Unternehmenswirtschaft schon längst in sich zusammengebrochen.

Doch es gibt noch ein anderes mögliches Szenario. Angenommen, ein Unternehmen würde Kredite nicht zur Finanzierung von Anlagekapital, sondern für spekulative Zwecke aufnehmen, die sich später als verlustreich erweisen. In diesem Fall führt ein wachsender Schuldenstand unweigerlich zu einer Belastung für das Unternehmen, da es Zinsen auf einen Kredit entrichten muss, der zu keinem zusätzlichen Einkommen geführt hat – von der Belastung für die Investoren, die ihr Geld in ein Fass ohne Boden geworfen haben, ganz zu schweigen.

Genau dies ereignete sich während der großen Fusionswelle der achtziger Jahre. In jenen bewegten Jahren zogen Horden von spekulationsfreudigen Investoren auf der Suche nach geeigneten »Übernahmekandidaten« umher. Ihre bevorzugten Zielobjekte waren große, aber nachlässig geführte Unternehmen, denen der Blick für die Rentabilität ihrer Geschäftstätigkeit abhanden gekommen war. Die Investoren kauften zunächst Aktien eines derartigen Unternehmens, üblicherweise mithilfe eines umfangreichen Wertpapierkredites. Sobald es der Investorengruppe gelungen war, genügend Anteile anzuhäufen, um einen beherrschenden Einfluss auf das Unternehmen ausüben zu können, wechselte sie das Management aus und vollendete damit ihren Coup. Das neue Management gab daraufhin eine Anleihe mit sehr hohem Zinskupon aus und verwendete die Einnahmen aus dieser Emission zur Rückzahlung der Investorenkredite. Gleichzeitig veräußerte es die Filetstücke des Unternehmens, sodass ein hoch verschuldeter Torso übrig blieb, der auf keine produktiven Vermögenswerte zurückgreifen konnte. Die Schulden, so genannte Junk-Bonds (Müllanleihen), bildeten eine große Belastung sowohl für das Unternehmen als auch für die unvorsichtigen Investoren, die sie erworben hatten. In diesen Jahren des Fusionsfiebers verdoppelte sich das Gesamtvolumen der Unternehmensschulden in den Vereinigten Staaten, und die Zinslast stieg auf 90 Prozent der Gesamterträge nach Steuern aller US-amerikanischen Kapitalgesellschaften.

Private versus öffentliche Schulden

Lässt sich aus diesen Schilderungen eine Moral hinsichtlich des staatlichen Haushaltsdefizits ableiten? Antwort: Es gibt derer zwei. Zum einen ist festzustellen, dass der öffentliche Sektor in gleicher Weise wie der Unternehmenssektor seine steigende Schuldenlast mit einer wachsenden Ausstattung an Kapitalgütern – Staudämmen, Straßen, Wissen und Fachkenntnissen – rechtfertigen kann. In den achtziger Jahren bewegten sich in den Vereinigten Staaten die staatlichen Ausgaben für investitionsähnliche Zwecke – die den Investitionen der privaten Un ternehmen entsprechen – in etwa auf der Höhe des Haushaltsdefizits. Nach Auskunft des Office of Management and Budget (Behörde, die für die Aufstellung des öffentlichen Haushalts der Vereinigten Staaten verantwortlich ist) beliefen sich die entsprechenden Ausgaben in den Haushaltsjahren 1984 bis 1986 auf insgesamt 581 Milliarden US-Dollar. Im gleichen Zeitraum lag das staatliche Haushaltsdefizit bei insgesamt 624 Milliarden US-Dollar. Hätte man diese wachstumsrelevanten Ausgaben nicht mit anderen Haushaltsposten zusammengefasst, wäre das »Defizit« verschwindend gering ausgefallen. In diesem Fall wären die entsprechenden Ausgaben völlig zu Recht als öffentliche Investitionen bezeichnet worden, und man hätte es ebenso legitim gefunden, sie durch Kreditaufnahmen zu finanzieren, wie man den privaten Unternehmen zugesteht, ihre Investitionen auf derartige Weise zu bestreiten.

Darüber hinaus hätte man keine Zeit und Energien für die Diskussion der irreführenden Frage vergeudet, ob das Haushaltsdefizit zu hoch ausgefallen sei, sondern man hätte darum gestritten, wie viel öffentliche Investitionen das Land benötigt und wie diese beschaffen sein sollten – eine sehr reale und wichtige Frage. Genauso hätte die öffentliche Debatte in den neunziger Jahren nicht um die Frage kreisen sollen, ob der Staat ein Haushaltsdefizit erwirtschaften darf oder nicht, sondern sich auf die Frage konzentrieren müssen, ob ein bestehender Ausgabenüberschuss auf staatlichen Konsum oder öffentliche Investitionen zurückzuführen ist.

Die zweite Moral, die wir ableiten können, lautet, dass eine vernünftige Haushaltsführung unterbleibt, weil die Ausgaben der öffentlichen Hand eben nicht in einen investiven und einen konsumtiven Bereich unterteilt werden. Stattdessen werden sämtliche Staatsausgaben in einen einzigen Topf geworfen, der mit dem Buchstaben S (für Staat) bezeichnet wird, wobei angenommen wird, dass S vollständig in den Konsum fließt. Würde man S in Konsum- und Investitionsausgaben unterteilen, würde genau ersichtlich, um wie viel die staatliche Kreditaufnahme jenen Ausgabenbetrag übersteigt, der durch eine wachstumsrelevante Zweckbindung gerechtfertigt ist. Wenn die Schuldenlast tatsächlich zur Finanzierung staatlichen Konsums statt für investive Zwecke eingegangen würde, könnte man sich mit Fug und Recht darüber aufregen. Dann wäre es an der Zeit, dafür zu sorgen, dass der staatliche Konsum – die laufenden Ausgaben der öffentlichen Haushalte – auf die dafür angemessene Weise finanziert wird: durch Steuern verschiedenster Art.

Für die These, dass die öffentliche Hand als Wirtschaftssektor gefahrlos ein Haushaltsdefizit eingehen kann, lässt sich eine weitere, noch wichtigere Begründung anführen. Die regulären Einnahmen des öffentlichen Sektors stammen aus Steuererträgen, deren Höhe das allgemeine Einkommensniveau eines Landes widerspiegelt. Dies bedeutet, dass ein Großteil aller staatlichen Ausgaben in den Strom des Bruttoinlandsproduktes einfließen und von dort via Besteuerung wieder eingebracht werden kann. Die Fähigkeit der öffentlichen Hand zur Erzielung von Einnahmen ist daher weitaus höher als diejenige eines beliebigen Einzelunternehmens. Sie lässt sich allenfalls mit der immensen Fähigkeit zur Einnahmenerzielung der gesamten Unternehmenswelt vergleichen.

Dieser Kontrast zwischen der begrenzten Finanzkraft eines einzelnen Unternehmens und der nahezu unbegrenzten Macht einer staatlichen Regierung bildet den wesentlichsten Unterschied zwischen privaten und öffentlichen Ausgaben. Er erklärt, warum die öffentliche Hand zu so viel umfangreicheren finanziellen Unternehmungen imstande ist als die Unternehmenswelt.

Die Kreditgeber der Unternehmen sind Menschen oder Institutionen, die unabhängig von ihnen agieren und über die sie keine Kontrollmacht ausüben. Dies gilt sowohl für die Inhaber von Unternehmensanleihen als auch für die als Gläubiger fungierenden Banken. Um ihren Schuldendienst zu leisten, übertragen die Unternehmen daher Gelder aus ihrem eigenen Besitz auf Außenstehende. Bleibt dieser Transfer aus, weil das Unternehmen nicht über die dafür erforderlichen Finanzmittel verfügt, wird es in Konkurs gehen. Im Notfall kann es nicht einfach Geld drucken lassen, um seine Schulden zu bedienen.

Ein Bundesstaat befindet sich ein völlig anderen Situation. Die meisten seiner Anleihenbesitzer, Banken oder anderen Gläubiger gehören der gleichen Gemeinschaft an, aus der seine Einnahmen herrühren.[22]

Die öffentliche Hand muss mit anderen Worten zur Bedienung ihrer Schulden keine Finanzmittel an außenstehende Gruppen auszahlen. Vielmehr transferiert sie diese Gelder in der Regel von einigen Mitgliedern der Gesellschaft, über die sie hoheitliche Gewalt ausübt (Steuerzahler), an andere Mitglieder derselben Gesellschaft (Anleiheninhaber). Ein ähnlicher Unterschied besteht zwischen einer Familie, die einem anderen privaten Haushalt Geld schuldet, und einer Familie, in der die Ehefrau ihrem Gatten Geld leiht – oder, auf die Unternehmenswelt angewandt, zwischen einer Firma, die einem anderen Unternehmen Geld schuldet, und einer zweiten, in der die eine Zweigstelle der anderen Geld geliehen hat. Interne Schulden führen nicht zur Umschichtung von Ressourcen von einer Gemeinschaft zur anderen, sondern verteilen lediglich Forderungen zwischen Mitgliedern derselben Gemeinschaft um.

Nichtsdestotrotz mögen nagende Zweifel fortbestehen. Angesichts der Tatsache, dass beispielsweise jeder US-Bürger im Jahr 2000 nach Maßgabe der staatlichen Schuldenlast umgerechnet mit rund 5 100 US-Dollar und jeder Deutsche sogar mit rund 15 200 Euro verschuldet war, kann es kaum verwundern, dass ständig an unserer Gewissen appelliert wird: Wie viel besser, so heißt es, ginge es uns ohne diese Schuldenlast, an der unsere Enkelkinder einmal schwer zu tragen haben würden. Sind diese Zweifel berechtigt? Angenommen, wir wollten die Staatsschuld vollständig abbezahlen. Dies würde bedeuten, dass alle Staatsanleihen aufgelöst und zurückbezahlt würden. Um die dazu notwendigen Mittel zu beschaffen, müsste eine Steuer eingeführt werden, mit dem Ergebnis, dass Geld von den Steuerzahlern zu den Anleiheninhabern flösse.

An dieser Stelle mag ein wenig Leichtfüßigkeit weiterhelfen. Bekanntlich warnen viele Politiker vor der Schuldenlast, die auf den Schultern künftiger Generationen ruht. Nehmen wir daher an, der Tag der Abrechnung sei gekommen und unsere Abkömmlinge machten sich auf den Weg zur Bank, um zu sehen, was wir ihnen hinterlassen haben. Atemlos öffnen sie den Familientresor, um dort ein Schuldenpaket zu finden, dass sich vielleicht auf 25 000 US-Dollar pro Kopf beläuft. Natürlich besteht diese Schuldenlast wie jede öffentliche Schuld aus Staatsanleihen. Glauben Sie, dass unsere Abkömmlinge mit

ihrem Schicksal hadern werden, während sie ihre Last in die mitge-
brachten Koffer stopfen? Oder werden sie auf dem Weg nach Hause
erst einmal tüchtig feiern?

Das Privileg zum Gelddrucken

Ein letzter, aber zweifellos nicht unwichtiger Unterschied zwischen
öffentlicher und privater Verschuldung liegt darin, dass alle Regierungen dieser Welt ein Privileg genießen, auf das kein Unternehmen jemals
Anspruch erheben kann. Dieses Privileg berechtigt sie, Geld zu schaffen – ein souveränes Recht eigenständiger Staaten, vergleichbar dem
Recht, einen Krieg zu erklären.

Es versteht sich von selbst, dass dieses Privileg ins Unheil führen
kann, wenn eine Regierung zum Beispiel deshalb die Geldpresse an-
wirft, weil sie insbesondere in Kriegszeiten die Finanzmittel, die sie
benötigt, nicht durch Kredite, Steuern oder Spenden erlangen kann.
Unter normalen Bedingungen jedoch wirkt sich das Privileg zum Drucken von Geld ungemein vorteilhaft auf die Kreditwürdigkeit (Bonität)
des Staates aus. Aus diesem Grunde werden Staatsanleihen in der Regel niedriger verzinst als Unternehmensanleihen. Niemand, der sein
Geld einem Privatunternehmen leiht, kann mit letzter Sicherheit davon
ausgehen, dass er es zurückerhält. Im Zuge der Großen Depression
kam es auch bei den großen Aktiengesellschaften zu einer Pleitewelle,
mit der Folge, dass viele Anleihenbesitzer ihr Geld verloren.

Doch wie oft ereilte die Besitzer von Staatsanleihen in den zweieinhalb Jahrhunderten des Kapitalismus ein ähnliches Schicksal? Antwort: genau zweimal – bei der Niederlage der Konföderierten Staaten
von Amerika im amerikanischen Bürgerkrieg und beim Sturz des rus-
sischen Zaren im Jahre 1917. In beiden Fällen war das Gleiche geschehen: Die jeweiligen Regierungen hatten ihr Privileg verloren, Geld zu
drucken. Ihre Anleihen, die vorher »Gold wert« waren, taugten plötzlich nur noch als Wandtapete, und so endeten sie auch.

Zusammenfassung

Nach diesen beruhigenden Feststellungen ist es jetzt an der Zeit für einige ernüchternde Schlussworte. Ein hohes und anhaltendes Haushaltsdefizit kann durchaus zu wirtschaftlichen Verwerfungen führen. Die Rede ist dabei nicht von einem möglichen Staatsbankrott, sondern von den Folgen einer nachlässigen Haushaltspolitik.

Wenn die öffentliche Hand mehr ausgibt, als sie durch Steuereinnahmen finanzieren kann, muss sie den Differenzbetrag durch die Ausgabe von Staatsanleihen hereinholen. Da diese Anleihen allerhöchste Bonität genießen und die Regierung den Zinskupon so festsetzen wird, dass sie ihre Abnehmer finden, kommt der Staat stets in den Genuss des allerersten Zugriffs auf die Ersparnisse eines Landes. Alle anderen Kreditnehmer – Gebietskörperschaften, Unternehmen und private Haushalte – müssen dahinter zurückstehen. Es besteht daher die Gefahr, dass diese übrigen Kreditnehmer aus dem Kreditmarkt herausgedrängt werden. Dieser Fall träte ein, wenn die Gesamtnachfrage nach Ersparnissen das Gesamtangebot überstiege. Die bundesstaatliche Regierung erhielte in diesem Fall alle gewünschten Finanzmittel, während einige der nicht bundesstaatlichen oder privaten Kreditnehmer unterversorgt blieben.

Doch die Sache ist noch ein wenig komplizierter. Angenommen, wir könnten genau bestimmen, welches private Investitionsprojekt durch die letzten 10 Millionen US-Dollar an öffentlicher Kreditaufnahme verdrängt würde. Zweifellos gingen uns der zusätzliche Wohlstand und der sonstige Nutzen aus dieser geplanten und vermutlich erfolgreichen Unternehmung verloren. Doch bevor wir nicht geprüft haben, welchen Nutzen die staatliche Kreditaufnahme erbringen wird, können wir uns kein Urteil darüber erlauben, ob das Gemeinwohl missachtet worden ist. Angenommen, bei dem verdrängten privaten Investitionsprojekt handelte es sich um den geplanten Bau von Luxusapartments, während die öffentliche Hand nun mit dem gleichen Geld einen strukturschwachen Stadtteil saniert. Es wäre in diesem Fall nicht leicht zu behaupten, dass die Verdrängung einen Schlag gegen das Gemeinwohl bedeutete. Womöglich würde das Gemeinwohl dadurch sogar befördert.

Das Problem liegt allerdings darin, dass man in der Regel nicht feststellen kann, welchem Zweck der jeweils »letzte« Euro in einem Sektor zufließt. Wir wissen, dass in Kriegszeiten die Regierung den ersten Zugriff auf alle Ressourcen einschließlich der Ersparnisse erhält, während in Friedenszeiten normalerweise die Faustregel gilt, dass die Unternehmen Vorrang genießen sollten, besonders wenn die Arbeitslosigkeit noch hoch ist. Eine Ausnahme von dieser Regel ergibt sich bei Vollbeschäftigung in Friedenszeiten: Dann lässt sich nur schwer entscheiden, welchem Sektor auf dem Kapitalmarkt der Vortritt gebührt. Das gilt umso mehr in Ländern wie den Vereinigten Staaten, die im Gegensatz zu vielen anderen noch keinen öffentlichen Kapitalhaushalt entwickelt haben.

Die obigen Überlegungen zur Problematik der Haushaltsdefizite sind keineswegs umfassend. Denken Sie beispielsweise an die Schwierigkeiten, die sich daraus ergeben können, dass Ausländer einen großen Anteil an der öffentlichen Schuld eines Landes erwerben – im Falle der Vereinigten Staaten liegt dieser Anteil heute bei 25 Prozent. Mit dem gleichen Problem kann übrigens auch der Privatsektor zu tun haben: Welche Folgen hat es, wenn Ausländer einen »zu großen« Anteil der unternehmerischen Schuldenlast bestreiten? (Diesem Punkt wenden wir uns später zu.) Und damit sind die Fragen noch lange nicht erschöpft. Was geschieht, wenn die Staatsverschuldung so stark zunimmt, dass die Zins- und Tilgungsleistungen die Steuereinnahmen zu übersteigen drohen? Dieses Szenario ist keineswegs fiktiv, sondern betrifft viele Länder mit einem hohen Verschuldungsgrad (gemeint ist das Verhältnis der Staatsschuld zum BIP), wie er etwa für das Italien der späten neunziger Jahre kennzeichnend war.

Doch unser Ziel ist es, ein realistisches Bild der Kontroverse zu zeichnen, die sich um die Probleme der Staatsverschuldung und der Haushaltsdefizite rankt; ein Bild, das frei von jenen Schreckensvokabeln ist, die ein fundiertes Urteil erschweren. Hier also einige abschließende Worte, die die Aussagen dieses Kapitels zusammenfassen mögen:

1. *Aus ökonomischer Sicht ist die öffentliche Hand ein Wirtschaftssektor und nicht ein überdimensionierter privater Haushalt.* Wer diesen Unterschied nicht erkennt, kann die Stärken und Schwächen der wirtschaftlichen Aktivitäten der öffentlichen Hand nicht qualifiziert beurteilen. Er wird vielmehr zu schwerwiegenden Fehlurteilen gelangen, und zwar unabhängig davon, ob er politisch eher einem verkleinerten, zurückhaltenden Staat oder einem größeren und aktiveren zuneigt.

2. *Um die Höhe eines staatlichen Haushaltsdefizits zuverlässig bewerten zu können, muss man in Rechnung stellen, dass die staatliche Kreditaufnahme zur Finanzierung sowohl investiver wie auch konsumtiver Ausgaben dient.* Diese Unterscheidung ist allerdings nicht immer leicht zu treffen. Zählen zur öffentlichen Investition ausschließlich Infrastrukturmaßnahmen wie etwa der Bau von Straßen und Brücken? In diesem Fall würde das Haushaltsdefizit der Vereinigten Staaten beispielsweise im Jahre 1997 um stolze 70 Milliarden US-Dollar sinken. (In Deutschland lag der entsprechende Etatposten seinerzeit bei rund 63 Milliarden D-Mark, dies entsprach in etwa der Höhe des gesamten Haushaltsdefizits im selben Jahr.) Oder sind staatliche Ausgaben im Bildungsbereich ebenfalls als Investitionen zu werten, da sie in gleicher Weise wie Infrastrukturmaßnahmen die Produktivität der Wirtschaft erhöhen? Der entsprechende Haushaltsposten in den USA belief sich 1997 auf 329 Milliarden US-Dollar. (In Deutschland waren es im selben Jahr gut 154 Milliarden D-Mark, dazu traten Ausgaben für Forschung und Wissenschaft in Höhe von knapp 17 Milliarden D-Mark.) Zöge man diesen Betrag von der Gesamtkreditaufnahme der öffentlichen Hand ab, verschwände das »Defizit« vollständig; doch nicht nur das: Es verbliebe im Gegenteil sogar ein Haushaltsüberschuss!

Kurz gesagt benötigen wir also eine plausible Vorstellung dessen, was als öffentliche Investition zu bewerten ist. Diese Summe – der »Kapitalhaushalt« eines Landes – würde dann sinnvollerweise der Gesamtkreditaufnahme gegenübergestellt, wobei die Differenz dem tatsächlichen Haushaltsdefizit entspräche. Dieses Defizit kann man daraufhin als noch immer zu hoch bewerten, was in der Forderung münden würde, entweder die staatlichen Ausgaben zu senken oder die Steuern zu erhöhen. Wir vermuten jedoch, dass ein Großteil der Aufgeregtheit um dieses Thema aus der öffentlichen Diskussion verschwände.

In den Vereinigten Staaten hat das Handelsministerium zwischenzeitlich damit begonnen, öffentliche Investitionen von anderen Staatsausgaben abzugrenzen. Trotz aller Schwierigkeiten ist damit immerhin ein Anfang gemacht, in dessen Folge viele Dinge im Zusammenhang mit dem öffentlichen Haushalt in einem klareren Licht erscheinen könnten.

Es bleibt weiterhin notwendig, öffentliche Mittel intelligent und nützlich zu verwenden. Auch dazu bedarf es eines gut entwickelten Urteilsvermögens, denn Ausgaben, die der eine als Verschwendung bewertet, mögen dem anderen als sinnvoll erscheinen. Denken Sie etwa daran, wie unterschiedlich ein Landwirt und ein Stadtbewohner jeweils Agrarsubventionen und den Ausbau eines Flughafens beurteilen werden. Am Ende hilft Schwarzweißmalerei nicht weiter. Unter dem Strich bleibt die Erkenntnis, dass Effizienz und fundiertes Urteilsvermögen in der Privatwirtschaft ebenso notwendig – und ebenso schwer zu finden – sind wie im staatlichen Sektor. Der Staat ist ein Teil der Wirtschaft; die Wirtschaft ist ein Teil des Staatswesens. Wenn diese Einsicht auch nur ansatzweise Fuß fasste, würden beide Sektoren vermutlich davon profitieren.

9

DIE KONTROVERSE
ÜBER DIE ROLLE DES STAATES

Zwei gewichtigen Streitfragen hinsichtlich der Rolle der öffentlichen Hand in der Wirtschaft müssen wir uns noch zuwenden: (1) Führen staatliche Eingriffe zu Inflation? (2) Wirkt eine aktive Rolle der öffentlichen Hand stimulierend auf das Wirtschaftswachstum? Im Großen und Ganzen wird die konservativ-liberale Seite, insbesondere innerhalb der Unternehmenswelt, die erste Frage bejahen und die zweite verneinen. Die Anhänger einer staatsinterventionistischen Gedankenschule werden die erste Frage verneinen – oder womöglich mit »Vielleicht« beantworten – und die zweite bejahen. Wir selbst neigen eher der letzteren Auffassung zu, doch beide Standpunkte lassen sich begründen, und wir werden versuchen zu zeigen, worin die jeweiligen Begründungen bestehen.

Zunächst zum Thema Inflation: Wird diese durch die Ausgaben der öffentlichen Hand hervorgerufen? Wie wir sehen werden, lässt sich diese Frage nicht eindeutig und abschließend beantworten. Es ist jedoch möglich, die Kontroverse einzugrenzen, indem man zunächst den Feldern nachspürt, auf denen Einigkeit besteht.

Zu diesen Konsensfeldern gehört zum Beispiel die Feststellung, dass Staatsausgaben unter bestimmten Bedingungen inflationär wirken müssen. Diese Bedingungen lassen sich mit dem Begriff »Vollbeschäftigung« beschreiben: Gemeint ist eine Wirtschaft, in der zu gängigen Löhnen ein nur sehr geringes Angebot am Arbeitskräften besteht und in der die meisten Produktionsstätten und Maschinen normal ausgelastet sind. In einer solchen Situation führen zusätzliche Ausgaben der öffentlichen Hand notwendigerweise zu einem Preisanstieg; sei es, weil die zusätzlich benötigten Arbeitskräfte das Lohnniveau in die Höhe treiben, oder sei es, weil die Überauslastung einer Fabrik zu Kostensteigerungen führt. Niemand, der seine fünf Sinne beisammen hat, würde also in Zeiten einer boomenden Wirtschaft für zusätzliche Staatsausgaben plädieren.

Doch selbst dieser so eindeutige Fall erfordert einige zusätzliche Anmerkungen. Zum einen ist festzustellen, dass in einer Vollbeschäftigungssituation jede Art von zusätzlichen Ausgaben inflationär wirkt. Steigt der Konsum der privaten Haushalte oder der Unternehmen, so führt dies ebenso zu einem Lohnanstieg oder zu höheren Kosten wie ein Anstieg der Staatsausgaben. Entscheidend ist also nicht die Quelle des Ausgabenanstiegs; vielmehr bedeuten zusätzliche Ausgaben in einer Vollbeschäftigungssituation stets Unheil, gleich von welchem Sektor sie stammen.

Will die öffentliche Hand in einer solchen Lage ihre Aktivitäten ausweiten – beispielsweise um Rüstungsvorhaben oder ein neues Stadtentwicklungsprogramm durchzuführen –, muss sie, um Inflation zu vermeiden, die Ausgaben eines anderen Sektors bremsen. Bei Vollbeschäftigung lassen sich zusätzliche Ausgaben für die Kriegsführung oder das Gemeinwohl nur dann ohne nachfolgenden Inflationsschub tätigen, wenn dem vergrößerten Anteil der öffentlichen Hand am BIP eine verringerte Ausgabentätigkeit des Haushalts- oder Unternehmenssektors oder beider gegenübersteht.

Viel weniger eindeutig stellt sich die Situation im umgekehrten Fall dar, wenn also die Wirtschaft unter hoher Arbeitslosigkeit und starker Unterauslastung leidet. Können hier die Staatsausgaben erhöht werden, ohne dass es zu einem Preisanstieg kommt? In den letzten Jahrzehnten war man sich weitgehend darüber einig, dass dies möglich sei. Angesichts von Millionen beschäftigungsloser Arbeitskräfte und ganzen Parks an ungenutzten Maschinen erschien es plausibel, dass zusätzliche Ausgaben, unabhängig von ihrem Zweck, Preise und Kosten nicht in die Höhe treiben würden. Das vielleicht überzeugendste Beispiel für diese These liefert der Zeitraum von 1934 bis 1940, als das BIP in den Vereinigten Staaten infolge höherer Staatsausgaben um 50 Prozent anstieg, während die Preise um weniger als 5 Prozent anzogen.

Dennoch wird diese Auffassung heute – anders als zu Zeiten der Großen Depression – nicht mehr mit voller Überzeugung vertreten. Jede Wirtschaft neigt in Boomphasen eher zu Inflation als in Phasen geringen Wachstums – eine Frage, mit der wir uns später erneut beschäftigen werden. Es lässt sich daher nicht mit Sicherheit behaupten, dass ein Anstieg der Staatsausgaben selbst bei hoher Arbeitslosigkeit und erheblicher Unterauslastung der Produktionsstätten keinen Preisauftrieb auslösen wird, auch wenn dieser mit zusätzlicher Beschäftigung und erhöhtem Output einhergeht. Das Gleiche gilt wiederum ebenso für einen Anstieg der Unternehmensausgaben oder des privaten Konsums. In einer zu Inflation neigenden Wirtschaft wird *jeder* Nachfrageanstieg – gleich aus welcher Quelle – sehr wahrscheinlich zu einem Anstieg der Preise führen.

An dieser Stelle entzündet sich die Auseinandersetzung zwischen Wirtschaftsliberalen und Anhängern der staatsinterventionistischen Schule anhand von zwei Streitfragen. Erstens: Wiegen der zusätzliche Output und der Beschäftigungsanstieg infolge staatlicher Ausgabenpolitik tatsächlich den Zuwachs an Inflation auf, der damit verbunden sein könnte? Im Großen und Ganzen bejahen die Staatsinterventionisten diese Frage, während die Wirtschaftsliberalen sie verneinen. Wir kommen auch hierauf noch einmal zurück.

Die zweite Streitfrage lautet, ob eine Output-Steigerung am effektivsten durch Ausgaben der öffentlichen Hand oder vielmehr durch zusätzliche Ausgaben der privaten Unternehmen hervorgerufen werden kann. Die konservativ-liberale Seite argumentiert, dass private Ausgaben für neue Produktionsstätten und Ausrüstungsgegenstände die Produktionskapazitäten erhöhen, mit dem Ergebnis, dass die Menge der verfügbaren Konsumgüter ansteige und dadurch langfristig die Inflation gebremst werde. Im Gegensatz dazu führten Staatsausgaben bestenfalls zu einer geringen Erhöhung der Menge an verkäuflichen Gütern, weshalb sie sich unmittelbar auf das Preisniveau auswirkten und dieses nach oben zögen.

Dieses Argument hat etwas für sich, jedoch möchten wir diese Ansicht auf andere Weise begründen, als dies üblicherweise geschieht. Sobald sich nämlich die Kontroverse auf die Frage zuspitzt, ob private oder staatliche Ausgaben vorzuziehen seien, ist eher mit ideologischem Überschwang als mit sachlicher Analyse zu rechnen. Schließlich können Ausgaben der öffentlichen Hand in die Produktion von Militärbombern fließen, was zweifellos nicht den verkäuflichen Output erhöht, andererseits aber auch in Bildungsmaßnahmen, mit möglichen positiven Auswirkungen auf die Produktivität der Beschäftigten und damit auf deren Output. Private Ausgaben wiederum können der Hochtechnologie zukommen oder auch dem Bau von Luxushotels. Darüber hinaus setzen manche privaten Investitionen begleitende oder vorbereitende Ausgaben der öffentlichen Hand voraus: Ohne ein Verkehrswegenetz hätte die Autoindustrie nie entstehen können, und eine Ausdehnung der Kohleexporte kann den Bau eines darauf spezialisierten Hafens erfordern. Unser Fazit lautet daher: Manche Ausgaben treiben in der Tat die Inflation eher an als andere, doch sind diese Ausgaben nicht notwendigerweise im öffentlichen Sektor beheimatet. Es kommt somit darauf an, diese Frage differenziert zu betrachten und nicht in ein Totschlagsargument zu verwandeln.

Ein weiterer Aspekt beeinflusst die Auseinandersetzung darüber, wie stark die Ausgaben der öffentlichen Hand die Inflation anheizen. Es geht dabei um die Frage, wie diese Ausgaben finanziert werden. Anhänger der konservativ-liberalen Richtung haben zumeist nichts gegen eine unmittelbare staatliche Kreditaufnahme beim privaten Sektor durch die Emission von Anleihen einzuwenden. Wirtschaftsliberale mögen gegen die Verwendung des aufgenommenen Kapitals protestieren, doch sie behaupten nicht, die Kreditaufnahme von den privaten Haushalten oder Unternehmen an sich sei inflationär. Warum sollte es die Inflation eher anheizen, wenn New York mit geliehenem Geld sein U-Bahn-Netz saniert, als wenn ein großer privater Stromversorger einen Kredit aufnimmt, um seine Elektrizitätskraftwerke zu renovieren?

Anders sieht es dagegen aus, wenn der Staat zur Ausgabenfinanzierung seine Schuldverschreibungen an die Zentralbank verkauft. Diese Maßnahme wird als »Monetisierung der Staatsschuld« bezeichnet.

Durch sie erhöht sich das den Banken zur Verfügung stehende Kreditvolumen, ein Vorgang, der eine Ausweitung der Geldmenge bedeutet,
wie wir im nächsten Kapitel feststellen werden. Alle Ökonomen sind
sich jedoch darüber einig, dass eine Erhöhung der Geldmenge (auch
als Geldschöpfung bezeichnet) in aller Regel inflationär wirkt. Gestritten wird darum, ob das Geld der Haupt- oder gar der alleinige Schurke
ist. Nach unserer Auffassung kann der Verkauf von Schuldverschreibungen zur Finanzierung von Staatsausgaben die Inflation zwar befördern, indem er (wie wir später sehen werden) die private Kreditaufnahme erleichtert. Das bedeutet jedoch nicht, dass Inflation in erster
Linie auf ein solches Vorgehen zurückzuführen wäre. Mit dieser vor-
läufigen Antwort müssen wir uns begnügen, bis wir uns etwas eingehender mit den Themen Geld und Inflation befasst haben.

Nachfragesteuerung

Kommen wir nun zur zweiten großen Streitfrage, nämlich zu derjenigen, ob Staatsausgaben das Wirtschaftswachstum tatsächlich mehren
können. Im Wesentlichen bejahen die Staatsinterventionisten diese
Frage, während die konservativ-liberal Gesinnten sie verneinen. Wir
werden uns bemühen, beide Positionen darzustellen.

Die staatsinterventionistische Argumentation ist uns bereits vertraut, da sie mit der in diesem Buch vertretenen Sichtweise überein-
stimmt. Sie beruht auf zwei Thesen, die uns inzwischen bekannt vor-
kommen sollten. Die erste dieser Thesen lautet, dass die öffentliche
Hand – also die Gesamtheit der staatlichen Ebenen – eine große Bandbreite an Outputs erstellt und man diese jeweils gesondert betrachten
muss, bevor man zu allgemeinen Urteilen schreitet. Zu den Aktivitäten
der öffentlichen Hand gehören ebenso die Errichtung von Staudämmen oder Abwässersystemen, die Förderung von Forschungsvorhaben
sowie Maßnahmen zur Verhinderung der Bodenerosion auf der einen
Seite wie die Leistung von Transferzahlungen, der Unterhalt einer aus-
ufernden Bürokratie und die überteuerte Finanzierung von B-1-Bom-

bern auf der anderen Seite. Nach unserer Auffassung können Staatsausgaben also selbstverständlich das BIP steigern, weil sie selbst Bestandteil des BIP sind. Ebenso glauben wir natürlich, dass Staatsausgaben die Produktivität der Wirtschaft erhöhen können, sofern ihr Zweck in sorgfältig ausgewählten öffentlichen Investitionen besteht.

An diesem Punkt treffen sich übrigens die beiden widerstreitenden Gedankenschulen: Auch die Wirtschaftsliberalen erkennen zunehmend an, dass die öffentliche Hand mittels Infrastrukturmaßnahmen zum Wirtschaftswachstum beitragen kann. Zur Infrastruktur zählen sowohl traditionelle öffentliche Entwicklungsprojekte wie etwa Staudämme, Kanäle, Straßen und Ähnliches – der Panama-Kanal ist vermutlich das größte Infrastrukturprojekt aller Zeiten – als auch »neumodische«, auf Wachstum zielende Maßnahmen wie die Förderung von Forschung und Entwicklung sowie insbesondere des Bildungssektors.

Im Jahre 1990 schrieb der Ökonom David Alan Aschauer in einem Forschungsbericht, nach einem ganzen Jahrzehnt der Vernachlässigung und der Ausgabenkürzungen unter den Präsidenten Reagan und Bush senior sei das öffentliche Vermögen derart geschrumpft, dass staatliche Investitionen in Infrastrukturmaßnahmen zu einem stärkeren Wachstum des BIP führten als private Investitionen.[23] Diese These wurde seinerzeit mit großer Skepsis aufgenommen, ist aber durch neuere Forschungsergebnisse inzwischen bestätigt worden. In den neunziger Jahren sind die öffentlichen Ausgaben für Infrastrukturmaßnahmen in den USA real auf die Hälfte des Niveaus der sechziger Jahre zurückgefallen! Der immense Druck auf Präsident Clinton, die Staatsverschuldung der Vereinigten Staaten einzudämmen, verhinderte leider während der ersten vier Jahre seiner Regierungszeit, dass er sich dieses drängenden Problems annahm. In Clintons zweiter Amtszeit schlug die republikanische Opposition einen Verfassungszusatz vor, demzufolge jedes Haushaltsdefizit mit wenigen Ausnahmen künftig verfassungswidrig gewesen wäre. Zu diesen Ausnahmen hätten der Kriegszustand gehört, aber auch eine Situation, in der sich eine überwältigende Mehrheit des Kongresses für ein bestimmtes Projekt ausspricht, dessen Finanzierung ein Haushaltsdefizit erfordert. Mehr als eintausend Ökonomen, darunter neun Nobelpreisträger und die Autoren dieses Buches, unterschrieben einen öffentlichen Protestaufruf gegen einen solchen Verfassungszusatz. Er passierte dennoch das Repräsentantenhaus, scheiterte aber knapp an der erforderlichen Zweidrittelmehrheit im Senat.

Die zweite These der Staatsinterventionisten haben wir ebenfalls bereits ausführlich besprochen: Sie lautet, dass die öffentliche Hand eine Nachfragelücke ebenso wirksam schließen kann wie der Unternehmenssektor, indem sie Sparvermögen leiht und dieses ausgibt. Eine der wichtigsten Erkenntnisse der Makroökonomie besteht darin, dass der öffentlichen Hand tatsächlich eine ausgleichende Rolle zwischen den Sektoren zukommt: Sie nimmt Anleihen auf und tätigt Ausgaben, wenn der Unternehmenssektor dies unterlässt, hält sich jedoch zurück – beziehungsweise erwirtschaftet gelegentlich sogar einen Haushaltsüberschuss –, wenn die privaten Sektoren eine zu niedrige Sparquote aufweisen.

Die staatsinterventionistische Schule betont also die Rolle des Staates als Lenker der Nachfrage, der dafür verantwortlich ist, die gesamtwirtschaftliche Nachfrage jeweils auf einem Stand zu halten, der ein zufrieden stellendes Produktionsniveau ermöglicht. Dies soll nicht heißen, dass es sich dabei um eine leichte Aufgabe handelt. Noch vor nicht allzu langer Zeit sprachen staatsinterventionistische Ökonomen etwas großspurig von der »Feinsteuerung« der Wirtschaft, so als könnte man das Beschäftigungs- und Produktionsniveau in der gleichen Weise regulieren wie die Lautstärke einer Hi-Fi-Anlage. Dieser leichtfüßige Optimismus gehört inzwischen der Vergangenheit an. Wir wissen nun, dass es schwierig ist, die Wirtschaft auf einen hohen Produktionsstand zu führen, ohne dass gleichzeitig die Inflation ausufert. Ebenso ist bekannt, dass man Steuern und Staatsausgaben nicht so leicht verändern kann wie die Variablen einer mathematischen Gleichung. Die realen Verhältnisse, wie etwa die öffentliche Meinung, politische Koalitionen oder strukturelle Widerstände innerhalb der Wirtschaft lassen es als utopisch erscheinen, dass der Staat die Wirtschaft auf ein Ziel hinsteuern kann wie ein Kapitän sein Schiff in ruhiger See. Viel wahrscheinlicher ist es, dass er mit Sturmböen, meterhohen Wellen und Gegenströmungen zu kämpfen hat, während er versucht, den Kompass auf Kurs zu halten.

Tatsächlich ist die Realität noch sperriger als soeben beschrieben. Nicht nur hat sich staatliche Nachfragesteuerung in äußerst rauen Gewässern behaupten müssen; es scheint vielmehr so, als sei sie auch für die Mehrzahl der jüngsten Konjunkturzyklen verantwortlich. Vorbei die Zeiten, als man allein einem Rückgang der privaten Investitionen die Schuld für das Abrutschen der Wirtschaft in die Rezession aufbürden konnte. Bis zu einem gewissen Grad kann vielmehr jede einzelne Rezession seit Ende des Zweiten Weltkriegs auf die staatliche Ausgabenpolitik zurückgeführt werden. In den Jahren 1949, 1954, 1957 bis 1958 und 1960 bis 1961 schraubte die Regierung der Vereinigten Staaten jeweils ihre Militärausgaben zurück, ohne diesen Nachfrageausfall durch eine Steuersenkung oder einen Anstieg der zivilen Ausgaben zu kompensieren. In den Jahren 1969 bis 1970, 1974 bis 1975, 1980 bis 1982 und erneut während der ersten Amtszeit von Präsident Clinton sorgte die Regierung jeweils absichtlich für einen Rückgang des Wirtschaftswachstums, indem sie Maßnahmen zur Eindämmung der Inflation einleitete. Diese wirkten sich zwar nur wenig auf die Entwicklung der Inflationsrate aus, umso mehr dagegen auf das Wirtschaftswachstum.

Es kann also nicht genügend betont werden, dass Nachfragesteuerung keine Wunderwaffe darstellt. Bei dem Versuch, Probleme abzuwenden, kann sie neue schaffen, die womöglich ebenso schwer wiegen. Nichtsdestotrotz bleibt sie ein unverzichtbares wirtschaftspolitisches Instrument. Die Wirtschaft ist nämlich einer Vielzahl von unbeständigen Einflüssen unterworfen: Booms und Wirtschaftskrisen als Folge eines schwankenden Investitionsverhaltens der privaten Wirtschaft, dem Wechsel von optimistischem und pessimistischem Konsumklima mit entsprechenden Auswirkungen auf die Ausgabenbereitschaft der privaten Haushalte und nicht zuletzt dem schwankenden Ausgabeverhalten der öffentlichen Hand selbst, etwa hinsichtlich der Höhe des Verteidigungshaushalts. Wenn wir den Effekt dieser stets wechselnden Einflüsse abmildern wollen, müssen wir uns des öffentlichen Sektors bedienen – sprich, die Ausgaben erhöhen, wenn der private Sektor ins

Stocken gerät, und sie wieder absenken, sobald er erneut Tritt fasst. Die Alternative besteht darin, die Nachfrage über ein Anziehen oder eine Lockerung der Steuerschraube zu lenken, während die Höhe der Staatsausgaben unverändert bleibt. Die Tatsache, dass die öffentliche Hand in der Vergangenheit oft schlecht, gelegentlich auch miserabel regiert hat, sollte uns nicht dazu bewegen, das Steuer des staatlichen Nachfragemanagements über Bord zu werfen. Stellen wir uns stattdessen lieber der Herausforderung, es künftig besser zu machen.

Die Kehrseite der Medaille

Soweit die Ansicht der staatsinterventionistisch geprägten Ökonomen. Ganz anders argumentieren dagegen konservativ-liberale Volkswirte und insbesondere die ihnen nahe stehenden Politiker. Zu Zeiten Präsident Reagans beherrschte das Schlagwort von der »angebotsorientierten« Wirtschaftspolitik die Diskussion – ein Begriff, der suggerieren sollte, dass nur die Privatwirtschaft imstande sei, das BIP langfristig zu steigern. Dieser Terminus ist heute nicht mehr gebräuchlich. Einer der Gründe dafür liegt in dem Glauben der Angebotstheoretiker, Steuersenkungen würden einen solchen Anreiz zur Erhöhung des Outputs ausüben, dass die staatlichen Steuereinnahmen trotz der geringeren Steuersätze anstiegen. Nun, die Steuern wurden gesenkt, und der Output stieg tatsächlich, doch nicht annähernd stark genug, um die Steuerausfälle zu kompensieren.

In jüngerer Zeit haben wirtschaftsliberale Ökonomen und Politiker eine neue Theorie aufgestellt. Diese trägt noch keinen Namen, ihre Kernaussage lautet aber, dass der Staat keinen dauerhaften oder wesentlichen Einfluss auf den Wirtschaftsverlauf ausüben kann, der den eigenständigen, spontanen und natürlichen Gang der Dinge ändern würde. Die Vertreter dieser Theorie behaupten, die Arbeitslosenquote in einer freien Marktwirtschaft spiegele das natürliche Kräfteverhältnis von Angebot und Nachfrage nach Arbeitskraft wider.

Der Gedanke, es gäbe eine solche normale, vom System selbst erzeugte Arbeitslosenquote, scheint zunächst recht überzeugend. Falls er zuträfe, würde die Beschäftigungsrate stets die Nachfrage der Arbeitgeber nach Arbeitskraft widerspiegeln – Arbeitgeber wohlgemerkt, die als »rational handelnd« bezeichnet werden können, die also intelligent und gewinnorientiert sind und daher so viele Arbeitskräfte beschäftigen möchten, wie sie aufgrund ihrer Einschätzung für profitabel halten. Ihnen gegenüber stehen Arbeitskräfte, die Arbeit zu vernünftigen Löhnen suchen, wobei sie ihrer Beurteilung die aktuelle und künftige Lohnsituation zugrunde legen. Das so entstehende Beschäftigungsniveau spiegelt den bestmöglichen Kompromiss zwischen Arbeitgebern und Beschäftigten wider, genauso wie jeder Markt die unterschiedlichen Interessen von Verkäufern und Käufern zusammenführt.

Aus dieser vernünftig klingenden Analyse lässt sich eine sehr weitreichende Handlungsanweisung für die Wirtschaftspolitik ableiten. Das Beschäftigungsniveau in einer freien Marktwirtschaft, so die Grundthese, spiegelt die Gesamtmenge aller verfügbaren Informationen wider. Es kann sich langfristig als zu hoch erweisen, mit der Folge, dass die Löhne sinken werden, oder als zu niedrig, was zu einer Knappheit an Arbeitskräften führt und nachfolgend zu einem Anstieg des Lohnniveaus. Dies entwertet jedoch nicht seine Grundannahmen: Wer kennt schließlich zu einem gegebenen Zeitpunkt den »wahren« Zustand der Wirtschaft? Die Wirtschaftsliberalen behaupten folglich, niemand könne ein nachhaltiges Lohnniveau und eine entsprechende Beschäftigungsrate besser ermitteln als der Markt, den man daher in seinem Wirken möglichst wenig behindern solle.

Kernstück dieser Auffassung ist die Überzeugung, dass der Staat über keine Informationen verfügt, die zu einem höheren nachhaltigen Beschäftigungsniveau führen. Anders ausgedrückt: Die Frauen und Männer, die für die Formulierung der staatlichen Wirtschaftspolitik verantwortlich seien, könnten niemals den Markt ebenso gut, geschweige denn besser als die Gesamtheit seiner Teilnehmer »kennen« und daher auch das Urteil des Marktes nicht durch ihr eigenes ersetzen.

Die konservativ-liberalen Leitlinien ergeben sich nun von selbst: Der Staat sollte keine Mindestlöhne festlegen; er sollte ebenso auf Aktivitäten verzichten, die nicht zu seinen »legitimen« Pflichten gehören;

schließlich sollte er nicht versuchen, die Nachfrage durch Arbeitsbeschaffungsmaßnahmen anzuheizen, die im Marktmechanismus nicht verwurzelt seien. Staatsausgaben könnten zwar gelegentlich die Arbeitsmarktsituation verbessern, dies sei aber reiner Zufall: Es gebe keine Möglichkeit, die Gesamtmenge der im Markt enthaltenen Informationen zu erhöhen, geschweige denn, diese Informationen auf intelligente und nützliche Weise einzusetzen.

Dies führt uns endlich zu der Frage, mit der wir Kapitel 7 beschlossen haben: Ist es möglich, einen neuen Transformationsboom ins Leben zu rufen, oder muss man sich zurücklehnen und abwarten, bis er von selbst eintritt? Genauer ausgedrückt und vor dem Hintergrund der Theorien, die wir soeben besprochen haben: Könnte eine Regierung aus eigener Kraft einen solchen Boom auslösen, indem sie ein gewaltiges Infrastrukturprogramm auflegt, bestehend aus Hochgeschwindigkeitszügen, der Förderung von privatwirtschaftlichen Forschungs- und Entwicklungsmaßnahmen, Programmen zur Bildungsförderung und Ähnlichem?

Wir kennen nun bereits die Argumente, die für oder gegen eine solche Annahme sprechen. Wir wissen, inwiefern staatliche Ausgaben den Investitionen des privaten Sektors gleichen und inwiefern sie sich von diesen unterscheiden. Ebenso haben wir gesehen, welche Argumente dafür sprechen, dass der Staat tatsächlich die Wirtschaftslage beeinflussen kann, und welche dagegen.

Wie aber soll man nun diese Frage abschließend beurteilen? Sind die Argumente der einen oder der anderen Seite letztlich tiefgründiger und überzeugender? Das möchten wir gerne glauben. Wir – die Autoren dieses Buches – vermuten jedoch, dass ein ganz anderer Einfluss eine entscheidende Rolle spielt, gleich für welche Seite man sich letztlich entscheidet.

Eine Anekdote, die der Soziologe Seymour Martin Lipset in seinem Band *The First New Nation* erzählt, bringt Licht ins Dunkel. Lipset stellt zwei Länder einander gegenüber, die auf die gleiche Herausforderung sehr unterschiedlich reagiert haben. Es handelt sich um Kanada und die Vereinigten Staaten, und die Herausforderung bestand darin, mit einer weitläufigen angrenzenden Wildnis umzugehen. Aus dieser

Erfahrung heraus entstanden zwei sehr unterschiedliche Volkshelden: In Kanada war es die in Scharlachrot gekleidete Northwest Mountain Police, die das bundesstaatliche Recht und Gesetz in die neu gewonnenen Gebiete einführte. Der Volksheld der Amerikaner war dagegen der Cowboy, die Verkörperung des Einzelgängers, der sich sein eigenes Gesetz und seine eigene Ordnung schafft. Die Wahl zweier so unterschiedlicher Volkshelden ist Ausdruck kultureller Einflüsse und gemeinsamer Wertordnungen, die uns in vielen sozialen Entscheidungen leiten – nicht zuletzt in der Frage, ob wir glauben, dass der Staat einen Transformationsboom erzwingen kann. Sie belegen wieder einmal unsere schon bei der Kritik der Marxschen Theorien geäußerte These, dass die Wirtschaft nicht das Fundament unserer Sozialordnung darstellt. Zwar bildet sie einen Kernbestandteil der Gesellschaft, doch alle Gesellschaften dieser Welt gründen letztlich auf den Wertvorstellungen, Grundüberzeugungen und sozialen Institutionen, die ihre Mitglieder im Laufe der Jahre entwickelt haben. Diese Grundbausteine verändern sich nur sehr langsam und beeinflussen zwangsläufig auch die Entscheidungen, die eine Gesellschaft hinsichtlich ihrer Zukunft trifft – im Guten und im Schlechten.

10

WAS IST EIGENTLICH GELD?

Unser erster Streifzug durch die Makroökonomie steht kurz vor dem Abschluss. Es fehlt jedoch noch ein wichtiges Element. Wir können nicht wirklich begreifen, wie Makroströme funktionieren, bevor wir nicht verstehen, was genau jene Ströme hinabfließt, die wir Konsum- und Investitionsstrom nennen. Natürlich können wir dieses Etwas als »Einkommen« oder »Produktion« bezeichnen, doch wir wissen sehr genau, dass es sich in Wirklichkeit um etwas anderes handelt: um Geld. Der Frage, was Geld eigentlich ist, sind daher die folgenden beiden Kapitel gewidmet. Mit diesem Wissen gerüstet, können wir uns anschließend der Mikroökonomie zuwenden, jenem zweiten Bereich der Wirtschaft, den wir bisher ignoriert haben.

Die Ökonomen beklagen gerne, das hartnäckigste einzelne Missverständnis, gegen das sie ankämpfen müssten, bestehe in dem Glauben, Banken seien so etwas wie Warenhäuser voller Geld. Wenn das aber nicht zutrifft, womit sind sie dann vollgestopft? Mit dieser Frage wollen wir uns im Folgenden beschäftigen.

Bargeld und Schecks

Was also ist Geld? Bei Münzen und Banknoten handelt es sich zweifellos um Geld. Doch wie sieht es mit Schecks aus? Sind die Einlagen, auf die wir Schecks ausstellen, Geld? Wie steht es um unsere Sparkonten? Oder Anleihen?

Die Antwort auf diese Frage mag ein wenig willkürlich erscheinen: Geld ist im Grunde genommen alles, womit wir Einkäufe tätigen können. Doch diesem Zweck kann eine große Bandbreite an Finanzinstrumenten dienen, die sich nach dem Grad ihrer Liquidität unterscheiden – anders ausgedrückt: die unterschiedlich leicht zum Kauf von Gütern und Dienstleistungen verwendet werden können. Bei Münzen und Banknoten handelt es sich um gesetzliche Zahlungsmittel: Jeder Verkäufer muss sie akzeptieren. Anders verhält es sich bei Schecks und anderen bargeldlosen Zahlungsmitteln – wir kennen alle den Hinweis auf den Menükarten mancher Restaurants: »Es werden keine Kreditkarten akzeptiert«. In Europa setzt sich immer stärker die Eurocheque-Karte als alltägliches Zahlungsmittel durch, dennoch muss sie nicht akzeptiert werden. Auch Staatsanleihen finden gelegentlich als Zahlungsmittel Verwendung.

Viele Dinge können somit als Geld bezeichnet werden. Die bei weitem wichtigste allgemeine Definition umfasst die Summe des umlaufenden Bargelds zuzüglich der Sichteinlagen. Bei Letzteren handelt es sich um Einlagen, die – im Gegensatz zu Spareinlagen – jederzeit fällig sind, die also auf Verlangen ausgezahlt werden müssen.

Von diesen beiden Geldformen ist uns Bargeld am meisten vertraut. Doch selbst um Bargeld rankt sich so manches Geheimnis. Wer entscheidet darüber, wie viel Bargeld es gibt? Wie wird die Versorgung der Wirtschaft mit Bargeld sichergestellt?

Viele Menschen gehen davon aus, dass die Regierung eines Landes über die Höhe der Bargeldmenge entscheidet. Ein kurzes Nachdenken bringt uns jedoch zu der Erkenntnis, dass die Regierung keineswegs einfach Geld aushändigt, schon gar nicht Banknoten oder Münzen. Wenn die Regierung tatsächlich Geld ausgibt, geschieht dies nahezu immer mithilfe von Schecks oder Überweisungen.

Wer ist nun aber für die Festlegung des Bargeldvolumens verantwortlich, wenn nicht die Regierung? Sie können sich die Antwort auf diese Frage leicht selbst geben, wenn Sie einmal überlegen, wie Sie Ihren eigenen Bargeldbedarf bestimmen: Wenn Sie mehr Bargeld benötigen, als Sie mit sich führen, heben Sie welches vom Konto ab; führen Sie dagegen mehr mit sich, als Sie benötigen, werden Sie den überschüssigen Betrag auf Ihr Girokonto einzahlen.

Genauso wie Sie handeln alle anderen. Der Bargeldumlauf entspricht daher zu jedem Zeitpunkt genau der Menge an Bargeld, die die Menschen benötigen. Steigt dieser Bedarf – etwa in der Adventszeit –, so heben die Verbraucher vermehrt Bargeld von ihren Konten ab. Nach Abschluss des Weihnachtsgeschäfts zahlen die Geschäftsinhaber (die das Bargeld der Verbraucher eingenommen haben) es wiederum auf ihre eigenen Konten ein.

Das uns zur Verfügung stehende Bargeld hängt also offensichtlich mit dem Saldo unseres Bankkontos zusammen, denn wir können (von Dispositionskrediten einmal abgesehen) nur so viel abheben, wie wir besitzen.

Bedeutet dies nun, dass die Tresorräume der Banken genauso viel Bargeld enthalten, wie es der Summe der bei ihnen bestehenden Einlagen entspricht? Nein. Um dies aber zu verstehen, werden wir einmal den weiteren Weg des Bargelds verfolgen, das wir soeben auf unser Girokonto eingezahlt haben.

Wenn man ein Konto bei einer Geschäftsbank unterhält und dort einen Geldbetrag einzahlt, wird diese Bank die entsprechenden Banknoten oder eingereichten Schecks nicht namentlich kennzeichnen und zurücklegen. Stattdessen wird der Betrag lediglich dem »Konto« gutgeschrieben, einem Computermagnetstreifen, der nun den aktuellen Saldo ausweist. Nach dieser Gutschrift wandert das Bargeld in den allgemeinen Bargeldbestand der Bank – die Fächer, denen der Kassierer das Geld entnimmt, das er Ihnen an einem anderen Tag auszahlt –, während die Schecks denjenigen Banken zur Einlösung eingereicht werden, auf die sie bezogen sind. Diese Banken werden die Konten der Scheckaussteller mit dem jeweiligen Gegenwert belasten.

Sie könnten also eine ganze Nacht mit der Suche zubringen und würden dennoch in Ihrer Bank kein Geld finden, das Ihnen gehörte, mit Ausnahme eines unter Ihrem Namen geführten buchhalterischen Kontos. Eine solche Form des Geldes erscheint sehr unwirklich, und doch können Sie mithilfe einer Plastikkarte und gegebenenfalls Ihrer Unterschrift dieses buchhalterische Konto in Bargeld zurückverwandeln. Ihr Konto muss also wirklich existieren.

Nehmen wir aber an, alle Konteninhaber wollten ihre Konten an ein und demselben Tag auflösen. Das Ergebnis wäre erschreckend: Die Banken würden nicht annähernd über genügend Bargeld verfügen, um alle gewünschten Auszahlungen vorzunehmen. Im Jahre 1997 zum Beispiel belief sich die gesamte Geldnachfrage in den Vereinigten Staaten (der Bargeldumlauf zuzüglich der jederzeit fälligen Einlagen) auf mehr als 1 Billion US-Dollar. Gleichzeitig verfügten die Banken nur über ein Drittel dieses Betrages in Form von Banknoten und Münzen.

Auf den ersten Blick erscheint eine solche Situation als hochgefährlich. Doch in Wirklichkeit ist dies nicht der Fall. Schließlich werden Bargeldeinlagen vor allem deshalb getätigt, weil man das eingezahlte Geld eine Weile lang nicht benötigt oder weil Bargeldzahlungen viel umständlicher sind als das Leisten einer Unterschrift. Dennoch besteht jederzeit die Möglichkeit – oder vielmehr die Gewissheit –, dass einige Konteninhaber ihre Einlagen in bar abheben möchten. Wie viel Bargeld sollten die Banken für diesen Fall bereithalten? Welche Reserve ist also angemessen?

Das Zentralbankensystem der USA

Einstmals entschieden die Banken viele Jahre lang selbst über die Höhe der Liquiditätsreserve, die sie als Gegengewicht zu den bei ihnen geführten Sichteinlagen bereithielten. Heute dagegen gehören die meisten Kreditinstitute dem Federal Reserve System an, einem 1913 zur Unterstützung des Finanzwesens eingeführten Zentralbankensystem. Das Federal Reserve System unterteilt die Vereinigten Staaten in zwölf Distrikte mit je einer eigenen Federal Reserve Bank, die den Mitgliedsbanken ihres Distrikts gehört. Die Koordination der zwölf Reserve Banks obliegt dem Federal Reserve Board, einem siebenköpfigen Gremium mit Sitz in Washington. Da die Mitglieder dieses Gremiums vom

Präsidenten mit einer Amtszeit von 14 Jahren ernannt werden, bilden sie eine weitgehend unabhängige geldpolitische Behörde.

Eine der wichtigsten Aufgaben des Federal Reserve Board besteht in der Festsetzung von Mindestreservesätzen für verschiedene Banktypen, wobei die Rahmenwerte, innerhalb derer sich diese Quoten bewegen können, vom Kongress bestimmt werden. Die Höhe dieser Liquiditätsreservequoten lag in der Vergangenheit bei städtischen Banken zwischen 13 und 26 Prozent der Sichteinlagen, bei ländlichen Banken etwas darunter. Heute hängt sie von der Gesamthöhe der bei der jeweiligen Bank deponierten kurzfristigen Einlagen (abzüglich der Forderungen an andere Banken) ab; sie liegt derzeit zwischen 0 und 10 Prozent. Das Federal Reserve Board kann darüber hinaus auch Mindestreservesätze für so genannte Termineinlagen festsetzen (dies ist der Fachterminus für Spareinlagen und Festgelder). Anfang 2002 wurden diese Reservequoten auf 0 Prozent abgesenkt.

Eine zweite entscheidende Funktion der Federal Reserve Banks liegt darin, dass sie ihren Mitgliedsbanken in genau der gleichen Weise zur Verfügung stehen wie diese der Öffentlichkeit. Jede Mitgliedsbank reicht Schecks, die sie von einer anderen Bank erhält, automatisch zur Gutschrift auf ihrem Konto bei der Federal Reserve Bank ein. Infolgedessen findet ein laufender Verrechnungsprozess statt, bei dem die Einzelbanken mithilfe des Federal Reserve Systems ihre wechselseitigen Forderungen untereinander ausgleichen. Diese Forderungen entstehen dadurch, dass die Konteninhaber laufend Schecks ausschreiben, die von Konteninhabern anderer Banken zur Einlösung vorgelegt werden. Der Saldo des »Girokontos«, das jede Einzelbank bei ihrer Federal Reserve Bank unterhält, zählt übrigens ebenso zu ihrer Liquiditätsreserve wie der Bargeldbestand neben dem Kassenschalter.

Das Bankwesen der Vereinigten Staaten beruht also auf einem so genannten Teilreservesystem. Dabei muss die Einzelbank jederzeit einen bestimmten Anteil aller Sichteinlagen in Form von Bargeld oder als Einlage bei der Fed (wie die Federal Reserve von Ökonomen und Bankern genannt wird) vorhalten. Die Höhe dieser Mindestreserve wird von der Federal Reserve festgesetzt. Entgegen naheliegender Vermutungen dient sie nicht zur Absicherung der Einlagen. Jedes Teilreservesystem würde versagen, wenn alle Konteninhaber gleichzeitig beschlössen, ihre Einlagen abzuziehen. Die Banken könnten eine derart hohe Nachfrage nach Bargeld nicht befriedigen und müssten schließen. Ein solcher Ansturm auf das Bankensystem gehörte früher zu den bedrohlichsten wirtschaftlichen Phänomenen. Heute stellt diese Möglichkeit jedoch kein wirkliches Schreckensszenario mehr dar, da die Federal Reserve Banks ihre Mitglieder, wie wir sehen werden, mit großen Mengen an Bargeld versorgen können.

Doch warum sollte man das Risiko eines Ansturms auf die Banken überhaupt in Kauf nehmen, so gering es auch sein mag? Worin besteht der Vorteil eines Teilreservesystems? Um diese Frage zu beantworten, werfen wir noch einmal einen Blick in unsere Bank.

Nehmen wir an, unsere Bank verfügte über Sichteinlagen in Höhe von 1 Million US-Dollar und müsste eine Mindestreserve von 20 Prozent vorhalten (ein Wert, mit dem sich einfacher rechnen lässt als mit dem tatsächlichen). Sie wäre in diesem Fall verpflichtet, jederzeit 200 000 US-Dollar in Form von Bargeld oder auf ihrem Girokonto bei der Federal Reserve Bank bereitzuhalten.

Doch was geschieht nun mit den verbleibenden Einlagen, die nicht Teil der Mindestreserve bilden? Wenn unsere Bank sich dazu entschließt, diese einfach in ihren Kassenbeständen zu belassen oder auf ihr Konto bei der Federal Reserve Bank einzuzahlen, wird sie zwar hochliquide sein – sprich, sie wird über eine große Menge an flüssigem Bargeld verfügen –, doch sie wird sich gleichzeitig aller Möglichkeiten berauben, ein Einkommen zu erwirtschaften. Sofern sie nicht extrem hohe Gebühren auf ihre Girokonten erhebt, wird sie in Konkurs gehen.

Allerdings bietet sich eine naheliegende Möglichkeit an, diesem Schicksal zu entgehen. Die Bank kann nämlich nach Erfüllung ihrer Mindestreservepflicht alle frei verfügbaren Mittel zur Kreditvergabe an Unternehmen sowie zur Investition in öffentliche und Unternehmensanleihen verwenden. Dadurch erwirtschaftet sie nicht nur Erträge, sondern unterstützt gleichzeitig den Kapitalbildungsprozess der Unternehmen sowie die staatliche Kapitalaufnahme.

Das Teilreservesystem erlaubt es also den Banken, einen Teil der bei ihnen deponierten Gelder zu verleihen oder zu investieren. Doch darin erschöpfen sich seine Vorteile noch nicht. Wie wir im nächsten Kapitel sehen werden, bilden die Mindestreservequoten auch ein Vehikel, mit dessen Hilfe die Fed über die Höhe der Kreditvergabe und der Investitionen des Bankensektors wacht. Sie stellen mit anderen Worten einen Hebel dar, der es der Fed ermöglicht, die umlaufende Geldmenge – genauer gesagt, die Höhe der Einlagen, die der Bankensektor annehmen darf – zu kontrollieren.

Papiergeld und Gold

Im folgenden Kapitel beschäftigen wir uns mit der Geldpolitik der Fed. Doch bevor wir uns von der Frage verabschieden, was Geld eigentlich ist, wollen wir ein letztes Geheimnis lüften: das Geheimnis, wo unser heutiges Bargeld (Münzen und Banknoten) eigentlich herkommt und wo es hingeht. Wer eine Dollarnote in die Hand nimmt und sie genauer betrachtet, wird feststellen, dass sie mit den Worten »Federal Reserve Note« versehen ist: Es handelt sich also um Papiergeld aus den Beständen des Federal Reserve System. Wir wissen inzwischen, wie der Normalbürger sich Banknoten beschafft: Er hebt einfach Geld von seinem Konto ab. Eine Geschäftsbank, deren Bargeldreserven aufgrund zahlreicher solcher Abhebungen schwinden, bittet ihre Federal Reserve Bank um so viel Nachschub an Bargeld, wie sie gerade benötigt.

Was unternimmt daraufhin die Federal Reserve Bank? Sie entnimmt ihren Tresorräumen, deren Inhalt an bedrucktem Papier für den Geldkreislauf keine Rolle spielt, Pakete mit Zehner-, Zwanziger- oder Hunderternoten und bringt diese mit einem gepanzerten Geldtransporter auf den Weg. Gleichzeitig belastet sie das Konto der anfordernden Bank mit dem Gegenbetrag. Solange die neuen Banknoten noch im Besitz der Mitgliedsbank verbleiben, stellen sie weiterhin kein Geld dar! Dies ändert sich in dem Moment, wo sie an die Öffentlichkeit ausgezahlt werden. Vergessen Sie aber bitte nicht, dass diesem Zuwachs an Bargeld ein ebenso hoher Saldorückgang in den Girokonten der Bankkunden gegenübersteht.

Ließe sich dieser Prozess der Ausgabe von Banknoten unbegrenzt fortsetzen? Könnte die Fed also jede beliebige Menge Geld drucken? Nehmen wir einmal an, die Federal Reserve Banks bestellten beim staatlichen Münzamt neue Banknoten im Wert von 1 Billion US-Dollar. Was geschähe mit diesen Banknoten, wenn sie ihre Empfänger erreichten? Antwort: Sie würden schlicht und einfach in deren Kellerräumen Staub ansetzen. Die Fed verfügt über keine Möglichkeit zur »Ausgabe« von Bargeld, wenn die Öffentlichkeit dieses nicht benötigt. Schließlich wird die Menge an Bargeld, die den Bürgern zur Verfügung steht, stets von der Höhe ihrer Kontostände bestimmt.

Das Gespenst der »Geldpresse« sollte daher nüchtern betrachtet werden. In einer Wirtschaft wie im Deutschland der Weimarer Zeit, als die meisten Löhne in bar und nicht mit Schecks oder durch Überweisungen bezahlt wurden, war es leichter, neue Banknoten in Umlauf zu bringen, als in einem modernen, hochentwickelten Finanzwesen, das auf bargeldlosen Zahlungsformen beruht. Viele Wege führen zur Inflation, doch das Drucken von Geld gehört in der Regel nicht dazu.[24]

Sind der Fed also keine Beschränkungen hinsichtlich ihrer Befugnisse zur Ausgabe von Geld auferlegt? Solche Beschränkungen gab es in früheren Zeiten, als der Kongress der Federal Reserve vorschrieb, mindestens 25 Prozent aller umlaufenden Bargeldbestände durch Goldzertifikate abzusichern. (Dabei handelt es sich um eine besondere Art von Papiergeld, das vom US-Schatzamt herausgegeben und zu 100 Prozent durch Goldbarren gedeckt ist, die im Depot von Fort Knox lagern.) Steil ansteigende Inflationsraten und die Wechselkursverluste des US-Dollar in den sechziger Jahren führten dazu, dass die Goldreserven mit der Zeit nicht mehr ausreichten, um die gesetzlich vorgeschriebene Deckung zu sichern. Dieses Problem konnte im Wesentlichen auf zweierlei Weise gelöst werden. Eine Möglichkeit bestand darin, die Golddeckung von 25 Prozent auf 10 Prozent zu reduzieren. Die zweite Option war viel einfacher: Man konnte vollständig auf die Golddeckung verzichten. Genau hierfür entschied sich der Kongress nach kurzer Beratung im Jahre 1967.

Welche Bedeutung haben die Existenz oder das Fehlen einer Gold-deckung? Aus Sicht des Ökonomen ist beides gleichwertig. Gold ist ein Metall mit einer langen und vielseitigen Geschichte, und es hat auf viele Menschen nach wie vor eine hypnotische Wirkung. Insofern kann es aus psychologischen Gründen zweifellos nicht schaden, eine Wäh-rung mit Gold abzusichern. Doch solange diese Währung nicht zu 100 Prozent in Gold umtauschbar ist, beruht jedes Geld in einem gewissen Maße auf dem Vertrauen seiner Nutzer. Wird dieses Vertrauen zer-stört, verfällt auch der Wert des Geldes; steht es dagegen außer Frage, ist auch das Geld »Gold wert«.

Die Frage, ob eine Golddeckung besteht oder nicht, ist somit hin-sichtlich des Wertes einer Währung ein rein psychologisches Problem. Doch es lohnt sich, noch einen Schritt weiterzugehen: Angenommen, eine Währung wäre zu 100 Prozent in Gold umtauschbar – oder viel-mehr, sie bestünde ausschließlich aus Goldmünzen. Würde dies das Räderwerk der Wirtschaft stabilisieren?

Immer wieder einmal flammt das Interesse an einem wie auch im-mer gearteten Goldstandard auf – wobei natürlich nicht von einer auf Goldmünzen beruhenden Währung die Rede ist. Ein kurzer Augen-blick des Nachdenkens sollte aber genügen, um zu erkennen, dass man sich damit ein Problem aufbürden würde, das von dem derzeitigen Währungssystem fast mühelos bewältigt wird: Die Steuerung der Geldmenge je nach Bedarf der Wirtschaft würde nämlich unter einem Goldstandard erheblich erschwert. Bestünde das Bargeld aus Gold-münzen, so wäre entweder die Höhe des Bargeldbestandes unverän-derlich oder hinge von neuen Goldfunden oder von den internationa-len Zahlungsströmen ab, die Goldbestände abziehen oder vermehren könnten. Nebenbei bemerkt würde eine Goldwährung auch die Infla-tionsgefahr nicht beseitigen, wie viele Länder feststellen mussten, de-ren Goldbestände durch die Unwägbarkeiten des internationalen Han-dels oder durch die glückliche Entdeckung neuer Goldminen schneller anwuchsen als ihr Output.

Wie erklärt sich angesichts dessen der weltweite Ansturm auf das Edelmetall in den siebziger Jahren, der den Goldpreis von seinem Tief-stand bei 35 US-Dollar pro Feinunze im Jahre 1971 bis auf ein Allzeithoch von über 800 US-Dollar pro Feinunze im Jahre 1979 hinauftrieb, bevor er sich wieder halbierte?

Auch hierfür lässt sich keine rationale Erklärung finden. Keine der Eigenschaften, die dem Gold anhaften, machen es wertvoller als beispielsweise Silber, Uran, Grund und Boden oder Arbeit. Betrachtet man allein seinen Nutzwert, so rangiert es auf der Skala menschlicher Bedürfnisse sogar relativ weit unten. Der einzige Grund für Menschen, Gold besitzen zu wollen – unabhängig davon, ob sie reich oder arm, hoch- oder ungebildet sind –, liegt in seiner jahrhundertealten Faszination. Es kann daher nicht erstaunen, dass dieses Symbol des Reichtums in Krisenzeiten von vielen Menschen als beste Möglichkeit gesehen wird, ihre Kaufkraft in die Zukunft hinüberzuretten. Zu Recht oder zu Unrecht gilt Gold seit Jahrhunderten als verlässlichstes Mittel zur »Wertaufbewahrung«. Wird Gold jedoch immer wertvoll bleiben? Und falls ja, wie wertvoll? Darauf weiß niemand eine Antwort.

Geld ist eine hochkomplizierte und seltsame Erfindung. Zu irgendeinem Zeitpunkt in der Menschheitsgeschichte hat fast alles einmal jene Symbolkraft besessen, die eine Währung auszeichnet: Walzähne, Muscheln, Federn, Baumrinde, Felle, Decken, Butter, Tabak, Leder, Kupfer, Silber, Gold und (in den am höchsten entwickelten Ländern) Papierfetzen mit aufgedruckten Bildern oder schlicht und einfach Zahlen auf einem Computerausdruck. Letztlich ist alles und jedes als Geld verwendbar, vorausgesetzt, an dem entsprechenden Gut besteht eine natürliche oder vom Staat durchsetzbare Knappheit, die bewirkt, dass man nur auf genau vorgeschriebenen Wegen an dieses Gut gelangt. Hinter jedem Symbol steht jedoch das zentrale Element des Vertrauens. Geld erfüllt seine unverzichtbaren Zwecke nur so lange, wie man daran glaubt. Endet dieses Vertrauen, funktioniert es nicht mehr. Mit gutem Grund hat man Geld als das »Versprechen, mit dem wir leben« bezeichnet.

11

WIE GELD FUNKTIONIERT

Jedes kapitalistische Land unterhält ein Währungssystem, das demjenigen der Vereinigten Staaten vergleichbar ist. Folglich haben all diese Länder auch Zentralbanken ins Leben gerufen, deren Aufgaben denjenigen der Federal Reserve entsprechen: Sie bestimmen die Richtung und das Ausmaß von Änderungen des Geldangebots.

Die Zielsetzung aller Zentralbanken ist ebenfalls identisch: ihre jeweilige Wirtschaft mit der jeweils »angemessenen« Geldmenge zu versorgen. Ein knappes Geldangebot führt dazu, dass die Wirtschaft leidet, als steckte sie in einer Zwangsjacke – private Haushalte und Unternehmen bemühen sich gleichermaßen vergeblich um Kredite ihrer Banken und schränken daher ihre wirtschaftlichen Aktivitäten ein. Ist das Geldangebot dagegen zu groß, wachsen die Guthaben auf den Bankkonten der privaten Haushalte und Unternehmen spürbar an, mit der Folge, dass diese in Versuchung geraten, ihre verbesserte Liquidität oder auch die niedrigen Zinsen der Banken zu einer verstärkten Ausgabentätigkeit zu nutzen.

Es scheint also, als stünden die Federal Reserve oder die Europäische Zentralbank einer vergleichsweise leichten Aufgabe gegenüber. Allem Anschein nach genügt es, den Puls der Wirtschaft zu messen und den Geldumlauf entsprechend anzupassen. Ist die Wirtschaft »überhitzt« und steigt die Inflationsrate, wäre es demnach an der Zeit, die Verfügbarkeit von Geld einzuschränken. Befindet sie sich dagegen im Tal der Tränen, mit zunehmender Arbeitslosigkeit, müsste das genaue Gegenteil geschehen. Man könnte daher mutmaßen, Zentralbanker hätten einen sehr bequemen Job. Wie wir sehen werden, trügt diese Einschätzung.

Wie eine Zentralbank arbeitet

Was unternimmt eine Zentralbank, wenn sie das Geldangebot erhöhen oder vermindern möchte? Wie wir im letzten Kapitel gesehen haben, beruht die Macht der Zentralbanken auf dem Teilreservesystem, das es den Geschäftsbanken ermöglicht, den »überschüssigen« Teil der bei ihnen deponierten Einlagen zum Zwecke der Kreditvergabe oder Investition zu verwenden. Als überschüssige Reserven bezeichnet man Bargeldbestände oder Einlagen bei der Fed, die die Höhe der vorgeschriebenen Mindestreserve zur Absicherung der Kundeneinlagen überschreiten.

Der wesentliche Zweck der Federal Reserve in den USA besteht darin, die Mindestreservequoten ihrer Mitgliedsbanken festzulegen. Hebt sie diese Quoten an, werden die Mitgliedsbanken in ihrer Freiheit zur Kreditvergabe und Investition beschnitten und geraten unter Druck. Eine Senkung der Mindestreservequoten hat das Gegenteil zur Folge – die Mitgliedsbanken können einen größeren Teil ihrer Einlagen in Form von Krediten ausreichen oder investieren und so höhere Erträge erwirtschaften.

Eine genauere Betrachtung zeigt, dass eine Zentralbank auf dreierlei Weise agieren kann. Zum einen kann sie unmittelbar die Mindestreservequoten ändern. Da von einer solchen Maßnahme alle Banken gleichermaßen betroffen sind, stellt sie ein besonders wirksames Mittel dar, um das Kreditangebot landesweit einzuschränken oder auszuweiten. Doch gerade weil diese Maßnahme nicht zwischen einzelnen Kreditinstituten unterscheidet, wird sie in der Praxis nur sehr selten angewandt.

Eine zweite Einflussmöglichkeit auf die Geldmenge besteht in der Festsetzung der Refinanzierungssätze der Banken. Mitgliedsbanken, deren Rücklagen aufgezehrt sind, können von dem Recht Gebrauch machen, zusätzliche Mittel unmittelbar bei der Federal Reserve Bank aufzunehmen und ihrem regulären Rücklagenfonds zuzuführen.

Natürlich verlangt eine Zentralbank für die Bereitstellung dieser zusätzlichen Rücklagen einen Zins; der entsprechende Zinssatz wird als *Diskontsatz* bezeichnet. Durch eine Erhöhung oder Senkung dieses Zinssatzes sorgt sie dafür, dass es aus Sicht der Mitgliedsbanken mehr oder weniger attraktiv erscheint, ihre Rücklagen zu erhöhen. Im Gegensatz zu einer Änderung der Mindestreservequote stellt eine Korrektur des Diskontsatzes also ein vergleichsweise mildes Instrument dar, das es jeder einzelnen Bank erlaubt, eigenständig zu entscheiden, ob sie ihre Rücklagen erhöhen möchte oder nicht. Darüber hinaus hat eine Veränderung des Diskontsatzes in der Regel Auswirkungen auf die gesamte Zinsstruktur, sodass es zu einer Verknappung des Geldumlaufs beziehungsweise zu einer Lockerung am Geldmarkt kommt. Ein hohes Zinsniveau ist Ausdruck einer Politik des knappen Geldes. Nicht nur müssen Kreditnehmer höhere Zinsen zahlen, sondern die Banken gehen insgesamt vorsichtiger bei der Kreditvergabe vor und achten verstärkt auf die Kreditwürdigkeit der Antragsteller aus der Unternehmenswelt. Umgekehrt stellen niedrige Zinssätze die Folge einer Politik des billigen Geldes dar. In diesem Fall sind Kredite nicht nur preiswerter, sondern auch leichter zu erlangen.

Obwohl Veränderungen des Diskontsatzes als Hauptinstrument zur Steuerung des Geldangebotes eingesetzt werden können und in vielen Ländern auch so eingesetzt werden oder wurden (in Deutschland bis zur Gründung der Europäischen Zentralbank), gilt dies nicht für die Vereinigten Staaten. Das Federal Reserve Board gestattet es den Banken nicht, eine unbegrenzte Geldsumme zum gängigen Diskontsatz auszuleihen. Mithilfe des so genannten »Diskontfensters« können die Banken geringe Summen aufnehmen, um kleinere Lücken in ihren Rücklagenfonds zu schließen, es steht ihnen dagegen nicht als Quelle größerer Geldbeträge zur Verfügung, mit deren Hilfe sie ihr Kreditvolumen erhöhen könnten. Infolgedessen dient der Diskontsatz eher als Signal für die geldpolitischen Zielvorstellungen der Federal Reserve denn als Druckmittel, das über das Gesamtkreditvolumen der Banken entscheidet.

Das in den Vereinigten Staaten bei weitem am häufigsten eingesetzte geldpolitische Instrument ist ein drittes, das als Offenmarktpolitik bezeichnet wird. Dieses Instrument gestattet es den Federal Reserve Banks, den Bestand an Rücklagen durch den Ankauf oder Verkauf von US-Staatsanleihen zu beeinflussen.

Wie funktioniert dies? Angenommen, die Fed möchte die Reserven ihrer Mitgliedsbanken erhöhen. Sie wird in diesem Fall Staatsanleihen von im Anleihemarkt tätigen Wertpapierhändlern erwerben und dafür mit Schecks der Federal Reserve bezahlen.

Diesen Schecks haftet eine besondere und bemerkenswerte Eigenschaft an: Sie sind auf keine Geschäftsbank, sondern auf die Federal Reserve Bank selbst bezogen! Der als Verkäufer auftretende Wertpapierhändler wird seinen Federal-Reserve-Scheck bei seiner eigenen Geschäftsbank vorlegen, als handele es sich um einen ganz gewöhnlichen Verrechnungsscheck. Seine Bank wiederum wird den Scheck zur Einlösung weiterreichen, ebenfalls so, als handele es sich um einen ganz gewöhnlichen Verrechnungsscheck. Im Endergebnis wird die Bank des Wertpapierhändlers zusätzliche Zahlungsmittel erlangt haben, ohne dass eine andere Geschäftsbank dafür eigene Reserven hergeben musste. Per Saldo verfügt der Bankensektor damit über eine höhere Kreditvergabe- und Investitionskapazität als zuvor. Durch ihren Ankauf von Staatsanleihen hat die Federal Reserve damit faktisch Geld in die Konten ihrer Mitglieder gepumpt und ihnen damit die gewünschten zusätzlichen Reserven verschafft. Es ist dieser Prozess, der als *Monetisierung der Staatsschuld* bezeichnet wird.

Das gegenteilige Szenario besteht darin, dass die Verantwortlichen für die Geldpolitik befinden, die Reserven der Mitgliedsbanken seien zu hoch. In diesem Fall werden sie Staatsanleihen oder, besser gesagt, US-Schatzwechsel verkaufen, die Teil des Vermögens der Federal Reserve Banks bilden. Der oben geschilderte Prozess vollzieht sich nun genau umgekehrt: Die Wertpapierhändler oder anderen Käufer kommen ihrer Zahlungsverpflichtung gegenüber der Federal Reserve dadurch nach, dass sie Schecks ausstellen, die auf ihre eigene Geschäftsbank bezogen sind. Die Federal Reserve wiederum nimmt die Schecks ihrer Mitgliedsbanken in Empfang und belastet deren Konten mit dem Gegenwert, wodurch sich die Reserven der bezogenen Banken reduzieren. Da die Zahlungen keiner anderen Geschäftsbank zugute kommen, erleidet der Bankensektor per saldo einen Verlust an Zahlungsmitteln. Durch den Verkauf von Staatsanleihen entnimmt die Federal Reserve also den Konten ihrer Mitgliedsbanken Geld und mindert dadurch ihre Reserven.

Wir erkennen somit, dass die Federal Reserve über drei Möglichkeiten zur Beeinflussung des Geldangebots verfügt: Sie kann die Mindestreservequoten erhöhen oder senken; sie kann den Diskontsatz erhöhen oder senken; und schließlich kann sie Staatsanleihen kaufen oder verkaufen.

Wie zuverlässig wirken diese Instrumente? Ist die Fed in der Lage, ein exaktes Gleichgewicht zwischen Geldnachfrage und -angebot herzustellen? Wie bei so vielen wirtschaftlichen Fragestellungen gibt es hierauf keine eindeutige Antwort. Zweifellos kann die Fed das Geldangebot ändern; Gleiches gilt für die Europäische Zentralbank oder die Zentralbanken europäischer Länder außerhalb der Euro-Zone. Eine andere Frage ist es, mit welcher Präzision ihnen dieses gelingt oder ob sie in ihrem Handeln völlig frei sind.

Im Wesentlichen hat es eine Zentralbank mit drei möglichen Problemen zu tun.

1. *Sie kann sich über das beste Vorgehen unschlüssig sein.* Damit möchten wir keinesfalls die fachliche Kompetenz des Aufsichtsgremiums einer Zentralbank anzweifeln, das in der Regel über einen hervorragenden Beraterstab verfügt. Vielmehr spielen wir auf jenen unglückseligen Zustand der Wirtschaft an, den man als »Stagflation« bezeichnet und der in den neunziger Jahren die meisten westlichen Industrieländer heimsuchte.
Stagflation bedeutet, dass die Wirtschaftsentwicklung gleichzeitig stagniert und von Inflation gekennzeichnet ist. Dabei steigen in vielen Branchen die Preise, obwohl eine große Zahl an Arbeitskräften keine Beschäftigung findet. Ein solcher Zustand stürzt die geldpolitisch Verantwortlichen in ein schweres Dilemma. Gelangen sie zu der Einschätzung, dass die Stagnation die Wirtschaft stärker gefährdet als die Inflation, werden sie das Geldangebot ausweiten. Dies könnte jedoch zu einem unmittelbaren Anstieg der Lebenshaltungskosten

führen, ohne gleichzeitig die Beschäftigungssituation nachhaltig zu verbessern. Beunruhigt die Fed dagegen mehr die Entwicklung der Inflation, wird sie die Verfügbarkeit von Geldreserven einschränken. Die Folge könnte ein rascher Anstieg der Arbeitslosigkeit sein, von dem insbesondere Wirtschaftszweige betroffen wären, die stark von der Verfügbarkeit von Krediten abhängen, wie etwa die Baubranche – ohne dass ein gleichzeitiger Preisrückgang garantiert wäre.

Wir werden uns mit diesem Dilemma im nächsten Kapitel noch einmal beschäftigen. Es ist jedoch leicht einzusehen, welch furchtbarer Zielkonflikt daraus für eine Zentralbank erwächst. Jede mögliche Politik – ob antiinflationär oder wachstumsorientiert – wird schmerzhafte Auswirkungen haben. Keine führt dagegen zu einer schnellen Heilung. Es besteht daher die Gefahr, dass die Zentralbank ein schwankendes Verhalten an den Tag legt, indem sie zunächst Geld billiger macht, dann wieder verknappt, anschließend die geldpolitischen Zügel ein weiteres Mal lockert, um sie schließlich erneut anzuziehen. Es wird niemanden verwundern, dass die Wirtschaft auf einen solchen Schlingerkurs nicht allzu freundlich reagiert.

2. *Sie kann bei dem Versuch, ihre Ziele zu erreichen, scheitern.* Selbst wenn sich eine Zentralbank über ihre Zielvorstellungen im Klaren ist, werden ihre Bemühungen nicht immer von Erfolg gekrönt sein. Das Vermögen, die Geldmenge zu kontrollieren, wird oft mit der Möglichkeit verglichen, eine Schnur zu bewegen: Es ist leicht, an der Schnur zu ziehen, aber schwierig, mit ihr einen Gegenstand von sich wegzuschieben. Auf eine Zentralbank übertragen bedeutet dies: Es ist leicht, das Geldangebot durch Einschränkung der Verfügbarkeit von Reserven zu verknappen; hierfür stehen zahlreiche Instrumente bereit. Eine Ausweitung der Geldmenge ist weniger leicht zu erreichen. Eine Zentralbank kann dazu die Mindestreservequoten senken oder die Staatsschuld monetisieren (also Staatsanleihen auf dem offenen Markt kaufen), wodurch Geld in den Bankensektor gepumpt wird. Dagegen kann sie keine Bank zwingen, einen Kredit aufzunehmen, den diese nicht aus freien Stücken aufgenommen hätte. Unter normalen Umständen werden die Geschäftsbanken dazu bereit sein, doch in Krisenzeiten – etwa während der Großen Depression –

könnten sie sich stattdessen für die Anhäufung von Reserven entscheiden, statt sich in dem riskanten Kreditmarkt zu engagieren. Wenn dies der Fall ist, sind der Bank die Hände gebunden: Sie hat keine Möglichkeit, die Reserven der Banken in die Hände der Öffentlichkeit zu transferieren. Die Aufgabe wird zusätzlich dadurch erschwert, dass eine Ausweitung oder Reduzierung der Geldmenge nicht immer zu einer Erhöhung oder Beschneidung der Ausgaben für Güter und Dienstleistungen führt. Die privaten Haushalte und Unternehmen könnten auf diese Maßnahmen auch mit einer Erhöhung oder Reduzierung ihrer Bargeldreserven, sprich ihrer Liquidität reagieren. Nehmen wir beispielsweise an, die Zentralbank rechnete mit einem Anstieg der Inflation und beschlösse daher, die geldpolitischen Zügel anzuziehen, um den Banken die Kreditvergabe zu erschweren. Wenn ihre Politik funktionierte, würden die Kreditaufnahmen eingeschränkt und damit auch der Konsum, mit entsprechend vermindertem Druck auf die Marktpreise. Doch falls die Öffentlichkeit die gleichen Zukunftserwartungen hegt, könnten sich viele Menschen dazu entschließen, ihre Liquidität zu reduzieren, sprich ihr Geld auszugeben, »solange es sich noch lohnt«. In diesem Fall würden die Maßnahmen der Fed zur Drosselung der Geldzufuhr durch das Ausgabeverhalten der Öffentlichkeit konterkariert.

3. *Die Internationalisierung der Wirtschaftsbeziehungen kann die Gestaltungsmacht einer Zentralbank einschränken.* Dabei handelt es sich um eine neue und bedeutende Entwicklung. Es gibt heute so etwas wie einen internationalen Kreditpool, aus dem sich sämtliche Industrieländer bedienen können. Ein US-Unternehmen, das zusätzliche Finanzmittel benötigt, kann diese ebenso leicht in Deutschland oder Frankreich aufnehmen wie bei seiner Hausbank. Das Gleiche gilt für Unternehmen mit Sitz in anderen Ländern. Wir werden uns später noch einmal mit diesem internationalen Finanzmarkt beschäftigen. An dieser Stelle genügt es festzustellen, dass dieser globalisierte Zugang zu Krediten den Einfluss jeder Zentralbank auf das Zinsniveau wesentlich einschränkt – aus dem einfachen Grund, weil Kreditnehmer, denen die Zinsen im eigenen Land zu hoch sind, auf ein anderes Land ausweichen können.

Die Europäische Währungsunion
und die Geldpolitik der Europäischen Zentralbank

Am 1. Januar 1999 fiel der Startschuss für ein Experiment, das in der
Geschichte ohne Beispiel ist: Zwölf der 15 EU-Staaten schlossen sich zur
Euro-Zone zusammen und gaben damit ihre geld- und währungspoliti-
sche Souveränität zugunsten einer gemeinsamen Währung auf. Gleichzeitig ging die Verantwortung für die Geldemission und den inneren Geldwert in den Teilnehmerstaaten auf die Europäische Zentralbank (EZB)
über, die auf der Grundlage des Maastrichter Vertrags arbeitet und vom
Rat der EZB geleitet wird. Dieser besteht aus einem von den Staats- und
Regierungschefs der Euro-Länder auf acht Jahre bestellten Direktorium
sowie den zwölf nationalen Zentralbankpräsidenten. In einem »erweiterten Rat« werden auch die Notenbankpräsidenten der EU-Länder hin-
zugezogen, die noch nicht an der Währungsunion teilnehmen. Alle 15
EU-Notenbanken zusammen bilden das Europäische System der Zentralbanken (ESZB).

Mit dem Schritt zur Europäischen Währungsunion (EWU) endete eine
verwirrende Vielfalt in der Geldpolitik Westeuropas: So unterschiedlich
wie die geldpolitischen Ziele der einzelnen EU-Länder präsentierten sich
auch die Methoden, mit denen die nationalen Zentralbanken versuchten,
Preisentwicklung und Geldmenge zu steuern. Keine zwei Staaten – mit
Ausnahme von Belgien und Luxemburg, die schon seit Jahrzehnten in einer
Währungsunion verbunden waren – setzten dabei die gleichen Instrumente
ein. Zwar waren die einzelnen Zentralbanken zumeist formal von ihren
jeweiligen Regierungen unabhängig, doch waren sie stets verpflichtet, deren Wirtschaftspolitik zu unterstützen.

Das besondere Merkmal der EZB liegt nun darin, dass sie gerade nicht
die Zentralbank eines einzigen Landes ist, sondern über eine Währung
herrscht, die gleichzeitig in zwölf Staaten mit souveräner und nur teilweise
harmonisierter Wirtschaftspolitik gilt. Konsequenterweise sichert der
Maastrichter Vertrag der EZB die Unabhängigkeit von Weisungen der EU-
Institutionen und der Regierungen der Mitgliedsländer der EWU zu. Nicht
die Unterstützung nationaler Wirtschaftspolitiken ist somit vorrangiges
Ziel der EZB, sondern einzig und allein die Preisniveaustabilität.

Zu deren Sicherung wählt die EZB einen anderen Ansatz als vormals
die Deutsche Bundesbank: Zwar versuchte diese ebenso wie heute die

EZB, den Geldwert über die Entwicklung der Geldmenge zu steuern. Doch während die Deutsche Bundesbank dazu einen Zielkorridor mit einer Ober- und Untergrenze verwendete, innerhalb dessen sich die Geldmenge bewegen sollte, entschied sich die EZB hinsichtlich des Geldmengenwachstums für einen dauerhaften Referenzwert, der sich aus dem Wachstumstrend des BIP und einem Inflationsziel ableitet und zuletzt 4,5 Prozent pro Jahr betrug. Alle übrigen, für die Geldpolitik wichtigen Indikatoren werden in einer Einschätzung hinsichtlich der Entwicklung der Preise und der Risiken für die Geldwertstabilität gebündelt. Dieses Strategiebündel aus Referenzwert und Einschätzung hinsichtlich der künftigen Preisentwicklung bezeichnet man als »Zwei-Säulen-Strategie«. Die vergleichsweise starre geldpolitische Zielsetzung der EZB bringt es mit sich, dass die Bank – im Gegensatz etwa zur Fed – die realwirtschaftlichen Auswirkungen der Geldpolitik auf Wachstum und Konjunktur in ihren Entscheidungen kaum berücksichtigt.

Zur Erreichung ihrer Ziele stehen der EZB verschiedene geldpolitische Instrumente zur Verfügung. So kann sie Offenmarktgeschäfte durchführen, also Wertpapiere kaufen und verkaufen und dadurch der Wirtschaft Liquidität zuführen oder entziehen. Auch kann sie seit Einführung des Euro-Bargelds am 1. Januar 2002 Mindestreservequoten festlegen. Darüber hinaus gestaltet sie wie jede Zentralbank die Bedingungen, zu denen sich die Geschäftsbanken refinanzieren können. Die EZB bietet dazu verschiedene Möglichkeiten an: Mit dem so genannten Repo-Geschäft (einer Abkürzung für *repurchasing option* oder Rückkaufsoption) wird den Banken Geld gegen die Beleihung von Wertpapieren zur Verfügung gestellt. Die dabei erhobenen Zinsen gelten als die eigentlichen Leitzinsen für das Kreditgeschäft der Banken untereinander und damit auch für die Zinssätze, die diese wiederum ihren Kunden anbieten.

Über Offenmarkt- und Repo-Geschäfte hinaus hat die EZB ein neues Refinanzierungsinstrument eingeführt: die so genannte »Spitzenfinanzierungsfazilität«. Dabei handelt es sich um Kredite, die dezentral von den nationalen Zentralbanken ausgereicht werden und dazu dienen, den Banken bei kurzfristigen Kapitalengpässen auszuhelfen – man bezeichnet solche Kredite deshalb auch als »Übernachtliquidität«. Ihr Gegenstück ist die »Einlagefazilität«, die es den Geschäftsbanken, wie der Name schon andeutet, ermöglicht, überschüssige Gelder als kurzfristige Einlagen über Nacht bei der nationalen Zentralbank verzinslich zu hinterlegen. Durch

Anheben oder Senken der Zinssätze dieser beiden »ständigen Fazilitäten« kann die Zentralbank die Höhe der Zinsen am Geldmarkt beeinflussen.

Es bleibt abzuwarten, ob sich die Europäische Währungsunion als so attraktiv erweist, dass auch ihre Skeptiker in Dänemark, Schweden und Großbritannien von den Vorteilen eines Beitritts überzeugt werden können.

Der Monetarismus

Mit dieser Aufzählung ist die Bandbreite an Problemen, mit denen eine Zentralbank zu tun hat, keineswegs erschöpft. Sie mag aber genügen, um zu verdeutlichen, welch schwierige Kunst das Management der monetären Angelegenheiten eines Landes darstellt. Gerade weil dies der Fall ist und weil geldpolitische Maßnahmen so oft unerwartete Ergebnisse zeitigen, hat die Theorie des Monetarismus in den letzten Jahren verstärkt Beachtung gefunden. Dabei handelt es sich um einen Vorschlag für eine neue Form des geldpolitischen Managements, entwickelt von dem bedeutenden konservativen Ökonomen und Nobelpreisträger Milton Friedman. Das Theoriegebäude Friedmans ist an Einfachheit kaum zu überbieten: Er behauptet, nichts sei für das Funktionieren der Wirtschaft so entscheidend wie die Geldmenge. Folglich fordert er, die Steuerung des Geldangebots nicht dem Ermessen einer Zentralbank zu überlassen. Diese sei trotz bester Absichten nicht in der Lage, das jeweils richtige Geldangebot sicherzustellen. Zum einen könnte weder sie noch irgendjemand anders den *tatsächlichen* Zustand der Wirtschaft beurteilen – schließlich dauere es viele Wochen oder gar Monate, bis die notwendigen Daten vorlägen und ausgewertet seien. Zum anderen neigten alle Behörden dazu, sich auf frühere Entscheidungen zu versteifen, und änderten ihre Meinung erst nach längerer Zeit. Schließlich könnten die vorliegenden Daten und Informationen auch widersprüchlich sein und zur Begründung ganz unterschiedlicher geldpolitischer Entscheidungen taugen.

Infolge dieser Umstände, so Friedman, verschlimmerten die geldpolitischen Instanzen oft das Los ihrer Länder, statt es zu mildern, indem sie das Geldangebot ausweiteten, wenn eine restriktive Geldpolitik geboten gewesen wäre, und umgekehrt. Die richtige Medizin, zum falschen Zeitpunkt verabreicht, heile eine Krankheit aber nicht, sondern verschlimmere sie.

Friedmans Therapievorschlag war seinerzeit gewagt: Er forderte, die Entwicklung der Geldmenge an das Wirtschaftswachstum zu koppeln, sprich das Geldangebot jährlich um einen gleichbleibenden Prozentsatz auszuweiten, dessen Höhe vom langfristigen Wachstum des Produktionswertes des jeweiligen Landes abhinge. Auf diese Weise, so argumentierte er, würde nicht nur die Geldmenge mit dem Wachstum der Lohnsumme sowie des gesamtwirtschaftlichen Kapitalstocks und des Kreditvolumens Schritt halten, sondern ihre gleichmäßige Zunahme selbst würde dafür sorgen, dass die Wirtschaft auf Wachstumskurs bliebe. Drohte beispielsweise aufgrund internationaler Entwicklungen eine Rezession, so würde die beständige Zunahme des Geldangebotes den Banken frische Reserven zuführen, mit denen sie ihr Kreditangebot erhöhen und die Wirtschaft damit vor einer Rezession bewahren könnten. Käme es umgekehrt zu einem plötzlichen Anstieg der Inflation, würde derselbe beständige Anstieg der Kreditvergabekapazitäten als automatische Bremse wirken, da die Banken die inflationsgetriebene Kreditnachfrage ihrer Kunden nur unzureichend befriedigen könnten und dadurch den Preisdruck abmildern würden.

Eine gewisse Zeit lang erschien Friedmans Idee als durchaus bestechend. Doch sie hatte auch ihre Mängel. Einer dieser Mängel lag auf der ökonomischen Ebene: Schließlich musste entschieden werden, welche Wachstumsrate als »normal« betrachtet werden sollte. Friedmans Theorie beruht auf der Annahme, dass die Kapazität einer Wirtschaft zur Produktion von Gütern und Dienstleistungen ihrem historischen Trend folgt und dabei den langfristigen Produktivitätszuwachs widerspiegelt. Eine genauere Untersuchung zeigt jedoch, dass sich dieser Produktivitätszuwachs entgegen mancher Annahme keineswegs automatisch vollzieht. Darüber hinaus ist zu fragen, ob ein jährliches Wirtschaftswachstum von beispielsweise 3 Prozent in der Vergangenheit, selbst wenn es »natürlichen« Kräften zu verdanken wäre, auch künftig angemessen ist. Vorstellbar wäre etwa, dass ökologische Zwänge eine Mäßigung oder hartnäckige Arbeitslosigkeit eine Beschleunigung des

Wirtschaftswachstums erfordern. Mit anderen Worten: Eine flexible, von den jeweiligen Umständen abhängige Zunahme der Geldmenge ist möglicherweise einer konstanten Ausweitung vorzuziehen.

Ein zweiter Kritikpunkt bewegte sich eher auf der politischen Ebene: Friedmans Forderung lautete letztlich, das Herumspielen mit dem monetären Mechanismus zu beenden und seiner natürlichen Dynamik den Vortritt zu lassen. Doch wie handeln, wenn diese Dynamik über mehrere Jahre zum Erliegen kommt? Wäre es untersagt, den wirtschaftspolitischen Steuerknüppel in die Hand zu nehmen, selbst wenn die Wirtschaft an Höhe verlöre? Genau diese Schlussfolgerung war aus Friedmans Vorschlag zu ziehen. Um in unserem Bild zu bleiben: Man müsste den Passagieren zusichern, dass die natürliche Aerodynamik des Systems zu einem ruhigeren und sichereren Flug führen wird, als wenn der Pilot den Autopiloten abschalten dürfte.

Hierin lag vermutlich der schwerwiegendste Mangel des Friedmanschen Vorschlags. Auch wir teilen bekanntlich die Skepsis gegenüber Forderungen, auf jeden Eingriff in das Wirtschaftsgeschehen zu verzichten. Der Trend im letzten Jahrhundert zeigt eindeutig in Richtung einer ständigen Erweiterung staatlicher Eingriffe in die Wirtschaft – ob zu Recht oder zu Unrecht, sei dahingestellt. Grund dafür ist nicht nur die Annahme vieler Ökonomen, man *könne* erfolgreich in das Wirtschaftsgeschehen eingreifen, und zwar trotz aller von Friedman und seinen Mitstreitern vorgetragenen Bedenken, sondern auch der zunehmende politische Druck, etwas gegen eine schwache Wirtschaftsleistung »zu unternehmen«. Die Bereitschaft, tatenlos beiseite zu stehen und darauf zu warten, dass die Wirtschaft ihre eigenen Lösungswege findet, ist heute weitgehend geschwunden. Die Philosophie des Adam Smith ist durch diejenige von John Maynard Keynes ersetzt worden. Es mag sein, dass unsere Eingriffe wenig effektiv sind oder zu anderen als den gewünschten Ergebnissen führen. Milton Friedmans Warnungen könnten sich also durchaus als berechtigt erweisen. Doch es erscheint unrealistisch, dass wir uns jemals wieder mit einer passiven Rolle gegenüber der Wirtschaftsentwicklung begnügen werden. »Nichts tun« mag wie eine realistische Handlungsoption klingen, doch in Wirklichkeit ist sie genau dies nicht.

TEIL III
MIKROÖKONOMIE

DIE ANATOMIE DER MARKTWIRTSCHAFT

12
WIE MÄRKTE FUNKTIONIEREN

Es erscheint unsinnig, die Wirtschaftswissenschaft in zwei »Teilbereiche« – Mikroökonomie und Makroökonomie – untergliedern zu wollen. Tatsächlich haftet dieser Unterteilung etwas Absurdes an, denn es gibt nur eine Wirtschaft. Und doch lassen sich manche Fragen, etwa diejenigen, die wir in den vergangenen Kapiteln behandelt haben, am besten aus der Makroperspektive analysieren, aus einem Blickwinkel also, der sich auf die großen gesamtwirtschaftlichen Spar-, Investitions- und öffentlichen Ausgabenströme konzentriert. Dieselbe Makroperspektive lässt jedoch kaum Rückschlüsse auf anders geartete ökonomische Sachverhalte zu, insbesondere nicht auf die Zusammensetzung des erzeugten Outputs. Die Analyse der von den Verbrauchern und Unternehmen getroffenen Entscheidungen, die unser Wirtschaftsleben maßgeblich beeinflussen, erfordert einen anderen Blickwinkel – einen, der die Handlungen von Käufern und Verkäufern, Konsumenten und Produzenten in den Mittelpunkt stellt. Dieser Blickwinkel richtet sich auf den Marktplatz – auf das Lebensmittelgeschäft, die Weizenbörse oder das Büro des Versicherungsvertreters –, wo Käufer und Verkäufer direkt aufeinandertreffen und somit jene menschliche Interaktion stattfindet, die wir bei der Analyse des BIP aus den Augen verlieren.

Der Preismechanismus

Die Mikroperspektive führt uns unmittelbar zu der Frage der Preisbildung. Bislang haben wir das Thema Preise vollständig ignoriert, einmal abgesehen davon, dass im Zusammenhang mit der Betrachtung der Inflation natürlich auch vom Preisniveau die Rede war. Die Mikroökonomie versucht jedoch zu erklären, wie sich in der Arena, die als Marktplatz bezeichnet wird, individuelle Preise bilden. Sie beginnt daher mit einer Analyse von Angebot und Nachfrage, jenen Begriffen, die oft genannt und verwendet, aber nur selten wirklich verstanden werden.

Viele Menschen gebrauchen diese beiden Begriffe etwa so, als bezeichneten sie ein allgemeines ökonomisches »Gesetz« nach Art der Volksweisheit: »Was steigt, muss auch wieder fallen.« Doch ein solches allgemeines Gesetz existiert nicht, und gäbe es eins, würde es nicht um Angebot und Nachfrage kreisen. Vielmehr lässt sich anhand einer Untersuchung von Angebot und Nachfrage begreifen, wie das Aufeinanderprallen (anders ausgedrückt: der Wettbewerb) von Käufern und Verkäufern in der Regel zur Bildung von Preisen führt, die den Markt »abräumen« (eine Vokabel, der wir uns umgehend zuwenden werden), und warum dies gelegentlich misslingt. Mit anderen Worten: Angebot und Nachfrage zeigen, wie Märkte Ordnung in das System der freien Marktwirtschaft bringen und dabei die verschiedenen wirtschaftlichen Akteure zusammenführen – so wie es Adam Smith einst beschrieb (vergleiche Kapitel 2).

Beginnen wir also mit einer Beschreibung dessen, was wir unter dem Begriff »Nachfrage« verstehen. Die meisten Menschen denken dabei ausschließlich an ein bestimmtes Ausgabenvolumen. So heißt es beispielsweise, die Nachfrage nach Neufahrzeugen sei zurückgegangen oder es gebe eine starke Nachfrage nach Gold. Doch aus ökonomischer Sicht bedeutet Nachfrage nicht nur, wie viel von einem bestimmten Gut gekauft wird, sondern genauer, wie viel von diesem Gut zu einem gegebenen Preis gekauft wird und welche Menge gekauft würde, wenn der Preis sich änderte.

Darüber hinaus treffen Ökonomen eine wichtige Verallgemeinerung hinsichtlich des Kaufverhaltens bei schwankenden Preisen: Konsumenten, so behaupten sie, neigten dazu, bei steigenden Preisen weniger und bei sinkenden Preisen mehr von einem Gut zu kaufen. Dies mag zunächst als allzu simple Faustregel erscheinen, doch wir werden bald erkennen, wie viel sich darauf aufbauen lässt. Zwei Gründe sprechen aus der Sicht der Ökonomen für diese These: Zum einen können wir bei sinkenden Preisen mehr kaufen, da unser Einkommen weiter reicht. Zum anderen sind wir bereit, bei sinkenden Preisen mehr zu kaufen, da das Gut, dessen Preis gefallen ist, gegenüber anderen Gütern nun attraktiver geworden ist.[25]

Aus dieser sehr plausiblen Argumentation lässt sich eine in der Wirtschaftswissenschaft weithin verwendete und sehr hilfreiche Darstellung des Konsumentenverhaltens ableiten, die als Nachfragekurve bezeichnet wird. Abbildung 5 zeigt ein fiktives Beispiel einer solchen Kurve, wobei dargestellt wird, wie viele Hemden ein Bekleidungsgeschäft im Verlauf einer Woche zu verschiedenen Preisen verkaufen könnte. Die auf der Grafik zu erkennenden gestrichelten Linien zeigen, dass beispielsweise zum Preis von 50 US-Dollar 50 Hemden gekauft würden. Kosteten sie dagegen 25 US-Dollar, würden 100 Stück gekauft. Bei einer Preissenkung auf 10 US-Dollar stiege der Absatz auf 200 Stück.

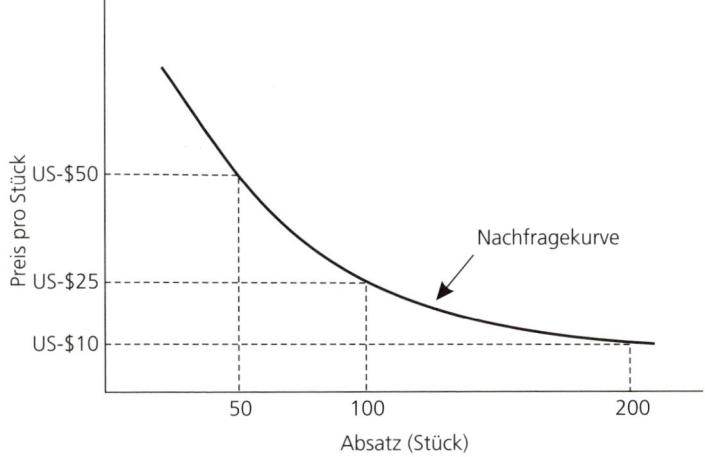

Abbildung 5: Beispiel für eine Nachfragekurve

Wie steht es nun um das Angebot? Natürlich reagieren auch Verkäufer auf Preisänderungen, allerdings in genau entgegengesetzter Weise: Je höher der Preis, umso mehr können und wollen die Verkäufer anbieten; je niedriger er ausfällt, desto weniger. Schließlich kann man getrost unterstellen, dass Verkäufer versuchen, ihren Gewinn zu maximieren, und dieser Gewinn fällt höher aus, wenn die Preise steigen. Es geht hier nicht darum, ob ein Hersteller bei hoher Ausbringung womöglich preiswerter produzieren könnte. Wir interessieren uns vielmehr dafür, ob General Motors oder der Landwirt von nebenan bereit und in der Lage wären, ihr Angebot hier und jetzt und bei unverändertem Bestand an Kapitalgütern zu erhöhen, wenn der Preis ihres Gutes stiege. Dies ist unzweifelhaft der Fall.

Wir können deshalb davon ausgehen, dass eine Angebotskurve im Normalfall steigt. Wie steil ihr Verlauf ausfällt, hängt davon ab, wie schnell ein Hersteller das Angebot an seinem Gut bei steigendem Preis erhöhen kann. So könnte beispielsweise ein Landwirt außerstande sein, sein Angebot über die eingefahrene Ernte hinaus zu erhöhen. General Motors dagegen könnte bei Einführung eines Dreischichtbetriebes vermutlich eine Menge zusätzlicher Fahrzeuge herstellen. Abbildung 6 zeigt ein typisches Beispiel für eine kurzfristige Angebotskurve.

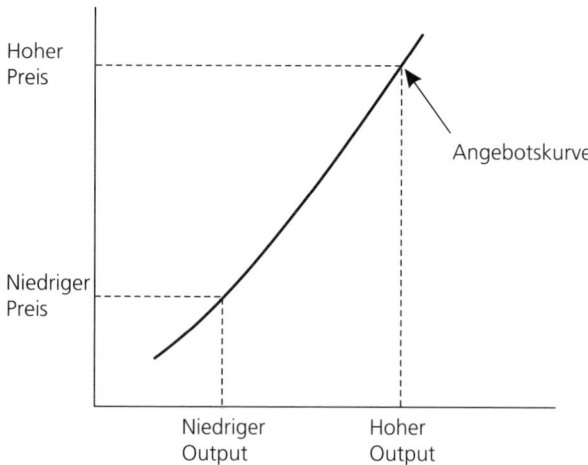

Abbildung 6: Beispiel für eine Angebotskurve

Der Ausgleich von Angebot und Nachfrage

Wir erkennen nun, wie der Marktmechanismus funktioniert. Der entscheidende Punkt liegt im Grunde auf der Hand: Da es sich bei dem Angebotsverhalten der Produzenten und dem Nachfrageverhalten der Konsumenten um zwei genau entgegengesetzte Verhaltensweisen handelt, führt der Marktmechanismus einen Preis herbei, der den Markt »abräumt« – einen Preis, bei dem die Käufer genau diejenige Menge eines Gutes erwerben wollen, die die Verkäufer auch verkaufen möchten.

Ein Beispiel mag dabei helfen, sich den Ablauf dieses Mechanismus zu vergegenwärtigen. Angenommen, eine Bekleidungskette bietet Blusen zu einem Preis von 29,95 US-Dollar pro Stück an. Ihr Bestand beläuft sich auf 1 200 Blusen und sie hofft, diese innerhalb einer Woche zu verkaufen. Die Filiale meldet der Zentrale jedoch, dass die Blusen sich als Ladenhüter erweisen – sprich, dass die Nachfrage zum Preis von 29,95 US-Dollar nicht ausreicht, um die Ware an den Mann beziehungsweise an die Frau zu bringen. Zur Beschneidung ihrer Verluste und zur Entlastung der Lagerbestände gestattet die Geschäftsleitung der Bekleidungskette nun der Filiale, die bereits eingekauften Blusen zu 10,95 US-Dollar pro Stück zu verkaufen. Jetzt erweisen sich die Blusen als wahrer Verkaufsschlager. Ihr Absatz läuft so gut, dass die Filiale eine Nachbestellung aufgibt, allerdings zu einem weitaus niedrigeren Preis, da sie die Blusen weiterhin zu einem Stückpreis von 10,95 US-Dollar verkaufen möchte. Der Hersteller jedoch teilt mit, dass er zu dem gewünschten niedrigen Preis nicht liefern könne. Die Nachfrage nach preiswerten Blusen ist also hoch, trifft aber auf kein Angebot.

Die Frage lautet nun: Gibt es einen Preis, der sowohl Verkäufer als auch Käufer zufrieden stellt? Die Antwort fällt positiv aus – es ist der Preis, bei dem sich Angebot und Nachfrage genau ausgleichen. Dieser Preis wird als »Gleichgewichtspreis« bezeichnet und er beträgt in unserem Beispiel genau 19,95 US-Dollar (Abbildung 7).

Man sollte sich nicht allzu sehr auf die jeweilige Form der Kurven versteifen, da diese sehr unterschiedlich ausfallen kann. Wichtig ist allein die Erkenntnis, dass die Kurven das unterschiedliche Verhalten

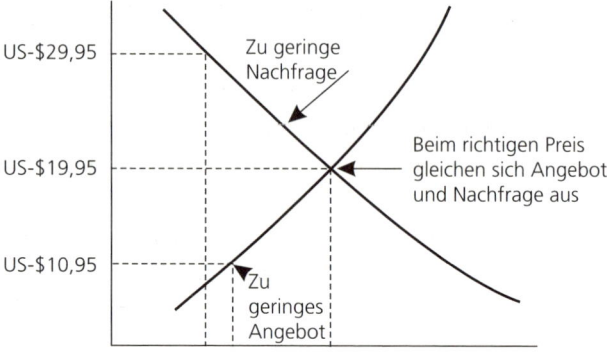

Abbildung 7: Die Bildung eines Gleichgewichtspreises

von Käufern und Verkäufern widerspiegeln. Die entsprechenden Schaubilder mit ihren sich schneidenden Kurven verdeutlichen, dass diese unterschiedlichen Verhaltensweisen durch Anpassung der Preise miteinander in Einklang gebracht werden können – im Grunde eine sehr bemerkenswerte Tatsache.

Bislang haben wir festgestellt, dass Märkte, die man sich selbst überlässt, zu einem Gleichgewichtspreis finden, der ihre Räumung gewährleistet. Doch es kommt selten, wenn überhaupt einmal vor, dass Märkte sich selbst überlassen bleiben. So ändert sich fortlaufend der Geschmack von Käufern sowie Verkäufern, und auch die Einkommensverhältnisse sowie die Herstellungskosten sind veränderlich. Dies führt dazu, dass Käufer mehr Güter zum selben Preis nachfragen oder aber nicht mehr in der Lage sind, im gleichen Umfang wie zuvor einzukaufen. Auch Verkäufer können plötzlich zu einem gegebenen Preis mehr oder weniger als bisher anbieten. In Wirklichkeit kennt kein Käufer oder Verkäufer die genaue Form der Angebots- und Nachfragekurven, die wir hier so mühelos aus dem Ärmel geschüttelt haben. Was also geschieht?

Die Antwort auf diese Frage lautet natürlich, dass sich der Preis ändert. Wenn wir willens und in der Lage sind, mehr zu kaufen, sprechen wir von einer steigenden Nachfrage, und jedermann weiß, dass eine solche Nachfragesteigerung die Preise in die Höhe treibt. Abbildung 8 zeigt dies sehr deutlich: Die durchgezogenen Linien bestimmen

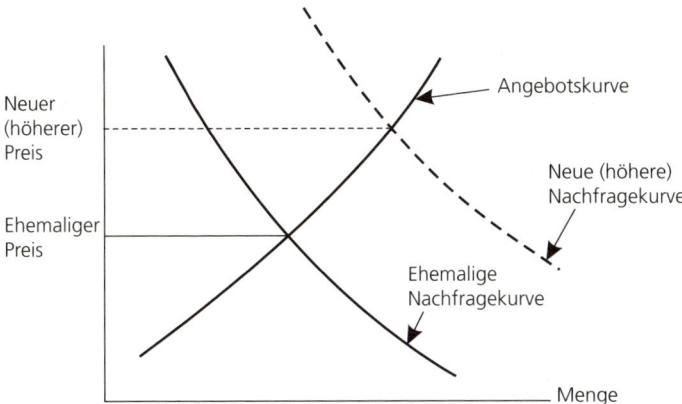

Abbildung 8: Auswirkung einer Nachfrageänderung auf den Gleichgewichtspreis

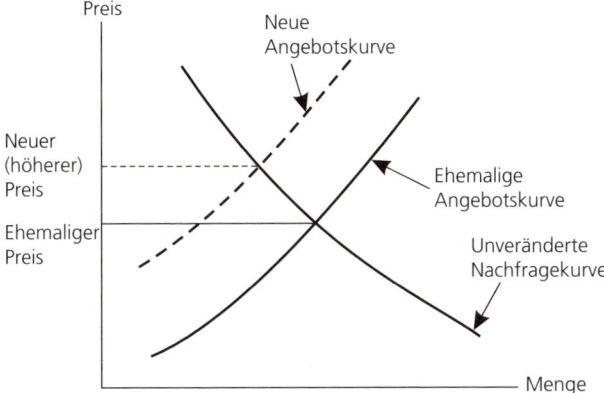

Abbildung 9: Auswirkung einer Angebotsänderung auf den Gleichgewichtspreis

den Gleichgewichtspreis vor dem Eintritt einer Änderung – die beispielsweise darin bestehen könnte, dass eine allgemeine Einkommenserhöhung zu einer stärkeren Nachfrage seitens der Käufer führt. Die gestrichelten Linien zeigen, wie die Nachfrage auf steigende Einkommen reagiert: Sie steigt ebenfalls, und Gleiches gilt in ihrem Gefolge für den Preis. Natürlich funktioniert dieser Mechanismus auch im umgekehrten Fall: Gehen die Einkommen zurück, sinkt auch die Nachfrage – und mit ihr der Preis.

Um unsere Untersuchung abzurunden, schauen wir uns einmal an, was geschieht, wenn die Verkäufer ihre Angebotsmenge zurücknehmen, etwa weil die Herstellungskosten gestiegen sind. Wie Abbildung 9 verdeutlicht, führt ein abnehmendes Angebot zu höheren Preisen. Steigt dagegen das Angebot, sinken die Preise.

Der Markt als Bewirtschaftungssystem

Was lernen wir nun daraus? Wir haben gesehen, dass alle Käufer, die es sich leisten können und die bereit sind, den Gleichgewichtspreis zu zahlen, zum Zuge kommen. Alle anderen gehen leer aus. In gleicher Weise werden alle Verkäufer, die bereit sind und es sich leisten können, den Gleichgewichtspreis für ein bestimmtes Gut zu verlangen, Verkäufe tätigen. Die anderen gehen wiederum leer aus.

Mit der Bildung eines Gleichgewichtspreises teilt der Markt somit manchen Käufern das Gut zu und enthält es anderen vor. Er sorgt dafür, dass einige Verkäufer das Geschäft machen und andere dagegen leer ausgehen. In dieser Hinsicht stellt der Markt einen Mechanismus dar, mittels dessen einige Menschen von wirtschaftlicher Tätigkeit ausgeschlossen bleiben. Dabei handelt es sich um Käufer, die entweder zu wenig Geld besitzen oder deren Bedürfnisse nicht stark genug ausgeprägt sind, sowie um Verkäufer, die nicht bereit oder in der Lage sind, eine Ware zu einem bestimmten Preis zur Verfügung zu stellen. Wir haben es, anders ausgedrückt, mit einem Bewirtschaftungssystem zu tun!

Wenn man den Preismechanismus als Bewirtschaftungssystem begreift, wird die Bedeutung zweier Begriffe verständlich, die oft im Zusammenhang mit Eingriffen in das Marktgeschehen genannt werden: Mangel und Überschuss.

Im alltäglichen Gespräch heißt es oft, es gebe einen Mangel an Wohnraum für einkommensschwache Bevölkerungsgruppen – arme

Menschen fänden also keinen Wohnraum, den sie sich leisten könnten. Doch wie wir gesehen haben, finden sich in jedem Markt einzelne Käufer, die nicht zum Zuge kommen. So haben wir beispielsweise in unserem obigen Beispiel des Blusenmarktes festgestellt, dass alle Käufer, die nicht bereit oder in der Lage waren, einen Preis von 19,95 US-Dollar pro Bluse zu zahlen, leer ausgingen. Bedeutet dies, dass ein Mangel an Blusen bestand? Aus ökonomischer Sicht muss diese Frage verneint werden. Ein Mangel bedeutet aus dem Blickwinkel des Ökonomen heraus nicht, dass in einem Markt einige Käufer zu kurz kommen. Er besteht vielmehr dann, wenn es Käufer gibt, die leer ausgehen, obwohl sie bereit und in der Lage sind, den aktuellen Marktpreis für ein Gut zu zahlen.

Wird ein Markt »abgeräumt«, so bedeutet dies, dass keine derartigen Käufer existieren. Selbstverständlich hätten sich zu einem Stückpreis von beispielsweise 16,95 US-Dollar viele willige Käufer eingefunden, doch ein entsprechendes Angebot fehlte. Der Begriff »Mangel« bezieht sich also ausschließlich auf Käufer, die bereit und in der Lage sind, den aktuellen Marktpreis zu zahlen, deren Nachfrage jedoch zu diesem Preis nicht befriedigt werden kann.

Wie kommt es dazu? Die Antwort lautet zumeist, dass irgendeine außerhalb des Marktes angesiedelte Instanz – im Mittelalter vermutlich die Kirche, in heutiger Zeit eher eine staatliche Behörde – den Preis unterhalb des Gleichgewichtspreises festgesetzt hat. Nun betreten Käufer, die zum ehemaligen Preis von 19,95 US-Dollar nicht bereit oder in der Lage waren, eine Bluse zu kaufen, in Scharen das Geschäft – nur um feststellen zu müssen, dass nicht genügend Blusen zur Verfügung stehen, um die gestiegene Nachfrage zu befriedigen. Wer wird leer ausgehen – die Käufer, die bereit und in der Lage waren, den höheren Preis zu zahlen, oder die neuen Käufer, die »Glück hatten« und nun den niedrigeren Preis zahlen dürfen? Fest steht, dass es zu langen Schlangen vor den Geschäften kommen wird, zu Geheimabsprachen mit dem Ziel, auf eine Liste von privilegierten Empfängern zu gelangen, oder auch zur Entstehung von Grau- oder Schwarzmärkten, auf denen Waren zu höheren als den offiziell genehmigten Preisen verkauft werden.

Das umgekehrte Bild bietet sich im Falle eines Überschussangebots. Angenommen, die Regierung beschlösse, einen Mindestpreis oberhalb des Gleichgewichtspreises festzusetzen, beispielsweise weil sie ein bestimmtes Agrarprodukt subventionieren will. Dies würde dazu führen, dass ein Angebot bereitgestellt wird, das die Nachfrage übersteigt. Unter den Bedingungen eines freien Marktes würde nun der Preis so lange fallen, bis sich Angebot und Nachfrage entsprechen. Doch falls die Regierung dieses Gut weiterhin subventionierte, müsste die von den Abnehmern nachgefragte Menge nicht ebenso hoch sein wie das von den Landwirten angebotene Volumen: Die unverkaufte Menge – der Überschuss – würde von der öffentlichen Hand erworben.

Die Begriffe »Mangel« und »Überschuss« bezeichnen also Situationen, in denen es bereitwillige Käufer und Verkäufer gibt, die dennoch leer ausgehen, weil der Preismechanismus sie nicht befriedigen konnte. Dies ist etwas ganz anderes, als wenn Verkäufer oder Käufer in einem freien Markt nicht zum Zuge kommen, weil sie nicht bereit oder in der Lage sind, den gängigen Marktpreis zu akzeptieren. Kaum jemand, der nicht 80 US-Dollar für 100 Gramm frischen Kaviars hinblättern möchte, würde sich über einen Mangel an Kaviar beklagen. Wenn die Regierung per Dekret den Kaviarpreis auf 1 US-Dollar pro Pfund festsetzte, käme es umgehend zu einer ungeheuren Knappheit an Kaviar.

Wie steht es nun um den bezahlbaren Wohnraum? Wenn von einem Mangel an derartigem Wohnraum die Rede ist, handelt es sich letztlich um eine nicht ökonomische Bewertung: Eine ganz bestimmte Marktsituation wird als unerfreulich bezeichnet. Aus Sicht des Marktes bilden die einkommensschwachen Bevölkerungsschichten, die sich keinen Wohnraum leisten können, lediglich ein weiteres Beispiel für den Rationierungsprozess, der in jedem freien Markt stattfindet. Wer behauptet, einzelne Güter oder Dienstleistungen wie etwa ärztliche Versorgung seien »knapp«, impliziert, dass er in diesem Fall den Preismechanismus nicht für das angemessene Instrument zur Zuteilung knapper Ressourcen hält. Mit einer solchen Behauptung unterstellt man keineswegs, der Markt sei ineffizient. Vielmehr ist man mit dem Ergebnis des Bewirtschaftungsprozesses nicht einverstanden. Mit anderen Worten: Trotz ihrer großen Bedeutung bildet die Effizienz nicht das einzige Kriterium zur Bewertung des Marktmechanismus.

Das Wort »Effizienz« führt uns zum letzten und vielleicht wichtigsten Aspekt hinsichtlich der Funktionsweise von Märkten. Gemeint ist die Tatsache, dass Märkte den effektivsten Mechanismus zur Zuteilung von Gütern und Dienstleistungen darstellen und insbesondere jeder Art von Planung überlegen sind.

Zweifellos sind Märkte eine der bedeutendsten sozialen Erfindungen der Menschheit. Wenn wir an die Eigenschaften vorkapitalistischer Gesellschaften zurückdenken, stoßen wir auf zwei Probleme, die diese Gesellschaften typischerweise kennzeichneten: Sie gründeten vielfach auf Tradition, mit der Folge, dass sie zu Schwerfälligkeit und Fatalismus neigten und starke Beharrungstendenzen zeigten. In einer traditionsgeprägten Wirtschaft ist es sehr schwer, notwendige Veränderungen durchzusetzen – etwa wenn ein Klimaumschwung neue Methoden der Bodenbewirtschaftung oder der Jagd erfordert.

Ein Kommandosystem, gleich ob vorkapitalistischer oder moderner Prägung, ist durch ein anderes Problem gekennzeichnet. Es eignet sich zur Durchführung umfangreicher Vorhaben, versagt aber bei der Verwaltung einer komplexen Ordnung. Darüber hinaus bildet der Einfluss der Politik in der Wirtschaft eine nie versiegende Quelle von Ineffizienz und Frustration, unabhängig davon, ob er sich durch das Wirken einer umfangreichen Bürokratie äußert oder in Form einer Behörde, die befugt ist, in das alltägliche Wirtschaftsleben einzugreifen.

Gegenüber diesen beiden Widrigkeiten bietet der Preismechanismus zwei große Vorzüge: Er ist hoch dynamisch und er wirkt autonom, das heißt ohne Eingriffe von außen. Zum einen öffnet er also dem Wandel die Tür, indem er es erfinderischen oder ehrgeizigen Menschen ermöglicht, neue Prozesse oder Güter am Markt zu testen. Dieser Testlauf erfolgt zum anderen, ohne dass irgendeine Genehmigung eingeholt werden müsste: Es genügt, das Produkt am Markt anzubieten!

Diese zweite Eigenschaft des Preismechanismus ist besonders nützlich im Hinblick auf die Bewirtschaftungsfunktion des Marktes. Im Gegensatz zu einem auf Rationierungskarten gründenden System, das nahezu unweigerlich zu Schwarzmärkten, umfassenden Kontrollen und langen Schlangen vor den Geschäften führt, funktioniert der Preismechanismus ohne jeglichen sichtbaren Verwaltungsapparat und weist auch keine unerwünschten Nebenwirkungen auf. Dieser bemerkenswerte Selbstregulierungsmechanismus macht ebenso den Einsatz der Energien überflüssig, die in einen Planungsprozess einfließen müssen, wie er die Spannungen vermeidet, die ein solcher Prozess erzeugt. Ungeachtet seiner Schattenseiten, die wir hier keineswegs vollständig aufgezählt und untersucht haben, ist es genau diese Fähigkeit zum eigenständigen Wandel und zur Selbstkorrektur, die den Marktmechanismus auszeichnet.

Viele Menschen sind zunächst überrascht, wenn der Markt als Bewirtschaftungssystem bezeichnet wird. Man stellt sich unter Rationierung gemeinhin eine formalisierte, inflexible Art der Güterzuteilung vor – eine Karte berechtigt zum Kauf eines Brotes. Dies scheint das genaue Gegenteil eines freien und ungestörten Güterstroms zu sein, wie er am Marktplatz herrscht. Und in vielerlei Hinsicht trifft dieser Eindruck zu. Doch dem Preismechanismus kommt dennoch eine Bewirtschaftungsfunktion zu, die mit der Rolle von Lebensmittelkarten vergleichbar ist. Letztlich kann man sich Geld als ein System von flexiblen Rationierungskarten vorstellen. Im Grunde stellt dies die zentrale Erkenntnis der Wirtschaftswissenschaft dar: Märkte sind nichts anderes als ausgeklügelte Bewirtschaftungssysteme.

Natürlich gibt es auch eine Kehrseite der Medaille: Wo Effizienz und Dynamik herrschen, spielen Werte keine Rolle. Der Marktmechanismus anerkennt keine Rechte auf die bereitgestellten Güter und Dienstleistungen, mit Ausnahme derer, die durch Einkommen und Vermögen begründet sind. Diejenigen, die über Einkommen und Vermögen verfügen, dürfen allein auf die produzierten Güter und Dienstleistungen zugreifen; alle anderen gehen leer aus.

Diese Blindheit des Marktes gegenüber jedweden Ansprüchen auf den Output einer Gesellschaft mit Ausnahme solcher, die auf Einkommen und Vermögen fußen, führt zu schwerwiegenden Problemen. Sie führt dazu, dass die Erben großer Vermögen einen Anspruch auf bedeutende Teile des gesellschaftlichen Outputs erheben dürfen, obwohl sie womöglich selbst nichts geschaffen haben. Ebenso bewirkt sie, dass mittellose Individuen, die nichts herstellen können – etwa weil sie keine Stelle finden –, nicht in der Lage sind, innerhalb des marktwirtschaftlichen Systems ein Einkommen zu erwirtschaften. Würden wir ausschließlich dem Verteilungsmechanismus des Marktes gehorchen, müssten wir uns damit abfinden, dass Menschen auf der Straße verhungern.

Aus diesem Grunde greift jede marktwirtschaftlich organisierte Gesellschaft in gewissem Umfang in das Bewirtschaftungssystem des Preismechanismus ein. Dies geschieht, wenn ein »wirtschaftliches« in ein »soziales« Problem umzukippen droht. In Kriegszeiten kann beispielsweise die Regierung der Vereinigten Staaten spezielle Gutscheine ausgeben, die gegenüber Geld vorrangig sind, und dadurch verhindern, dass sich die vermögenderen Mitglieder der Gesellschaft alle knappen und kostspieligen Güter aneignen. Ebenso kann der Staat beschließen, mittellose Haushalte mit Wohnraum, Lebensmitteln oder Bekleidung zu versorgen. Historisch betrachtet hat die öffentliche Hand in stetig zunehmendem Maße den Geldschein als Rationierungskarte durch Besteuerung und Transferzahlungen ersetzt, wobei sie bewusst auf Effizienz verzichtet hat, um bestimmte, als gerecht empfundene Ziele zu fördern. In diesem Spannungsbogen zwischen angeblicher Effizienz und vermuteter Gerechtigkeit liegt ein Großteil der Kontroverse begründet, die sich zwischen wirtschaftsliberalen und staatsinterventionistisch orientierten Ökonomen und Politikern entspinnt.

13
WO MÄRKTE VERSAGEN

Bislang haben wir uns mit der Frage beschäftigt, wie Märkte funktionieren. Nun ist es an der Zeit, einige Situationen kennen zu lernen, in denen sie versagen. Dies ist beispielsweise dann der Fall, wenn die Marktteilnehmer nur über unvollständige Informationen verfügen, so dass sie keine qualifizierten Entscheidungen treffen können. Es kommt dadurch zu wirtschaftlichen Aktivitäten, die von Unwissenheit und Zufälligkeit statt von Informiertheit geprägt sind. Ein zweiter Fall von Marktversagen tritt im Zusammenhang mit so genannten »reinen öffentlichen Gütern« ein. Dabei handelt es sich um Güter wie zum Beispiel Leuchtturmsignale oder Deiche entlang von Meeresküsten, die so beschaffen sind, dass sie durch private Märkte nicht effizient zugeteilt werden können. Eng damit verwandt ist eine dritte Gruppe von Gütern, deren Kauf oder Nichtkauf nicht nur das Wohl der betroffenen Käufer und Verkäufer berührt, sondern auch dasjenige Dritter. Weiterhin benötigt eine Marktwirtschaft auch soziale Investitionen, deren Rückzahlungszeiträume das von privaten Märkten gemeinhin akzeptierte Maß überschreiten. Und schließlich gibt es eine Reihe von Gütern und Dienstleistungen, zu denen etwa die medizinische Versorgung gehört, bei denen die Öffentlichkeit schlicht und einfach eine gleichmäßigere Verteilung wünscht, als dies bei anderen Gütern der Fall ist. Wir werden uns diesen Fällen auf den folgenden Seiten nacheinander zuwenden.

Wenn Unwissenheit regiert

Die Marktwirtschaft als Ganzes beruht auf der Annahme, dass ihre Teilnehmer nicht nur nach Erwerb streben, sondern auch rational handeln – also zumindest einigermaßen genau über die Bedingungen auf dem jeweiligen Markt informiert sind. Wie wichtig es ist, über Informationen zu verfügen, zeigt sich beispielsweise beim Besuch eines Basars im Ausland, den der Tourist betritt, ohne ein einziges Wort der Landessprache zu verstehen. Ein solcher Käufer kann nicht beurteilen, wie viel ein Artikel kosten sollte. So kommt es, dass viele Touristen am Abend voller Genugtuung über die erworbene Trophäe in ihr Hotel zurückkehren – nur um festzustellen, dass der gleiche Artikel dort zum halben Preis angeboten wird.

Es liegt auf der Hand, das man ohne zutreffende oder hinreichende Informationen auch keine qualifizierten Entscheidungen treffen kann. Doch in der Praxis verfügen viele Marktteilnehmer eben nicht über hinreichende Informationen. Verbraucher lassen sich von Gerüchten leiten oder von zufällig gesammelten Informationen, oder sie lassen sich von den Versprechungen der Werbewirtschaft verführen. Wer hat wirklich die Zeit, alle Zahnpasten auszuprobieren, um die beste unter ihnen herauszufiltern oder auch nur die wohlschmeckendste? Selbst professionelle Einkäufer, wie sie von großen Industrieunternehmen beschäftigt werden, können unmöglich den Preis jedes Produktes und all seiner Alternativen kennen.

Dieses Informationsdefizit lässt sich heilen, jedenfalls bis zu einem gewissen Grad, doch dieses Unterfangen kostet Geld – oder dessen Gegenstück, Zeit. Die wenigsten von uns haben Zeit und Lust, vor jedem Kauf eine genaue Marktforschung zu betreiben. Es wäre auch nicht unbedingt rational, dies zu tun.

Ein gewisses Maß an Unwissenheit ist also in jedem Markt anzutreffen und führt dazu, dass Preise und Mengen von dem abweichen, was bei vollständiger Information nachgefragt beziehungsweise angeboten würde. Diese Abweichungen können ganz erhebliche Ausmaße annehmen, wie jedermann weiß, der schon einmal zerknirscht feststellen musste, dass er oder sie »viel zu viel« für einen bestimmten

Artikel bezahlt oder diesen für einen »viel zu geringen« Betrag verkauft hat.

Eine weitere wichtige Ursache von Marktversagen liegt in dem de-
stabilisierenden Einfluss von chaotischen Erwartungen. Angenommen,
ein Preisanstieg wäre Anlass für Gerüchte über weitere bevorstehende
Preissteigerungen – ein häufiges Szenario in Zeiten von Inflation, wenn
stetig steigende Preise die Verbraucher zu der Annahme verleiten, es
werde genauso weitergehen. In diesem Fall werden sie anders reagieren als normale Verbraucher, die bei steigenden Preisen ihren Konsum
drosseln: Es kommt zu Panikkäufen, mit dem Erfolg, dass die Preise
tatsächlich weiter ansteigen. Die Verkäufer wiederum könnten zu dem
Schluss gelangen, dass es angezeigt sei, auf diesen Preisanstieg nicht
mit einer Ausweitung ihres Angebots zu reagieren, sondern dieses vielmehr in der Hoffnung auf künftig noch höhere Preise einzuschränken.
Das Ergebnis wäre ein Anstieg der Nachfrage, während das Angebot
zurückginge – das beste Rezept für eine Preisexplosion.

Solche Preisbewegungen können schwerwiegende Konsequenzen
nach sich ziehen. Sie haben großen Anteil an der Auslösung von sich
selbst verstärkenden und erhaltenden Prozessen, wie sie die Inflation
und auch ein wirtschaftlicher Zusammenbruch darstellen. Ihnen ist es
zu verdanken, dass Rohstoffpreise Schwindel erregende Höhen erreichen und katastrophale Einbrüche erleiden können. Im schlimmsten
Fall können solche Handlungen der Marktteilnehmer eine ganze
Volkswirtschaft ins Chaos stürzen, etwa wenn sie zu Hyperinflation
oder Panikausbrüchen führen. Im harmlosesten Fall stören sie den
geregelten Ablauf auf den Märkten und verursachen Schocks und Er-
schütterungen in der Wirtschaft.

Kann dieses Marktversagen geheilt werden? Die Antwort lautet: in
mancher Hinsicht ja, in anderer aber nicht. Unwissenheit lässt sich
zweifellos durch bessere Berichterstattung oder durch schärfere Wett-
bewerbsgesetze, die die Werbewirtschaft zu wahrheitsgetreuer Darstellung zwingen, reduzieren. Widernatürlichem Verhalten kann durch
überzeugende öffentliche Aufrufe bekannter Persönlichkeiten begegnet werden.

Dennoch müssen wir zur Kenntnis nehmen, dass auch die wohlmeinendste Therapie einen Rest von Willkür enthält. Ein gutes Beispiel liefert die staatliche Verbraucherinformation: Banderolen auf Zigarettenpackungen verkünden, dass Rauchen schädlich ist, doch die Zigarettenwerbung an sich ist nicht grundsätzlich verboten. Die Produktinformationen auf den Beipackzetteln von Medikamenten sind mehr als ausführlich gehalten und zum Teil kaum verständlich, doch gleichzeitig darf die Werbung ungestraft verbreiten, dass das angepriesene Kopfschmerzmittel einem anderen überlegen sei.

Warum ist dies so? Es mangelt in diesen Fällen an einer vernünftigen Erklärung. Im Grunde geht es darum, Lücken im marktwirtschaftlichen System zu schließen, indem man Informationen einstreut, die dem Verbraucher zu qualifizierteren Entscheidungen verhelfen sollen, ohne gleichzeitig bevormundend zu wirken. Womöglich lautet der Hintergedanke, dass der Staat bei dem Versuch, seine Bürger vor Fehlentscheidungen zu bewahren, selbst eine noch größere Zahl an Fehlentscheidungen treffen würde. Vielleicht schreckt aber auch der große Verwaltungsaufwand ab, der erforderlich wäre, um individuelle Fehlentscheidungen zu verhindern.

Solche Überlegungen mögen durchaus ihren Sinn haben. Sie führen jedoch dazu, dass der Marktmechanismus weiterhin Ergebnisse zeitigt, die nicht vollständig effizient oder befriedigend sind, da ein Restbestand an Unwissenheit oder Fehlinformation verbleibt – trotz aller Bemühungen oder weil bewusst auf zusätzliche Bemühungen verzichtet wird.

Reine öffentliche Güter

Wenden wir uns nun den Problemen zu, die dadurch entstehen, dass bestimmte Teile des Outputs nicht die Eigenschaften herkömmlicher Güter oder Dienstleistungen aufweisen, die einen Verkauf auf privaten Märkten ermöglichen. Derartige Güter oder Dienstleistungen, zu denen etwa Verteidigung, der nationale Wetterdienst oder Leuchttürme gehören, werden als reine öffentliche Güter bezeichnet. Da solche Güter nicht leicht zu definieren sind, wollen wir zunächst ihre besonderen Eigenschaften beschreiben. Es gibt derer drei:

1. Der Konsum eines öffentlichen Gutes durch ein beliebiges Individuum beeinträchtigt in keiner Weise seinen Konsum durch ein anderes. Ein Leuchtturm erfüllt seine Funktion unabhängig davon, ob er zehn Booten den Weg weist oder nur einem. Ein Wetterdienst nützt 100 Millionen Fernsehzuschauern ebenso viel wie einhundert. Private Güter dagegen – Lebensmittel, Bekleidung oder ärztliche Betreuung – können nicht gleichzeitig von mehreren Individuen konsumiert werden.

2. Niemand kann von dem Gebrauch eines öffentlichen Gutes ausgeschlossen werden. Der Staat kann einem Bürger den Führerschein und somit die Verfügungsgewalt über sein Fahrzeug entziehen. Er kann ihn aber nicht von den Segnungen des nationalen Verteidigungssystems ausschließen.

3. Bei herkömmlichen Gütern hängt der private Konsum des Einzelnen von dessen individueller Entscheidung ab, ob er sein Einkommen für den Erwerb dieses Gutes ausgeben möchte. Dagegen kann der Einzelne nicht eigenständig darüber entscheiden, ob er Verteidigung, den Wetterdienst oder die Dienste eines Leuchtturms erwerben möchte.[26] Er muss dem Kauf einer gegebenen Menge zustimmen!

Die genannten drei Eigenschaften bringen es mit sich, dass kein Marktmechanismus vorstellbar ist, der dazu führen würde, dass die Bürger freiwillig für nationale Verteidigung zahlen, obwohl es sich um ein allseits geschätztes Gut handelt.

Eine weitere ökonomische Kontroverse

Märkte, darin besteht Einigkeit, »räumen sich selbst ab«, indem sie ein Gleichgewicht zwischen Angebot und Nachfrage herbeiführen, ganz ohne die bürokratischen Behinderungen planwirtschaftlicher Zuteilungssysteme. Doch wie lange dauert dieser Prozess des Abräumens? Und zu welchen politischen und sozialen Verwerfungen führt er? In diesen Fragen besteht ein großer Spielraum für Meinungsverschiedenheiten. Sie gehören zu den wesentlichen Konfliktpunkten zwischen konservativ-liberalen und staatsinterventionistisch orientierten Ökonomen.

Im Großen und Ganzen neigen die Wirtschaftsliberalen dazu, auf das schnelle Wirken des Marktmechanismus zu verweisen und die unerwünschten Nebenwirkungen seiner Dynamik klein zu reden, während die Staatsinterventionisten eher die Kehrseite derselben Medaille betonen. Sie betrachten Märkte vielmehr als gemächlich dahingleitende Dampfer, die sich den Strömungen eher langsam anpassen und in ihrem Fahrwasser eine Menge an unerwünschten Einkommenseffekten erzeugen. Man denke etwa an die staatlichen Getreidesubventionen in den Vereinigten Staaten. Würde man diese Subventionen von heute auf morgen abschaffen, fielen die Getreidepreise ins Bodenlose und würden eine große Zahl an ineffizient wirtschaftenden Bauern in den Ruin treiben. Am Ende dieses Prozesses stünden zwar deutlich effizientere landwirtschaftliche Betriebe, doch in der Zwischenzeit würden viele Bauernfamilien ihren angestammten Boden aufgeben und sich eine neue Beschäftigung suchen müssen, vielfach zu Löhnen, die ihr früher durch selbstständige Tätigkeit erwirtschaftetes Einkommen unterschritten. Viele ländliche Gemeinden würden sich deutlich verkleinern oder gänzlich verschwinden.

In diesem Fall verläuft die Konfliktlinie oft nicht zwischen konservativ-liberalen und staatsinterventionistisch orientierten Ökonomen, sondern zwischen solchen, die in den Anbaugebieten wohnen, und den anderen. Wer aber hat Recht? Die Lösung des Problems besteht nicht nur darin, einen Zeitplan für Markteingriffe aufzustellen und zu bestimmen, wie viele Menschen von einem solchen Eingriff betroffen wären (vorausgesetzt, dies wäre überhaupt möglich). Sie schließt immer auch eine Bewertung ein, wobei der Nutzen einer entsprechenden Maßnahme für deren Nutznießer gegen die Kosten abzuwägen ist, die denjenigen entstehen, die unter ihr zu leiden hätten. Welchen Wert misst man der Existenz von landwirtschaftlichen Familienbetrieben zu? Auf derartige Fragen gibt es keine »richtige« Antwort, und so erklärt es sich, dass Ökonomen auch künftig über das Für und Wider von Agrarsubventionen und dergleichen streiten werden.

Externe Effekte

Eine dritte Quelle von Marktversagen ergibt sich aus den oben genannten Eigenschaften öffentlicher Güter. Sie beruht auf der Existenz so genannter externer Effekte, die im Zuge der Produktion von Gütern und Dienstleistungen auftreten. Dabei handelt es sich um Effekte, die sich auf andere Personen auswirken als auf diejenigen, die unmittelbar am Austausch dieser Güter beteiligt sind.

Das Standardbeispiel eines externen Effektes ist die Rauchwolke, die dem Schornstein einer nahe gelegenen Fabrik entweicht. Diese Rauchwolke kann dazu führen, dass den von ihr betroffenen Haushalten Kosten für Arztbesuche und die Reinigung ihrer Häuser entstehen, obwohl sie möglicherweise keinen Nutzen aus der Produktion der Fabrik ziehen. Ein anderes Beispiel ist die Lärmbelastung für Anwohner eines Flughafens. Der Lärm der Düsenmaschinen schädigt das Trommelfell von Menschen – und senkt den Wert ihrer Immobilien –, die vielleicht nie ein Flugzeug besteigen oder in anderer Weise von der Nähe des Flughafens profitieren werden.

Das Stichwort »externe Effekte« führt uns zu einem der ärgerlichsten Problemen, das unsere Wirtschaftsordnung hervorbringt: der Umweltverschmutzung und der Sorge um ihre Eindämmung.

Wie stellt sich Umweltverschmutzung aus ökonomischer Sicht dar? Es handelt sich um die Produktion von Abfällen, Schmutz, Lärm, Verkehrsstaus und anderen unerwünschten Phänomenen. Obwohl wir gemeinhin Rauch, Smog, Verkehrslärm und Staus nicht als Teil der gesellschaftlichen Produktion begreifen, stellen diese Erscheinungen zweifellos die Konsequenz der Erzeugung von sehr erwünschten Gütern und Dienstleistungen dar. Die Entwicklung von Rauch ist untrennbar mit der Produktion von Stahl- und Zementerzeugnissen verbunden. Smog entsteht beispielsweise als Folge der Produktion von industriell genutzter Energie oder Wärme. Verkehr kann als Nebenprodukt des Transportwesens begriffen werden. Im angelsächsischen Sprachraum werden diese unerwünschten Nebenprodukte heute als »bads« bezeichnet, um ihre innige Beziehung zu Gütern (»goods«) auszudrücken.

Die Existenz externer Effekte lässt sich im Wesentlichen auf technische Unzulänglichkeiten zurückführen: Wir sind oft nicht in der Lage, ein Gut auf saubere Weise, das heißt ohne daran gekoppelte Abfälle und giftige Nebenprodukte herzustellen. Doch das Problem weist auch einen ökonomischen Aspekt auf. Selbst wenn ein Verfahren zur sauberen Produktion eines Gutes existiert, können externe Effekte fortbestehen, weil es preiswerter ist, Abfälle in einen Fluss zu kippen, als den Produktionsprozess so zu verändern, dass diese nicht länger anfallen. Allerdings beschränkt sich der Kostenvorteil auf das Unternehmen: Für die betroffene Gemeinde können die Kosten in diesem Fall höher liegen. Ein Unternehmen mag seine Abfälle »zum Nulltarif« in einen Fluss kippen, doch die Anwohner am Unterlauf des Flusses haben die Kosten der Reinigung des derart verschmutzten Wassers zu tragen. Dennoch sind beispielsweise die Menschen, die nicht unmittelbar von den Folgen der Papierherstellung betroffen sind, ausschließlich daran interessiert, preiswertes Papier erwerben zu können. Sie werden nicht freiwillig umweltfreundlich hergestelltes (und entsprechend teureres) Papier kaufen.

Schließlich gilt es zu beachten, dass nicht alle externen Effekte negativ zu bewerten sind. So kann der Neubau eines Bürogebäudes zu einem Anstieg der Immobilienpreise in der unmittelbaren Umgebung führen. Es handelt sich hierbei um einen positiven externen Effekt. Der finanzielle Vorteil der Anwohner gründet auf der Errichtung des Gebäudes, ohne dass dessen Besitzer dafür eine Entlohnung erhielte. Solche externen Effekte verleihen einigen privaten Gütern einen Teil der Eigenschaften, die ansonsten öffentliche Güter auszeichnen.

Angesichts von Rauchschwaden, die aus einem Werksschornstein entweichen, von Abwasser, das sich aus einer Fabrik in einen See ergießt, von Städten, die im Automobilverkehr ersticken, oder von

Krankheiten, die aus dem Kontakt mit Giftstoffen resultieren, rufen Umweltschützer vielfach nach staatlichen Eingriffen: »Verbietet Rauchemissionen oder schwefelhaltige Kohle! Zwingt die Fabriken, ihre Abfallstoffe anderswo zu entsorgen oder sie zu reinigen! Schafft verkehrsfreie Zonen in den Innenstädten!«

Welche wirtschaftlichen Effekte entstehen durch Regulierung? Der wesentliche Zweck von Umweltgesetzen besteht darin, einen externen Effekt zu internalisieren, sprich, eine bislang für das Unternehmen – nicht jedoch für die Gesellschaft – kostenlose wirtschaftliche Aktivität mit einer Gebühr zu belegen. Die Verursacher der Umweltverschmutzung werden durch ein solches Gesetz gezwungen, ihre umweltbelastenden Aktivitäten entweder einzustellen oder die jeweils festgesetzte Strafgebühr zu entrichten, es sei denn, es gelänge ihnen, ihre Aktivitäten auf andere, nicht umweltbelastende Weise fortzusetzen. Ist Regulierung ein Erfolg versprechendes Mittel, um den Umweltschutz zu fördern? Betrachten wir diese Frage anhand eines Unternehmens, das bei seiner Produktion von Gütern und Dienstleistungen die Umwelt schädigt. Nehmen wir an, ein Gesetz würde verabschiedet, das diesem Unternehmen vorschreibt, Umweltschutzmaßnahmen einzuleiten – etwa die Anschaffung von Rauchentschwefelungsfiltern oder den Bau von Kläranlagen. Wer trägt die Kosten dieser Maßnahme?

Die Antwort scheint auf der Hand zu liegen: natürlich das Unternehmen. Doch wenn das Unternehmen seine Kostensteigerungen in Form von höheren Verkaufspreisen an die Verbraucher weiterreicht, stellt sich die Situation schon anders dar. Eine etwas genauere wirtschaftliche Analyse zeigt, dass die Kosten in Wirklichkeit von drei verschiedenen Gruppen getragen werden. Zunächst wird das Unternehmen einen Teil der Kosten tragen müssen, da es zu dem höheren Verkaufspreis weniger absetzen kann. Wie stark dieser Rückgang ausfällt, hängt von der Preisempfindlichkeit der Nachfrage ab. Sofern diese aber nicht vollkommen preisunempfindlich ist, muss der Umsatz und damit der Ertrag des Unternehmens sinken.

Doch auch zwei weitere Gruppen haben ihren Anteil an den Kosten der Umweltschutzmaßnahme zu tragen. Die erste dieser Gruppen setzt sich aus den Produktionsfaktoren zusammen – Arbeitskräfte und Eigentümer der materiellen Ausstattung. Der sinkende Output führt zu einem geringeren Einsatz an Produktionsfaktoren. Ihr Einkommensverlust ist daher als Teil der wirtschaftlichen Kosten der Umweltschutzmaßnahme zu betrachten. Die zweite Gruppe bilden natürlich die Verbraucher, die höhere Einkaufspreise hinnehmen müssen und somit auch einen Teil der Kosten zu tragen haben. Dieser Kostenbelastung steht eine gesündere Umwelt entgegen, die allen drei genannten Gruppen sowie der breiten Öffentlichkeit zugute kommt. Es besteht jedoch kein Grund zu der Annahme, dass auch nur eine dieser Gruppen oder eines von deren Mitgliedern der Überzeugung sein muss, der Nutzen aus der Regulierungsmaßnahme überwiege seine Kostenbelastung. Vielmehr wird vor allem die breite Öffentlichkeit und nicht der Produzent oder Konsument des umweltbelastenden Gutes einen Großteil dieses Nutzens für sich beanspruchen können.

Ein Gesetz, das die Automobilhersteller zur Entwicklung schadstoffarmer Motoren zwingt, wird also die Hersteller einiges an Umsätzen kosten, den Konsumenten höhere Preise beim Automobilkauf bescheren und den Ertrag von Land- und Kapitalbesitzern sowie Arbeitskräften schmälern, da der Einsatz dieser Produktionsfaktoren abnimmt. Da alle drei Gruppen einen Teil der Öffentlichkeit bilden, werden sie sämtlich von der verbesserten Luftqualität profitieren. Dennoch steht zu vermuten, dass sie ihren jeweiligen individuellen Verlust stärker empfinden werden als ihren Anteil an dem Zuwachs des Allgemeinwohls.

Ist Regulierung sinnvoll? Im Einzelfall lässt sich diese Frage oft nur schwer beantworten. Die Ökonomen halten sich daher gerne an eine bewährte Faustregel: Ob eine Regulierung nützt oder schadet, hängt davon ab, wie leicht sie durchsetzbar ist. Man vergleiche etwa die Effektivität von Geschwindigkeitsbegrenzungen, deren Ziel darin besteht, die externen Effekte von Verkehrsunfällen zu reduzieren, mit derjenigen eines Verbots privater Abfallentsorgung. Es ist schwer genug, Geschwindigkeitsbegrenzungen durchzusetzen; im Falle eines Verbots zur privaten Abfallentsorgung erscheint dies nahezu unmöglich. Auf der anderen Seite lässt sich die Entsorgung von radioaktiven

Abfällen vergleichsweise mühelos regulieren, da derartige Abfälle nur an wenigen Orten anfallen und die Verursacher leicht zu überwachen sind.

Überwachung ist im Wesentlichen eine Kostenfrage. Wenn wir bereit wären, an jeder Straßenkreuzung und an jedem Kilometerstein entlang den Autobahnen einen Verkehrspolizisten aufzustellen, könnte man Geschwindigkeitsübertretungen und private Abfallentsorgung ebenso wirksam unterbinden wie die ungeregelte Entsorgung radioaktiver Abfälle. Selbstverständlich wären die Kosten einer solchen Maßnahme erschreckend hoch; im Übrigen würden die meisten Menschen auf den Vorschlag, ein derartiges polizeiliches Überwachungsnetz einzurichten, mit Entsetzen reagieren.

Eine zweite Möglichkeit, gegen Umweltverschmutzung vorzugehen, besteht darin, sie zu besteuern. Entscheidet sich eine Regierung zur Einführung einer derartigen Steuer (die oft als Schadstoffsteuer bezeichnet wird), so führt sie damit letztlich einen Preismechanismus zur Abfallbeseitigung ein. Ein Unternehmen wird nun prüfen, ob die Kosten zur Entsorgung seiner Abfallprodukte geringer sind als die ansonsten fällige Steuerabgabe, und gegebenenfalls seine Abfälle eigenständig entsorgen. Im anderen Fall, der häufig auftritt, wird das Unternehmen die Steuer entrichten und die Abfallentsorgung dem Staat überlassen.

Die Schadstoffsteuer mutet wie eine Lizenz zur Umweltverschmutzung an, sie ist es aber nicht. Stattdessen koppelt sie die Genehmigung zur Produktion einer gewissen Menge von Schadstoffen an die Zahlung einer Gebühr. Diese könnte theoretisch so hoch angesetzt werden, dass jede Art von Umweltverschmutzung unbezahlbar würde; in der Praxis aber wird sie zumeist so gestaltet, dass eine gewisse Umweltbelastung weiterhin möglich bleibt. Schließlich verfügt die Umwelt über einige »freie« Kapazitäten zur Selbstreinigung.

Infolge der Schadstoffsteuer ist eine zuvor kostenlose Aktivität nun mit einer Gebühr belegt. Aus ökonomischer Sicht wirkt sie daher genau wie eine staatliche Regulierung. Dies ist kein Zufall: Es handelt sich tatsächlich um eine Form von Regulierung. Der Unterschied zu einer direkten und unmittelbaren Regulierung besteht darin, dass der einzelne Unternehmer im Fall der Steuer selbst entscheiden kann, ob er seine Abfälle auf eigene Rechnung entsorgen möchte – wodurch er der Steuer entgeht – oder ob er vielmehr darauf verzichtet und stattdessen die Steuer entrichtet.

Ist nun eine unmittelbare Regulierung oder eine Besteuerung vorzuziehen? Im Allgemeinen hängt dies von praktischen Erwägungen ab. So wird eine Steuer auf Schadstoffeinleitungen in Flüsse vermutlich effektiver sein als eine Besteuerung von Rauchemissionen. Der Staat kann eine Anlage zur Abwasseraufbereitung errichten; es ist ihm jedoch nicht möglich, die Luft zu reinigen, die von Unternehmen verschmutzt wird, denen aus Kostengründen die Zahlung einer Schadstoffsteuer sympathischer ist als die Installation einer Rauchunterdrückungsanlage. Um effektiv zu sein, sollte die Höhe einer Schadstoffsteuer zudem von dem Grad der Verschmutzung abhängen, wobei eine Papierfabrik oder ein Wärmekraftwerk bei zunehmender Umweltbelastung immer stärker zur Kasse gebeten würden. Eines der Probleme im Zusammenhang mit einer Schadstoffsteuer ist die zuverlässige Überprüfung der Schadstoffemission. Es ist schwierig, Umweltverschmutzung genau zu messen oder die unterschiedliche Schadenswirkung zu berücksichtigen, die dieselbe Emissionsmenge an verschiedenen Standorten verursachen kann.

Eine dritte Möglichkeit zur Bekämpfung von Umweltverschmutzung besteht darin, ihre Verursacher zu subventionieren, um sie zur Vermeidung von Umweltbelastungen zu motivieren. In diesem Fall zahlt der Staat den Umweltschädigern tatsächlich Geld dafür, dass sie den von ihnen angerichteten Schaden wieder beseitigen oder ihn künftig nicht mehr verursachen. So könnte eine Gemeinde einem Unternehmen, das sich zur Installation von Rauchfiltern bereit erklärt, eine Steuerermäßigung einräumen. Diese wäre natürlich nichts anderes als ein Honorar für den Verzicht auf Verschmutzung.

In manchen Fällen können derartige Subventionen tatsächlich das einfachste Mittel darstellen, um Verschmutzung zu vermeiden. So ist es vermutlich effektiver, private Verbraucher für die Rückgabe von Leergut zu bezahlen, als zu versuchen, ihre Müllentsorgungsgewohnheiten zu regulieren oder ihnen für jede weggeworfene Flasche oder Dose eine Steuer aufzuerlegen. Subventionen sind daher bisweilen ein praktisches Mittel, um bestimmte Ziele zu erreichen, selbst wenn der

Einsatz dieses Mittels unter anderen Gesichtspunkten womöglich nicht sonderlich wünschenswert ist.

Der Handel mit Emissionsrechten

Eine effiziente Möglichkeit zur Internalisierung eines externen Effekts besteht darin, handelbare Verfügungsrechte an geeigneten Gütern zu definieren – auf dieser Erkenntnis beruht das Konzept des Emissionsrechtehandels. Dabei legt der Staat oder eine überstaatliche Instanz, wie etwa die Europäische Kommission, eine Obergrenze für den Schadstoffausstoß jedes Unternehmens beziehungsweise Staates fest. Das so definierte Recht zum Schadstoffausstoß ist gleich dem Recht, in bestimmtem Umfang über die Luft als Medium zur Aufnahme bestimmter Schadstoffe zu verfügen. Möchte nun ein Unternehmen oder ein Staat das ihm zugewiesene maximale Emissionsniveau überschreiten, so kann es Zertifikate von solchen Unternehmen oder Staaten erwerben, die ihr eigenes Emissionskontingent nicht ausschöpfen und die »überschüssige« Emission daher zum Verkauf anbieten können. Die einzelnen Emissionsgrenzen addieren sich zu einer Gesamtobergrenze, die einem angestrebten Emissionsniveau entspricht und deren Festlegung eine zielgenaue Steuerung der Schadstoffemissionen erst ermöglicht.

Die Preisbildung beim Handel mit Emissionsrechten vollzieht sich ebenso wie an der Börse über Angebot und Nachfrage. Je nach Unternehmen, Branche und Land kann der Marktpreis für den Ausstoß beispielsweise einer zusätzlichen Tonne Kohlendioxid also höchst unterschiedlich ausfallen. Emittenten, deren erwarteter Erlös aus dem Verkauf von Emissionszertifikaten höher ist als die Investitionen, die sie zur Vermeidung der entsprechenden Emissionen vornehmen müssten, werden sich für eine Minderung ihrer Verschmutzung entscheiden. Umgekehrt werden Unternehmen mit sehr hohen Vermeidungsgrenzkosten – die ihren Schadstoffausstoß also nur mithilfe von kostspieligen Investitionen reduzieren können – auf dem Markt Emissionslizenzen nachfragen, die in ihrem Fall die preiswertere Lösung darstellen. Der Preismechanismus führt daher zu einer kosteneffizienten Lösung, denn er bewirkt, dass Emissionen dort gesenkt werden, wo dies zu vergleichsweise geringen Kosten möglich ist.

Der Emissionsrechtehandel wird in dem 1997 unterzeichneten Kyoto-Protokoll als geeigneter Mechanismus zur Erreichung der Klimaschutzziele empfohlen. Im Kyoto-Protokoll, das die Ergebnisse der dritten Vertragsstaatenkonferenz der UN-Klimarahmenkonvention festhält, haben sich die Industrieländer verpflichtet, ihren Gesamtausstoß an sechs so genannten Treibhausgasen (darunter insbesondere Kohlendioxid, Methan und Fluorchlorkohlenwasserstoffe) bis 2012 um durchschnittlich 5,2 Prozent gegenüber dem Niveau von 1990 zu verringern. Diese Verpflichtung trifft die Teilnehmerländer jedoch in unterschiedlicher Weise. Zwar hat jedes Land einer individuellen Obergrenze für seinen Schadstoffausstoß zugestimmt, doch liegt diese Grenze für weniger industrialisierte Länder noch oberhalb ihres aktuellen Emissionsniveaus. Die letztgenannten Länder dürfen also ihre Emissionen zunächst sogar steigern und könnten somit im Rahmen eines Emissionshandelssystems ihre überschüssigen Rechte zum Kauf anbieten.

Die Europäische Union, deren Mitgliedstaaten das Kyoto-Protokoll ausnahmslos ratifiziert haben, führt mit Beginn des Jahres 2005 einen länderübergreifenden Handel mit Emissionsrechten ein, der sich zunächst auf Kohlendioxidemissionen beschränkt, ab 2008 jedoch auf die anderen fünf Treibhausgase ausgedehnt werden kann. Die einem Land zugeteilten Emissionsrechte werden im Wege eines so genannten Nationalen Allokationsplans an die Betreiber von Industrieanlagen oder an Branchen kostenlos vergeben oder auch versteigert. (Die zuletzt genannte Möglichkeit wird jedoch in der Praxis nicht genutzt.) Die einzelnen Emittenten erhalten also Emissionskontingente, die gewährleisten, dass der Gesamtstaat seine Eigenverpflichtung zur Schadstoffreduktion (im Falle Deutschlands: 21 Prozent) erfüllen kann. Überschreitet ein Betreiber sein Kontingent, so hat er mit einer empfindlichen Geldstrafe zu rechnen; folglich wird er es vorziehen, die benötigten Emissionszertifikate zu erwerben. Allerdings kann er in einem bestimmten Umfang seine Verpflichtungen durch eigene Klimaschutzprojekte in Entwicklungsländern mindern, etwa durch den Bau einer Windkraftanlage oder eines solarthermischen Kraftwerks, ab 2008 möglicherweise auch durch Aufforstungsprojekte. Diese Option beruht auf dem Gedanken, dass der Klimaschutz eine weltweite Aufgabe ist, die an Landesgrenzen nicht Halt macht.

Kritiker eines Emissionshandelssystems wenden ein, dass Unternehmen einen Anreiz erhielten, ihre Produktion in Drittländer mit bislang geringem

Schadstoffausstoß zu verlagern oder im großen Stil »heiße Luft«, das heißt billige Emissionszertifikate zu erwerben, die aus Ländern mit geringer Verschmutzung und folglich hohem Angebot an Lizenzen stammen und denen keine echten Maßnahmen zur Schadstoffreduktion gegenüberstünden. Zudem sei der Erfolg der praktischen Durchführung abhängig von einer lückenlosen Kontrolle durch integre staatliche Behörden, die es vielerorts nicht gebe. Letztlich sei auch die Bereitschaft sämtlicher Teilnehmerstaaten, ihre Emissionen tatsächlich um die zugesagten Quoten zu mindern, nicht gesichert – zumal sie mit Wettbewerbsnachteilen gegenüber Staaten zu rechnen hätten, die entsprechende Verpflichtungen bislang nicht eingegangen seien.

Die Verlängerung von Zeithorizonten

Wenden wir uns nun einem anderen Typus von Marktversagen zu, der mit den bislang besprochenen Formen wenig gemein hat. Diese Art des Marktversagens ergibt sich aus dem Zeithorizont, der im Zusammenhang mit Marktprozessen als rational erscheint – »rational« im Sinne von »profitabel«. In einem Satz: Können Märkte die Durchführung von äußerst langfristig angelegten und riskanten, aber womöglich unverzichtbaren Forschungs- und Entwicklungsprojekten gewährleisten?

Man denke etwa an die beiden Branchen, die in den Vereinigten Staaten derzeit als Avantgarde der Wirtschaft gehandelt werden – die Biotechnologie sowie die Telekommunikations- und Internetbranche. Wie kam es zur Entstehung dieser beiden Wirtschaftszweige?

In den frühen sechziger Jahren begannen die bundesstaatlichen Gesundheitsbehörden der USA, einen jährlichen Betrag von mehreren Milliarden US-Dollar in die Forschung und Entwicklung eines Wirtschaftszweiges zu investieren, der seinerzeit unter dem Namen Biophysik bekannt war. Es folgten epochale wissenschaftliche Durchbrüche – die Entdeckung der Doppelhelix, der DNS, der rekombinanten DNS und andere mehr. 25 bis 30 Jahre später war ein riesiger, bedeutender und profitabler privater Industriezweig geboren, der inzwischen Zigmilliarden US-Dollar an Umsätzen erwirtschaftet. Doch kein privates

Unternehmen, das herkömmliche privatwirtschaftliche Entscheidungs-
kriterien anwendet, hätte diese Anfangsinvestitionen vorgenommen:
Die Risiken waren zu hoch und die Zeitspanne bis zu dem Tag, an
dem man mit Gewinnen hätte rechnen können, zu groß. Wendet man
die kaufmännische Berechnungsmethode des Bar- oder Gegenwarts-
wertes an (das heißt, des abgezinsten Wertes aller zukünftigen Erträge), so erhält man im Falle eines Ertrages, der erst in zehn Jahren
zufließt, einen Barwert von nahezu Null.

Das Internet wurde vor gut 25 Jahren als atombombensicheres
Kommunikationssystem konzipiert, verwandelte sich dann in ein Projekt der nationalen Wissenschaftsstiftung der USA und hat sich erst in
jüngster Zeit zu einem hoch profitablen Wirtschaftszweig gemausert.
Dazu wäre es aber nie gekommen, wenn nicht öffentliche Investitionen
getätigt worden wären, deren Zeithorizont weit über demjenigen privater Unternehmungen lag.

Ein anderes Beispiel liefert der Bildungssektor. Kein streng kapitalistisch denkender Vater und keine solche Mutter würden jemals in
eine 16 Jahre während Ausbildung ihrer Kinder investieren. 16 Jahre
Ausgaben ohne jede Einnahme – die möglichen Erträge dieser Investition sind mit Unsicherheit behaftet und liegen weit in der Zukunft.
Keine Gesellschaft ist allein durch private Bildungsangebote alphabe-
tisiert worden. Und dennoch ist nichts förderlicher für die wirtschaftliche Entwicklung eines Landes als die Existenz eines Reservoirs an gut
ausgebildeten Arbeitskräften.

Als Folge dieser Umstände müssen Investitionen in Bildung, Infra-
struktur sowie Forschung und Entwicklung zumindest teilweise vom
Staat finanziert werden. Der Markt nimmt sie nicht in ausreichendem
Umfang vor.

Bedauerlicherweise verteilen Märkte den Output an Gütern und
Dienstleistungen analog zu der Verteilung von Einkommen und Vermögen. Wer Geld besitzt, wird versorgt; wer mittellos ist, geht leer aus.
In vielen Fällen führt dieser Verteilungsmechanismus zu Ergebnissen,
die unter sozialen Gesichtspunkten akzeptabel sind. Doch bei einigen
Gütern, wie etwa der ärztlichen Versorgung, fordert die Öffentlichkeit
eine weitaus gleichmäßigere Verteilung. Wir sind nicht dazu bereit, auf

medizinische Versorgung zu verzichten oder diese anderen vorzuenthalten, nur weil wir selbst oder andere sich diese Versorgung nicht leisten können – doch genau dazu wären wir gezwungen, wenn wir sie dem Marktmechanismus überließen. Daher greift die öffentliche Hand in den Markt ein und übernimmt die Kosten für ärztliche Versorgung und Medikamente entweder teilweise oder vollständig. Gleichzeitig bietet sie in den USA Steuervergünstigungen beim Abschluss privater Zusatzversicherungen.

Öffentliche Ausgaben

Wo Märkte versagen, wird üblicherweise der Ruf nach dem Staat laut. Nach welchen Kriterien aber soll der Staat über den Umfang der Versorgung mit öffentlichen Gütern entscheiden? Antwort: Er umgeht dazu den Marktmechanismus und verwendet stattdessen ein anderes Entscheidungssystem: die Abstimmung an der Wahlurne. Als Staatsbürger stimmen wir über den Umfang an staatlichen Ausgaben ab, den wir für wünschenswert halten. Da Wahlen jedoch ein ungewöhnliches Entscheidungsvehikel sind, führt unsere Abstimmung oft dazu, dass wir uns mit öffentlichen Gütern unter- oder auch überversorgen. Wahlen sind ungewöhnlich, da die abgegebene Stimme nicht in kleine Portionen unterteilt werden kann, wie es bei normalen Ausgaben geschieht. Man kann nur mit Ja oder Nein stimmen. So ist denkbar, dass wir als Folge unseres Abstimmungsverhaltens in ärztlicher Versorgung schwimmen, aber keinen Zugang zu preiswerter Bildung genießen, da die Gesundheitslobby im Parlament stark ist und die Bildungslobby schwach.

Lässt sich dieses Problem lösen? Einige Ökonomen haben vorgeschlagen, eine möglichst große Zahl von öffentlichen Gütern dem Marktmechanismus zu unterwerfen und sie dazu von den Eigenschaften zu befreien, die sie als öffentliches Gut kennzeichnen. So wäre es denkbar, eine Eintrittsgebühr für öffentliche Parks zu erheben. Die Folge wäre, dass nur so viel an Grünflächen angeboten würde, wie die

Menschen zu finanzieren bereit wären. Ebenso könnte die Benutzung der Autobahnen und sogar sämtlicher Straßen mit einer Mautgebühr belegt und der Neubau sowie die Instandsetzung von Straßen strikt an der privaten Nachfrage nach Verkehrswegen ausgerichtet werden. Weiterhin wäre es theoretisch möglich, den Zugang zur Gerichtsbarkeit auf diejenigen zu beschränken, die bereit sind, das Gericht für seine Arbeit zu bezahlen. Öffentliche Polizisten könnten durch private Schutzleute ersetzt werden, die nur jene beschützen, die mithilfe eines Abzeichens an der Brust dokumentieren, dass sie in den Polizeifonds eingezahlt haben.

Eine solche Privatisierung öffentlicher Güter würde möglicherweise tatsächlich dazu führen, dass ihr Ausstoß und somit ihr Konsum auf das jeweilige Niveau absinken – oder auch ansteigen –, das sie erreichen würden, wenn es sich um echte private Güter wie etwa Fahrzeuge oder Eintrittskarten für eine Filmvorstellung handelte. Doch eine derartige Lösung ist mit zwei Schwierigkeiten behaftet. Zum einen stößt der Versuch, öffentliche Güter in private umzuwandeln, oft auf technische Probleme. Ein Raketenabwehrsystem kann beispielsweise nicht so konzipiert werden, dass es einige Bürger beschützt und andere nicht.

Zum anderen aber verstößt dieser Gedanke gegen das allgemeine Gerechtigkeitsempfinden. Angenommen, es wäre möglich, nationale Verteidigung in ein privates Gut umzuwandeln. Der Verteidigungsapparat würde dann nur noch diejenigen beschützen, die seine Dienste kaufen. Je mehr man kaufte, desto besser würde man beschützt. Die wenigsten Anhänger einer demokratischen Gesellschaftsordnung sähen die Verteidigung gerne in eine Bastion der Reichen umgewandelt. Auch Gerichte, Schulen, die Polizei und anderes mehr möchte ein Großteil der Öffentlichkeit nicht in privater Hand wissen. Im Gegensatz zu privaten Gütern, die wir uns kraft unserer jeweiligen Einkommens- und Vermögensverhältnisse aneignen können, empfinden wir den Zugriff auf öffentliche Güter als unser gutes Recht. Wir sind nicht bereit, einigen Menschen zu erzählen, sie müssten auf der Straße sterben, weil sie sich keine medizinische Versorgung leisten können.

Es gibt durchaus gute Argumente dafür, einige öffentliche Güter dem Marktmechanismus zu unterwerfen, und es existieren auch vernünftige Vorschläge, wie dies zu bewerkstelligen sei. In der Vergangenheit wäre es unendlich mühsam und kostspielig gewesen, eine Mautgebühr für die Benutzung jeder einzelnen Straße einer Stadt durchzusetzen; heute dagegen könnte man vermutlich alle Fahrzeuge mit Strichcodes versehen und ein Netz an Sensoren installieren, wodurch eine lückenlose Erfassung aller Fahrzeugbewegungen möglich würde. Die wichtigste Erkenntnis lautet indes, dass nicht alle öffentlichen Güter privatisiert werden können und dass der Marktmechanismus in den Fällen, in denen ein Gut öffentlich bleiben soll, nicht dazu taugt, die optimale Produktionsmenge zu bestimmen. Er muss in diesen Fällen einem politischen Entscheidungsmechanismus weichen.

Eine Kritik des Marktes

Dieses Kapitel hat gezeigt, dass eine Marktwirtschaft bestimmte Schwächen und Ineffizienzen aufweist, die auf ihren besonderen institutionellen Eigenschaften gründen. Die Lösung dieser Probleme beinhaltet staatliche Eingriffe in bestimmter Weise – durch Regulierung, Besteuerung oder die Vergabe von Subventionen –, denn ein Versagen des selbstregulierenden Marktmechanismus eröffnet keinen anderen Ausweg als politisches Handeln.

Diese Schlussfolgerung sollte nicht als allgemeiner Aufruf zu stärkerer Einflussnahme des Staates missverstanden werden. Viele Ökonomen, die den Markt scharf kritisieren, wünschen sich tatsächlich einen schlankeren Staat – jedenfalls weniger Bürokratie und einen Abbau staatlicher Aktivitäten dort, wo sie undemokratisch ausgestaltet sind und eine Teilhabe des Bürgers verhindern. Man sollte aber zur Kenntnis nehmen, dass die Existenz von Marktversagen und die Gründe dafür ein gewisses Maß an staatlicher Einflussnahme unverzichtbar machen. Das Ziel muss es sein, die staatliche Macht dazu einzusetzen, einzelne Fälle von Marktversagen zu heilen und dadurch die Marktwirtschaft als Ganzes zu stärken.

Nach so viel Kritik am Markt sollte man vielleicht zum Abschluss dieses Kapitels seine Stärken betonen. Im Wesentlichen gibt es derer zwei. Zum einen motiviert eine marktwirtschaftliche Ordnung den Einzelnen dazu, seine Energien und Fähigkeiten, seinen Ehrgeiz und seine Risikobereitschaft in wirtschaftliche Zielsetzungen zu investieren. Dies verleiht der Marktwirtschaft ein hohes Maß an Flexibilität sowie Lebendigkeit und fördert Erfindungsreichtum sowie die Bereitschaft zum Wandel. Ungeachtet ihrer Schattenseiten haben marktwirtschaftliche Ordnungen ein erstaunliches Wachstum an den Tag gelegt, das letztlich auf die Aktivitäten ihrer Marktteilnehmer zurückgeht. Kein anderes System hat bewiesen, dass es in unserer heutigen Welt funktioniert. Alle Länder, die ein hohes Einkommensniveau vorweisen können, bedienen sich der Marktwirtschaft als Grundelement ihrer Wohlfahrtsstrategie.

Zum anderen führt das marktwirtschaftliche System die Notwendigkeit für staatliche Eingriffe auf ein Mindestmaß zurück, das jedoch, wie wir gesehen haben, unverzichtbar bleibt. Es ist falsch, jede staatliche Intervention als Freiheitsbeschneidung zu brandmarken oder jeden Bereich, in dem der Markt frei walten kann, als Musterbeispiel für Freiheit zu glorifizieren. In Wirklichkeit können sowohl der Staat als auch der Markt eine freiheitliche Ordnung fördern oder gefährden. Angesichts einer Welt, in der die Anhäufung staatlicher Macht sich immer wieder als eine der schlimmsten Geißeln der Menschheit erwiesen hat, spricht dennoch viel für die Einrichtung eines Mechanismus, der die wichtigsten wirtschaftlichen Aufgaben einer Gesellschaft bewältigt und dabei mit einem geringstmöglichen Maß an staatlicher Aufsicht auskommt.

14

DIE ZWEI GESICHTER
DER UNTERNEHMENSWELT

Wir haben uns in den vergangenen Kapiteln mit der mikroökonomischen Theorie beschäftigt. Nun ist es an der Zeit, uns unmittelbar in die Unternehmenswelt zu begeben – und zwar sowohl in die Welt der großen als auch in diejenige der kleinen Unternehmen. Beginnen wir bei den Monopolen und deren moderner Fortentwicklung, den Oligopolen. Diese Begriffe klingen in den Ohren der meisten Menschen ebenso unfreundlich, wie der Begriff »Wettbewerb« allseits geschätzt wird, obwohl nicht jeder genau benennen kann, was an diesen Phänomenen nun gut oder schlecht sein soll.[27] Oft entsteht der Eindruck, als sei der Monopolist von dunklen und habgierigen Motiven beseelt, während ein Unternehmen, das sich im Wettbewerb behaupten muss, edle und nützliche Ziele verfolge. Der Unterschied zwischen einer Welt, in der Wettbewerb herrscht, und einem Zustand des Monopols scheint also in den Motiven der Beteiligten zu liegen – dem düstere Absichten hegenden Monopolisten stünde demzufolge der wohlmeinende Wettbewerber gegenüber.

In Wirklichkeit werden sowohl der Monopolist als auch das im Wettbewerb stehende Unternehmen von dem gleichen Motiv geleitet – dem Wunsch, einen möglichst hohen Profit zu erwirtschaften. Denkbar wäre sogar, dass das im Wettbewerb stehende Unternehmen knauseriger und gewinnorientierter handelt als der Monopolist, da es stärker darauf achten muss, die Kosten im Zaum zu halten, um überleben zu können. Der Monopolist kann es sich vermutlich leisten, großzügiger zu sein, da seine Existenz weniger bedroht ist. Mit anderen Worten haben dunkle Motive nichts mit dem Problem des eingeschränkten Wettbewerbs zu tun.

Warum ist dann Wettbewerb so vorteilhaft? Die Theorie gibt darauf eine eindeutige Antwort: In einem Markt, in dem vollständiger Wettbewerb herrscht, ist der Kunde König. Die Grundidee eines solchen Marktes wird daher oft mit dem Schlagwort der Verbrauchersouveränität beschrieben.

Dieser Begriff bedeutet zweierlei. Zum einen bestimmt in einem Markt, der durch vollständigen Wettbewerb gekennzeichnet ist, allein der Verbraucher mit seiner Nachfrage die Zuteilung von Ressourcen – die Unternehmenswelt tanzt also nach der Pfeife der Konsumenten. Zum anderen genießt der Verbraucher den Vorteil, Güter erstehen zu können, die in so großer Zahl wie möglich produziert und so preiswert wie möglich verkauft werden. In einem solchen Markt stellt jedes Unternehmen genau die vom Verbraucher gewünschten Produkte her, und dies zu geringstmöglichen Kosten und in der größtmöglichen Menge.

In einem monopolistisch oder oligopolistisch strukturierten Markt dagegen verliert der Verbraucher einen Großteil dieser Souveränität. Unternehmen setzen verschiedene Strategien zur Absatzförderung ein, darunter diejenige, die darauf abzielt, die Nachfrage nach den eigenen Produkten zu steigern, indem man sie als von den Produkten der Konkurrenz verschieden und diesen überlegen beschreibt. Ist diese Werbestrategie erfolgreich, dann kann ein Unternehmen sein Produkt zu einem Preis verkaufen, der über demjenigen liegt, der bei vollständigem Wettbewerb zu erzielen gewesen wäre – ein Preis, der ein monopolistisches Element enthält, denn auch der kleinste zusätzliche Profit stellt einen Mehrertrag gegenüber dem möglichen Gewinn bei vollständigem Wettbewerb dar.

Die Kosten des unvollständigen Wettbewerbs

Diese allgemeinen Feststellungen sind unumstritten. In einem Markt mit »unvollständigem Wettbewerb«, wo Unternehmen zu Werbung greifen müssen, um die vermeintlichen oder tatsächlichen Vorzüge ihrer Produkte herauszustellen, werden die Preise höher ausfallen als in einem Markt ohne erkennbare Produktunterschiede. Aufgrund dieser höheren Preise wird die Menge an verkauften Gütern bei unvollständigem Wettbewerb niedriger ausfallen als im Falle eines vollständigen Wettbewerbsmarkts.

Doch wie entscheidend sind in der Praxis derartige Unvollkommenheiten? Diese Frage lässt sich schon weniger leicht beantworten. Schauen wir uns beispielsweise die Konsumentennachfrage an. Der Gesamtetat aller Unternehmen der Vereinigten Staaten für die Produktwerbung lag 1867 bei geschätzten 50 Millionen US-Dollar. Im Jahre 1900 war er auf 500 Millionen US-Dollar angewachsen. Heute beläuft sich dieser Etat auf rund 234 Milliarden US-Dollar, was gut 40 Prozent aller Ausgaben für die Schulbildung entspricht. Man könnte die Werbeausgaben tatsächlich auch als eine Art Bildungskampagne begreifen, die den Staatsbürger zum guten Verbraucher erziehen soll – ein Verbraucher, dessen Warenkorb sich von demjenigen unterscheidet, den er unbeeinflusst von jeglicher Werbung erstanden hätte.

Inwiefern verletzt dies die Verbrauchersouveränität? Eine komplizierte Angelegenheit: Sobald wir den Boden einer Subsistenzwirtschaft verlassen, können wir nicht mehr unterstellen, es gäbe so etwas wie »natürliche« Vorlieben der Verbraucher. Aus diesem Grunde dient die Werbung zumindest teilweise tatsächlich dazu, den Verbraucher aufzuklären. In den Jahren zwischen 1910 und 1920 ging es darum, eine Durchschnittsfamilie davon zu überzeugen, dass auch sie ein Fahrzeug besitzen könnte. Vor noch gar nicht so langer Zeit musste unseren Eltern verdeutlicht werden, dass Flugzeuge nicht nur ein schnelles, sondern auch ein bequemes und vergleichsweise sicheres Transportmittel sind.

Darüber hinaus ist nicht jeder Werbefeldzug erfolgreich. So investierte die Ford Motor Company in den fünfziger Jahren des vorgangenen Jahrhunderts eine Viertelmilliarde US-Dollar in den Versuch, die Öffentlichkeit davon zu überzeugen, dass ihr neues Fahrzeug mit dem Namen *Edsel* genau das war, worauf alle gewartet hatten. Trotz aller Anzeigen und Werbeeinschaltungen interessierte sich niemand für das

Produkt. Zu Werbefiaskos dieser oder anderer Art kommt es immer wieder.

Zweifellos dient aber die Werbung nicht allein der Verbraucherbildung. Wer die Anfälle von Entzückung betrachtet, die »Hausfrauen« überkommt, wenn sie verschiedene Seifenmarken, Abführmittel oder Dosenprodukte in den höchsten Tönen preisen, kommt unweigerlich zu dem Schluss, dass die Hauptbotschaft dieser Minidramen wohl lautet, Erwachsene würden bereitwillig Dinge sagen, die sie offensichtlich selbst nicht glauben, wenn man sie nur dafür bezahlt. Liegt in dieser Erkenntnis vielleicht der Effekt, den Werbung auf unsere Kultur und nicht zuletzt auf unsere Kinder ausübt?

Damit geraten wir in ein Dilemma. Die wenigsten Verbraucher wären gerne mit vollkommen standardisierten Produkten konfrontiert, die Werbung überflüssig machen, und die meisten nehmen die Scheinwelt der Werbung als leicht irritierende, manchmal auch nützliche Unterbrechung ihres Fernsehkonsums hin. In den Augen der Unternehmenswelt ist Werbung ein gigantischer Ausgabenposten, jedoch einer, der hingenommen werden muss, wenn ein Unternehmen, das Markenartikel anbietet, in einem Wettbewerbsmarkt überleben will, gleich wie »unvollständig« dieser aus ökonomischer Sicht auch sein mag.

Wie lässt sich dieses Dilemma auflösen? An dieser Stelle versagt das Expertentum der Ökonomen. Diese Frage müssen Spezialisten auf den Gebieten der Kultur oder der Moral beantworten – und letztlich auch die Konsumenten, die sich durch ihre politische Stimmabgabe für ein Mehr oder Weniger an staatlicher Regulierung von Märkten entscheiden. Als Ökonomen müssen wir derartige Fragen aufwerfen, doch wir würden unzweifelhaft unsere Kompetenzen überschreiten, wenn wir uns daran versuchten, sie zu beantworten.

Wie steht es um die zweite Haupteigenschaft der Verbrauchersouveränität – die Möglichkeit, Waren und Dienstleistungen so preiswert wie möglich einzukaufen? In welchem Umfang führt ein Oligopol diesbezüglich zu Ineffizienzen?

Auch hier erscheint die Praxis weniger übersichtlich und klar als die Theorie. Zum einen gelangt man leicht zu dem Schluss, ein im Wettbewerb stehendes Unternehmen arbeite effizient. Trifft diese Einschätzung wirklich zu? Was wäre, wenn das Unternehmen sich die erforderlichen Ausrüstungsgegenstände nicht leisten könnte, die es in die Lage versetzen würden, eine größere Ausbringung kostengünstig herzustellen? Wenn es nicht über die Mittel verfügte, um größere Investitionen in Forschung und Entwicklung zu tätigen? Wenn seine Arbeitskräfte unter einem Motivationsmangel litten und weniger produktiv wären als möglich?

Diese Annahmen sind keineswegs aus der Luft gegriffen. Viele Untersuchungen belegen, dass große Unternehmen effizienter wirtschaften als kleine, wenn man die Produktivität pro Arbeitsstunde als Kriterium heranzieht, auch wenn es natürlich zutrifft, dass einige große, monopolistische Unternehmen aufgrund der fehlenden Konkurrenz sehr ineffiziente Praktiken tolerieren. Große Unternehmen sind führend auf dem Gebiet des technischen Fortschritts und rechtfertigen womöglich ihre kurzfristigen Monopolgewinne durch ihre diesbezüglichen langfristigen Leistungen.

Wieder einmal müssen wir aber auch die Kehrseite der Medaille betrachten. Die Gewinnmargen in oligopolistisch strukturierten Branchen liegen im Durchschnitt um 50 bis 100 Prozent über denjenigen in Branchen mit Wettbewerb. Auf manchen Gebieten, etwa beim offenen Verkauf von Medikamenten, spricht vieles dafür, dass die Verbraucher bisweilen regelrecht ausgebeutet werden. Marken-Kopfschmerzmittel kosten bis zum Dreifachen eines unbekannten Produkts mit gleichem Wirkstoff, doch nur die wenigsten Käufer wissen, dass sie unnötigerweise mehr für ein identisches Produkt bezahlen. Manche Medikamente wie etwa Antibiotika werden mit enormem Gewinn verkauft – die Hersteller zwingen mit anderen Worten die Verbraucher dazu, weit mehr zu bezahlen, als es in einem Wettbewerbsmarkt der Fall gewesen wäre –, doch hier wird die Sache schon schwieriger. Patente, die mit Monopolgewinnen verbunden sind, werden bewusst an Unternehmen vergeben, um diesen einen Anreiz zur Entwicklung neuer Medikamente zu bieten. Es handelt sich um einen Kompromiss – Medikamente kosten heute mehr, damit es morgen wieder neue gibt.

Weiter verkompliziert wird die Angelegenheit dadurch, dass Oligopole nicht selten angenehmere Arbeitsbedingungen, ansehnlichere Büroräume und sicherere Produktionsstätten bieten als kleine, im Wettbewerb stehende Unternehmen. Ein Teil des Vorteils, der dem Verbraucher verloren geht, fließt also den Beschäftigten zu. Natürlich ist dies nicht allein Ausdruck einer freundlicheren Gesinnung seitens der Oligopolisten, sondern erklärt sich durch deren Abschottung gegenüber dem rauen Wind des Wettbewerbs. Nichtsdestotrotz sind die verbesserten Arbeitsbedingungen und die gesteigerte Arbeitsmoral nicht wegzudenken und müssen in die Gesamtbeurteilung einfließen.

Die Welt der Großunternehmen

An dieser Stelle wenden wir uns den Großunternehmen zu, bleiben aber zunächst dem Thema Wettbewerb treu. Wie wir gesehen haben, bildet Wettbewerb den Motor der für den Kapitalismus so charakteristischen Effizienz. »Survival of the fittest« – nur die Tüchtigsten überleben, so lautete ein frühes Schlagwort zur Beschreibung dieses Auswahlprozesses, das Charles Darwin später in seine Evolutionstheorie übernahm. Wer andere aus dem Markt drängt und dadurch seinen eigenen Marktanteil erhöht, steigert seine Gewinnmarge. Als kurze Moral formuliert: Die Erfolgreichen werden wachsen.

Dieser Auswahlprozess führt unter anderem zu dem erstaunlichen Ergebnis, dass eine erfolgreiche kapitalistische Wirtschaft einen systematischen Druck erzeugt, der genau diejenige treibende Kraft schwächt, die ihrem Erfolg zugrunde liegt! Erfolgreiche Unternehmen schwingen sich oft zu Monopolisten oder Oligopolisten auf, was es ihnen ermöglicht, ihre Preise zu erhöhen und so ihre Gewinne zu steigern. In der Welt des »Big Business« verdienen die siegreichen Unternehmen Geld, indem sie Monopolrenten von ihren Kunden abschöpfen.

Obwohl allenthalben die Vorteile des Wettbewerbs gepriesen werden, strebt kein kapitalistisches Unternehmen danach, in einem von Wettbewerb geprägten Markt zu agieren. Dies gilt ebenso für Kleinbetriebe wie für Großunternehmen. Der Unterschied zwischen beiden besteht darin, dass ein Kleinbetrieb nicht viel unternehmen kann, um seine Lage zu ändern, während Großunternehmen – oft mit einigem Erfolg – versuchen werden, sich von der Konkurrenz abzusetzen: »Wir sind anders als die anderen«, brüstet sich der Großkonzern, ob zu Recht oder zu Unrecht. Keine Drogerie an der Ecke kann Ähnliches von sich behaupten.

Überall auf der Welt haben Regierungen in der Vergangenheit versucht, die Ausbeutung der Verbraucher durch Monopolisten einzuschränken und dem Wettbewerb wieder zu seinem Recht zu verhelfen. Zu den Maßnahmen, mit denen der Macht der marktbeherrschenden Unternehmen Einhalt geboten werden sollte, gehörten die Verabschiedung von Antikartellgesetzen, verschiedene Regulierungsmaßnahmen und schließlich die Verstaatlichung von Schlüsselindustrien. So wurden beispielsweise in der zweiten Hälfte des 19. Jahrhunderts die monopolistisch agierenden Eisenbahngesellschaften in den Vereinigten Staaten strengen Regulierungen unterworfen. Später zerschlug der Kongress mithilfe einer Antikartellgesetzgebung die großen Öl-, Kupfer- und Stahlkonzerne. Schon weitaus früher war mit dem Postdienst das erste öffentliche Unternehmen der Vereinigten Staaten gegründet worden, später gefolgt von den Flughafengesellschaften. Weitaus stärker verbreitet ist das öffentliche Eigentum an Unternehmen allerdings in Europa, wo beispielsweise das Eisenbahnnetz von Anfang an von der öffentlichen Hand aufgebaut und verwaltet wurde.

Wie erfolgreich sind diese Bemühungen um eine Begrenzung der Machtfülle großer Unternehmen gewesen? Mit einigen Ausnahmen – man denke insbesondere an die höchst erfolgreichen europäischen Staatsbahnen – haben sie zu enttäuschenden Ergebnissen geführt; dies gilt ganz besonders für Regulierungsversuche sowie die Antikartellgesetzgebung.

Für diese Misserfolge gibt es vielfältige Gründe. So wurde beispielsweise schnell deutlich, dass die zur Durchsetzung der Antikartellgesetze eingerichteten Behörden von Lobbyisten der betroffenen Branchen unterwandert werden konnten. Tatsächlich gab es Eisenbahnmanager, die in dem stetigem Wechsel zwischen einer Tätigkeit als Regulierer und als Angestellter eines regulierten Betriebes ein rechtes Auskommen fanden. In Europa zeigte sich ein ähnliches Bild, als deutlich wurde, dass öffentliche Monopolisten wie der Fahrzeughersteller Renault in ihrem Verhalten kaum von privaten Monopolisten wie etwa dem Unternehmen Peugeot abwichen. In unserer heutigen globalisierten Welt wiederum (der wir uns später eingehender zuwenden werden) können Antikartellgesetze dazu führen, dass ein davon betroffenes erfolgreiches Unternehmen seine Aktivitäten verstärkt ins Ausland verlagert, was wiederum ausländischen Unternehmen die Möglichkeit eröffnet, im Inland Fuß zu fassen. Während das Weltbruttoinlandsprodukt davon möglicherweise profitierte, würde das betreffende Land vermutlich auf der Verliererseite stehen. So kommt es, dass die Anwendung von Antikartellgesetzen oder der Versuch, die entsprechende Gesetzgebung international zu koordinieren, zwar in Zeitungskommentaren oft leidenschaftlich eingefordert wird, aber nur selten politische Unterstützung findet. Die Regierungen selbst haben den Glauben an die Wirksamkeit derartiger Maßnahmen verloren.

Nicht zuletzt lautet ein oft vorgebrachtes Argument, dass Marktverzerrungen, die durch oligopolistische Strukturen bedingt sind, sich mit der Zeit selbst beseitigen. Die marktbeherrschende Stellung großer Unternehmen ist, wie wir später sehen werden, oft eine Folge des technischen Fortschritts, doch kann dieser auch das Aufkommen einer solchen Machtfülle verhindern. Von den zwölf größten Unternehmen der Vereinigten Staaten im Jahre 1900 hat nur eines – General Electric – das 20. Jahrhundert überlebt. Aus ähnlichen Gründen wurde ein viel beachtetes und langwieriges Antikartellverfahren gegen IBM schließlich fallen gelassen, als sich herausstellte, dass die Entwicklung des Personalcomputers zu starkem Wettbewerb in einer ehemals monopolistisch strukturierten Branche geführt hatte. Auch die Zerschlagung des Telekommunikationsriesen AT&T verdankt ihren Erfolg weniger dem Einsatz des Staates als vielmehr der technischen Entwicklung.

Interessant ist auch, dass amerikanische Firmen heute nicht mehr im gleichen Maße wie früher den Weltmarkt dominieren. Von den zwanzig größten Unternehmen der Welt haben nur noch elf ihren Sitz in den Vereinigten Staaten. Aus der Sicht der Amerikaner kann es kaum als attraktiv erscheinen, ein großes US-Unternehmen zum Nutzen der ausländischen Konkurrenz zu zerschlagen. Das Resultat einer solchen Maßnahme bestünde lediglich darin, dass Monopolgewinne, die einst in amerikanische Taschen flossen, nun dem Ausland zugute kommen. Es ist wichtig zu erkennen, dass in einer globalisierten Welt ein Unternehmen einem harten Wettbewerb unterworfen sein kann, obwohl es im eigenen Land als sehr mächtig erscheint. So ist General Motors zwar das größte amerikanische Unternehmen, doch ist die Fülle seiner Macht auf dem Weltmarkt verschwindend gering. Gelegentlich beschleicht einen sogar das Gefühl, in einer globalisierten Welt sei den Monopolisten die Rolle des Dinosauriers zugedacht.

Als Folge all dieser Entwicklungen stehen Privatisierungen sowie Deregulierung in den meisten Ländern auf der Tagesordnung und nicht das Gegenteil. In den Vereinigten Staaten sind die Luftfahrt, der Schwerlastverkehr und die Telekommunikationsbranche von Deregulierungsmaßnahmen betroffen, und in Großbritannien, Frankreich oder Deutschland werden Fluggesellschaften, Flughäfen, Telekommunikationsunternehmen und sogar ein Teil des Eisenbahnnetzes privatisiert. Die bestehenden Antikartellgesetze bleiben zwar in Kraft, doch sie werden weit weniger engagiert als früher durchgesetzt. Ironischerweise werden diese Gesetze heute in der Regel von Privatunternehmen hochgehalten, wenn ein Konkurrent ihrer Meinung nach eine marktbeherrschende Stellung erlangt hat. Um es auf den Punkt zu bringen: Antikartellgesetze dienen heute mehr der privaten Erpressung als dem Gemeinwohl.

So kommt es, dass heutzutage kaum Konsens in der Frage besteht, was – und ob überhaupt etwas – gegen die Machtfülle großer Unternehmen unternommen werden sollte.

Klein, aber fein – mit Abstrichen

In den letzten Jahrzehnten war oft zu hören, dass die meisten Arbeitsplätze von kleinen und mittleren Unternehmen geschaffen werden und diese folglich als Motor des wirtschaftlichen Erfolges zu betrachten seien. Die unterschwellige Aussage dabei lautet, alles andere sei letztlich unwichtig. Derartige Behauptungen entsprechen aber weder den Fakten, noch treffen sie aus ökonomischer Sicht zu.

Die Entstehung neuer Arbeitsplätze ist nicht den Kleinunternehmen an sich zu verdanken, sondern solchen, die wachsen und sich in Groß-unternehmen verwandeln. Beispiele dafür sind etwa Wal-Mart, Hewlett-Packard oder Microsoft. Betriebe wie McDonald's-Filialen werden oft als individuelle Kleinunternehmen betrachtet, sind aber Teil eines gigantischen integrierten Konzerns – in diesem Fall des größten priva-ten Arbeitgebers der Vereinigten Staaten. Es kann kaum überraschen, dass große Konzerne in der Regel höhere Löhne zahlen sowie großzü-gigere Lohnnebenleistungen und angenehmere Arbeitsplätze bieten als Kleinunternehmen. Je größer das Unternehmen, desto höher ist zu-meist die Chance, dass es sich um einen vergleichsweise begehrenswer-ten Arbeitgeber handelt. Noch entscheidender ist vermutlich, dass ein Großteil der privaten Forschungs- und Entwicklungsanstrengungen in größeren Unternehmen stattfindet. Würden sie zerschlagen, müsste man damit rechnen, dass dieser stetige technologische und wissen-schaftliche Fortschritt zum Erliegen käme.

Zwei abschließende Vorteile großer Unternehmen sind zu nennen. Zum einen stellen die Großen einen Großteil des Marktes, auf dem sich Kleinunternehmen tummeln. Ein Direktverkauf an Millionen von Konsumenten würde in Zeiten großer Einzelhandelsketten die Werbe-etats kleiner Betriebe überfordern. Große Unternehmen bilden oft das fehlende Bindeglied, das es kleinen individuellen Herstellern ermög-licht, auf einen Massenmarkt vorzustoßen, der anderenfalls außerhalb ihrer Reichweite gelegen hätte. Zum anderen handelt es sich bei klei-nen Hightech-Betrieben oft um Ausgründungen aus großen Unterneh-men der Hightech-Branche: Ein cleverer Angestellter entwickelt eine Idee, deren Ausbeutung sich für ein großes Unternehmen nicht lohnt oder die nicht in dessen Gesamtstrategie passt. Der Angestellte verlässt nun seine angestammte Firma, um sich mit seiner Erfolg versprechen-den Geschäftsidee selbstständig zu machen. Mit anderen Worten: Oh-ne das große Unternehmen hätte es das kleine niemals gegeben. So kommt es, dass kleine und große Unternehmen in einer Art komplexer Symbiose zusammenleben. Große Konzerne können das Todesurteil für Kleinbetriebe bedeuten, doch ebenso können sie diese beschützen oder ihnen gegenüber eine Elternrolle einnehmen. Eine Wirtschaft wird nicht dadurch stark, dass sie von Klein- oder von Großunternehmen geprägt ist. Entscheidend ist die richtige Mischung aus Unternehmen aller Größen, wobei jedes das tun sollte, was es am besten kann.

Ein neuer Gesellschaftsvertrag?

In den letzten Jahren entzündete sich die öffentliche Kritik an dem Wirken großer Unternehmen nicht an ihrer Monopolstellung, die es ihnen gestattet, die Preise anzuheben und damit die Kaufkraft der Verbraucher einzuschränken, sondern an ihrer rücksichtslosen Entlassungspolitik und dem radikalen Abbau der Lohnnebenleistungen. Die Gewinne steigen, doch nicht aufgrund von Preiserhöhungen, sondern als Folge von Lohnkürzungen.

Es sieht heute danach aus, als wollten die Arbeitgeber die Grundvereinbarung mit den Beschäftigten einseitig aufkündigen. In den Boomjahren der Nachkriegszeit teilten viele erfolgreiche Unternehmen ihre Gewinnzuwächse mit den Arbeitnehmern, wobei Arbeiter in der Produktion jährliche Lohnerhöhungen und großzügige Nebenleistungen erhielten, während Büroangestellten mehr oder weniger bedeutet wurde, sie könnten neben jährlichen Gehaltserhöhungen mit einer lebenslangen Anstellung rechnen, sofern ihre Leistung zufrieden stellend bleibe. Arbeiter, die in Zeiten einer Wirtschaftskrise entlassen werden mussten, konnten darüber hinaus gewiss sein, im nächsten Aufschwung als Erste wieder angestellt zu werden. Das allgemeine Lohnniveau wurde in Tarifverträgen zwischen Gewerkschaften und Arbeitgebern vereinbart, die regelmäßig erneuert wurden, doch die Zusatzleistungen sowie die Aussicht auf lebenslange Beschäftigung waren Teil eines ungeschriebenen »Gesellschaftsvertrages« – eines stillschweigenden Abkommens zwischen Arbeitgebern und Arbeitnehmern.

In den letzten Jahrzehnten hat sich ein ganz anders gearteter Gesellschaftsvertrag herausgeschält. Große und profitabel arbeitende Unternehmen haben zu Massenentlassungen gegriffen – in manchen Jahren verloren in den Vereinigten Staaten mehr als 500 000 Angestellte ihren Job, die meisten davon Angestellte. Die gleichen Unternehmen kürzen darüber hinaus die Löhne und Zusatzleistungen derer, die bleiben dürfen. Prämienzahlungen für langjährige Betriebszugehörigkeit oder besondere Leistungen gehören der Vergangenheit an. Ingenieure müssen mit Gehaltseinbußen rechnen, wenn ausländische Berufskollegen zur Verfügung stehen, die weniger Geld verlangen. Innerhalb der Unternehmen öffnet sich die Schere zwischen Spitzen- und Niedriggehältern rapide. Wie wir in den folgenden Kapiteln sehen werden, verdienen Vorstandsvorsitzende heute im Vergleich zu einfachen Arbeitern weit mehr als noch vor 20 Jahren. Arbeitskräfte, die entlassen wurden, können nicht mehr damit rechnen, im nächsten Aufschwung erneut eine Anstellung zu finden.

Statt des »Zuckerbrots« regiert in den Unternehmen somit nunmehr die »Peitsche«. Kurzfristig betrachtet stellt das Verbreiten von Furcht eine hoch effektive Managementtechnik dar. Es spricht aber vieles dafür, dass dieses Mittel langfristig nicht funktioniert. Ohne Kooperation auf freiwilliger Basis lässt sich eine von Menschen geführte Institution nicht betreiben, und die Bereitschaft zur Mitarbeit gründet nicht auf Furcht. Ein Unternehmen, das zu Massenentlassungen greift, teilt seinen Beschäftigen mit, dass es ihnen gegenüber keine Loyalität empfindet, und im Gegenzug werden auch die Beschäftigten diese Loyalität aufgeben.

Aus streng ökonomischer Sicht überrascht das Verhalten der Unternehmen allerdings nicht. Die Theorie der Gewinnmaximierung besagt seit jeher, dass der Unternehmer seine Kosten (und somit seine Lohnzahlungen) zu minimieren hat. Fundamental betrachtet sitzen Arbeitgeber und Arbeitnehmer nicht im selben Boot. Die Rückführung der Löhne auf das niedrigste mögliche Niveau gehört zu den Grundzielen des Kapitalisten. In einer Wirtschaft, die von ungelernten Arbeitskräften geprägt ist und in der Produktivitätszuwächse nur durch die Einführung kapitalintensiver Produktionsverfahren zu erlangen sind, erklärt sich dieses Ziel von selbst. Aus wirtschaftstheoretischer Sicht lautet die Frage nicht, warum die Unternehmen in den neunziger Jahren zu Lohnkürzungen griffen, sondern warum sie mit dem Abbau von Löhnen und Zusatzleistungen nicht unmittelbar nach Ende des Zweiten Weltkrieges begannen. Manche Beobachter sind der Ansicht, der Grund für diese Zurückhaltung liege im politischen Bereich – es sei die Furcht gewesen, dass die Arbeiterschaft sich für das sozialistische Wirtschaftsmodell erwärmen könnte, das in den Jahren, als es die Sowjetunion noch gab, ein weitaus höheres Ansehen genoss als heute.

Unabhängig von dieser Debatte scheint uns der Wandel der Produktionsverhältnisse ein anderes Verhalten der Unternehmen zu erfordern, als derzeit zu beobachten ist. In der heutigen globalisierten Wirtschaft gründet der Wettbewerbsvorteil eines Unternehmens nicht auf einer besseren materiellen Ausstattung gegenüber seiner Konkurrenz, sondern auf den Qualifikationen seiner Beschäftigten, die in der Lage sein müssen, neue Geschäftszweige zu erfinden und erfolgreich zu führen. Da Qualifikationen in einer Gesellschaft, die nicht auf Sklaverei beruht, nicht in individuelles Eigentum übergehen können, kann der einzelne Kapitalist seinen langfristigen Wettbewerbsvorsprung nicht dauerhaft »in seinen Besitz bringen«. Es muss ihm daher gelingen, diese Qualifikationen und das damit verbundene Wissen in irgendeiner Weise an seinen Betrieb zu binden – jedenfalls liegt das nahe. Bei der Entwicklung komplizierter neuer Produkte rückt die Teamarbeit in den Vordergrund – kein einzelnes Genie weiß genug, um alles allein zu bewerkstelligen. Entsprechend predigen die Unternehmen heute die Vorzüge der Teamarbeit und überprüfen Bewerber auf ihre Teamfähigkeit.

Genau hier aber steht der Kapitalismus vor einer tiefgreifenden Verwerfung. Während es gerade an der Zeit wäre, dass die Unternehmen sich auf ihre Kernmitarbeiter, die über Schlüsselwissen verfügen, besinnen und überlegen, wie diese in ihre langfristige Strategieplanung einzubinden wären, geschieht vielerorts das genaue Gegenteil. Durch Massenentlassungen legen sie diesen Kernmitarbeitern nahe, sich auf die Teamloyalität besser nicht zu verlassen und lieber an sich selbst zu denken.

Metaphorisch gesprochen gibt ein Unternehmen damit kund, dass es denjenigen, der den Apfelbaum pflanzt, entlassen wird, sobald dieser Wurzeln geschlagen hat, ohne ihm zu gestatten, die Früchte seiner Arbeit zu ernten. Unterschwellig legt es seinen Pflanzern dadurch nahe, inmitten der Aussaatperiode ihren Arbeitsplatz zu verlassen, sobald ihnen jemand auch nur eine Kleinigkeit mehr an Lohn bietet, auch wenn sie noch so sehr gebraucht werden. Denn ihre Opfer in der Vergangenheit zählen in der Zukunft nichts.

Dieser innere Widerspruch offenbart sich in der Regel zuerst im Management selbst. In den sechziger Jahren war unter Nachwuchsmanagern noch die Einstellung verbreitet, um persönlich erfolgreich zu sein, müsse man eine großartige Firma finden und ein guter Teamspieler werden. Die Jungmanager des angehenden 21. Jahrhunderts würden über eine solche Haltung nur lachen. Die gravierenden Einschnitte bei den Personaldecken der Unternehmen (gerne als *Downsizing* bezeichnet) haben eine ganz andere Botschaft ausgesandt und ein neues Arbeitsethos geschaffen. Heute glaubt man, dass der einzig mögliche Weg zum Erfolg darin besteht, ausschließlich an sich selbst zu denken und das Gehalt zu maximieren. Die Topmanager in unseren Unternehmen haben es immer häufiger mit Nachwuchskräften an ihrer Seite zu tun, die den Glauben an die Teamideale verloren haben, die ihre Vorgesetzten predigen, aber nicht leben.

Vielleicht gelingt es, Furcht und Zynismus in eine erfolgreiche langfristige Managementphilosophie zu verwandeln, doch ist dies nicht sehr wahrscheinlich. Die genannte Mischung hat schon im realen Sozialismus nicht funktioniert und wird vermutlich auch im Kapitalismus ihre Wirkung verfehlen. Diese Herausforderung zu bewältigen ist von überragender Bedeutung. Wir werden auf den nächsten Seiten mehrfach darauf zurückkommen.

TEIL IV
HERAUSFORDERUNGEN

15

DAS SCHRECKGESPENST DER INFLATION

Noch vor einigen Jahren war das Phänomen der Inflation alles andere als ein Schreckgespenst, sondern vielmehr eine sehr reale Erscheinung. Entsprechend viel Zeit wurde darauf verwandt, seine Ursachen und Folgen zu untersuchen sowie Vorschläge zu seiner Therapie zu entwickeln.

Heute erscheint die Inflation in einem neuen Gewand. Zwar verfolgt sie uns weiterhin in dem Sinne, dass Jahr für Jahr alles ein wenig teurer wird, doch der Preisanstieg lässt sich in keiner Weise mehr mit dem vergleichen, was früher einmal üblich war, als die Inflation in den siebziger Jahren katastrophale Ausmaße angenommen hatte. Im Jahr 1980 stiegen die Verbraucherpreise in den Vereinigten Staaten um 13 Prozent, was bei gleichbleibender Preissteigerungsrate einer Verdoppelung der Lebenshaltungskosten im Verlauf von fünf oder sechs Jahren entsprochen hätte! Diese Rate halbierte sich bis 1982, lag damit jedoch immer noch auf einem Niveau, das eine Verdoppelung der Lebenshaltungskosten innerhalb eines Jahrzehnts bedeutet hätte. Zehn Jahre später war der jährliche Preisanstieg auf 3 Prozent zurückgegangen – ein riesiger Fortschritt, der aber noch nicht ausreichte, um den Verbrauchern ihre Nervosität auszutreiben. Im Jahre 1998 schließlich sank der Preisanstieg in den USA nach Maßgabe des Consumer Price Index (CPI) auf nur noch 1,6 Prozent pro Jahr und damit auf den niedrigsten Wert seit 1965. In den Folgejahren bewegte er sich um die Marke von 2 Prozent. Wenn man die Qualitätsverbesserungen bei vielen Produkten berücksichtigt, scheint sich das Problem der Inflation

damit erledigt zu haben.[28] Allein anziehende Rohölpreise vermögen
noch, wie zuletzt 2003/2004, einen Inflationsschub auszulösen.

In der alten Bundesrepublik Deutschland erreichte die Inflation nie
ähnliche Ausmaße wie in den Vereinigten Staaten, sie lag aber in den
siebziger und frühen achtziger Jahren immerhin zeitweise bei 6 bis 7
Prozent. Seit Mitte der neunziger Jahre hat der Verbraucherpreisindex in
Deutschland die Marke von 2 Prozent jedoch nicht mehr überschritten.

Doch wenn die Inflation in der Wirtschaft der Industrieländer tatsächlich keine Rolle mehr spielt, warum nennen wir sie dann in unserer Abhandlung von Herausforderungen an erster Stelle?

Die Wurzeln der Inflation

Beginnen wir mit einer elementaren, aber oft übersehenen Eigenheit
unseres Wirtschaftssystems: Kapitalistische Ökonomien befinden sich
grundsätzlich in einem Zustand der Nervosität, der tatsächlichen oder
möglichen Bewegung, des latenten oder deutlich erkennbaren Ungleichgewichts. Kriege, Regierungswechsel, das Versiegen von Ressourcen, die Einführung neuer Technologien, der sich wandelnde Ver-
brauchergeschmack – all diese Einflüsse stören den Unternehmensall-
tag. Fragt man einen Geschäftsmann, ob er sich in einem ruhigen Teich
bewegt oder vielmehr in rauen Gewässern, so wird ihm die Antwort
nicht schwer fallen.

Es mag nicht unmittelbar einleuchten, warum unsere Analyse mit der
Darstellung dieser tief verwurzelten Verletzlichkeit kapitalistischer
Wirtschaftssysteme beginnt. Doch entscheiden wir uns, diese Tatsache
in den Mittelpunkt zu rücken, drängt sich eine Frage unmittelbar auf:
Wie kommt es, dass sich diese Verletzlichkeit in Form von Inflation
äußert und nicht etwa zu einer Wirtschaftsdepression oder einer anderen Störung führt? Schließlich sind die großen Krisen früherer Zeiten
nicht auf Inflation, sondern auf andere Ursachen zurückzuführen – man
denke beispielsweise an die Wirtschaftskrise, die 1839 in den Vereinigten Staaten einsetzte und die zu sechs schlimmen Jahren mit einer Ar-

beitslosigkeit von 12 bis 18 Prozent führte, oder auch an den Zusammenbruch der dreißiger Jahre, als die Arbeitslosenquote auf 25 Prozent hochschnellte! Unvergessen auch das Trauma der Entstehung von gigantischen Industriekonzernen gegen Ende des 19. Jahrhunderts, die wie Eisberge aus der Tiefe emporschossen und vielen kleinen Unternehmen, die als Schollen auf dem Wasser trieben, das Genick brachen.

Aus dieser Sicht erscheint die Inflation als die Art und Weise, in der das kapitalistische System in seiner für das späte 20. Jahrhundert typischen institutionellen Ausprägung auf Schocks und störende Einflüsse reagierte. Betrachten wir beispielsweise den Anstoß, den die Inflation im Jahr 1973 durch den so genannten »Ölpreisschock« erhielt, als die Organisation Erdöl exportierender Staaten (OPEC) plötzlich und unerwartet den Rohölpreis von 3 US-Dollar auf 11 US-Dollar pro Barrel anhob; ein Schritt, dem im Gefolge der iranischen Revolution von 1980 eine weitere Anhebung von 13 US-Dollar auf 28 US-Dollar pro Barrel folgte. Nehmen wir nun einmal an, vier im Kohleabbau tätige Unternehmen von gleicher wirtschaftlicher Bedeutung hätten sich zusammengeschlossen und eine Vervierfachung der Kohlepreise beschlossen. Hätte ein solches Kohlekartell zu Inflation geführt? Die Frage ist grotesk: Es wäre zu einer massiven Wirtschaftsdepression gekommen. Kohlebergwerke hätten schließen müssen, Stahlfabriken ebenso, der Fernlastverkehr wäre zusammengebrochen. Dieses imaginäre, aber realistische Szenario führt uns zu der entscheidenden Frage: Was hat sich zwischen 1873 und 1973 ereignet, um dafür zu sorgen, dass der gleiche Schock – ein plötzlicher Anstieg der Energiepreise – in der einen Ära zu einer Depression führte und in der anderen zu Inflation?

Diese Frage lässt sich leicht beantworten. Die wirtschaftliche und soziale Struktur des Kapitalismus war im Verlauf dieser 100 Jahre tiefgreifenden Veränderungen unterworfen. Die bei weitem bedeutendste und sichtbarste dieser Veränderungen bestand in der Herausbildung großer und mächtiger öffentlicher Sektoren. In allen westlichen Ländern zeichneten diese öffentlichen Sektoren für 30 bis 50 Prozent aller Ausgaben verantwortlich, gelegentlich sogar für mehr. Diese öffentlichen Ausgaben spannten ein wirtschaftliches Sicherheitsnetz auf, das zuvor nicht existiert hatte. Dieser Umstand allein genügte bereits, eine Welt, die zur Depression neigte, in eine Welt zu verwandeln, in der Inflation die bedeutendere Gefahr darstellte.

Wie wir aus der Erfahrung wissen, verhindert die Existenz eines Sicherheitsnetzes nicht das Auftreten von Rezessionen. Der Unterschied zum früheren Zustand liegt jedoch darin, dass ein marktwirtschaftliches System, das einen Kern an öffentlichen Ausgaben enthält, weitgehend davor gefeit ist, aus einer Rezession in eine sich fortlaufend verschärfende Depression hineinzurutschen. Weisen Produktion und Beschäftigung eine Abwärtstendenz auf, so wird diese durch die Ausgaben der öffentlichen Hand für Sozialleistungen, Einlagensicherungsfonds der Banken und Ähnliches begrenzt. Sich selbst verstärkende, tendenziell bodenlose Depressionen sind deshalb von begrenzten, wenn auch wiederkehrenden Rezessionen abgelöst worden.

Eine zweite Ausprägung des epochalen Wandels, den der Kapitalismus im letzten Jahrhundert durchlaufen hat, liegt in der Zunahme privater Machtfülle, ersichtlich an der Entstehung von umfangreichen Organisationen – der Eisberge, die die Gewässer der Unternehmenswelt und des Arbeitsmarktes beherrschen.

Die Herausbildung dieser institutionalisierten privaten Macht hat großen Anteil an der Neigung der Wirtschaft zu einer inflationären Entwicklung. Es fällt deutlich ins Auge, dass in der Vergangenheit auf Zeiten mit hoher Inflation regelmäßig lange Perioden der Deflation folgten. Im Zeitraum von 1850 bis 1900 zeigte in den Vereinigten Staaten die Preisentwicklung in den meisten Jahren nach unten, wenn auch in unterschiedlich hohem Ausmaß. Warum? Einer der Gründe liegt darin, dass die Wirtschaft seinerzeit viel stärker als heute von der Landwirtschaft dominiert war. Die Preise landwirtschaftlicher Erzeugnisse aber schwanken seit jeher viel stärker als diejenigen von Fertigprodukten, insbesondere nach unten. Eine industrielle Wirtschaft ist allein aufgrund der Tatsache, dass sie von Betrieben der verarbeitenden Industrie beherrscht wird, viel weniger anfällig für Preisrückgänge als eine landwirtschaftlich geprägte. Ein weiterer Grund leitet sich aus der Tatsache ab, dass auch der Charakter des Sektors der verarbeitenden Industrie sich verändert hat. Im frühen 20. Jahrhundert kam es nicht selten vor, dass große Unternehmen in Zeiten einer Wirtschaftskrise die Löhne aller Beschäftigten kürzten. Darüber hinaus fielen die Preise infolge des technischen Fortschritts und der ruinösen Preiskämpfe, die in unregelmäßigen Abständen zwischen konkurrierenden Industrieunternehmen ausbrachen.

All dies gehört einem inzwischen weitgehend abgeschlossenen Kapitel der Wirtschaftsgeschichte an. Die Landwirtschaft trägt heute nur noch in geringem Umfang zum BIP bei. Der technische Fortschritt führt noch immer zu teilweise drastischen Preissenkungen – man bedenke die Entwicklung der PC-Preise in den letzten zehn Jahren! –, doch bis vor kurzem wurden diese Kostenrückgänge bei Industrieprodukten durch eine Tendenz ausgeglichen, die die Lohn- und Preisentwicklung seit Ende des Zweiten Weltkriegs kennzeichnet; eine Tendenz, nach der die Preise und Löhne zwar steigen können, aber so gut wie niemals fallen werden – von technologischen Revolutionen oder Marktzusammenbrüchen einmal abgesehen. Die Verbindung aus unternehmerischer und Gewerkschaftsmacht, unterstützt durch eine allgemeine Abneigung gegen ruinösen Wettbewerb, führte dazu, dass die Löhne und Preise in der Regel nur eine Richtung kannten – nach oben. Selbst in wirtschaftlich schwachen Zeiten oder bei scharfer Konkurrenz wurden die Löhne und Gehälter nicht gesenkt.

Diese Veränderungen erklären zu einem guten Teil, warum wir uns so weit von der Welt unserer Eltern und Großeltern entfernt haben, denen alle möglichen wirtschaftlichen Szenarien Sorgen bereiteten, nicht jedoch Inflation, und warum wir stattdessen in einer Welt gelandet sind, in welcher inflationäre Tendenzen immer im Hintergrund zu lauern scheinen.

Doch Anfälligkeit für Inflation ist das eine und deren tatsächliches Auftreten das andere. Unser kurzer historischer Überblick wäre unvollständig, würden wir nicht untersuchen, was den inflationären Prozess auslöste, in gleicher Weise, wie die Panik an den Aktienmärkten oder eine unvorhergesehene Firmenpleite der Wirtschaft in früheren Zeiten der Depression den Boden unter den Füßen wegzog.

Die Initialzündung für diese Entwicklung lag in den Vereinigten

Staaten vermutlich in dem gestiegenen Ausgabenniveau im Gefolge des Vietnamkrieges. Dieser wurde kurzsichtigerweise durch Neuverschuldung anstelle einer Sondersteuer finanziert, wohl aufgrund seiner mangelnden Popularität. Ein zweiter starker Impuls, der andere Länder als die Vereinigten Staaten betraf, entstand, als diese ihren damals dominierenden Einfluss dazu nutzten, andere Länder bei der Bezahlung ihrer Auslandsschulden zur Akzeptanz von US-Dollars anstelle von Gold zu zwingen. Auf diese Weise entstanden hohe US-Dollar-Guthaben im Ausland, die sich später, als die ausländischen Staaten diese Guthaben zur Bezahlung von Importen aus den Vereinigten Staaten verwandten, preistreibend auf die US-Wirtschaft auswirkten. Wir haben bereits die dramatischen Auswirkungen der Ölpreisschocks der siebziger Jahre auf das Preisniveau erwähnt und diesen Inflationseffekt mit den depressiven Auswirkungen eines fiktiven »Kohlepreisschocks« in den siebziger Jahren des 19. Jahrhunderts verglichen.

Warum wirkte der Ölpreisschock so ansteckend auf die Wirtschaft? Grund dafür ist eine sehr bedeutende Veränderung: die in den westlichen Ländern eingeführte »Indexierung« der staatlichen Transferleistungen, sprich ihre Koppelung an die Entwicklung der Lebenshaltungskosten zu dem Zweck, den Lebensstandard der Zahlungsempfänger zu schützen. Ähnliche Vereinbarungen hielten bald Einzug in die Tarifverträge großer privater Unternehmen, so dass die Löhne und Gehälter im Gleichklang mit den Preisen stiegen. Die Ausweitung der Kaufkraft just in dem Moment, wo das nationale Interesse nach dem Gegenteil verlangt hätte, führte indes dazu, dass dieser gut gemeinte Versuch, der Inflation zu begegnen, sie in Wirklichkeit lediglich zementierte. Eine stärkere Besteuerung der aufgrund der inflationären Entwicklung aufgeblähten Einkommen hätte dem nationalen Interesse besser gedient, doch mit Steuererhöhungen sind Wahlen nur schwer zu gewinnen.

Wie konnte es angesichts all dieser eingebauten Mechanismen gelingen, der Inflationsspirale zu entrinnen? Einer der Gründe dafür war schieres Glück. Die wesentlichen Einflussfaktoren, die in den siebziger Jahren die Inflation beförderten, lagen »außerhalb« des Systems – es handelte sich, wie die Ökonomen sagen, um exogene Schocks. Ein

Großteil der Inflationsdynamik resultierte aus den Ölpreisschocks, deren Ursachen im Nahen Osten und nicht in den westlichen Ökonomien zu suchen waren. Einen wesentlichen Beitrag lieferte auch der allgemeine Preisanstieg bei Nahrungsmitteln, der zum Teil aus schwerwiegenden Engpässen in den Entwicklungsländern herrührte, zum Teil auch durch schlechte Wetterverhältnisse bedingt war. Schließlich wiesen auch viele weitere Rohstoffe aufgrund des weltweiten Wirtschaftsbooms einen Trend zu steigenden Preisen auf. All diese exogenen Schocks wirkten als ständiger inflationärer Impuls, dessen Effekte sich aufgrund von Indexierungsvereinbarungen in der gesamten Wirtschaft verbreiteten.

Nun kommt der glückliche Zufall ins Spiel: In den achtziger Jahren lösten sich alle genannten Einflussfaktoren in Luft auf. Das OPEC-Kartell hatte den Rohölpreis so hoch festgesetzt, dass die Förderung explodierte. Da jedoch gleichzeitig der Ölkonsum drastisch eingeschränkt wurde, fiel der Ölpreis schließlich von 40 US-Dollar auf wenig mehr als 10 US-Dollar pro Barrel. In den Entwicklungsländern ließ das Bevölkerungswachstum allmählich nach, während die landwirtschaftliche Produktion endlich in Gang kam. Nahrungsmittelengpässe verwandelten sich, nicht zuletzt aufgrund günstiger Witterungseinflüsse, allmählich in exportfähige »Überschüsse«, was rückläufige Agrarpreise zur Folge hatte. Auch der Wirtschaftsboom verlor in den frühen achtziger Jahren zunehmend an Schwung. Damit sank auch die Nachfrage nach Rohstoffen, gelegentlich in katastrophalem Ausmaß: So fielen die Kupferpreise inflationsbereinigt auf ein Niveau, das zuletzt vor Beginn der Großen Depression gegolten hatte.

Zusammen genommen führten diese exogenen Entwicklungen zu einer Halbierung oder sogar noch stärkeren Verminderung des inflationären Drucks auf die westlichen Ökonomien. Da aber keine von ihnen als das Verdienst der US-Regierung oder einer europäischen Staatsregierung gelten kann, muss dieser erste Grund für den Zusammenbruch der Inflationsspirale als glücklicher Zufall bezeichnet werden.

Ein zweiter Grund lag in durchgreifenden politischen Maßnahmen. Es war immer bekannt gewesen, dass es eine sichere Medizin zur Heilung der Inflation gab. Sie bestand darin, die Wirtschaft in eine tiefe

Rezession zu führen. Bis 1980 war jedoch aus Angst vor den politischen Konsequenzen einer solchen Maßnahme niemand dazu bereit gewesen, diese Medizin zu verabreichen.

Dies änderte sich jedoch zu Beginn der achtziger Jahre, zunächst unter der Regierung Carter und erst recht nach dem Amtsantritt von Präsident Reagan. Eine Politik des knappen Geldes trieb die Zinsen auf mehr als 20 Prozent und führte zu einer gewünschten, lang anhaltenden Rezession. Zinssätze in dieser Höhe erlaubten es kleinen Gewerbetreibenden nicht mehr, sich über Kreditaufnahmen das nötige Arbeitskapital zu beschaffen. Die privaten Haushalte verzichteten zunehmend auf die Aufnahme von Hypotheken und Konsumentenkrediten. Selbst die größten Konzerne gerieten ins Trudeln, da sie gleichzeitig mit extrem hohen Zinssätzen und einer sinkenden Verbrauchernachfrage konfrontiert waren.

So kam es aufgrund des knappen Geldangebots zu der erwarteten und gewünschten Rezession. Im Jahr 1982 hatte die Arbeitslosenquote in den Vereinigten Staaten bereits die Elf-Prozent-Marke überschritten, in Europa erreichte sie noch höhere Werte. Mit steigender Arbeitslosigkeit kam es in den von der Krise besonders betroffenen Branchen zu ersten Lohnkürzungen – in den vorhergegangenen langen Jahren des Wirtschaftsbooms ein undenkbarer Vorgang. Schwindender Lohndruck sowie stagnierende oder sogar schrumpfende Absatzzahlen lässt die Zeiten vergessen, in denen die Märkte immerzu gewachsen waren. Angesichts dieser Eindrücke sahen sich die großen Aktiengesellschaften gezwungen, auf eine Strategie zurückzugreifen, die nicht wenige Ökonomen bereits den Geschichtsbüchern überantwortet hatten: Sie begannen, ihre Preise zurückzunehmen.

Einen letzten Gnadenstoß erhielt die Inflation durch den internationalen Wettbewerbsdruck. Angesichts steigender Zinsen in den Vereinigten Staaten begannen nicht wenige ausländische Kapitalanleger, ihr Vermögen in hochrentierliche US-Staatsanleihen zu investieren. Dieser Kapitalzufluss führte umgehend zu einem starken Anstieg des Wechselkurses des US-Dollar, da die ausländischen Investoren ihre heimische Währung gegen US-Dollar eintauschen mussten, um die begehrten Staatsanleihen zu erwerben. Die US-Amerikaner wiederum nutzten den steigenden Dollarkurs, um ausländische Waren zu Spottpreisen einzukaufen, während sich umgekehrt die US-Waren im Ausland aufgrund des hohen Wechselkurses als nahezu unverkäuflich erwiesen. So führte der internationale Wettbewerbsdruck zu einer Verschärfung des Wettbewerbs im Inland, der wiederum die Inflation zügelte.

Aus psychologischer Sicht endete die Inflation mit dem Crash der Vermögenswerte in den späten achtziger und frühen neunziger Jahren. In Japan und Taiwan brachen die Aktienmärkte ein. Inflationsbereinigt übertraf der Rückgang der Aktienkurse in Japan sogar denjenigen des US-amerikanischen Aktienmarktes im Zeitraum von 1929 bis 1932. In den meisten Ländern kam es zu einem drastischen Rückgang der Wohnungsmarkt- und Immobilienpreise. Eine seit dem Ende des Zweiten Weltkrieges andauernde Ära beständig steigender Immobilienpreise war beendet.

Das Zusammenspiel aus glücklichem Zufall und durchgreifenden politischen Maßnahmen brach den Inflationserwartungen das Genick. Zweistellige Inflationsraten gehörten fortan der Vergangenheit an. Die nun einstelligen Inflationsraten sanken weiter, bis eine inflationsfreie Welt, wie es sie früher einmal gegeben hatte, wieder in greifbare Nähe rückte. Dies führt uns zum Anfang dieses Kapitels zurück, wo wir das allmähliche Verschwinden einer zuvor sehr realen und gefährlichen inflationären Bedrohung konstatiert haben.

Das Schreckgespenst erscheint

Und so endete die Große Inflation – in Schmach und Schande zwar, doch ein Ende war es allemal. Wie steht es aber um die Große Inflationsneigung? Auch hierzu einige historische Anmerkungen. Der Ausstieg aus der Großen Depression gelang in den Vereinigten Staaten mithilfe des explodierenden Ausgabenvolumens im Vorfeld des Zweiten Weltkrieges. Doch erst in den fünfziger Jahren wurden jene Strukturen errichtet, die den Ausbruch einer weiteren Großen Depression verhindern würden – der Ausbau des Rentensystems, der Arbeitslosenversicherung sowie der Sozialleistungen. Wie wirksam diese Maßnahmen waren, zeigt die Tatsache, dass zwei unmittelbar aufeinander folgende Rezessionen in den Jahren 1980 und 1981 nicht zu jenem sich selbst verstärkenden Wirtschaftszusammenbruch führten, der in früheren Zeiten wohl unausweichlich gewesen wäre.

Es scheint also, als lebten wir heute in der besten aller Welten – die Große Inflation ist Geschichte, ein Mechanismus zur wirksamen Verhinderung von Depressionen wurde installiert und die Kräfte, die die Wirtschaft in früheren Zeiten so anfällig für Inflationsschübe machten, haben sich in Luft aufgelöst. Und doch gibt es Grund zur Beunruhigung. Die Entwicklung, auf die wir anspielen, stellt eine weitere Folge der Großen Inflation dar; eine Folge, die wir bislang unterschlagen haben. Die Erfahrung jahrzehntelanger Inflation hat nämlich dazu geführt, dass die meisten Wirtschaftspolitiker von der Furcht vor ihrem erneuten Ausbruch geradezu besessen sind. Diese anti-inflationäre Grundhaltung hat darüber hinaus – und dies ist noch entscheidender – auch die Zentralbanker dieser Welt ergriffen, die sofort auf die Geldbremse treten, wenn sich auch nur andeutet, dass die Quote der Erwerbstätigen ihre Zielgröße überschreiten und daraus ein inflationärer Druck entstehen könnte. Das vielleicht wichtigste Vermächtnis der Inflationsjahre, die auf den Vietnamkrieg und den Ölpreisschock folgten, lautet daher, dass man Behauptungen, die Beschäftigungsquote und das Tempo des Wirtschaftswachstums seien »zu hoch«, mit gesundem Misstrauen begegnen sollte. Das heutige Problem ist mithin nicht Inflation an sich, sondern ihr drohendes Schreckgespenst. Wir bezahlen für unseren erfolgreichen Kampf gegen sehr reale inflationäre Zustände, indem wir uns das mögliche und angesichts tiefgreifend veränderter Wirtschaftsstrukturen auch dringend benötigte inflationsfreie Wachstum vorenthalten.

Mit welcher Begründung können Ökonomen wie wir es wagen, von der herrschenden Meinung der Zentralbanker abzuweichen? Unser erstes Argument lautet, dass die Arbeitslosenquote tatsächlich weit höher liegt, als es die offiziellen Zahlen vermuten lassen. Am Beispiel der Vereinigten Staaten bedeutet dies Folgendes: Die offiziellen Erwerbslosenstatistiken erfassen nur solche Personen, die sich aktiv um eine Vollzeitbeschäftigung bemühen. Ende der neunziger Jahre lag die Zahl dieser Personen bei etwa 7,5 bis acht Millionen, was einem Anteil von rund 5 bis 5,5 Prozent an dem gesamten Arbeitskräftepotenzial entspricht. Doch diese Zählung berücksichtigt nicht jene fünf bis sechs Millionen erwerbsloser Arbeitskräfte, die jede Hoffnung auf Arbeit bereits aufgegeben haben: Sie werden schlicht und einfach nicht als »arbeitslos« erfasst. Darüber hinaus gibt es mindestens vier Millionen Arbeitskräfte, die in Teilzeitpositionen tätig sind, weil es ihnen nicht gelingt, eine Vollzeitanstellung zu finden.

Rechnet man diese Gruppen zu den offiziellen Erwerbslosenzahlen hinzu, so steigt die Arbeitslosenquote in den Vereinigten Staaten auf rund 10 Prozent. Dazu kommen weitere 18 Millionen Arbeitskräfte, die sich in einem Stadium der Unterbeschäftigung befinden – weil sie auf Abruf arbeiten, in vorübergehenden Beschäftigungsverhältnissen stehen oder als scheinselbstständige »Unternehmer« tätig sind. Schließlich gibt es irgendwo weitere sechs Millionen »fehlende« Männer – männliche Personen im arbeitsfähigen Alter, die zwar in den Volkszählungen, nicht jedoch in den Arbeitsmarktstatistiken erscheinen. Es steht zu vermuten, dass nicht wenige von ihnen aus dem statistischen Nirwana auftauchen würden, wenn es für sie akzeptable, sichere Arbeitsplätze gäbe.

In der Summe liegt damit das Arbeitskräftepotenzial der US-amerikanischen Wirtschaft um bis zu 15 Prozent über dem Wert, den die Fed ihrem Bollwerk gegen eine inflationsträchtige »Überbeschäftigung« zugrunde legt. Die Tatsache, dass seit 1985 gut 20 Millionen neue Arbeitsplätze geschaffen wurden – dies entspricht ungefähr der benötigten Anzahl an Jobs, um die legalen Einwanderer und die Schulabgänger in den Arbeitsmarkt zu integrieren –, wirkt beeindruckend, aber dies gilt nur so lange, wie wir die oben genannten Zahlen ignorieren.

Die erste in einer Reihe von neuartigen Herausforderungen, denen wir heute gegenüberstehen, lautet also, dass die kapitalistischen Ökonomien ein dringend benötigtes Wachstumspotenzial nur aufgrund eines Schreckgespenstes verschenken – der Gefahr einer Inflation, deren Eintreffen mehr als unwahrscheinlich ist.

Bedeutet dies, dass die Geißel der Inflation nun ebenso in Frieden ruht wie das einstmals so gefürchtete Schreckensbild einer »bodenlosen« Depression? Eine solche Behauptung wäre angesichts eines möglichen Wiederaufflammens des Wettrüstens, der Gefahr erneuter Ölpreisschocks oder noch unbekannter inflationsträchtiger Katastrophen ein wenig vorschnell. Doch dabei handelt es sich um mögliche, nicht um wahrscheinliche Ereignisse – und wir wissen heute aus der geschichtlichen Erfahrung, wie wir ihre Folgen abmildern können.

Neben dem hohen Grad an verborgener Nicht- oder Unterbeschäftigung bestehen weitere Gründe, an der Gefahr einer drohenden Inflation zu zweifeln. So hat der internationale Wettbewerb auf allen Ebenen zugenommen, wie wir erkennen werden, wenn wir uns mit dem Thema Globalisierung beschäftigen. Einzelne Unternehmen verfügen heute über viel weniger Macht zur eigenständigen Preisgestaltung als früher. Neue Technologien ermöglichen drastische Kostensenkungen, auch durch den Abbau von Beschäftigung. Gemeinsam haben diese Kräfte zu einer Situation geführt, in der die Reallöhne im Schrumpfen begriffen sind. Unter solchen Umständen ist ein plausibles Inflationsszenario nur schwer vorstellbar.

Unter dem Eindruck dieser Entwicklungen gelangen manche Ökonomen sogar zu dem Schluss, dass heute eine ganz andere Gefahr drohe: diejenige einer Deflation, also eines Zustands, der durch beständig sinkende Preise und Einkommen sowie einen Rückgang des BIP gekennzeichnet ist. Tatsächlich weisen die Preise für langlebige Konsumgüter heute einen Abwärtstrend auf, während Dienstleistungen sich weiterhin verteuern, wenn auch mit abnehmender Geschwindigkeit. Da der Dienstleistungssektor in weitaus stärkerem Maße lohnabhängig ist als das verarbeitende Gewerbe, hat er sich bisher gegenüber deflationären Tendenzen als widerstandsfähiger erwiesen. Gleichzeitig steigt sein Anteil an der wirtschaftlichen Aktivität immer weiter an, was Optimisten zu dem Schluss veranlasst, er werde eine deflationäre Entwicklung schon verhindern. Zudem würden nach Meinung derselben Ökonomen die Zentralbanken, die sich der Gefahr bewusst seien, rechtzeitig gegen einen Preisverfall einschreiten, indem sie die Geldmenge erhöhen und die Zinsen senken.

Und doch ist die Möglichkeit einer weltweiten Deflation nicht von der Hand zu weisen. In Japan, dessen Zinsniveau sich nahe Null bewegt und das seit Jahren mit sinkenden Preisen und Löhnen zu kämpfen hat, ist dieser Zustand nach nahezu einhelliger Auffassung bereits erreicht. In den Vereinigten Staaten erscheint die Gefahr einer vergleichbaren Entwicklung derzeit noch gering; anders sieht es hingegen in Deutschland aus, das als Mitglied der Euro-Zone an die geldpolitischen Entscheidungen der Europäischen Zentralbank gebunden ist. Um das vergleichsweise schwache Wachstum in Deutschland zu stimulieren, wäre ein deutlich niedrigeres Zinsniveau erforderlich, als es die EZB mit Rücksicht auf die anderen, stärker wachsenden Ökonomien innerhalb der Euro-Zone wählt. Gleichzeitig verhindert der als Anhang zum Maastricht-Abkommen verabschiedete Stabilitätspakt eine Lockerung der fiskalpolitischen Zügel, also eine Ankurbelung der Wirtschaft durch staatliche Konjunkturprogramme oder umfangreiche Steuersenkungen ohne vollständige Gegenfinanzierung. Auch eine Abwertung der nationalen Währung scheidet als mögliche Maßnahme aus. Die Gefahr einer deflationären Entwicklung in Deutschland muss daher als durchaus real angesehen werden.

Dennoch wird das Schreckgespenst der Inflation regelmäßig zitiert, um den Anstieg der öffentlichen Ausgaben für Renten, Gesundheitsvorsorge und ähnliche Zwecke zu bremsen. Dieser Widerstand gegen einen Anstieg der Staatsausgaben vor dem Hintergrund seiner angeblich inflationären Folgen hat zur Kürzung oder Streichung vieler Projekte in den Bereichen Infrastruktur, Bildung sowie Forschung und Entwicklung geführt – auf genau denjenigen Gebieten also, in denen öffentliche Ausgaben die besten Aussichten bieten, den künftigen Wohlstand zu mehren. Auch im privaten Sektor führt ein verlangsamtes Wirtschaftswachstum zur Kürzung der Kapitalinvestitionen sowie der Fortbildungsprogramme für die Belegschaften. Unterbeschäftigte Arbeitskräfte wiederum erkennen nicht den Sinn einer eigenfinanzierten Fortbildung, da sie vermuten müssen, dass sich diese nicht auszahlen wird. So kommt es, dass die Bekämpfung der Inflation genau diejenigen öffentlichen und privaten Investitionen verhindert, die zur Schaffung künftigen Wohlstands unverzichtbar sind.

Unter dem Strich scheint die Ära der Inflation also ihr Ende gefunden zu haben. Gleichzeitig gilt es zu verhindern, dass die Erinnerung an diese Zeit einer weiteren Ausgestaltung von Vorhaben im Wege steht, die sich auf die Bewältigung künftiger Herausforderungen richten. So erklärt es sich, dass wir nicht die Inflation, sondern ihr Schreckgespenst als die erste unserer neuartigen Herausforderungen ansehen. Wie effektiv wir ihr begegnen werden, muss die Zukunft zeigen.

16

DAS PROBLEM DER UNGLEICHEN EINKOMMENS- UND VERMÖGENSVERTEILUNG

Wenn man einen Normalbürger fragt, warum sich die Einkommen der Menschen unterscheiden, so wird die Antwort je nach Kulturkreis vermutlich anders ausfallen. Wer beispielsweise in einer der vergleichsweise egalitär ausgerichteten Gesellschaften Nord- oder Mitteleuropas aufgewachsen ist, wird die Einkommensverteilung womöglich als Ergebnis gesellschaftlicher Verteilungskämpfe zwischen Arbeit und Kapital ansehen und sie in geringerem oder stärkerem Maße als ungerecht empfinden. Die meisten US-Amerikaner – vielleicht mit Ausnahme derer, die entweder ein großes Vermögen geerbt haben oder Opfer von Diskriminierung oder ähnlicher widriger Umstände sind – würden dagegen antworten, dass jeder über das Einkommen verfüge, das er »verdient« habe. Damit geben sie der verbreiteten Überzeugung Ausdruck, dass jeder Bürger ungefähr das von der Gesellschaft zurückerhält, was er in sie investiert hat.

Die Ökonomen behaupten dasselbe, wenn auch in etwas komplizierterer Sprache. Ihre These lautet, dass die Einkommen im Wesentlichen die »Grenzproduktivität« der Einzelbeiträge zum gesamtwirtschaftlichen Produktionsprozess widerspiegeln. Dies bedeutet nichts anderes, als dass der Einzelne nach Überzeugung der Wirtschaftswissenschaftler ein Einkommen verdient, dass ungefähr dem Wert der Arbeit entspricht, die er für andere und für sich selbst leistet. Dieser »Wert« stellt eine komplizierte Verbindung aus den Talenten und Fähigkeiten, dem Ehrgeiz, der Risikobereitschaft und dem in Stunden gemessenen Verzicht auf Freizeit des Einzelnen dar, wobei diese Faktoren jeweils dem Bedarf des Marktes gegenübergestellt werden.

Lassen sich mit dieser Erklärung die tatsächlichen Einkommensunterschiede innerhalb einer Gesellschaft begründen? Die Antwort auf diese Frage ist wie so oft zweischneidig. Die obige Erläuterung ist hilfreich, da sie eine Reihe von Fakten beleuchtet: So besteht tatsächlich in vielen Fällen ein Zusammenhang zwischen der Produktivität eines Menschen und seinem Einkommen – qualifizierte Arbeitskräfte etwa verdienen in aller Regel mehr als unqualifizierte. Doch die individuellen Einkommen weichen oft stärker voneinander ab, als es die gemessenen Produktivitätsunterschiede nahe legen würden. Es kommt eben auch darauf an, ob man Glück oder Pech hat – beispielsweise, ob man bei einem gesunden, expandierenden Unternehmen angeheuert hat oder bei einer Firma, die sich in Schwierigkeiten befindet und massiv Arbeitsplätze abbaut.

Oben und unten

Beginnen wir mit dem oberen und unteren Ende der Einkommensskala – in umgekehrter Reihenfolge. In Kapitel 3 haben wir bereits kurz die Dimensionen und die besonderen Merkmale von Armut in den Vereinigten Staaten behandelt. Eine Tatsache, die unmittelbar ins Auge fällt, ist das geballte Auftreten von Armut in schwarzen Familien sowie in Familien mit weiblichem Haushaltsvorstand. Wie erklärt die Ökonomie dieses Phänomen? Gar nicht. Sie überlässt es Historikern und Soziologen, die Auswirkungen einer Geschichte von Sklaverei und Diskriminierung auf die heutige Gesellschaft sowie die drastische Zunahme von Familien mit weiblichem Haushaltsvorstand zu erläutern.

Wer einmal verarmt ist, gerät in einen Teufelskreis der Armut. Armut entsteht beispielsweise, weil Menschen nicht über die notwendigen Qualifikationen verfügen, um produktiv zu sein, doch als Arme verfügen sie wiederum nicht über die erforderlichen finanziellen Mittel zum Erwerb von Qualifikationen. Ohne das Rollenvorbild von beschäftigten Erwachsenen entwickeln Jugendliche eine Arbeitsmoral, die ihnen den Zugang zum Arbeitsmarkt versperrt – mit dem Ergebnis, dass eine weitere Generation heranwächst, die nicht über Rollenvorbilder beschäftigter Erwachsener verfügt. Ursache und Wirkung geraten in eine heillose Verquickung miteinander. Viele Arme sind auch Opfer von Entlassungen und nun weitgehend oder vollständig von staatlichen Transferleistungen abhängig.

Wie sieht es am anderen Ende der Einkommensskala aus, auf deren oberster Stufe, bei den Millionären? Erklärt die Grenzproduktivität auch sehr hohe Einkommen? Nein, denn auf diesem Niveau verlieren Arbeitseinkommen an Bedeutung und das Einkommen aus Kapital und Vermögen dominiert.

Da gut die Hälfte der Superreichen ihr Vermögen geerbt hat, lässt sich ein Großteil der gemessenen Einkommen dieser Gruppe eindeutig nicht auf individuelle Verdienste zurückführen. Doch wie steht es um Millionäre, die ihr Vermögen selbst erwirtschaftet haben? Lässt sich ihr Reichtum aus ihrem Beitrag zur gesellschaftlichen Produktion ableiten? Ja, allerdings nicht mithilfe der üblichen Analysemethode, die sich auf die Grenzproduktivität der geleisteten Arbeit oder des eingesetzten Kapitals konzentriert.

Der mikroökonomischen Theorie zufolge entsteht Vermögen durch Sparen, das mit einem entsprechenden Konsumverzicht einhergeht, wobei das gesparte Kapital zu Marktsätzen verzinst wird. Diese Marktzinsen wiederum spiegeln die Grenzproduktivität des Kapitals wider. Zweifellos gelingt es manchen Menschen, durch Konsumverzicht eine gewisse Summe anzusparen, doch Reichtümer entstehen auf diese Weise nicht. Wer beispielsweise über 100 000 US-Dollar oder Euro verfügt und eine reale (inflationsbereinigte) Rendite von 2 Prozent auf sein Kapital erzielt – viel mehr ist beispielsweise mit einem Sparbuch nicht zu holen – sowie schließlich den über den Sparerfreibetrag hinausgehenden Zinsertrag noch versteuern muss, wird lange (konkret gesprochen, etwa 26 Jahre) benötigen, um auch nur die erste Million zu erreichen. Im Gegensatz dazu erwirtschaften Superreiche ihr Vermögen zumeist in kürzester Zeit. Bill Gates benötigte weniger als zwei Jahrzehnte, um ein Vermögen von 29 Milliarden US-Dollar anzuhäufen und damit zum reichsten US-Amerikaner zu werden. Wie wird man über Nacht reich?

Nehmen wir an, ein Unternehmer wollte ein neu patentiertes Produkt herstellen und kalkulierte dazu eine Investition von 1 Million US-Dollar für den notwendigen Bau und die Ausrüstung einer entsprechenden Produktionsstätte. Der Unternehmer rechnet mit einem Verkaufspreis, der einen Gewinn von 300 000 US-Dollar garantieren würde. Es gelingt ihm, das Investitionskapital über einen Bankkredit zu beschaffen; die Produktionsstätte wird errichtet und der Gewinn realisiert. Damit ist der Unternehmer augenblicklich vermögend. Denn die Kapitalmärkte interessieren sich nicht für die tatsächlichen Kosten einer Produktionsstätte. Ihr Augenmerk richtet sich allein auf die Rendite von Investitionen mit demselben Risikograd. Beläuft sich diese Rendite auf 10 Prozent, so beträgt der Wert der Produktionsstätte plötzlich 3 Millionen US-Dollar, denn dies ist die Summe, die bei einer zehnprozentigen Rendite zu einem Ertrag von 300 000 US-Dollar führen würde. Der Unternehmer verfügt damit nach Rückzahlung seines Bankkredites über ein Vermögen von 2 Millionen US-Dollar. Er ist in kurzer Zeit zum Millionär geworden, da die Finanzmärkte seine unternehmerischen Profite in Kapitalgewinne umgewandelt haben.

Wenn der Markt eine größere Menge seiner Produkte nachfragt, als er in der einzigen bestehenden Produktionsstätte herstellen kann, steigt sein Vermögen noch einmal an, denn nun kann er Anteile an seinem Unternehmen an die Öffentlichkeit veräußern. Diese Anteile aber spiegeln sowohl den Wert der aktuellen Investitionen des Unternehmers als auch seiner künftigen Marktchancen wider. Die Höhe seines Vermögens leitet sich damit nicht aus der Grenzproduktivität seiner Arbeitsleistung oder seines investierten Kapitals ab, sondern reflektiert den Wert seiner Marktnische, die er sich durch seinen Einsatz – oder sein Glück – geschaffen hat.

Mit Ausnahme der besonders reichen oder armen Bevölkerungsschichten sind die meisten Menschen zur Finanzierung ihrer täglichen Ausgaben auf ihr jeweiliges Arbeitseinkommen angewiesen. Dieses bemisst sich zu großen Teilen anhand der individuellen Produktivität. Wie aus Tabelle 13 unmittelbar hervorgeht, besteht ein enger Zusam-

Tabelle 13: Bildungsniveau und Durchschnittseinkommen von männlichen US-Bürgern, 2001

	Durchschnittseinkommen (in US-$)
Weiterführende Schule	
1–3 Jahre	19 343
4 Jahre	28 343
College	
1–3 Jahre	33 777
4 Jahre	49 985
Weiterführende Universität	67 736

menhang zwischen dem Bildungsstand und dem Einkommen eines Beschäftigten.

Tabelle 14 zeigt für Deutschland einen vergleichbaren Zusammenhang: Aus ihr können wir ersehen, dass der Anteil der Sozialhilfeempfänger in den Gruppen ohne Schulabschluss beziehungsweise mit

Tabelle 14: Sozialhilfebezug und höchster Schulabschluss, Bundesrepublik Deutschland, 1998

Schulabschluss	HLU-Empfänger Dez. 1998*		Bevölkerung April 1998*	
	Anzahl	Anteil (in %)	Anzahl	Anteil (in %)
kein Schulabschluss	143 575	13,3	1 315 000	2,6
Volks-/ Hauptschule	556 495	51,5	22 621 000	44,7
Realschule oder gleichrangig	200 782	18,6	15 426 000	30,5
(Fach-) Hochschulreife	91 637	8,4	10 904 000	21,6
sonstiger Schulabschluss	88 210	8,2	309 000	0,6
Zusammen	1 080 699	100,0	50 575 000	100,0
noch in Ausbildung	107 949		2 992 000	
Schulabschluss unbekannt	577 766		2 075 000	
Insgesamt	*1 766 414*		*55 642 000*	

*HLU = laufende Hilfe zum Lebensunterhalt; Personen im Alter von 15 bis 64 Jahren außerhalb von Einrichtungen
Quelle: Lebenslagen in Deutschland. Der erste Armuts- und Reichtumsbericht der Bundesregierung, Bundesministerium für Arbeit und Sozialordnung, Berlin 2001.

Volks- oder Hauptschulabschluss, gemessen am Anteil der betreffenden Gruppen an der Gesamtbevölkerung, überdurchschnittlich hoch ist. Das Umgekehrte gilt für Akademiker und Personen mit Realschulabschluss.

Die individuelle Produktivität erklärt einiges, wie man anhand der Spitzeneinkommen von Rechtsanwälten, Piloten, Künstlern und Fernsehmoderatoren unschwer erkennt. Man mag es als »ungerecht« bezeichnen, dass Spitzensportler und Rock-Stars so viel verdienen (und andere Berufsgruppen wie etwa Krankenschwestern so wenig), doch nach den Kriterien des Marktes ist ihr gesellschaftlicher Beitrag immens. Niemand ist dazu verpflichtet, ihre Videos zu kaufen oder ihre Auftritte zu besuchen. Vielmehr geben die Menschen freiwillig eine Menge Geld dafür aus.

Dennoch hängen die produktiven Fähigkeiten des Einzelnen nicht annähernd so eng mit seinem Einkommensniveau zusammen, wie vielfach angenommen wird. Die tatsächlich erwirtschafteten Einkommen in den Vereinigten Staaten weichen oft erheblich von den in Tabelle 13 aufgeführten Durchschnittswerten ab. So erzielen beispielsweise in der bestverdienenden Altersgruppe der 45- bis 54-Jährigen etwa 26 Prozent der Absolventen von weiterführenden Schulen mit weißer Hautfarbe ein höheres Einkommen als der durchschnittliche weiße männliche College-Abgänger, während umgekehrt 21 Prozent der College-Absolventen ein geringeres Einkommen als der durchschnittliche Schulabgänger beziehen. Obwohl sich Bildung im Durchschnitt eindeutig auszahlt, gilt dies nicht für jeden einzelnen Beschäftigten.

Wie komplex der Mechanismus zur Einkommensverteilung ausgestaltet ist, lässt sich anhand der Faktoren ermessen, die den dramatischen Veränderungen der Einkommensstruktur in den letzten Jahrzehnten zugrunde liegen. So stieg das reale Pro-Kopf-BIP in den Vereinigten Staaten im Zeitraum von 1973 bis 1995 um 39 Prozent – ein zwar nicht ungewöhnlich großer, aber doch recht ansehnlicher Zugewinn. Dieser Zuwachs war jedoch alles andere als gleichmäßig verteilt: Er fiel nahezu ausschließlich den Spitzenverdienern zu, einer 20 Prozent aller Beschäftigten umfassenden Gruppe. Dagegen sanken die Einkommen von Beschäftigten ohne Führungsfunktion – jener 80 Prozent aller Arbeitnehmer, die keine eigenen Untergebenen haben – um 14 Prozent, wobei die Einkommen von Männern stärker zurückgingen als diejenigen von Frauen. Das historische Gesetz, das Präsident John F. Kennedy einmal in dem berühmten Bonmot »Die Flut hebt alle Boote« zusammengefasst hatte, verlor in den Vereinigten Staaten seine Gültigkeit. In Deutschland, wo tarifvertragliche Regelungen heute noch eine weit stärkere Bedeutung haben als in den USA, ist eine vergleichbare Entwicklung bisher ausgeblieben; hier hat sich das Verhältnis zwischen den Einkommensgruppen in den vergangenen Jahren nur unwesentlich zugunsten der höheren Einkommensklassen verschoben.

Gründe für die Öffnung der Einkommensschere

Die unterschiedliche Entwicklung der Einkommen in den Vereinigten Staaten war zweifellos nicht allein auf einen plötzlichen Rückgang individueller Produktivitäten zurückzuführen. Auch andere Kräfte machten ihren Einfluss geltend. Eine dieser Kräfte, der wir uns im folgenden Kapitel erneut widmen werden, war die Entwicklung der Verkehrs- und Telekommunikationstechnologien, auf denen das Phänomen der Globalisierung beruht. Durch die zunehmende Verlagerung von Teilen der Produktion ins Ausland gingen viele hochbezahlte Arbeitsplätze im Inland verloren, um auf der anderen Seite der Erdkugel durch wesentlich schlechter bezahlte Arbeitsplätze ersetzt zu werden. Das von Ökonomen als »Faktorpreisausgleich« bezeichnete Phänomen – wonach die Löhne für Arbeitsplätze gleicher Qualifikationsstufe in Niedriglohnländern tendenziell steigen und in Hochlohnländern entsprechend sinken – wirkte sich spürbar dämpfend auf die Einkommen der früheren Stahlarbeiter sowie der qualifizierten oder halbqualifizierten Fließbandarbeiter in anderen Branchen aus. Zwar klaffte weiterhin eine große Schere zwischen dem Einkommensniveau in den Vereinigten Staaten oder Mitteleuropa und demjenigen in Indien, doch die wirtschaftlichen Kräfte hoben nicht mehr alle, sondern nur noch einige Boote an, während sie andere in die Tiefe rissen.

Die neuen Technologien wirkten sich aber auch auf das untere Einkommenssegment der Beschäftigten aus. Durch die Einführung von Computern und automatisierten Produktionsmethoden wurden vielerorts die nun altmodisch wirkenden Fabrikaufseher überflüssig. Die Verantwortung für einen reibungslosen Produktionsablauf wurde nunmehr unmittelbar den neu gebildeten Arbeitsteams übertragen, deren Mitglieder jedoch zusätzliche Qualifizierungsmaßnahmen durchlaufen mussten, um der gestiegenen Verantwortung und den erweiterten Entscheidungsspielräumen gewachsen zu sein. Das neue Lagerhaltungsprinzip, das unter der Bezeichnung »Just-in-Time« bekannt wurde, erübrigte die traditionelle (und kostspielige) Vorhaltung von Ersatzteilen, stellte aber höhere Anforderungen an die mathematischen Fähigkeiten der Beschäftigten. Gleiches galt für die neu eingeführten statistischen Techniken zur Qualitätskontrolle. Mit zunehmendem Bedarf an qualifizierten Arbeitskräften und einem Rückgang des Bedarfs an unqualifizierter Arbeit fielen verständlicherweise auch die Einkommen beider Gruppen zunehmend auseinander. Am stärksten negativ betroffen war in den Vereinigten Staaten die Gruppe der männlichen Schulabgänger weißer Hautfarbe.

Scheinbar unabhängig von diesen mächtigen Einflüssen vollzog sich eine Entwicklung, die wir bislang ignoriert haben. Gemeint ist der dramatische Bedeutungsverlust der Gewerkschaften. In den Vereinigten Staaten belief sich der gewerkschaftliche Organisationsgrad im privaten Sektor 1954 auf nahezu 40 Prozent und erreichte damit ein Allzeithoch. Im Jahre 1973, als die Löhne bereits im Fallen begriffen waren, waren nur noch 30 Prozent aller Beschäftigten in einer Gewerkschaft registriert. Heute liegt diese Zahl nur noch wenig über 10 Prozent (in Deutschland dagegen bei gut 25 Prozent). Weder in der Automobil- oder Stahlindustrie noch in der Baubranche spielen die Gewerkschaften bei Tarifverhandlungen heute eine entscheidende Rolle. Sie begnügen sich mit dem, was sie bekommen können.

Wie kam es zu diesem Machtverlust der Gewerkschaften? Ein entscheidender Grund liegt in dem Bedeutungsschwund, den die verarbeitende Industrie seit den siebziger Jahren hinnehmen musste und der sich natürlich auch auf ihre führenden Unternehmen erstreckte, die einen besonders hohen gewerkschaftlichen Organisationsgrad aufwiesen. So litt beispielsweise das Geschäft der United States Steel so stark unter den neuen, viel kleinräumigeren Produktionsmethoden für Stahlerzeugnisse, dass sich das Unternehmen schließlich in USX umbenannte, um zu dokumentieren, dass die Stahlerzeugung nicht mehr Hauptzweck seines Geschäftsbetriebs war. Diese Veränderung wurde von einem kräftigen Bedeutungsverlust der Metallarbeitergewerkschaft begleitet, da sich diese im Gegensatz zu USX nicht in der Lage sah, neue Betätigungsfelder zu erschließen, um die Vielzahl an verlorenen Mitgliedern aus der Stahlindustrie zu ersetzen.

Schließlich möchten wir einen Vorfall ansprechen, der »zahlenmäßig« betrachtet womöglich nicht den entscheidenden Auslöser für den Machtverlust der Gewerkschaften darstellte, der aber nichtsdestotrotz in politischer und psychologischer Hinsicht verheerende Auswirkungen hatte. Die Rede ist von der Reaktion Präsident Reagans auf einen Streik der US-amerikanischen Fluglotsen im Jahre 1981, der einen Großteil des für die Kontrolle des Flugverkehrs in den Vereinigten Staaten zuständigen Personals erfasste. Reagan entließ alle streikenden Fluglotsen und ersetzte sie durch nicht gewerkschaftlich organisiertes Personal. Diese Maßnahme löste insofern einen Schock aus, als die Bundesregierung der Vereinigten Staaten seit den Tagen des »New Deal« von Präsident F. D. Roosevelt den Gewerkschaften stets den Rücken gestärkt hatte. Ganz offensichtlich hatte sie diese Rolle nun aufgegeben.

Es kann daher kaum ein Zweifel daran bestehen, dass der Machtverlust der Gewerkschaften großen Anteil an dem relativen Einkommensrückgang der Arbeiterklasse hat. Dies gilt insbesondere für die verarbeitende Industrie. Die Gewerkschaftsbewegung ist heute nach Kräften bemüht, ihre frühere Bedeutung wiederherzustellen, doch ist kaum anzunehmen, dass sie in absehbarer Zeit ihre frühere Verhandlungsmacht zurückgewinnen wird. Aus diesem Grunde werden die Einkommen wohl kaum ihre frühere Struktur wieder erreichen. Die Einflussfaktoren, die eine ungleiche Einkommensverteilung hervorbringen, dürften auch weiterhin das Schicksal der einfachen Arbeiter bestimmen.

In den Chefetagen dagegen ...

Doch noch immer haben wir den dramatischsten Aspekt der zunehmenden Einkommensungleichheit in den letzten Jahrzehnten nicht erwähnt. Gemeint sind die explodierenden Gehälter der Spitzenverdiener bei den Kapitalgesellschaften. In den siebziger Jahren verdiente der Vorstandsvorsitzende einer US-amerikanischen Aktiengesellschaft etwa das 40fache des Lohnes eines durchschnittlichen Arbeiters. Betrug dessen Jahresgehalt also beispielsweise 25 000 US-Dollar, so belief sich die Vergütung des Vorstandsvorsitzenden auf 1 Million US-Dollar. Im Jahre 1990 war dieses Verhältnis auf einen Wert von 225 zu 1 angewachsen. Einem angenommenen Durchschnittslohn von 35 000 US-Dollar hätte damit eine Vergütung des Vorstandsvorsitzenden von nahezu 8 Millionen US-Dollar gegenübergestanden.

Wie kam es zu diesem beispiellosen Anstieg der Vorstandsvergütungen? Um diese Frage zu beantworten, müssen wir erneut das vergleichsweise klare ökonomische Deutungsmuster verlassen und uns den tiefer reichenden, aber auf unsichererem Boden stehenden Erklärungen der Soziologie und Politikwissenschaft zuwenden. Wie wir im letzten Kapitel festgestellt haben, befürchtete das Management der fünfziger und sechziger Jahre womöglich, dass sich die Arbeiterschaft von dem damals noch rosigen Erscheinungsbild des Sozialismus angezogen fühlen könnte, und zahlte daher so genannte »Effizienzlöhne« – ein Begriff, mit dem die Ökonomenzunft Löhne belegt, die über dem vom Markt diktierten Niveau angesiedelt sind und die Loyalität und Effizienz der Arbeitskräfte gewährleisten sollen. Teil dieser Defensivstrategie der Manager war es möglicherweise, die eigenen Gehälter unter dem tatsächlichen Marktwert zu belassen, um sich das Wohlwollen der Angestellten zu erhalten.

Belegen lässt sich dies nicht. Doch sollte diese Erklärung zutreffen, dann begrub der Untergang der Sowjetunion nicht nur die Verlockungen des Sozialismus, sondern er beseitigte gleichzeitig auch die Notwendigkeit jener defensiven Herangehensweise. Effizienzlöhne wurden über Bord geworfen und parallel dazu alle Skrupel, die die Vorstände zuvor davon abgehalten haben mochten, ihren Marktwert voll auszureizen. Eine weitere Rolle spielte womöglich das Aufkommen von Märkten, die es einigen wenigen Individuen wie etwa Pop- oder Opernsängern gestatteten, mithilfe moderner Technologien und insbesondere durch vielfache Fernsehauftritte außergewöhnlich hohe Honorare zu erzielen. Solche Märkte, in denen nur wenige den gesamten Kuchen unter sich aufteilen, hat der Ökonom Robert Frank als »Winner-take-all«-Märkte bezeichnet. Es kann nicht überraschen, dass sich einige Vorstandsvorsitzende fragen, warum sie eigentlich weniger als der Basketball-Star Michael Jordan oder als Placido Domingo verdienen sollen.

Ein weiterer Einflussfaktor, der zur Öffnung der Einkommensschere beigetragen hat, liegt in der – zumindest in den Vereinigten Staaten – zunehmenden Akzeptanz oder sogar Rechtfertigung von stetig wachsender Einkommensungleichheit. Im späten 18. Jahrhundert wäre ein Verhältnis zwischen zwei individuellen Einkommen von 100 zu 1 noch als grober Verstoß gegen sittliche Normen gewertet worden. Bereits Mitte des 19. Jahrhunderts führte die Verbreiterung und Individualisierung der wirtschaftlichen Basis zu einer zunehmenden Akzeptanz oder gar Bewunderung hoher Entlohnung bei wirtschaftlichem Erfolg, sofern dieser auf legalem Wege errungen worden war. In den goldenen Zwanzigern schließlich war alles erlaubt. Es scheint, als sei die Stimmung jener Jahre heute zurückgekehrt: Als der Vorstandsvorsitzende von AT&T die Rentabilität seines Unternehmens durch die Entlassung von 40 000 Arbeitskräften steigerte, dankten es ihm die Aktionäre mit einer Bonuszahlung in Höhe von 15 Millionen US-Dollar.

Es gibt also keine Ursache, die für sich allein genommen den wachsenden Abstand zwischen Reich und Arm erklären würde. Die Tatsache, dass sich die Einkommens- und Vermögensverteilung in den Vereinigten Staaten dramatisch verändert hat, steht außer Frage: Im Jahr 1976 besaß das reichste Prozent aller Familien 22 Prozent aller privaten Vermögenswerte; 1992 war dieser Wert auf 42 Prozent angestiegen. Auch diese zuletzt genannte Zahl erinnert stark an die zwanziger Jahre.

Nationale Eigenheiten

Lässt sich der aktuelle Zustand korrigieren? Eines sollte deutlich sein: Da dieser Zustand das Ergebnis vieler einzelner Einflussfaktoren darstellt, wird seine Heilung eine Veränderung des Steuersystems sowie der Unternehmens- und Kapitalmarktpraktiken und nicht zuletzt auch sozialer Standards erfordern.

Dies wirft zwei abschließende Fragen auf: Erstens: Ist es sinnvoll, eine egalitärere Einkommensverteilung anzustreben? Einige Ökonomen sind mit der derzeitigen Verteilungssituation sehr zufrieden, da sie glauben, dass diese die wohlhabenden Haushalte zum Sparen motivieren und dadurch einen Investitionsboom auslösen wird, der wiederum den allgemeinen Wohlstand mehren wird. Um mit unserer eigenen Meinung nicht hinter dem Berg zu halten: Wir bezweifeln, dass eine Wirtschaft, die auf einer sehr ungleichen Einkommens- und Vermögensverteilung gründet, den allgemeinen Wohlstand erhöhen wird, da wir den Antriebseffekten der Massenkaufkraft mehr vertrauen als der Investitionsbereitschaft – oder den tatsächlichen Investitionen – einer kleinen, gut verdienenden Minderheit.

Die zweite Frage ist allerdings beunruhigender: Selbst wenn wir eine egalitärere Wohlstandsverteilung begrüßten, wüssten wir, wie sie durchzusetzen wäre? Wir haben bereits gesehen, welche sozialen, politischen und wirtschaftlichen Kräfte auf eine zunehmende Ungleichheit der Einkommens- und Vermögensverhältnisse hinwirken, doch es fehlt noch eine sehr wichtige Erklärung, auf die wir eingangs dieses Kapitels bereits angespielt haben: Zwischen einzelnen Ländern bestehen hinsichtlich der Akzeptanz von Einkommensungleichheit gravierende Unterschiede. So ist die Spanne zwischen hohen und niedrigen Einkommen in den Vereinigten Staaten viel ausgeprägter als in jedem anderen fortgeschrittenen kapitalistischen Land.

Ein internationaler Vergleich der Einkommensverhältnisse von vermögenden und armen Bevölkerungsschichten im Jahre 1991 beleuchtet diese Tatsache. So lag das Gesamteinkommen der obersten 10 Prozent der Einkommensskala in Finnland, dem egalitärsten der betrachteten Länder, um das 2,7fache über dem Gesamteinkommen der untersten 10 Prozent. In Norwegen lag dieses Verhältnis bei nur unwesentlich höheren 2,8 zu 1. In den Niederlanden betrug es 2,9 zu 1, in Deutschland 3,3 zu 1, in Kanada 3,8 zu 1, in den Vereinigten Staaten jedoch 5,8 zu 1. Den USA gebührt damit das zweifelhafte Verdienst, das Land mit der größten Ungleichheit zwischen Reich und Arm zu sein, wobei wohlgemerkt jeweils die obersten und untersten Dezile der Einkommensskala verglichen wurden, nicht das höchste und niedrigste Prozent.[29]

Wie sind diese Unterschiede zu erklären? Handeln europäische Spitzenmanager weniger »rational« oder »gewinnmaximierend« als ihre US-amerikanischen Kollegen? Oder leben sie vielmehr in Gesellschaften, deren Topmanager und Geldadel sich einer größeren sozialen Gruppe – einer nationalen Familie sozusagen – verpflichtet fühlen und die sich nicht als Ansammlung von Individuen verstehen, von denen jedes nur das eigene Wohl im Auge hat?

Die Wahrheit lautet, dass sich nicht eindeutig erklären lässt, warum verschiedene Gesellschaften unterschiedliche Normen pflegen. Fest steht jedoch, dass die französische Variante des Kapitalismus von der italienischen abweicht, diese wiederum von der schwedischen und letztere von der japanischen. Ebenso wissen wir, dass diese kulturellen Unterschiede tief in der Geschichte der jeweiligen Völker verwurzelt sind und entsprechend stark darüber bestimmen, welche Belohnungsstruktur sie jeweils als akzeptabel betrachten – und welche nicht.

Dies bedeutet nicht, dass solche gesellschaftlich geprägten Bewertungsmuster unveränderlich wären. In Schweden, einem Land, das seit den dreißiger Jahren als Musterbeispiel einer egalitären Einkommensverteilung im Kapitalismus gilt, spielte noch im späten 19. Jahrhundert das soziale Gewissen kaum eine Rolle. Die Vereinigten Staaten, mit deren Hinnahme von materieller Ungleichheit wir uns in diesem Kapitel befasst haben, waren zu Zeiten Roosevelts weit mehr an der Errichtung nationaler Gerechtigkeitsstandards interessiert als heute. So zeigt sich, dass mit dem Wandel politischer Einstellungen auch ökonomische Verhaltensweisen auf den Prüfstand gestellt werden.

Das Problem besteht natürlich darin, dass wir politische Stimmungen nicht nach Gutdünken beeinflussen können – vielleicht ist das auch gut so. Anders ausgedrückt bedeutet dies, dass politische Überzeugungen den möglichen Spielraum für wirtschaftliche Steuerungsmaßnahmen einschränken. Folgt daraus, dass die materielle Ungleichheit in den Vereinigten Staaten auf Dauer fortbestehen wird? Wir bezweifeln dies, doch könnte es durchaus eines schwerwiegenden Auslösers nach Art der Großen Depression bedürfen, um den Stimmungs- und Meinungsumschwung in Gang zu setzen, der erforderlich ist, um eine neue Verteilung zwischen Reich und Arm im Kernland des Kapitalismus herbeizuführen.

17

DIE GLOBALISIERUNG

Keine der Veränderungen, die das Verständnis wirtschaftlicher Abläufe heute erschweren, ist so einschneidend und vielschichtig wie jenes Phänomen, das wir als Globalisierung der Wirtschaft bezeichnen. Der Begriff »Globalisierung« ist zwar eine vergleichsweise junge Wortschöpfung, doch die damit angesprochenen Vorgänge sind keineswegs neu. Bereits im frühen 18. Jahrhundert hat sich die Wirtschaftswissenschaft mit den Herausforderungen beschäftigt, die aus der gegenseitigen Durchdringung verschiedener Volkswirtschaften erwachsen – dem eigentlichen Kern der Globalisierung. Die Tatsache, dass wir heute mit einer veränderten Situation konfrontiert sind, beruht auf zwei Entwicklungen. Zum einen hat die Globalisierung ein bislang ungeahntes Ausmaß ausgenommen. Zum anderen hat sie in hohem Maße ein Land erfasst, das noch vor kurzem wenig Zeit darauf verwendete, über sein weltwirtschaftliches Engagement nachzudenken. Die Rede ist von den Vereinigten Staaten, die heute in einem Maße »globalisiert« sind, das noch vor einem Jahrzehnt kaum vorstellbar gewesen wäre.

Das Grundproblem der Globalisierung lässt sich in der folgenden vermeintlich leichten Frage zusammenfassen: Wenn zwei (oder mehr) Staaten miteinander Handel treiben oder auf dem Territorium des jeweils anderen Güter und Dienstleistungen produzieren, mehrt dies den Wohlstand beider Seiten oder wird eines der beteiligten Länder einen einseitigen Vorteil davontragen? In früheren Zeiten, als das Außenhandelsvolumen der Vereinigten Staaten sich auf gerade einmal 5 Prozent des BIP belief, konnte eine derartige Frage in aller Ruhe diskutiert werden. Anders sieht es aus, wenn heute Ein- und Ausfuhren zusammengenommen 25 Prozent des BIP bestreiten, die Namen Toyota und Honda den US-Amerikanern ebenso geläufig sind wie GM und Ford und man schließlich mit leichtem Unwohlsein an den Geldmarkt denkt, an dem täglich Kapital in Höhe von 1,3 Billionen US-Dollar den Besitzer wechselt. Eine Billion US-Dollar entspricht ungefähr der Höhe dessen, was üblicherweise als Umfang des US-amerikanischen Geldvermögens angesehen wird. Der neue Geldmarkt dient jedoch ausschließlich der Beschaffung von Devisen im Zusammenhang mit jenem Phänomen namens Globalisierung.

Ist diese Entwicklung vorteilhaft? Ist sie schädlich? Unumkehrbar? Steuerbar? Zur Einstimmung auf die nun folgenden Ausführungen mag es hilfreich sein, zu wissen, dass die Antwort auf all diese Fragen jeweils Ja lautet. Doch um dies zu begreifen, müssen wir untersuchen, worum es bei dem Phänomen der Globalisierung eigentlich geht. Dieser Frage wollen wir uns auf den nächsten Seiten sowie im folgenden Kapitel, das sich mit den Kapitalströmen beschäftigt, zuwenden.

Die Weltwirtschaft

Der plötzliche Ausbruch der Globalisierung ist weitgehend auf die Entwicklung der Kommunikationstechnologie zurückzuführen. Heutzutage ist es möglich, in nahezu jedem Land der Welt per Telefon oder Computer mit Kollegen oder Untergebenen in Verbindung zu treten, eine Fabrik zu inspizieren, einen Kredit aufzunehmen oder mit Waren oder Aktien zu handeln. Zur Globalisierung hat auch die Entwicklung des Verkehrswesens beigetragen: Mit dem Luftverkehr schrumpft die Welt ebenso wie durch die Erfindung der Dampfmaschine und des Automobils im 18., 19. und frühen 20. Jahrhundert – nur weitaus stärker. Nach dem Siegeszug des Düsenflugzeugs ist Peking von New York aus nun schneller zu erreichen als in den zwanziger Jahren San Francisco.

Infolge dieser Entwicklung hat sich in den letzten Jahren ein echter Weltmarkt gebildet. Als Beweis genügt ein Blick auf die Regale unserer

Supermärkte: Die Tomaten kommen aus Spanien oder Mexiko, die Computersoftware aus Indien oder vielleicht Taiwan, die Weine aus Chile oder Südafrika. Fahrzeuge aus »heimischer« Produktion sind in Wirklichkeit vollgestopft mit im Ausland hergestellten Komponenten. Die Besonderheiten unserer eigenen Märkte sind keine mehr, sondern gelten ebenso für die Märkte in Paris, Stockholm oder Johannesburg. Aus wirtschaftlicher Sicht leben wir nahezu in einer einzigen Welt. Politisch betrachtet ist dies jedoch leider keineswegs der Fall.

Was ist gegen eine Welt einzuwenden, in der man in Tokio oder Buenos Aires einkaufen kann, ohne das heimische Sofa zu verlassen? Aus der Sicht der Konsumenten ist dies eine begrüßenswerte Entwicklung; einen Produzenten stellt sie dagegen vor zwei Probleme. Zum einen müssen im Inland hergestellte Güter nun häufig mit Produkten konkurrieren, deren Herkunftsländer sich nicht an heimische Standards halten, wie etwa das Verbot von Ausbeutung oder Kinderarbeit oder auch nur die 40-Stunden-Woche. Kann eine solche Konkurrenz aus der Sicht der einheimischen Produzenten als »fair« bezeichnet werden?

Die zweite Frage lautet: Wenn ausländische Güter aufgrund ihres Kostenvorteils einheimische Produkte verdrängen, was geschieht dann mit den Beschäftigten, die aus diesem Grunde ihren Arbeitsplatz verlieren? Wie wir bereits festgestellt haben, bewirkt der Globalisierungsprozess unter anderem, dass die Löhne in den Hochlohnländern unter Druck geraten und in den Niedriglohnländern (allmählich) anziehen. Das Gleiche gilt für Kapitalerträge. Die Globalisierung trägt mit anderen Worten viel zum Ausgleich internationaler Einkommensunterschiede bei. Ein solcher Ausgleich führt bereits innerhalb eines einzigen Landes zu Konflikten. Auf internationaler Ebene stellt er sich noch deutlich konfliktträchtiger dar.

Als beispielsweise 1994 die nordamerikanische Freihandelszone NAFTA gegründet wurde, der die Vereinigten Staaten, Kanada und Mexiko angehören, war abzusehen, dass infolge der Vertragsregelungen der Druck auf die US-Textilindustrie seitens der mexikanischen Konkurrenz gewaltig zunehmen würde, da das Lohnniveau in Mexiko erheblich unter demjenigen in den Vereinigten Staaten lag. Damit hätte man womöglich leben können, wenn die Vereinbarungen mit einer

Verpflichtung verbunden gewesen wären, von Entlassungen betroffene US-Arbeiter anderweitig einzusetzen oder umzuschulen. Eine solche Verpflichtung fehlte jedoch, und so kam es, dass der NAFTA-Vertrag zwar wie gewünscht die mexikanischen Exporte in die USA steigerte, aber gleichzeitig die dortige Arbeitslosigkeit erhöhte – eine keineswegs beabsichtigte Folge. Zum Teil war dies auch auf die problematische Finanzlage Mexikos zurückzuführen – Anfang 1995 verwandelte sich ein vormals gewaltiger Außenhandelsüberschuss in ein Defizit. Doch derartige Genickschläge bilden eben Teil der gegenseitigen Durchdringung einzelner Volkswirtschaften, die eine globalisierte Weltwirtschaft viel gefährlicher machen als das alte multinationale System.

Wir erkennen also, dass die Globalisierung die Welt verändert, da sie zu mehr Konkurrenz führt und gleichzeitig die Politik in die Defensive drängt. Lässt sich dieses Problem lösen? Auch hier fällt die Antwort zwiespältig aus; wir kommen in Kürze darauf zurück.

Multinationale Konzerne

Wenden wir uns zunächst einem weiteren Aspekt der Globalisierung zu: der Herausbildung eines ihrer Hauptagenten, des multinationalen – auch als transnational bezeichneten – Konzerns, dessen Wirtschaftsimperium nahezu den gesamten Globus umspannt. Betrachten wir das Beispiel von PepsiCo: Dieser Konzern verschifft sein berühmtes Produkt keineswegs von Abfüllbetrieben in den Vereinigten Staaten aus in die ganze Welt. Er produziert Pepsi Cola vielmehr in mehr als 500 Betriebsstätten in über 100 Ländern. Wenn man in Mexiko, auf den Philippinen, in Israel oder Dänemark eine Flasche Pepsi kauft, so erwirbt man ein vor Ort hergestelltes US-Produkt.

PepsiCo ist ein ausgedehnter, aber nicht sonderlich großer multinationaler Konzern, der gemessen an seinem Umsatz unter den oberen 20 Unternehmen der US-Wirtschaft rangiert. Anders dagegen die Ford Motor Company, deren Netzwerk insgesamt 60 Tochtergesellschaften umfasst, von denen 40 ihren Sitz außerhalb der Vereinigten Staaten

haben. Ein Drittel der Gewinne, die das Unternehmen in den letzten
Jahren erwirtschaftete, stammt aus dem Ausland. Gleiches gilt für die
Unternehmensstrukturen von General Motors, IBM oder der großen
Ölgesellschaften: Auch bei diesen handelt es sich um multinationale
Konzerne, die einen erheblichen Teil ihres Gesamtkapitals in Produk-
tionsstätten außerhalb der Vereinigten Staaten investiert haben. Ein
Blick auf die 100 größten US-Unternehmen zeigt, dass mindestens zwei
Drittel dieser Firmen über ein derart ausgedehntes Netz von Produk-
tionsstätten verfügen. Darüber hinaus beläuft sich der Wert des von
den größten Konzernen im Ausland produzierten Outputs auf das
Doppelte dessen, was diese Unternehmen außerdem noch aus den USA
exportieren.

Eine andere Möglichkeit, den dramatischen Anstieg der internationalen Produktion zu beleuchten, besteht darin, die Veränderung des Um-
fangs der ausländischen Direktinvestitionen eines Landes im Zeitablauf
zu betrachten. Als ausländische Direktinvestition bezeichnet man Investitionen von Unternehmen mit Sitz im Inland in Produktionsstätten und
Ausrüstungsgegenstände im Ausland (nicht jedoch in ausländische Anleihen und Aktien). Im Jahr 1950 betrug beispielsweise der Wert aller
ausländischen Direktinvestitionen von US-Unternehmen rund 11 Milliarden US-Dollar. 35 Jahre später war dieser Wert auf über 1,5 Billionen
US-Dollar angestiegen und hat sich seither noch einmal verdoppelt.[30]
Diese Zahlen müssen darüber hinaus nach oben korrigiert werden, denn
sie berücksichtigen ausschließlich das tatsächlich investierte US-Kapital
und nicht das aufgrund dieser Investitionen zusätzlich kontrollierte ausländische Kapital. Investiert beispielsweise ein US-Konzern einen Betrag
von 10 Millionen US-Dollar in ein ausländisches Unternehmen, dessen
Nettovermögenswert sich auf 20 Millionen US-Dollar beläuft, so berücksichtigt die offizielle Statistik lediglich den amerikanischen Aktien-
anteil in Höhe von 10 Millionen US-Dollar und unterschlägt das Vermögen von 20 Millionen US-Dollar, das über dieses Aktienpaket faktisch kontrolliert wird. Etwa 25 bis 50 Prozent aller Vermögenswerte
der meisten größten US-amerikanischen Unternehmen lagern im Ausland. Das »Big Business« der Vereinigten Staaten ist heutzutage de facto
ein weltweites »Big Business«.

Doch der Trend zur Internationalisierung der Produktion ist beileibe kein rein US-amerikanisches Phänomen. Zwar mögen die multinationalen Konzerne der Vereinigten Staaten auf der internationalen Bühne derzeit die Hauptrolle spielen (von den 500 größten Konzernen der Welt stammen 198 aus den USA), doch folgen ihnen die Unternehmen anderer Länder dicht auf dem Fuße – so sind 88 Konzerne der Top-500 japanischer Provenienz. Philips ist beispielsweise ein riesiger niederländischer Multi mit Niederlassungen in 150 Ländern, der die meisten seiner rund 165 000 Angestellten außerhalb der Niederlande beschäftigt. Ein weiterer multinationaler Konzern mit ausgedehntem Operationsgebiet ist Royal Dutch/Shell, ein Unternehmen, das irgendwo zwischen den Niederlanden und Großbritannien beheimatet ist (der Kreis seiner Eigentümer setzt sich aus Bürgern beider Staaten zusammen). Zu nennen ist auch der Schweizer Nahrungsmittelkonzern Nestlé, der seine Erträge fast vollständig außerhalb der Schweiz erwirtschaftet. São Paulo ist gemessen an dem Wert des dort investierten schwedischen Kapitals die zweitgrößte schwedische Industriestadt! Die Automobilabteilung des Fiat-Konzerns erzielt 25 Prozent ihrer Umsätze im außeritalienischen Europa und weitere 40 Prozent außerhalb des heimischen Kontinents. Die Umsätze der Fiat-Tochter New Holland, eines Herstellers von landwirtschaftlichen Ausrüstungsgütern, werden nur zu 7 Prozent in Italien erwirtschaftet. Fiat unterhält insgesamt 75 Produktionsstätten im Ausland.

Vor einigen Jahren untersuchten die Vereinten Nationen die Bedeutung der multinationalen Konzerne. Der Buchautor Gerald Piel fasst die Ergebnisse dieser Untersuchung wie folgt zusammen: »Die 350 größten [multinationalen Konzerne] setzten 1985 insgesamt 2700 Milliarden US-Dollar um. Dieser Wert entsprach 30 Prozent des gesamten Weltbruttosozialprodukts und überstieg das vereinte Bruttosozialprodukt aller vorindustriellen Gesellschaften einschließlich Chinas um mehrere hundert Milliarden US-Dollar.«[31] Zweifellos liegen die genannten Zahlen heute um einiges höher.

Vom multinationalen zum supranationalen Unternehmen

Multinationale Konzerne sollten nicht nur als ausländische Unternehmen betrachtet werden, die versuchen, fremde Märkte zu erobern. Viele von ihnen haben bewusst Zweigstellen oder Tochterunternehmen im Ausland gegründet, um von dort aus die heimischen Märkte aufzurollen. So stammt ein Großteil der Importe von Automobilkomponenten und anderer Fertigprodukte, die von Mexiko in die Vereinigten Staaten fließen, aus der Produktion von Tochterunternehmen US-amerikanischer Firmen, die sich das niedrigere Lohnniveau Mexikos zunutze machen. Der wirkliche Wettbewerbsvorteil multinationaler Unternehmen liegt also in ihrer Fähigkeit zum weltweiten Technologietransfer. Wie aber kann ein Land seinen technologischen Vorsprung dauerhaft sichern, wenn seine eigenen Unternehmen diese Technologie ins Ausland transferieren? Dies wirft eine für die Politische Ökonomie vollkommen neue Frage auf: Wer ist eigentlich gemeint, wenn von »uns« die Rede ist?

Was treibt ein Unternehmen dazu, im Ausland zu produzieren, anstatt dort lediglich Verkäufe zu tätigen? Eine der möglichen Antworten liegt auf der Hand. Ein Unternehmen ist zu Hause erfolgreich. Sein technologisches Potenzial und seine organisatorischen Kompetenzen verleihen ihm gegenüber der ausländischen Konkurrenz einen Wettbewerbsvorteil. Es beginnt daher sein Produkt zu exportieren. Der Auslandsmarkt nimmt an Größe zu. Irgendwann stellt sich das Unternehmen die Frage, ob es nicht günstiger wäre, direkt im Ausland zu produzieren. Schließlich könnte es dadurch nicht nur die lokalen Märkte genauer kennen lernen, sondern gleichzeitig seinen Kunden einen besseren Service bieten. Darüber hinaus würde es Transportkosten einsparen und könnte überdies eine Zollabgabe auf seine Produkte vermeiden. Schließlich – und dies ist entscheidend – würde es auf diese Weise in die Lage versetzt, von einem niedrigeren Lohnniveau zu profitieren. Und so beginnt das Unternehmen zunehmend den Auslandsversand seiner Produkte durch den Export von Kapital, Technologie und Management zu ersetzen – und ist im Handumdrehen zum Multi geworden.

In immer größerer Zahl gehen die großen Weltkonzerne heute dazu über, nicht mehr ihre jeweiligen Herkunftsländer, sondern den Erdball als ihren »natürlichen« Markt zu begreifen. Der Wettbewerb in der Automobil-, Computer-, Telekommunikations- oder Stahlbranche wird um Anteile am Weltmarkt ausgetragen. Aus diesem Grunde betrachten Konzerne wie IBM oder General Motors den gesamten Globus als Stätte ihrer Perlenzucht, nicht nur hinsichtlich der Quelle von Rohstoffen, sondern auch in Bezug auf den Standort von Produktionsanlagen und schließlich die Felder ihrer Vertriebsanstrengungen. Moderne, hoch effiziente Produktions- und Logistiksysteme gestatten es zunehmend, die Herstellung von Konsumgütern in dasjenige Land zu verlagern, in dem sie am wenigsten kostet, während der Absatz derselben Produkte bevorzugt in den reichsten Ländern forciert wird. So kommt es, dass heute Transistorradios auf dem Markt sind, deren Bausteine in Hongkong, Südkorea oder Singapur gefertigt und in Mexiko zusammengefügt wurden und die später in den Vereinigten Staaten verkauft werden – mit dem Typenschild eines japanischen Herstellers versehen!

Dieses Phänomen kann beunruhigende Konsequenzen nach sich ziehen. Angenommen, ein Land wollte seine Binnenkonjunktur mithilfe von geldpolitischen Maßnahmen dämpfen, etwa durch eine Zinserhöhung mit dem Ziel, die Investitionen in Produktionsstätten und Ausrüstungsgegenstände zu drosseln. Eine restriktive Geldpolitik im Inland könnte aber dadurch konterkariert werden, dass multinationale Unternehmen in der Lage sind, sich Kredite im Ausland zu beschaffen, um die geplanten inländischen Investitionen zu finanzieren. Im umgekehrten Fall könnte eine Geldpolitik, die auf die Stimulierung der heimischen Wirtschaft abzielt, leicht bewirken, dass die nunmehr schnell verfügbaren Kredite stattdessen die Produktion eines anderen Landes ankurbeln. Darüber hinaus gestaltet sich die Abstimmung der geldpolitischen Marschrichtung zwischen den verschiedenen Staaten schwierig: Was für ein Land zu einem bestimmten Zeitpunkt gut ist, kann für ein anderes schädlich sein. Eine expansive Fiskalpolitik wiederum, die auf Steuersenkungen oder eine Erhöhung der Staatsausgaben setzt, kann die Nachfrage nach Gütern und Dienstleistungen steigern, doch diese zusätzliche Nachfrage wird sich womöglich auf importierte statt auf inländische Güter konzentrieren. Kurz gesagt: Die Effektivität nationaler Wirtschaftspolitik wird geschwächt.

Das Interesse der Nationalstaaten an einer Kontrolle der wirtschaftlichen Aktivitäten innerhalb ihrer Grenzen stößt also auf die geballte Gegenmacht der transnationalen Konzerne, die überall auf der Welt neue Märkte erschließen und sich dabei um nationalstaatliche Grenzen wenig scheren. Interessanterweise wirkt diese neue Verletzlichkeit in beide Richtungen. Einerseits befindet sich der multinationale Konzern gegenüber dem potenziellen Gastland in einer ausgezeichneten Verhandlungsposition, wenn er über neue Technologien oder Managementtechniken verfügt, die das Gastland für sich gewinnen möchte. Andererseits wird das Unternehmen nach seiner Entscheidung, im Gastland zu investieren, zur Geisel dieses Staates: Es untersteht nun dessen Gesetzen und kann gezwungen sein, Regelungen zu befolgen, die von denjenigen seines Heimatlandes abweichen. Gleichzeitig wird das Land, dessen Geisel das Unternehmen nun ist, selbst zur Geisel des weltweiten Konkurrenzkampfes, oft mit beunruhigenden Folgen. Nehmen wir etwa das Beispiel Japans: Noch vor kurzem herrschte dort ein ungeschriebenes Gesetz, demzufolge Angestellte großer Konzerne nach einer Probezeit in ein unbefristetes Beschäftigungsverhältnis übernommen wurden. Mit dieser Praxis konnten nichtjapanische Unternehmen kaum mithalten, zumal die japanische Regierung einseitig die heimischen Unternehmen entlastete, um ihren zusätzlichen Aufwand aufgrund dieser Regelung zu kompensieren.

Angesichts einer zunehmenden Konkurrenz durch aufstrebende Staaten, die auf derart großzügige Vereinbarungen verzichteten, kam es jedoch zu einer Wende. Geschwächt durch eine lang anhaltende Rezession in den neunziger Jahren, entschlossen sich immer mehr japanische Firmen, ihre traditionelle Tarifpolitik aufzugeben und ihren Bedarf an Arbeitskräften aus einer weitaus billigeren Quelle zu decken – einem Reservoir an Teilzeitbeschäftigten, die keinerlei langfristige Ansprüche geltend machen konnten.

Ein anderes Problem kann sich einem multinationalen Konzern stellen, wenn er aufgrund eines Nachfragerückgangs seine Produktion zurückfahren will. Eine Entscheidung nach streng ökonomischen Kriterien würde zur Schließung der am wenigsten profitablen Produktionsstätte führen. Dem betroffenen Land könnten bei einem solchen Schritt jedoch schwere wirtschaftliche Verwerfungen drohen – so schwer, dass seine Regierung mit Zwangsmaßnahmen droht, falls das Werk tatsächlich geschlossen wird. Welchem Diktat soll der multinationale Konzern nun folgen – demjenigen des betrieblichen Rechnungswesens oder dem politischen?

Die infolge der Globalisierung aufgeworfenen Souveränitätsprobleme wurden offensichtlich, als im Winter 1994/1995 sowohl internationale Finanziers als auch mexikanische Staatsbürger große Mengen Kapital aus Mexiko abzugen. Um diesen Aderlass auszugleichen, benötigte Mexiko umfangreiche Kredite seitens des Internationalen Währungsfonds (IWF) und der Vereinigten Staaten. Zur Freigabe dieser Kredite musste das Land schmerzhafte geld- und fiskalpolitische Korrekturen vornehmen, die ihm der IWF und die USA auferlegten. Dadurch verlor es de facto zumindest vorübergehend die Kontrolle über seine Wirtschaftspolitik und damit seine Souveränität. Im Sommer 1992 standen mit Frankreich, Italien und Großbritannien weitaus wohlhabendere Staaten vor ähnlichen Problemen. Auch sie waren gezwungen, ihre geld- und fiskalpolitischen Zügel deutlich anzuziehen, um das »Vertrauen« der internationalen Finanzwelt wiederzuerlangen.

Die Souveränitätsfrage stellt sich unmittelbar im Zusammenhang mit regionalen Freihandelszonen wie etwa der Europäischen Union oder der Nordamerikanischen Freihandelszone NAFTA. Der Erfolg derartiger Zusammenschlüsse setzt eine Harmonisierung nationalstaatlicher Gesetze und Regelwerke voraus, wie sie in den 50 Jahren seit Gründung der europäischen Verteidigungsgemeinschaft stattgefunden hat. Die Unternehmenswelt muss ihren Wettbewerb auf der Grundlage gleicher Rahmenbedingungen austragen können. Ohne eine Harmonisierung würden sich die meisten Unternehmen einfach in dem Land mit der niedrigsten Regulierungsdichte niederlassen. Gleichzeitig begrenzt aber jede Harmonisierung die Macht der einzelnen Nationalstaaten zur Änderung der betreffenden Gesetze und Regulierungsvorschriften. Mit der Einführung des Euro und der Gründung der Europäischen Zentralbank endete bereits am 1. Januar 1999 die eigenständige Geldpolitik der Teilnehmerstaaten und damit beispielsweise die Möglichkeit, souverän über das nationale Zinsniveau zu bestimmen. Drei Jahre später hauchten die nationalen Währungen der Teilnehmerländer, darunter ehemalige Weichwährungen wie die italienische Lira, selbst ihr Leben aus.

Ein Blick in die Zukunft

Vielleicht gab es in der Vergangenheit einmal einen Zeitpunkt, zu dem die Herausbildung einer Weltwirtschaft durch koordinierte staatliche Eingriffe hätte verhindert werden können. In der Nachkriegszeit wurde auf derartige Eingriffe verzichtet, da man die weltwirtschaftliche Integration als geeignetes Mittel ansah, um zukünftige Weltkriege zu verhindern und den Kommunismus einzudämmen. Heute jedenfalls ist es für Gegenmaßnahmen zu spät, ob man das nun begrüßen mag oder nicht.

Die Quantensprünge der letzten Zeit im Transport- und Kommunikationswesen sorgen dafür, dass die Menschheit enger zusammenrückt und eine Weltwirtschaft entsteht, die sich den Versuchen nationaler Regierungen entzieht, Einfluss zu nehmen. In früheren Zeiten konnten einzelne Länder den Kapitalfluss über ihre Grenzen hinweg kontrollieren. Doch wie soll eine solche Kontrolle erfolgen, wenn es heute möglich ist, Finanzgeschäfte auf den Bahamas mithilfe des eigenen PCs zu tätigen, ohne dass man persönlich dorthin reisen muss?

Mächtige Institutionen wie etwa multinationale Konzerne oder internationale Finanzmärkte haben heutzutage ein erhebliches Interesse daran, eine globalisierte Weltwirtschaft zu erhalten. Ein Rückgang des Welthandels würde zu einem massiven Arbeitsplatzabbau in exportorientierten Branchen führen. Die hier Beschäftigten würden zusam-

men mit vielen anderen gegen jeden Versuch einer Rückkehr zu iso-
lierten nationalen Volkswirtschaften ankämpfen.

Heutzutage arbeitet niemand mehr in einer US-amerikanischen,
französischen oder deutschen Wirtschaft. Alle Beschäftigten sind vielmehr Teil der weltweiten Wirtschaft: Sie kaufen ausländische Produkte, verkaufen selbst Produkte ins Ausland oder konkurrieren mit ausländischen Herstellern. Werden wir somit von mächtigen Institutionen
und Einflüssen regiert und sind als Staatsbürger dazu verdammt, dem
Treiben der Marktkräfte tatenlos zuzusehen? Die Antwort, wie wir
wissen, lautet gleichzeitig Ja und Nein. Wir haben bereits festgestellt,
dass die Globalisierung neuartige Probleme aufwirft, für die weder
schnelle noch einfache Lösungen zur Hand sind. Dies bedeutet jedoch
nicht, dass überhaupt nichts mehr getan werden könnte.

Einem Trend zu sinkenden Löhnen etwa kann durch die Einführung
von einzelbetrieblichen Fortbildungs- und Umschulungsprogrammen
für die betroffenen Beschäftigten begegnet werden. Öffentliche Investitionen in Forschung und Entwicklung sowie in den öffentlichen Kapitalstock, beispielsweise in Infrastrukturmaßnahmen, mehren den
Wohlstand einer Gesellschaft. Darüber hinaus sollten die Verlierer der
Globalisierung zumindest in einem gewissen Umfang von den Globa-
lisierungsgewinnern entschädigt werden. So bemüht sich etwa die Europäische Union um eine Förderung des zwischenstaatlichen Handels,
während sie gleichzeitig versucht, die Arbeitsmarktstandards nach
oben statt nach unten zu harmonisieren. Und selbstverständlich gehört
es sich für zivilisierte Länder, den Import von Produkten zu verbieten,
deren Herstellung auf Kinderarbeit oder massiver Ausbeutung von
Arbeitskräften beruht. Es gibt gewisse humanitäre Grundwerte, die
sowohl für reiche als auch für arme Länder gelten.

Alle hier genannten Maßnahmen erfordern großes politisches Ge-
schick. Das vorliegende Buch möchte jedoch wirtschaftliche Vorgänge
erklären und nicht politische Ratschläge erteilen. Wir sehen unsere
Aufgabe darin, zu zeigen, dass die mächtige und anscheinend unauf-
haltsame Bewegung, die zur wechselseitigen Durchdringung der nationalen Volkswirtschaften führt, sowohl positive als auch negative Aspekte aufweist. Wir haben es in der Hand, Entwicklungen auf der

Makro- oder Mikroebene zu beeinflussen, um so zu gesellschaftlich wünschenswerteren Ergebnissen zu gelangen als jenen, die aus einem ungehemmten Spiel der Marktkräfte folgen würden. Der Globalisierungsprozess lässt sich nach unserer Meinung gleichermaßen durch gezielte Interventionen steuern. Es liegt auf der Hand, dass sich die Suche nach geeigneten Interventionsinstrumenten in einer globalisierten Welt äußerst schwierig gestaltet, doch ist niemandem damit gedient, wenn man es hierbei bewenden lässt. Wir haben keine andere Wahl, als mit dem wirtschaftlichen Prozess der Globalisierung so gut wie möglich zu leben, wobei wir unseren ganzen ökonomischen und politischen Sachverstand und unser gesamtes Feingefühl dafür einsetzen müssen, ihn zu steuern, abzumildern und in vernünftige Bahnen zu lenken.

Die Herausforderung, die aus dem Aufstieg der multinationalen Konzerne und der Zunahme des Welthandels erwachsen ist, kreist letztlich nicht um einen Konkurrenzkampf zwischen verschiedenen Volkswirtschaften. Ihr Kern liegt woanders: Es handelt sich um den erzwungenen Versuch, den Begriff der nationalen Souveränität neu zu definieren. Die ökonomische Weltkarte stimmt nun einmal nicht mit der politischen überein. Mit zunehmender Ausweitung der internationalen Finanz- und Produktmärkte stellt sich daher die Frage, welche Maßnahmen die Einzelstaaten ergreifen werden, um ihre nationale Souveränität zu sichern, oder ob sie diese Souveränität vielmehr einbüßen werden, und wenn ja, auf welche Weise. Es geht somit nicht nur um die künftige Aufteilung der Weltmärkte, sondern auch um die Frage, wie sich nationale Souveränität im 21. Jahrhundert ausdrücken wird.

18

NATIONALE WIRTSCHAFTSPOLITIK IN EINER GLOBALISIERTEN WELT

Zu Beginn des vorigen Kapitels haben wir ein bemerkenswertes Phänomen angesprochen, das untrennbar mit der Globalisierung verbunden ist – die Herausbildung eines riesigen neuen Devisenmarktes. Der Umfang dieses Marktes stellt den Betrag von 1 Billion US-Dollar, der üblicherweise als Wert des US-amerikanischen Geldvermögens angesetzt wird, weit in den Schatten. Um dieses Phänomen tatsächlich zu begreifen, müssen wir uns jedoch zunächst mit der Währungstheorie beschäftigen, denn die Währung der globalisierten Welt heißt nicht US-Dollar oder Euro, sondern besteht aus dem zusammengenommenen Wert aller Währungen dieser Erdkugel. Anders ausgedrückt, spiegelt der Wert des internationalen Devisenmarktes zu jedem Zeitpunkt den Gesamtwert der Währungen aller Länder wider, die in Devisen anderer Länder getauscht wurden. Die entsprechende Summe beläuft sich auf jährlich rund 300 Billionen US-Dollar. Dies bedeutet nicht etwa, dass die US-Amerikaner in dieser Höhe ausländische Devisen gekauft hätten. Die genannte Summe gibt vielmehr den Gesamtwert aller Devisenkäufe und -verkäufe auf sämtlichen Devisenmärkten weltweit an, gemessen in US-Dollar.

Der Preis des US-Dollar

Noch ein Vierteljahrhundert nach dem Ende des Zweiten Weltkriegs verschwendeten die meisten US-Amerikaner keinen einzigen Gedanken an Wechselkurse, sprich an den Wert ihrer eigenen Währung gegenüber anderen nationalen Währungen und daran, wie dieser »Preis« zustande kam. Grund hierfür war die Tatsache, dass der Wert des US-Dollar vom Kongress mit einem Fünfunddreißigstel einer Feinunze Gold festgelegt worden war und der Wert anderer Währungen von den jeweiligen Regierungen im Verhältnis zu diesem Leitwert fixiert wurde. Gelegentlich sahen sich ausländische Regierungen dazu gezwungen, den Tauschwert ihrer Währungen gegenüber dem US-Dollar nach oben oder unten zu korrigieren, doch der US-Dollar selbst wirkte weiterhin als archimedischer Punkt, der den Wert aller anderen Währungen bestimmte.

Dieser Zustand endete im Jahre 1970, als der US-Dollar ebenso wie alle anderen Währungen plötzlich dem Gesetz von Angebot und Nachfrage unterworfen wurde, das fortan ihren Wert bestimmen würde. Millionen von US-Amerikanern, die zuvor davon überzeugt gewesen waren, ihre Währung sei Gold wert, mussten sich nun vom Gegenteil überzeugen lassen. Massive Wertschwankungen nach oben oder unten sorgten in den Folgejahren für Schlagzeilen. Was war geschehen?

Beginnen wir mit einem Rückblick auf die Jahre unmittelbar vor dem großen Anstieg des US-Dollar im Jahre 1985. Während dieses Anstiegs hieß es, der US-Dollar erklimme immer neue Höhen, oder auch, der Yen oder die D-Mark oder das Pfund Sterling markiere beständig neue Tiefpunkte. Beide Formulierungen drücken denselben Sachverhalt aus – doch welchen?

Wenn der US-Dollar an den internationalen Devisenmärkten gestiegen ist, bedeutet dies nicht, dass man damit nun mehr US-amerikanische Güter erwerben kann. Diese Feststellung ist überaus bedeutsam. In Bezug auf die inländische Kaufkraft gewinnt eine Währung nur dann an Wert, wenn die inländischen Preise fallen; umgekehrt sinkt ihre Kaufkraft mit steigenden inländischen Preisen.

Wenn von einem »starken« US-Dollar die Rede ist, so ist etwas anderes gemeint – die Tatsache nämlich, dass man mit einem US-Dollar nun mehr Euro, Yen oder Zloty als vor seinem Anstieg erwerben kann. Damit werden für einen Amerikaner nun ausländische Güter und Dienstleistungen preiswerter. Umgekehrt bedeutet ein schwacher US-Dollar an den internationalen Devisenmärkten, dass man für diese Währung nun weniger ausländische Devisen erhält und somit ausländische Güter und Dienstleistungen in den Vereinigten Staaten teurer werden.

Ein kurzes Beispiel mag Klarheit bringen: Wie viel hätte in den Zeiten vor Einführung des Euro eine Flasche französischen Weins, die im Herkunftsland für 20 französische Francs zu erstehen war, in den USA gekostet? Die Antwort auf diese Frage hängt davon ab, zu welchem Kurs der US-Importeur Francs erwerben konnte, die er benötigte, um den französischen Weinbauern zu bezahlen. Diesen Kurs erfuhr er bei einem Devisenhändler, üblicherweise einer Geschäftsbank. Mitte der achtziger Jahre hätte er etwa 10 Francs pro US-Dollar erhalten. Eine 20-Francs-Flasche hätte ihn somit (unter Ausklammerung von Transport-, Versicherungs- und anderen Nebenkosten) ungefähr 2 US-Dollar gekostet. Im Jahre 1990 hätte eine Anfrage beim Devisenhändler dagegen ergeben, dass der US-Dollar kräftig »gefallen« und nur noch 5 Francs wert war. Eine Flasche Wein hätte damit 4 US-Dollar gekostet.

Ein Kursrückgang des US-Dollar führt also zu einem Anstieg der Preise ausländischer Güter in den Vereinigten Staaten, während ein Kursanstieg diese Preise ermäßigt. Gleiches gilt ebenso für andere Währungen aus der Sicht der jeweiligen Inländer. Aus diesem Grund erfragen wir vor Auslandsreisen den Wechselkurs zwischen unserer eigenen Währung und derjenigen des Gastlandes und hoffen darauf, dass er günstig ausfällt. Genauer gesagt: günstig für uns. Aus Sicht der Ökonomen muss ein Wechselkurs dagegen natürlich immer von beiden Seiten betrachtet werden. Ein »guter« Wechselkurs aus Sicht eines US-Amerikaners, der eine Deutschlandreise plant, ist für einen Deutschen, der die Vereinigten Staaten besuchen möchte, ein ungünstiger Wechselkurs.

Diese Sachverhalte drangen Mitte der neunziger Jahre mit einem Schlag in das öffentliche Bewusstsein, als der US-Dollar innerhalb weniger Monate von 112 Yen auf 78 Yen fiel. Wie kam es zu diesem »Zusammenbruch« des US-Dollar, wie manche Zeitung seinerzeit titelte? Zur Beantwortung dieser Frage müssen wir uns – wie bei allen Preisänderungen – zunächst der Angebots- und Nachfragesituation zuwenden.

Der Geldmarkt

Die einfachste Methode zur Analyse dieser Angebots- und Nachfragesituation besteht darin, zunächst alle internationalen Devisentransaktionen gedanklich in zwei Teilmärkte zu unterteilen. Wenn wir diese Unterteilung im Auge behalten, erkennen wir rasch, warum der Kurs des US-Dollar einbrach.

Der erste dieser Teilmärkte ist derjenige, in dem Unternehmen, Privatpersonen und Staaten ihre laufenden Transaktionen tätigen. Die Nachfrage nach US-Dollars stammt hier beispielsweise von Ausländern, die amerikanische Güter und Dienstleistungen importieren möchten und zu deren Einkauf US-Dollars erwerben müssen; von Touristen, die für ihre Urlaubsreise in die Vereinigten Staaten US-Dollars benötigen; von ausländischen Staaten, die mit US-Dollars ihre diplomatischen Vertretungen unterhalten oder Militärgüter in den USA erwerben möchten; und schließlich von US-amerikanischen oder anderen Unternehmen, deren Standort außerhalb der USA liegt und die Dividenden oder Zinsleistungen dorthin überweisen möchten. All diese Vorgänge erfordern es, dass Inhaber von Euro, Yen oder Schweizer Franken am Devisenmarkt, dem internationalen Geldmarkt, US-Dollars erwerben. Dazu genügt in der Regel der Gang zur nächstgelegenen Bank.

Natürlich stehen diesen Gruppen andere gegenüber, die aus genau entgegengesetzten Gründen US-Dollars am internationalen Devisenmarkt anbieten. Dazu gehören etwa US-Importeure, die japanische Videokameras in den Vereinigten Staaten verkaufen möchten und dazu US-Dollars anbieten müssen, um die für ihre Einkäufe benötigten Yen erwerben zu können; US-amerikanische oder andere Unternehmen, die

in den USA erwirtschaftete Dividenden oder Gewinne an eine Tochter-
gesellschaft oder das Mutterhaus im Ausland überweisen wollen; US-
Amerikaner oder in den Vereinigten Staaten ansässige Bürger anderer
Staaten, die US-Dollars verkaufen, um dafür Euro, Kronen oder Forint
zu erwerben, die sie an Freunde oder Verwandte überweisen oder mit
denen sie ihre nächste Auslandsreise finanzieren; schließlich die US-Regierung, die mit den für US-Dollars erworbenen Devisen den Unterhalt
ihres im Ausland lebenden diplomatischen Personals bestreitet.

Zusammengenommen ergeben diese Angebots- und Nachfrageposten das, was man als Leistungsbilanz eines Landes bezeichnet. Bis 1971 wies die Leistungsbilanz der Vereinigten Staaten regelmäßig einen leicht positiven Saldo auf, was bedeutet, dass sie Jahr für Jahr mehr Güter und Dienstleistungen an ausländische Abnehmer verkauften, als sie umgekehrt von Ausländern erwarben. Seit Beginn der siebziger Jahre traten dagegen in unregelmäßigen Abständen leicht negative Salden auf – Beleg dafür, dass die USA mehr aus dem Ausland bezogen, als sie dorthin lieferten. In den achtziger Jahren verwandelten sich diese gelegentlichen und niedrigen Leistungsbilanzdefizite in regelmäßige und hohe.

Wie kam es, dass sich schwarze in rote Zahlen verwandelten? Die Erklärung hierfür ist zum Teil in der von der OPEC ausgelösten Ölkrise zu suchen, die dazu führte, dass die USA fortan große Mengen an US-Dollars am Markt anbieten mussten, um den Kauf von Rohöl zu finanzieren. Im Jahre 1972 betrug der Wert des importierten Öls noch 5 Milliarden US-Dollar, 1974 lag er bereits bei 27 Milliarden US-Dollar, und 1980 schließlich hatte das Importvolumen einen Stand von 83 Milliarden US-Dollar erreicht – genug, um einen Anstieg der Importe von verbrauchsgünstigen ausländischen Fahrzeugen auszulösen! In den späten neunziger Jahren waren die Auswirkungen der Ölkrise noch immer spürbar: Der Wert des importierten Rohöls lag nun bei 126 Milliarden US-Dollar.

Doch der Ölpreisschock war nicht der einzige Grund für den Rückgang des US-amerikanischen Leistungsbilanzsaldos. Ihn begleitete eine allmähliche Verschlechterung der Wettbewerbsposition der US-amerikanischen Wirtschaft gegenüber den anderen westlichen Industrieländern, die sich über einen langen Zeitraum hinweg vollzog und in erster Linie auf eine zu langsame Produktivitätsentwicklung zurückzuführen ist. Immer mehr Maschinen und elektronische Konsumartikel wurden aus dem Ausland importiert. Da der Produktivitäts- und Qualitätsvorsprung, den die Vereinigten Staaten zuvor besessen hatten, ständig schrumpfte, kauften die US-Amerikaner immer mehr ausländische Produkte, während das Ausland immer weniger amerikanische Güter abnahm.

Wenn das Angebot an einem beliebigen Gut die Nachfrage nach diesem Gut übersteigt, sinkt sein Preis. Als das Angebot an US-Dollars zum Kauf von Importwaren die Nachfrage nach US-Dollars seitens ausländischer Importeure, die amerikanische Produkte erwerben wollten, übertraf, musste der Kurs des US-Dollar sinken. Er konnte sich nicht dem Gesetz der Schwerkraft entziehen und tat dies auch nicht.

Mitte der achtziger Jahre stieg das Leistungsbilanzdefizit der Vereinigten Staaten infolge des hoch bewerteten US-Dollars steil an. (Die Gründe für dessen Kursanstieg erläutern wir in Kürze.) Von einem Stand von 2,3 Milliarden US-Dollar im Jahre 1980 erhöhte es sich auf 116 Milliarden US-Dollar im Jahre 1986. Angesichts der Tatsache, dass die US-Amerikaner deutlich mehr an ausländischen Gütern und Dienstleistungen nachfragten, als umgekehrt ausländische Abnehmer in den USA erwerben wollten, begann der Wechselkurs des US-Dollar zu fallen und ging bis 1989 um 35 Prozent zurück. Da ein niedriger bewerteter US-Dollar ausländische Produkte aus Sicht der US-Bürger verteuerte und US-amerikanische Produkte für Ausländer wiederum verbilligte, verbesserte sich die Leistungsbilanz der Vereinigten Staaten in der Folge allmählich wieder. Bis 1990 war das Defizit auf 31 Milliarden US-Dollar geschrumpft, und im Folgejahr wiesen die USA sogar erstmals wieder eine ausgeglichene Leistungsbilanz aus, allerdings nur durch Zufall bedingt: Grund dafür waren zum einen die Überweisungen aus anderen Staaten zur Finanzierung des Golfkrieges und zum anderen die gerade virulente Rezession, die zu einem Rückgang der Importe führte. Als die Überweisungen im Zusammenhang mit dem Golfkrieg ausliefen und die Vereinigten Staaten sich von der Rezession der Jahre 1990/1991 schneller als andere Länder erholten, stieg das

Leistungsbilanzdefizit erneut rapide an und erreichte 1995 einen Stand von 151 Milliarden US-Dollar. Angesichts dieses enormen Ungleichgewichts konnte es nicht erstaunen, dass der Kurs des US-Dollar im Frühjahr 1996 »zusammenbrach«.

Der Kapitalmarkt

Doch was fällt, kann auch wieder steigen. Denn laufende Geschäfte sind nicht der einzige Auslöser für Transaktionen am Devisenmarkt. Ein zweiter, weitgehend unabhängiger Teilmarkt deckt den Bedarf an US-Dollars und anderen Währungen zur Tätigung von Kapitalgeschäften. Zu diesen Geschäften gehören der Bau von Produktionsstätten oder der Kauf von Ausrüstungsgegenständen im Ausland sowie der Kauf von ausländischen Anleihen oder Aktien.

Der zuerst genannte Kapitalstrom wird als Direktinvestition bezeichnet. Er entsteht, weil inländische (zumeist multinationale) Firmen ihr Eigentum an Produktionsstätten und Ausrüstungsgegenständen im Ausland erweitern möchten. Der Kapitalmarkt setzt sich zum anderen aus inländischen Privatpersonen oder Unternehmen zusammen, die ihr Portfolio an ausländischen Anleihen und Aktien vergrößern möchten. Hier findet man US-Amerikaner, die Aktien eines schwedischen Unternehmens oder deutsche Bundesobligationen erwerben, ebenso wie deutsche Investoren, die an GM-Aktien oder US-Schatzwechseln interessiert sind. Letztere allerdings – und dies ist bedeutsam – werden auch von ausländischen Staaten gekauft und wieder verkauft. Erwirbt eine ausländische Zentralbank US-Schatzwechsel, dann fragt sie damit US-Dollar nach und bietet ihre eigene Währung zum Tausch an, mit der Folge, dass der Kurs des US-Dollar steigt und derjenige der fremden Währung zurückgeht. Bei einem Verkauf geschieht das Gegenteil.

Wenn man die Direkt- und die Portfolioinvestitionen zu den Kapitalströmen der Leistungsbilanz hinzuaddiert, kann sich die Richtung des Gesamtdevisenstroms umkehren. Während der siebziger Jahre erreichten die Expansionsaktivitäten von US-Unternehmen im Ausland ein Rekordvolumen. Die entsprechende Nachfrage nach ausländischen Devisen seitens dieser Unternehmen am Kapitalmarkt wog bis zu einem gewissen Grade die Nettonachfrage nach US-Dollars am Geldmarkt auf. In den frühen achtziger Jahren jedoch vollzog der Kapitalstrom eine bemerkenswerte Kehrtwende. Dies geschah zum Teil aufgrund der allmählich abnehmenden Expansionsaktivitäten der US-Unternehmen und einer zunehmenden Investitionstätigkeit in den Vereinigten Staaten seitens europäischer und japanischer Firmen. Als noch entscheidender erwies sich aber der beispiellos wachsende Zustrom ausländischen Anlagekapitals in die Vereinigten Staaten – eine Folge der Politik des knappen Geldes, die die Federal Reserve in den frühen achtziger Jahren zur Bekämpfung inflationärer Tendenzen eingeleitet hatte und die dazu führte, dass sich US-Schatzwechsel mit mehr als 14 Prozent verzinsten! Natürlich kam es infolge dieser Politik zu einer Abschwächung des Wirtschaftswachstums und zu einem Rückgang der Inflationsrate. Darüber hinaus aber setzte eine Art internationaler Ansaugmechanismus ein, der beispiellose Mengen ausländischen Kapitals in US-Staatsanleihen sowie andere US-amerikanische Kapitalanlagen schleuste. Die Kombination aus hohen Zinssätzen, niedriger Inflation und politischer Sicherheit erschien einfach zu attraktiv.

Die Folge dieses immensen Kapitalzustroms war, dass ein Einfluss, der anderenfalls ausgleichend auf die Devisenmärkte gewirkt hätte, zum Erliegen kam. Die schwachen US-Exporte und die Zunahme an Importen in die Vereinigten Staaten hätten zu einem beständigen Druck auf den US-Dollar führen müssen. Dadurch wäre sein Kurs gegenüber den europäischen Währungen und dem Yen gesunken, mit der Folge, dass US-amerikanische Produkte im Ausland preisgünstiger und ausländische Güter in den USA teurer geworden wären. Nach einiger Zeit hätte dies vermutlich zu einer weitgehend oder vollständig ausgeglichenen Leistungsbilanz geführt.

Doch der Ansaugmechanismus verhinderte eine solche Entwicklung. Anstatt zu fallen, stieg der US-Dollar auf ein Niveau, das zu gewaltigen Leistungsbilanzdefiziten und einer kaum noch tragbaren internationalen Wettbewerbssituation der US-amerikanischen Wirtschaft führte. Es herrschte die begründete Sorge, dass die USA aufgrund der Preisentwicklung aus bisherigen Märkten herausgedrängt würden, nicht nur aufgrund ihrer mangelhaften Produktivitätsentwicklung, sondern insbesondere wegen ihrer völlig überteuerten Währung. Im Jahr 1985 war die Dollarkrise so bedrohlich geworden, dass die führenden westlichen Industriestaaten eine Gipfelkonferenz einberiefen, um über Wege zur Senkung des Dollarkurses zu beraten. Die großen Zentralbanken Europas und Japans einigten sich auf einen Verkauf von Dollarreserven, um den Kurs des US-Dollar auf den internationalen Devisenmärkten zu drücken, obwohl dies den Interessen ihrer eigenen Exportwirtschaft widersprach! Mit diesem Schritt stoppten sie den Preisanstieg von Importgütern, die in US-Dollar bezahlt werden mussten, wozu insbesondere Rohöl gehörte, und verhinderten einen möglichen späteren Crash der US-Währung.

Die Vor- und Nachteile eines hohen oder niedrigen Dollarkurses

An dieser Stelle wollen wir die Frage der Wechselkurse einmal aus streng ökonomischer Sicht betrachten. Gibt es so etwas wie einen »richtigen« Kurs einer Währung?

Die Antwort auf diese Frage ist wie bei so vielen wirtschaftlichen Problemstellungen eine politische. Dies rührt daher, dass der Tauschwert einer Währung sich auf verschiedene Einzelpersonen, Gruppen oder Regionen jeweils unterschiedlich auswirkt. Angenommen, der US-Dollar sei preiswert. Aus der Sicht von Ausländern, die mit ihrer heimischen Währung US-amerikanische Güter oder Dienstleistungen erwerben möchten, ist dies selbstverständlich günstig. Auch das Reisen innerhalb der USA ist für Ausländer nun preiswert. Importe aus den Vereinigten Staaten sind günstiger zu haben. Und schließlich erscheint es verlockend, in US-amerikanische Aktien oder Produktionsstätten zu investieren. Nutznießer eines solchen Zustandes sind natürlich die US-amerikanischen Exporteure, Hotelbesitzer, Aktionäre oder Eigentümer, die an Ausländer verkaufen möchten.

Ihnen stehen jedoch Gruppen gegenüber, denen ein billiger US-Dollar zum Nachteil gereicht. Ein US-Amerikaner, der ins Ausland reist, wird die allzu hohen Preise beklagen. Importeure aus den Vereinigten Staaten müssen feststellen, dass ausländische Kameras, Fahrzeuge oder Pullover ungemein teuer sind – und ihren Kunden geht es ebenso. US-Unternehmen, die eine Auslandsinvestition geplant hatten, werden von dem hohen Preis der ausländischen Währung abgeschreckt. All dies schadet US-amerikanischen Touristen, Konsumenten und Investoren.

Lässt sich begründen, warum diejenigen Gruppen, die von einem preiswerten US-Dollar profitieren, gegenüber denjenigen, denen ein teurer US-Dollar nützt, bevorzugt werden sollten? Aus der Sicht des nationalen Wohlergehens eines Landes fehlt ein derartiger Grund, einer der beiden Seiten den Vorrang einzuräumen. Ist es vorzuziehen, dass eine Million Verbraucher preiswerte Kameras erwerben können, oder dass 100 000 Stahlarbeiter höhere Einkommen beziehen? Auf diese Fragen gibt es keine eindeutige Antwort – wir haben es schlicht mit widerstreitenden Interessen zu tun.

Die Stützung der heimischen Währung

Wir werden später noch einmal auf das oben angesprochene Problem zurückkommen. Doch zuvor müssen wir uns einer letzten Frage zuwenden: Kann ein Staat nicht seine eigene Währung stützen, ganz ohne auf die Stabilität des Weltwährungssystems zu achten? Verfügt er mit anderen Worten nicht über Instrumente, mit denen er je nach Priorität seine Währung verbilligen oder verteuern kann? Beginnen wir mit dem Fall eines sinkenden Wechselkurses der eigenen Währung, da dieser immer beunruhigender erscheint als die umgekehrte Situation. Was lässt sich gegen eine »schwache« Währung unternehmen?

Eine mögliche Maßnahme liegt auf der Hand: Das betroffene Land muss den Strom an Einfuhren begrenzen. Alles, was dazu führt, dass der Saldo der Leistungsbilanz in den positiven Bereich rutscht, wird zweifellos das Gleichgewicht von Angebot und Nachfrage so verändern, dass der Kurs der heimischen Währung steigt.

Ist eine solche Politik als solide zu bezeichnen? Der geneigte Leser wird kaum überrascht sein, wenn wir feststellen, dass die Antwort auf diese Frage nicht nur einem ökonomischen, sondern auch einem politischen Urteil unterliegt. Zweifellos gibt es Kategorien von Gütern, deren Einfuhr jedes Industrieland gerne verringern würde – nicht nur unter wechselkurspolitischen Gesichtspunkten, sondern auch aus allgemeinwirtschaftlichen Gründen. Ist es beispielsweise möglich, importiertes Rohöl durch heimische Energieträger wie Kohle oder Windkraft zu ersetzen oder die Einfuhr von Rohöl durch umweltpolitische Maßnahmen zu reduzieren, so erhöht dies die strategische Unabhängigkeit eines Landes und stärkt gleichzeitig seine Währung.

Bremst man jedoch das Importvolumen, indem man die Einfuhr von billigen Schuhen, Textilien oder Stahlerzeugnissen aus dem Ausland unterbindet, so bedeutet dies nichts anderes, als dass nicht wettbewerbsfähige Branchen im Inland geschützt und die Verbraucher bestraft werden, da letzteren das Recht vorenthalten wird, diese Waren so preiswert zu erwerben, wie es anderenfalls möglich gewesen wäre. Dieses Argument kann man auf die Spitze treiben: Nehmen wir an, der Staat würde einen unüberwindbaren Schutzzoll auf sämtliche Importgüter einführen, mit der Folge, dass keinerlei ausländische Waren mehr ins Land gelangen. Wäre dies ein begrüßenswerter Zustand?

Auf der anderen Seite führen Einfuhren zu Arbeitsplatzverlusten. Selbst wenn man die Arbeitskräfte in bedrohten Branchen entschädigt, sie beim Arbeitsplatzwechsel unterstützt oder ihnen eine Umschulung finanziert, werden einige den Wechsel nicht schaffen und auf der Strecke bleiben. Der Konkurrenzdruck sowohl aus dem Inland als auch aus dem Ausland fordert einen menschlichen Tribut – das sollte man nie aus den Augen verlieren. In den Vereinigten Staaten beispielsweise haben die Importe von preiswerten Stahlerzeugnissen, Fahrzeugen und PCs bereits rund eine halbe Million Arbeitsplätze in den betroffenen Industriezweigen gekostet. War dies ein guter Tausch? Ist die Gründung der nordamerikanischen Freihandelszone NAFTA zu begrüßen, weil sie den Verbrauchern zweifellos nützt, oder ist sie zu verurteilen, weil sie unweigerlich zu einem Stellenabbau führen wird?

Diese Fragen sind schwer und nicht außerhalb ihres Kontextes zu beantworten. So wären die NAFTA-Vereinbarungen aus der Sicht der betroffenen Beschäftigten in den Vereinigten Staaten viel attraktiver, wenn sie von koordinierten Umschulungsmaßnahmen und entsprechender finanzieller Unterstützung seitens des Staates begleitet gewesen wären. (Gleiches gilt für den rapiden Schrumpfungsprozess der Rüstungsindustrie in den neunziger Jahren.) Solche öffentlichen Maßnahmen sind in nahezu allen industrialisierten Staaten umgesetzt worden, nicht jedoch in den USA. Wie wir bereits betont haben, hängt aber das Schicksal der Privatwirtschaft stärker von der Ausprägung des staatlichen Sicherheitsnetzes ab, als viele meinen.

Viele Ökonomen würden behaupten, dass unter dem Strich die Vorteile eines Zugangs zu preiswerteren Importwaren zuzüglich des Nutzens, der durch den Abzug heimischer Ressourcen und Arbeitskräfte von ineffizienten Einsatzorten entsteht, den Nachteil der zusätzlichen Arbeitslosigkeit aufwiegen. Es wäre interessant zu erfahren, ob sie bei dieser Auffassung blieben, wenn man vorschlüge, preiswertere Ökonomen zu importieren, und sie bäte, sich im Gegenzug eine andere Beschäftigung zu suchen. Doch selbst wenn man die herrschende Lehrmeinung akzeptiert, besteht noch immer ein Zielkonflikt im Zusammenhang mit der Stützung einer Währung durch Einfuhrbeschränkungen. Der Kern dieses Konflikts ist ein politischer: Wer profitiert von einer solchen Maßnahme? Wer verliert dadurch? Diese Fragen sind zu klären, bevor die Ökonomie des Problems untersucht werden kann.

Wie steht es um die Möglichkeit einer Exportförderung? Viele Länder haben in der Vergangenheit ihre eigene Exportwirtschaft durch vielfältige Subventionsmaßnahmen unterstützt, um einen preiswerten Verkauf der Waren ins Ausland zu ermöglichen. Auch die Vereinigten Staaten haben beispielsweise Bürgschaften für ihre Handelsmarine geleistet, den Verkauf von Rüstungsgütern ins Ausland subventioniert oder die Entwicklungszusammenarbeit vertraglich so geregelt, dass der Verkauf großer Mengen an US-amerikanischen Agrarprodukten ins Ausland ermöglicht wurde.

Ähnlich wie in der Frage der Importe lässt sich auch hier nicht abschließend klären, ob eine Exportförderung zur Stärkung der heimischen Währung angebracht ist oder nicht. Es mag im nationalen Interesse liegen, Waffen zu subventionierten Konditionen zu verkaufen oder Nahrungsmittel in die Dritte Welt zu exportieren, doch diese Maßnahmen sollten für sich genommen bewertet werden. Die Tatsache, dass damit die heimische Währung gestützt wird, wird niemals – und sollte niemals – ein entscheidender Gesichtspunkt sein.

Politische Maßnahmen zur Beschränkung von Importen oder zur Förderung von Exporten wirken sich auf die Leistungsbilanz aus. Doch daneben existiert bekanntlich noch der Devisenmarkt für Kapitalgeschäfte. Kann die heimische Währung durch Eingriffe in diesen Markt gestützt werden?

Wir erinnern uns, dass der Kapitalmarkt zwei Arten von Geschäften umfasst – Direktinvestitionen, das heißt die Anschaffung von Produktionsstätten, Ausrüstungsgegenständen und anderen physischen Kapitalgütern im Ausland, und Portfolioinvestitionen, also den Erwerb von Anleihen und Aktien oder schlicht die Verwahrung von Kapital auf einem Bankkonto im Ausland. Eine einfache Möglichkeit, die heimische Währung zu schützen, besteht darin, ein Gesetz zu verabschieden, das Inländern verbietet, ausländische Vermögenswerte zu erwerben. Ebenso könnte man umgekehrt die heimische Währung in die Höhe treiben, indem man ausländische Unternehmen ermutigt, im Inland zu investieren.

Der Gedanke, »die Ausländer draußen zu halten«, erscheint auf den ersten Blick zumeist sehr reizvoll und findet seine Befürworter beispielsweise sowohl unter Japanern als auch unter Amerikanern. Erstere würden gerne verhindern, dass US-amerikanische Computerhersteller sich in ihrem Hinterhof einnisten, und letztere möchten die japanischen Fertigprodukte am liebsten von den eigenen Märkten fernhalten. In beiden Fällen rät der Ökonom jedoch zur Vorsicht. Ausländische Investoren sorgen im Inland für Arbeitsplätze – ein gewichtiges Argument bei der Entscheidung darüber, ob man Investitionen von Ausländern zulassen sollte oder nicht. Investiert dagegen ein inländisches Unternehmen im Ausland, dann könnten die dort erwirtschafteten Gewinne durchaus wieder in die heimische Wirtschaft zurückfließen – ein Gesichtspunkt, der bedacht werden sollte, wenn man das Für und Wider von Auslandsinvestitionen abwägt. Solcherlei Überlegungen liegen dem allgemeinen Konsens unter Ökonomen zugrunde, demzufolge ein weitgehend ungehinderter Fluss an länderübergreifenden Investitionen vermutlich das beste Mittel darstellt, um die Produktivität und das Wachstum der Wirtschaft zu steigern, selbst wenn kurzfristig das eine oder andere Land daraus einen einseitigen Vorteil zieht.

Man beachte allerdings die Einschränkung, die in der Formel »ein weitgehend ungehinderter Fluss« zum Ausdruck kommt. In der Weltwirtschaft geht es nicht nur um Gewinne und Beschäftigung, sondern immer auch um Strategie und Macht. Wo Investitionen im Spiel sind, meldet die Politik allzu oft ihr Primat über die Wirtschaft an. Dies gilt insbesondere, wenn diese Investitionen zu einem Kapitalfluss aus den entwickelten Ländern in die so genannten Entwicklungsländer führen; ein sowohl politisch als auch wirtschaftlich hoch komplexes Themengebiet, das sich schnellen und simplen Verallgemeinerungen entzieht. Unsere eigene Position lautet wie in der Frage des globalisierten Welthandels, dass wir die von den Märkten ausgelöste Dynamik zwar grundsätzlich begrüßen, aber auch für Eingriffe in den Markt oder zumindest für eine Abfederung seiner Wirkungen plädieren, wo immer gravierende soziale oder politische Erwägungen dies als notwendig erscheinen lassen. Natürlich ist dies alles andere als eine präzise Handlungsanweisung, doch in einer unvollkommenen Welt stellt es die beste Leitlinie für eine staatliche Politik dar, die wir anbieten können.

Nicht ein Problem, sondern drei

Wie lassen sich diese komplizierten Sachverhalte in den Griff bekommen? Dem Ökonomen Robert Blecker ist es auf hilfreiche Art und Weise gelungen, sie zu entwirren. In seinem Buch *Beyond the Twin Deficits* (New York 1992) hat er die Position der Vereinigten Staaten innerhalb der Weltwirtschaft untersucht und ist dabei zu dem Schluss gekommen, dass die USA hinsichtlich ihrer Außenhandelsaktivitäten drei Problemen gegenüberstehen, die einen jeweils unterschiedlichen Lösungsansatz erfordern.

Das erste dieser Probleme ist eindeutig die internationale Wettbewerbsfähigkeit der Vereinigten Staaten gegenüber ihren Hauptkonkurrenten unter den Industrieländern wie etwa Deutschland und Japan. Hier liegt das Hauptdefizit in der zurückgebliebenen Produktivität der US-Wirtschaft, ein Problem, das im Falle Japans durch dessen unzureichende Bereitschaft zur Öffnung der eigenen Grenzen für Importwaren noch verschärft wird. Die zuletzt genannte Widrigkeit lässt sich immerhin relativ leicht beheben: Es würde genügen, Importe aus Japan so lange mit hohen Einfuhrzöllen zu belegen, bis die Japaner bereit wären, US-amerikanische Güter zu denselben Bedingungen ins Land zu lassen, wie sie umgekehrt den Einfuhren aus Japan gewährt werden.

Das Produktivitätsproblem ist schon schwieriger zu lösen. Der Wettbewerbsvorsprung Deutschlands und Japans lässt sich nicht nur auf eine technologische und strategische Überlegenheit zurückführen, sondern auch auf eine Sozialpolitik, die das Effizienzniveau ihrer jeweiligen Wirtschaft erheblich steigert. Beide Länder überflügeln die Vereinigten Staaten bei weitem hinsichtlich ihrer Investitionen in physische Kapitalgüter sowie in Humankapital – Investitionen in Produktionsstätten und Ausrüstungsgegenstände, in den Bildungssektor sowie in die Ausbildung von Nichtabiturienten, die alle zur Steigerung der Produktivität erforderlich sind. Auch die aktive Zusammenarbeit zwischen der Wirtschaft und der Regierung ist in diesen Ländern weitaus stärker ausgeprägt. Darüber hinaus findet sich hier eine traditionell starke Kooperation zwischen Arbeitnehmern und Arbeitgebern, die in den USA spürbar fehlt – jedenfalls bis heute. Richtig ist auch, dass die deutsche und die japanische Wirtschaft weitaus stärker auf den Export ausgerichtet sind als die amerikanische Wirtschaft mit ihrem umfangreichen Binnenmarkt.

Dies bedeutet, dass die Vereinigten Staaten sich eine ausgeglichene Handelsbilanz mit diesen Ländern mühsam und jährlich aufs Neue erkämpfen müssen. Dies wird aber nur gelingen, wenn sie sich um eine langfristige Steigerung der Produktivität auf der gesamtwirtschaftlichen Ebene bemühen – ein Bestreben, das erst mit der Zeit Früchte tragen wird. Dennoch besteht für die USA kein Grund zur Schwarzmalerei. In den neunziger Jahren konnte das Land den weltweiten Spitzenplatz in der Automobil- und Halbleiterproduktion zurückerobern, eine Leistung, mit der in den achtziger Jahren nur wenige gerechnet hätten. Die Vereinigten Staaten weisen heute eine positive Handelsbilanz gegenüber der Europäischen Union auf – mit Ausnahme von Deutschland, das jedoch aufgrund der schwierigen Integration seiner beiden ehemaligen Teilstaaten und der Kostenbelastung durch sein umfangreiches Sozialsystem viel von seiner früheren Überlegenheit eingebüßt hat. Gleichzeitig hat ein Crash, der mit demjenigen von 1929 vergleichbar ist, in vielen asiatischen Ländern tiefe Wunden geschlagen und sie von Zahlungen der Weltbank, des Weltwährungsfonds sowie des Westens abhängig gemacht, um soziale und wirtschaftliche Katastrophen zu verhindern. Die japanische Wirtschaft wurde zwar nicht in demselben Ausmaß getroffen, befindet sich aber in einem Prozess der Umgestaltung, sodass den USA ein gewisser Freiraum entstanden ist, den sie nutzen können, um zu ihren Konkurrenten aufzuschließen.

Das zweite Hauptproblem betrifft die wirtschaftlichen Beziehungen zwischen den Vereinigten Staaten und den so genannten Schwellenländern. Das größte bilaterale Handelsdefizit weisen die USA heute nicht mehr gegenüber Japan, sondern gegenüber China auf! Die Ursache dafür scheint auf den ersten Blick ausschließlich in der beeindruckenden Kluft zwischen dem Lohnniveau beider Staaten zu liegen. Ein chinesischer Arbeiter verdient im Durchschnitt nur ein Viertel des Lohnes seines US-amerikanischen Kollegen. Wenn dieser Lohnunterschied lediglich Ausdruck einer niedrigeren Produktivität der chinesischen Arbeitskraft wäre, bestünde kein Grund zur Besorgnis, denn die höheren Löhne der US-Arbeiter würden dann durch deren höhere Produktivität aufgewogen. Darüber hinaus sind Entwicklungs- und Schwellenländer aufgrund ihres hohen Bedarfs an Kapitalgütern oft gute Abnehmer der in Hochlohnländern gefertigten Produkte.

Doch diese niedrigen Löhne spiegeln nur teilweise eine geringere Produktivität wider. Zu einem erheblichen Teil sind sie das Ergebnis einer repressiven (gewerkschaftsfeindlichen) Arbeitsmarktpolitik der Unternehmen in den Schwellenländern, unterstützt durch entsprechende Begleitmaßnahmen der jeweiligen Regierungen, die versuchen, den Wert ihrer Währungen künstlich niedrig zu halten. Die schlecht bezahlten Beschäftigten verfügen jedoch zunehmend über eine materielle Ausstattung sowie über Produktionstechniken, die den Vergleich mit denjenigen der Industrieländer nicht zu scheuen brauchen. Daraus kann eine nahezu unschlagbare Kombination erwachsen.

Blecker schlägt vor, dass die Vereinigten Staaten einen anderen Weg einschlagen und die Schwellenländer dazu ermutigen sollten, ihr Lohnniveau an die gestiegene Produktivität anzupassen und gleichzeitig ihre Währungspolitik so umzugestalten, dass der künstliche Wertabschlag ihrer Währungen aufgehoben würde. Die Schwellenländer würden dabei zweifellos einen Teil ihres Preisvorsprungs bei den dort erzeugten industriellen Exportgütern behalten, doch dieser Preisvorsprung wäre nicht mehr so gewaltig, dass selbst die effizientesten amerikanischen Hersteller nicht dagegen ankämen.

Das letzte Problem überschneidet sich teilweise mit dem vorgenannten, insofern als es die enormen Schuldenberge betrifft, die einige Entwicklungsländer im Ausland angehäuft haben und die sich für diese zu einer immer größeren Bürde entwickeln. In den achtziger Jahren richtete sich das Hauptinteresse in dieser Hinsicht auf Lateinamerika; heute hat sich der Schwerpunkt der Verschuldungskrise auf Afrika verlagert. Viele der betroffenen Länder sind gezwungen, einen Großteil oder gar die Gesamtheit ihrer Exporteinnahmen für Zins- und Tilgungszahlungen aufzuwenden – zu Lasten möglicher Einfuhren aus den Industrieländern. So war beispielsweise Lateinamerika in den achtziger Jahren aufgrund seiner internationalen Zahlungsverpflichtungen sogar Nettoexporteur von Kapital.

Viele Ökonomen sind sich mittlerweile darüber einig, dass ein Schuldenerlass in größerem Umfang notwendig ist, um sowohl Schuldner als auch Gläubiger zu entlasten. Entsprechende Maßnahmen haben in Verbindung mit internen Reformen wie etwa Privatisierungen oder einer Straffung des Steuererhebungssystems dazu geführt, dass sich Lateinamerika in den neunziger Jahren aus seiner Krise befreien konnte. Ähnliches könnte zumindest einigen afrikanischen Ländern den Weg ins 21. Jahrhundert ebnen.

Die Umsetzung der obigen Vorschläge mag sich als schwierig erweisen, doch wie an früherer Stelle bereits gesagt, ist schwierig nicht mit unmöglich gleichzusetzen. Die genannten Vorschläge zeigen, dass es möglich ist, die Position der Vereinigten Staaten innerhalb der Weltwirtschaft deutlich zu stärken, auch wenn dies nicht leicht sein wird. Sie legen darüber hinaus nahe, dass viele der heutigen Schwierigkeiten auf eine kurzsichtige Politik der US-Regierung in der Vergangenheit zurückzuführen sind. Dazu gehören mangelnde Investitionen in produktivitätssteigernde Maßnahmen, die Vernachlässigung des öffentlichen Haushaltes und eine allzu freizügige Kreditvergabe ins Ausland, ohne einen Gedanken an mögliche Kreditausfälle zu verschwenden. Die Vereinigten Staaten sind zu einem großen Teil selbst für ihre heutige missliche außenwirtschaftliche Situation verantwortlich. Ihre Probleme sind nicht von unfairen ausländischen Konkurrenten verursacht worden. Diese Erkenntnis wird den Vereinigten Staaten dabei helfen, ihrer künftigen Rolle innerhalb der Weltwirtschaft so viel Aufmerksamkeit zu schenken, wie dies angezeigt wäre.

19

DIE UNVOLLENDETE REVOLUTION

Wir sind am Ende unseres Buches angelangt, doch der Grund, der uns dazu motiviert hat, es zu schreiben, besteht fort. Wir haben mit diesem Buch niemals das Ziel verfolgt, unsere Leserinnen und Leser zu Ökonomen zu erziehen. Sein Zweck ist ein viel bodenständigerer: Wir möchten unseren Lesern wirtschaftliche Zusammenhänge verständlich machen. Um dies zu erreichen, haben wir uns bemüht, den ökonomischen Fachjargon weitgehend zu vermeiden und dafür die alles beherrschende Frage in den Mittelpunkt zu rücken; eine Frage, die wir uns alle schon einmal gestellt haben, während wir das Auf und Ab jenes geheimnisvollen Phänomens verfolgten, das man »die Wirtschaft« nennt: Was in aller Welt geschieht hier eigentlich?

Wir haben versucht, diese Frage auf zweierlei Art und Weise zu beantworten. Zum einen haben wir der Wirtschaft das Geheimnisvolle genommen, das sie umrankt, indem wir sie in ihre Bestandteile zerlegt haben. So haben wir beispielsweise erläutert, dass eine Wirtschaft über ein Makrosystem verfügt, das über die Höhe der Produktion entscheidet, sowie über ein Mikrosystem, mithilfe dessen die Verteilung dieser Produktion geregelt wird. Ebenso haben wir uns bemüht, die Rolle der öffentlichen Hand in der Wirtschaft zu verdeutlichen, einschließlich jener oft missverstandenen Defizite und Staatsschulden, die sie eingeht. Selbstverständlich haben wir die Entstehungsgeschichte des Geldes erläutert. Und schließlich, nachdem wir die Wirtschaft zunächst bis auf Augenhöhe zurechtgestutzt haben, haben wir in den vergangenen Kapiteln versucht, sie noch anschaulicher zu präsentieren, indem wir aufgezeigt haben, welche Probleme sie verursacht und welche sie löst.

Eine weitere Frage steht jedoch nach wie vor im Raum – eine Frage, zu deren Beantwortung auch unser Versuch, die Wirtschaft zu entmystifizieren, kaum beigetragen hat: Wie steht es um unsere langfristige Zukunft? Wie steht es um die Aussichten und Chancen unserer Wirtschaft, nicht in den nächsten paar Jahren, sondern in den kommenden Jahrzehnten oder auch darüber hinaus? Wer eine solche Frage stellt, verlässt zwangsläufig unseren bodenständigen Ansatz und begibt sich auf eine höhere Ebene der Gesellschaftsanalyse: Er nimmt eine historische Perspektive ein, die ein Schlaglicht auf die außerordentliche soziale Dynamik wirft, der wir unsere heutige wirtschaftliche Lage zu verdanken haben und die aller Voraussicht nach auch unseren weiteren Weg bestimmen wird.

Kapitalistische Revolutionen

Am Anfang unserer Betrachtung steht die Erkenntnis, dass der Kapitalismus ein revolutionäres Gesellschaftssystem darstellt. Dies bedeutet nicht, dass er sich ähnlich wie die Französische oder die russische Oktoberrevolution auf einen politischen Umsturz richtet. Der Kapitalismus ist im Gegenteil wie jede andere etablierte soziale und politische Ordnung seit jeher konservativ orientiert. Mit »konservativ« meinen wir nicht eine grundsätzliche Ablehnung jedweder Veränderung – schließlich hat sich der Kapitalismus, der historisch eng mit demokratischen Regierungsformen verknüpft ist, stets als weitaus toleranter gegenüber politischen, sozialen und institutionellen Veränderungen gezeigt als ältere Gesellschaftsordnungen oder gar sozialistische Systeme, die jede Abweichung von einer einzigen, offiziell vorgegebenen Linie zu unterdrücken versuchten. Die Sowjetunion verdankt ihr Dahinscheiden weitgehend diesem Unwillen, sich an gewandelte Realitäten anzupassen, wohingegen der Kapitalismus weiterhin gedieh.

Worin besteht nun der revolutionäre Charakter des Kapitalismus?

Er liegt in dem Umstand, dass eine kapitalistische Ordnung ihrem Wesen nach auf Wandel gerichtet ist. Dieser beständig erzeugte Wandel führt wiederum zu laufenden Umwälzungen, die jeden Aspekt des gesellschaftlichen Lebens durchdringen und sich auf die politische, soziale und wirtschaftliche Ebene erstrecken. Eine vergleichbare Gesellschaftsordnung hat es niemals zuvor gegeben. Die ägyptischen Dynastien brachten architektonische Wunder hervor; den alten Griechen verdanken wir unübertroffene Kunstwerke und Literatur; die Römer beherrschten über mehr als sechs Jahrhunderte nahezu die gesamte ihnen bekannte Welt; doch keine dieser Kulturen revolutionierte in gleicher Weise laufend den Alltag und das soziale wie politische Bewusstsein der Menschen, keine veränderte derart ihre Fähigkeit, das eigene Schicksal in die Hand zu nehmen, wie der Kapitalismus in den letzten 250 Jahren.

Die vom Kapitalismus ausgelösten Revolutionen ereigneten sich nicht auf der politischen Bühne; sie entsprangen der Welt der Produktion, nicht der Philosophie oder einem Herrschaftssystem. Dennoch haben diese Revolutionen zu gewaltigen politischen Veränderungen geführt. Man bedenke die Auswirkungen von Funk und Fernsehen auf die Beziehungen zwischen dem Wahlvolk und seinen Abgeordneten und Regierenden, die ungeheuerlichen sozialen Umbrüche, die der Übergang von einer bäuerlichen in eine Gesellschaft von Industriearbeitern und Angestellten mit sich brachte, oder den Wandel in der Vorstellung des Einzelnen über seinen »Platz« in der Gesellschaft, wenn er sich in den 1830er-Jahren in Pferdekutschen fortbewegte, 40 Jahre später in Zügen, in den zwanziger Jahren des folgenden Jahrhunderts in Privatfahrzeugen und in den sechziger Jahren in Flugzeugen. Solcher Wandel ist im Kapitalismus die Regel, nicht die Ausnahme. Er revolutioniert die Lebensbedingungen in einer den Ägyptern, Griechen oder Römern völlig unbekannten Weise – zumindest bis die beiden zuletzt genannten Völker im 18. Jahrhundert ähnlichen Veränderungen unterworfen wurden, als ihre Ökonomien sich allmählich zum Kapitalismus hin entwickelten.

Der Kapitalismus führt also zu revolutionären Veränderungen. Er vollbringt diese jedoch nicht gezielt. Vielmehr löst er Veränderungen aus, weil die wichtigste soziale Klasse im Kapitalismus – die Gruppe derjenigen, die Kapital besitzen oder darüber verfügen – dieses Kapital gewinnbringend einsetzen will. Die Gewinnerzielung – genauer: das Gewinnstreben – bildet den großen Motor, der kapitalistische Revolutionen antreibt. Der Umstand, dass der Kapitalismus mit seinem Wirken die Welt verändert, ist die Folge seiner kraftvollen inneren Dynamik und nicht sein Daseinszweck. Schließlich sollten wir uns dessen bewusst werden, dass der Kapitalismus nicht nur einen revolutionären Charakter trägt, sondern dass wir derzeit eine seiner weitreichendsten revolutionären Phasen durchleben. Nur so können wir wirklich verstehen, was eigentlich geschieht.

Die Dynamik des Wandels

Lässt sich das Ergebnis der aktuellen Revolution anhand der Erfahrungen der Vergangenheit prognostizieren? Nein, doch man erkennt Parallelen zu früheren Zeiten des Umbruchs. Analysiert man diese Ähnlichkeiten, so erhält man Warnsignale, die auf künftige Herausforderungen hindeuten, und man erkennt, welche Möglichkeiten bestehen, in den derzeitigen revolutionären Prozess einzugreifen. Beenden aber, auch dies wird die Analyse zeigen, kann man ihn ebenso wenig wie seine Vorgänger. Er mag ein gutes oder auch ein beklagenswertes Ende finden, in eine Phase der Instabilität oder eine des Fortschritts münden, aber in sich zusammenbrechen wird er nicht.

Die Dynamik des Kapitalismus lässt sich vielleicht am einfachsten begreifen, wenn man sich dem Ausgangspunkt der meisten Umwälzungsprozesse zuwendet – der Erfindung eines Produktes oder Prozesses, die neue wirtschaftliche Chancen birgt, die sich später wiederum auf der sozialen und politischen Ebene auswirken. Es lassen sich mühelos sechs derartige zündende Funken aufzählen, die revolutionäre Prozesse in Gang setzten: Da gab es zunächst die neu geschaffene Arbeitsteilung, die Adam Smith als beispiellos effektives Mittel zur Steigerung der Produktion und damit auch der Profitabilität bezeichnete – eine Erkenntnis, die sich bei ihm bekanntlich mit der Befürchtung verband, dass diese glorreiche Produktivitätsquelle die Intelligenz und Neugier all jener lähmen werde, die gezwungen waren, die damit verbundenen, immer wiederkehrenden Aufgaben auszuführen. Als Zweites ist die Erfindung der Dampfmaschine zu nennen, die als preiswerte Energiequelle eine wirtschaftliche Kohleförderung ermöglichte: Sie schuf die Voraussetzungen für eine kostengünstige Entwässerung der Gruben und eine ebenso preiswerte Beförderung der Kohle ans Tageslicht, mithin einen Effizienzschub, der schließlich die industrielle Revolution auslöste. Ihr folgte die Elektrizitätsrevolution, die ebenfalls zu einem Produktivitätszuwachs führte, daneben aber auch die Welt im wahrsten Sinne des Wortes erleuchtete und einen neuen Freizeitbereich schuf, den wir als »Nachtleben« bezeichnen. Als Nächstes folgte die Entwicklung des Verbrennungsmotors, der uns das alles verändernde Kraftfahrzeug bescherte, und schließlich, nicht lange danach, das Abenteuer der Luftfahrt – einst als Vorrecht von Abenteurern und Engeln gehandelt, erwies es sich in den Nachkriegsjahren als Fundament der weltweit größten Branche der Neuzeit: der Tourismusindustrie.

Und heute? Die aktuell zu beobachtende Revolution war bereits in dem raumfüllenden elektronischen Rechner angelegt, erzielte ihren Durchbruch jedoch erst mit der Entwicklung des Miniatur-Silikonchips. Dieser Chip ermöglichte die – so muss man wohl sagen – explosive Ausdehnung der Kommunikation, die wiederum die Voraussetzung für eine Ausweitung der Kontroll- und Managementmöglichkeiten darstellte, aufgrund derer wir ein Unternehmen mit nahezu beliebigen Standorten von einer nahezu beliebig gelegenen Zentrale aus führen können. Ohne den Chip hätte es keine Globalisierung gegeben, ebenso wie das rasche Zusammenwachsen der Vereinigten Staaten ohne die Eisenbahn oder die Entstehung moderner Städte ohne Dampf und Strom undenkbar gewesen wäre.

All diese auf technologischen Entwicklungen gründenden Revolutionen wirken sich zunächst auf die Organisation von Unternehmen aus, sprich auf die Art und Weise, wie im Kapitalismus Kapital gebildet wird. Wie wir gesehen haben, ist Kapital nicht mit »Reichtum« identisch. Als Reichtum bezeichnen wir die physische Ausprägung von

Macht und Prestige, wie sie etwa die großen Paläste der Antike darstellten. Der Begriff Kapital dagegen bezeichnet den Einsatz von Reichtum zur Selbstvermehrung – die Umwandlung von Palästen in Immobilien. Neue Fabriken oder Gebäude stellen daher keinen Reichtum im eigentlichen Wortsinn dar, sondern bilden Glieder in einer Kette von Transaktionen, in der Reichtum die Gestalt von Waren annimmt. Als Ware gilt dabei alles, was zum Verkauf bestimmt ist, stets in der Hoffnung, dass der Erlös die Kosten übersteigen wird, und in der Absicht, die möglichen Gewinne in weitere Einheiten desselben Gutes oder in andere Güter zu reinvestieren, die wiederum gegen einen (erhofften) Gewinn verkauft werden – ad infinitum.

Der Kapitalismus ermöglicht es, eine Vielzahl von Gütern dieser unendlichen Expansionsspirale zuzuführen – von reiner Kohle bis hin zu feiner Seide. Kapitalbildung setzt also nicht die Erfindung neuer Produkte oder Prozesse voraus, doch diese verleiht ihr einen zusätzlichen Schub: Neue Güter ersetzen die nun veralteten. So wird zweifellos ein heute noch unbekanntes Produkt eines Tages den Mikrochip verdrängen, genauso wie einst der Chip die Trockenbatterie ersetzte.

Von der Produktion zur Spekulation

Wir befinden uns offensichtlich derzeit inmitten eines revolutionären Wandels, der dafür sorgt, dass die Auswirkungen wirtschaftlicher Anreizmechanismen sich nicht nur auf ein einziges Land oder eine Gruppe von Ländern beschränken, sondern zunehmend auf dem gesamten Erdball spürbar sind. Wie wir bereits wissen, ist für diese Entwicklung der multinationale Konzern verantwortlich – die institutionelle Ausgeburt des Computers.

Der Anfangseffekt bestand hier in einer rapiden Zunahme der Unternehmensinvestitionen innerhalb der Industriestaaten, die sich im Verlauf der achtziger Jahre vervierfachten. Toyota, um ein bekanntes Beispiel zu nennen, blieb zwar in japanischer Hand, doch das von dem Unternehmen hergestellte Fahrzeug verwandelte sich in ein unbestreitbar amerikanisches Produkt. Man findet heute kaum noch ein großes Unternehmen aus Europa oder den Vereinigten Staaten, das nicht auch im Ausland produziert oder einzelne Produktionsschritte von im Inland verkauften Gütern ins Ausland verlagert hat.

Entscheidender noch ist das Verhältnis zwischen industrialisierten Staaten und den so genannten Entwicklungsländern. In der Vergangenheit blieb der von technologischem Wandel ausgelöste revolutionäre Schub zumeist für lange Zeit auf seine Ursprungsländer beschränkt. Es dauerte Jahrzehnte, bis die industrielle, elektrische, Automobil- oder Luftfahrtrevolution die Entwicklungsländer erreicht hatten. Die derzeitige Revolution der zunehmenden Computerisierung führt jedoch überall dort zu einer Kapitalbildung, wo sich Hightech-Management mit niedrigen Arbeitslöhnen verbinden lässt. So kommt es, dass der Prozess der Auslagerung von Produktionsschritten (*Outsourcing*) – es handelt sich um nichts anderes als Direktinvestitionen – heute auch Regionen erfasst, die im Koordinatensystem der kapitalistischen Welt zuvor nur eine untergeordnete Rolle spielten. Zu den Ländern, die an der derzeitigen kapitalistischen Revolution teilhaben (wenn auch bislang in bescheidenem Maße), gehören beispielsweise Vietnam, Thailand, Sri Lanka, die Philippinen und nicht zuletzt China. Taiwan, Südkorea, Indien und Teile Lateinamerikas sind stark in diese Revolution eingebunden. Ihren jeweiligen Volkswirtschaften sowie den Bilanzen der multinationalen Konzerne kommt dies zweifellos zugute, weniger dagegen den Beschäftigten in Europa und Nordamerika, deren Reallöhne stagnieren oder sich im Sinkflug befinden und deren Arbeitsplätze aufgrund von Stellenabbau und Automatisierung in Gefahr sind.

Es folgt nun eine Phase, die wir bislang vernachlässigt haben, die aber in der Geschichte des Kapitalismus niemals gefehlt hat. Revolutionen entfalten sich zunächst in der jeweils neu geschaffenen Branche und greifen dann aufgrund wechselseitiger Abhängigkeiten auf weitere Branchen über, bis sie schließlich das Lebensmittelgeschäft an der Ecke erreichen. Doch diese erste Phase einer allgemeinen Expansion der wirtschaftlichen Aktivitäten wird bald von einer weiteren, sich allmählich verstärkenden Bewegung abgelöst: dem Drang des Kapitals in die

Wertpapiermärkte. Alle kapitalistischen Revolutionen haben ausnahmslos ihren Anfang in den Fabrikhallen genommen und auf dem Börsenparkett geendet.

Der revolutionäre Impuls gerät nun unter Druck, denn der Finanzboom, der dem Produktionsboom folgt, ist deutlich wechselhafter als seine Quelle, die nur allmählich expandiert. Da die Finanzmärkte nicht von der tatsächlichen Erschließung neuer Märkte, sondern von Erwartungen hinsichtlich zukünftiger Preise angetrieben werden, können sie erstaunlich schnell steigen oder fallen. Während Umsätze in der Regel stetig zunehmen, dann auf hohem Niveau stagnieren und schließlich wieder allmählich zurückgehen, kann sich die Entwicklung an den Finanzmärkten sprunghaft vollziehen und dramatische Formen annehmen, wie wir spätestens seit dem Crash von 1929 wissen, der auf den Boom der zwanziger Jahre folgte.

Wer von dem Einbruch an den Finanzmärkten im Jahre 2000 überrascht wurde, hatte eine Reihe von Warnsignalen übersehen. Weiter oben haben wir bereits die Asienkrise angesprochen; daneben wäre aber auch ein Blick auf die Entwicklung unserer eigenen Finanzmärkte in den letzten Jahrzehnten durchaus aufschlussreich gewesen. So stürzte das wichtigste Börsenbarometer der Welt, der Dow-Jones-Index, im Jahr 1987 von seinem Allzeithoch bei 2 700 Punkten beinahe über Nacht auf einen Stand von 1 500 Punkten. Die europäischen Aktienmärkte zogen sofort nach. Danach setzte der Dow-Jones-Index erneut zu einem Anstieg an und erreichte schließlich im Jahr 1997 einen Stand von mehr als 7 000 Punkten. Innerhalb von weniger als zehn Jahren hatte sich also der Gesamtwert aller an der Börse gehandelten Unternehmen nach Einschätzung der Marktteilnehmer mehr als vervierfacht! Dann kam der 27. Oktober 1997, als der Index um 554 Punkte einbrach, der größte Tagesverlust in seiner Geschichte – ein Rückgang, der anschließend von den Börsen sämtlicher kapitalistischer Staaten nachvollzogen oder sogar übertroffen wurde. Es handelte sich vermutlich um das größte Finanzdebakel eines einzigen Tages in der Geschichte der Menschheit. Nichtsdestotrotz zeigte der langfristige Börsentrend, im Herbst 1998 noch einmal durch die Asienkrise unterbrochen, weiter nach oben, und der Dow-Jones-Index erreichte im Jahr 2000 schließlich einen Stand von über 11 000 Punkten, bis er im Gefolge des Crashs an den Technologiebörsen ebenfalls die Reise gen Süden antrat.

Lassen der Supercrash vom 27. Oktober 1997 oder die Baisse von 2000 bis 2002 darauf schließen, dass erneut eine Depression nach Art des Börsencrashs von 1929 bevorsteht? Dafür spricht auch im Lichte der Entwicklung in den letzten Jahren nur wenig; allenfalls ist eine deflationäre Entwicklung in einigen Ländern zu befürchten (siehe Kapitel 15). Gleichzeitig sind die Regierungen heute weltweit bestrebt, die Fehler der Vergangenheit nicht zu wiederholen. Alte Fotografien aus den dreißiger Jahren zeigen lange Schlangen von Menschen, die vergeblich vor den Türen der Banken ausharrten, in der Hoffnung, ihre Sparkonten auflösen zu können. Damals glaubten die verantwortlichen Politiker allen Ernstes, es sei inflationär, die Liquidität des Bankensystems sicherzustellen!

Muss man einen Crash wie im Oktober 1997 dann zumindest als Warnsignal verstehen? Ja, durchaus: Ereignisse dieser Art weisen auf die fortbestehende Dynamik des Kapitalismus hin; auf den zyklischen Wechsel von realem und spekulativem Wachstum also, der immer ein Wesensbestandteil des Kapitalismus war; mit anderen Worten auf die Tatsache, dass der Kapitalismus sich fortbewegt, indem er jeweils zunächst einen großen Satz macht und dann einen Teil des Weges zurückstolpert. Daneben gemahnen sie noch an einen anderen Umstand, dem wir uns nun zuwenden wollen.

Der Devisenmarkt

Der nunmehr seit zwei Jahrhunderten während Kreislauf aus technologischem Wandel und Finanzspekulation ist in den letzten Jahren um eine stark beunruhigende Entwicklung ergänzt worden. Diese erklärt sich, wie der geneigte Leser bereits vermutet haben mag, aus dem großen Strom an internationalen Finanztransaktionen, die wiederum der technologischen Revolution entsprungen sind, der wir die Globalisierung verdanken. Um diese Entwicklung verstehen zu können, müssen wir uns jedoch zunächst den Unterschied zwischen einem festen und einem flexiblen (oder »schwankenden«) Wechselkurs verdeutlichen: Ein System fester Wechselkurse bedeutet nicht, dass eine Supermacht willkürlich die Tauschpreise zwischen verschiedenen Währungen festlegen würde – kein Land der Welt verfügt über eine derartige grenzenübergreifende Machtfülle. Es bezeichnet vielmehr eine Situation, in der eine einzelne Währung, zumeist diejenige einer politischen Hegemonialmacht, als internationale Leitwährung fungiert. So hatten im späten 19. Jahrhundert das britische Pfund und in den Jahren nach Ende des Zweiten Weltkriegs der US-Dollar innerhalb der jeweiligen Systeme fester Wechselkurse die Rolle der Weltleitwährung inne.

Dies bedeutete nicht, dass England in gleicher Weise, wie es in jenen vergangenen Zeiten des Goldstandards die Menge an Feingold festlegen konnte, die ein Pfund enthalten musste, auch darüber entscheiden konnte, wie viele US-Dollar ein Pfund wert war. »Fest« waren die Wechselkurse vielmehr insofern, als die Hegemonialmacht gemeinsam mit ihren engsten Handelspartnern darüber wachte, dass sich die Wechselkurse der nationalen Währungen zur Leitwährung nicht veränderten, und dieses Ziel mit allen legalen Mitteln durchsetzte. Abweichungen von einigen Prozent wurden lediglich bei Vorliegen besonderer Umstände toleriert, die zu einem Ansturm auf eine Währung oder zu einem massiven Abzug von Kapital aus derselben führten.

Die Ankündigung derartiger Maßnahmen wirkte selbst stabilisierend, da nur wenige Devisenhändler, einschließlich der Spekulanten, bereit waren, zu Kursen leicht unterhalb oder oberhalb der Zielmarke zu kaufen oder zu verkaufen, da sie damit rechnen mussten, dass die Hegemonialmacht und ihre Partner den jeweiligen Kurs mithilfe ihrer umfangreichen Devisenvorräte bald wieder auf das gewünschte Niveau zurückbringen würden. Wie wir gesehen haben, spielte der US-Dollar nach dem Ende des Zweiten Weltkrieges die Rolle der Leitwährung mit großem Erfolg, bis er sie beinahe 25 Jahre später aufgrund von weltwirtschaftlichen Veränderungen aufgeben musste.

In einem System von flexiblen oder schwankenden Wechselkursen fehlt dagegen eine derartige Hegemonialmacht, und folglich bestehen auch keine Vereinbarungen, die darauf gerichtet wären, die Austauschverhältnisse zwischen einzelnen Währungen in einer bestimmten Spanne zu halten oder dies zumindest zu versuchen. Stattdessen wird der Wert des US-Dollar, Euro oder Yen auf einem riesigen, eng geknüpften Devisenmarkt bestimmt, der es Käufern oder Verkäufern gestattet, Orders zum Kauf oder Verkauf einer beliebigen Währung zu einem beliebigen Preis zu platzieren, ohne befürchten zu müssen, dabei den Kürzeren zu ziehen. Diese Orders können der Finanzierung tatsächlicher Handelsgeschäfte dienen oder auch rein spekulativen Zwecken, genauso wie eine Aktie an der Börse gehandelt werden kann, um das eigene Portfolio an Vermögenswerten zu vergrößern oder zu verkleinern, oder auch nur, weil man »sicher« ist, in welche Richtung eine Aktie sich entwickeln wird, und dem Markt zuvorkommen will.

Als die Vereinigten Staaten ihre Rolle als Finanzhegemonialmacht verloren, entwickelte sich auf den Devisenmärkten bald eine wilde Spekulation. Der Wert einzelner Währungen fuhr Achterbahn: So stieg der Außenwert des US-Dollar im Zeitraum von 1980 bis 1985 um 65 Prozent, nur um anschließend wieder auf sein früheres Niveau zurückzufallen. Auch der Yen wies beträchtliche Schwankungen auf; die Lira stand mehrere Male vor dem »Zusammenbruch« und selbst die »verlässliche« D-Mark sah sich häufigen Angriffen ausgesetzt – zur nicht geringen Überraschung vieler Ökonomen und Zentralbanker.

Diese Fachleute waren davon ausgegangen, dass das kollektive Urteilsvermögen von Devisenhändlern einen ruhigeren, weniger volatilen Devisenmarkt hervorbringen würde, als er zu Zeiten des festen Wechselkurssystems herrschte. Seinerzeit hatten bürokratisch ausgerichtete Regierungen stets gezögert, die festgelegten Wechselkurse an sich wandelnde wirtschaftliche Bedingungen anzupassen. Stattdessen wurden die Devisenmärkte nun zunehmend von extrem kurzfristig orientierten Spekulanten beherrscht, die auf kurzlebige Trends aufsprangen, diese verstärkten und in bedeutende Marktrallys und Kurseinbrüche verwandelten. In einer Wiederholung des spekulativen Dramas, das der Kapitalismus bereits vielfach inszeniert hatte, stieg das Volumen der Devisentransaktionen bald auf ein unvorstellbar hohes Niveau an – mit der Folge, dass die Zentralbanken sämtliche Möglichkeiten verloren, für ein Mindestmaß an Stabilität und Ordnung zu sorgen. In seinem Buch *One World, Ready or Not* hat der Wirtschaftsjournalist William Greider eindrücklich den schleichenden Machtverlust dieser Banken beschrieben. So schreibt er, dass im Jahre 1983 die Zentralbanken der Vereinigten Staaten, Deutschlands, Japans, Großbritanniens und der Schweiz über insgesamt 139 Milliarden US-Dollar an Devisenreserven verfügten, mit denen sie ein tägliches Handelsvolumen am Devisenmarkt von 39 Milliarden US-Dollar stabilisierten. Die Zentralbanker besaßen somit einen Vorteil gegenüber den Spekulanten in einem Verhältnis von reichlich drei zu eins. Im Jahr 1992 hatte sich das Machtverhältnis umgekehrt: Die bedeutendsten Zentralbanken hielten Devisenreserven in Höhe von 278 Milliarden US-Dollar, während sich das tägliche Handelsvolumen am Devisenmarkt auf 623 Milliarden US-Dollar belief. Die Devisenhändler befanden sich nun mit einem Verhältnis von gut zwei zu eins im Vorteil. Und sie nutzten ihn: Innerhalb weniger Jahre stieg das Tagesvolumen am Devisenmarkt auf den bereits bekannten Wert von 1,3 Billionen US-Dollar.[32]

Viele Spekulanten, die auf diesem Wege mühelos reich zu werden hofften, sahen sich allerdings enttäuscht. So verlor beispielsweise der US-Konzern Procter and Gamble im Jahre 1994 einen Betrag von 137 Millionen US-Dollar durch Spekulation, die deutsche Metallgesellschaft büßte eine Milliarde US-Dollar ein, Glaxo aus Großbritannien 160 Millionen US-Dollar, der kalifornische Verwaltungsbezirk Orange County 1,7 Milliarden US-Dollar und die malaysische Zentralbank, die Bank Megara, 4 Milliarden US-Dollar. Selbst George Soros, einer der wagemutigsten und erfolgreichsten internationalen Spekulanten, der ein milliardenschweres Vermögen angehäuft hatte, verlor nahezu über Nacht einen Betrag von 600 Millionen US-Dollar, als er im April 1994 eine Woche lang auf dem falschen Fuß erwischt wurde.

So kommt es, dass in den letzten Jahren vermehrt Stimmen zu vernehmen sind, die eine Rückkehr zu dem System fester Wechselkurse verlangen. Zu ihnen gehört auch George Soros, der davor gewarnt hat, dass eine Beibehaltung des jetzigen Zustandes zum allmählichen Zerfall der Weltwirtschaft führen könnte.[33]

Handlungsoptionen

Es kann kaum ein Zweifel daran bestehen, dass der Verzicht auf das System fester Wechselkurse zugunsten eines Systems flexibler Devisenmärkte eine vormals wichtige Quelle weltweiter Stabilität in ein neues Sturmzentrum verwandelt hat. Die vordringliche Frage lautet daher: Lässt sich dagegen etwas unternehmen?

Es wird niemanden überraschen, dass die Antwort wiederum Ja und Nein lautet. So hat beispielsweise der Nobelpreisträger James Tobin einen heftig diskutierten Vorschlag unterbreitet, demzufolge eine Steuer auf spekulative Devisengeschäfte zu erheben wäre. Eine derartige Steuer würde mit Sicherheit die Zahl der spekulativen Engagements verringern und dadurch womöglich spekulative Kursverzerrungen dämpfen oder verhindern. Oder doch nicht? Zum einen wäre eine Antispekulationssteuer wenig sinnvoll, wenn sie nur in einem einzigen Land erhoben würde. Der Devisenhandel würde sich in diesem Fall nur auf andere Märkte mit geringerer Steuerlast verlagern. Doch selbst wenn sämtliche größeren Wirtschaftsnationen sich einem derartigen Schritt anschlössen, käme es mit Sicherheit zur Etablierung von Graumärkten für diejenigen, die sie suchten. Der Leser möge dies bitte nicht als Argument gegen die Einführung eine transnationalen Steuer auf spekulative Devisengeschäfte werten – wir möchten lediglich darauf hinweisen, auf welche Probleme ein derartiger Schritt angesichts einer Vielzahl von Einzelstaaten mit widerstrebenden Interessen stoßen würde.

Ein weiteres derartiges Problem mag das folgende Beispiel illustrieren: Angenommen, Spekulanten beschlössen, die gerade im Fall befindliche Währung X zu kaufen, da sie mit einem baldigen Wiederanstieg des Kurses rechnen. Ihre Käufe würden natürlich das Eintreffen dieser Erwartung befördern. Wäre jedoch unabhängig von einem möglichen Gewinn oder Verlust eine Steuer zu entrichten, so könnten die Spekulanten es vorziehen, auf das Geschäft zu verzichten. In diesem Fall hätte die Steuer den Druck auf die Währung nicht vermindert, sondern erhöht.

Wie handeln angesichts solcher Widrigkeiten? Allzu wahrscheinlich ist, dass überhaupt nichts geschieht und wir folglich über kurz oder lang mit einem schweren Debakel auf den Devisenmärkten rechnen müssen. Ein solcher Crash könnte leicht zu Milliardenverlusten für Unternehmen in aller Welt führen und auch den Anteilsinhabern von Investmentfonds schmerzliche Verluste bescheren, die sich nie darüber bewusst waren, dass ein Teil ihres Kapitals an den Devisenmärkten investiert ist.

Zurück zum revolutionären Kapitalismus

Die neunziger Jahre haben sich für die Vereinigten Staaten als eine Periode beeindruckenden Wachstums erwiesen. Warum endet dann dieses Buch mit einer Warnung? Wir möchten unsere Leser keineswegs auf einen bevorstehenden wirtschaftlichen Zusammenbruch einstimmen, sondern vielmehr zur einleitenden These dieses Kapitels zurückkehren.

Diese These lautet nicht, dass unsere Wirtschaftsordnung auf eine Katastrophe der einen oder anderen Art zusteuert. Zwar bildet der unkontrollierte Devisenmarkt zweifellos ein Terrain, auf dem der Kapitalismus etwas Selbstzerstörerisches anrichten könnte, doch Selbstzerstörung ist nicht der Inhalt und das Ziel des »revolutionären« Kapitalismus. Dieses Adjektiv drückt vielmehr zweierlei aus: Zum einen bedeutet es, dass eine kapitalistische Ordnung expansive Energien birgt, deren Wirken unerwartete, unerwünschte und gelegentlich auch gefährliche Folgen zeitigt – Folgen, die das reibungslose Funktionieren der Gesellschaft bedrohen. Zum anderen aber spiegelt es die Tatsache wider, dass diese Ordnung fähig ist, solchen Bedrohungen durch institutionelle Veränderungen zu begegnen, die sie deutlich abschwächen oder sogar beseitigen können. Im Gegensatz zu jeder anderen Gesellschaftsordnung – insbesondere zu einer sozialistischen nach sowjetischem Vorbild – birgt der Kapitalismus somit ein Potenzial zur Selbstkorrektur, das er angesichts seiner Neigung, sich selbst Hürden zu errichten, auch dringend benötigt.

Die Geschichte hält eine große Zahl an Beispielen bereit, um die zuerst genannte Tendenz zu belegen. Zu nennen wäre etwa die industrielle Revolution, die zum ersten Mal ein aufsässiges Proletariat hervorbrachte; die Einführung der Massenproduktion, die zur Bildung großer Industriekonzerne führte; oder die Große Depression der dreißiger Jahre. In unserer heutigen Zeit schließlich begegnen wir der Globalisierung, die als bedrohlichster und den Wandel am stärksten fördernder Aspekt unseres Wirtschaftslebens gelten kann – auch sie ein Produkt der vom Kapitalismus entfesselten Dynamik. Vor uns liegt mit der zunehmenden globalen Erwärmung und ihren weitreichenden ökologischen Folgen erneut eine »revolutionäre« Herausforderung.

Wie begegnete man in der Vergangenheit diesen selbst erzeugten Herausforderungen? Die industrielle Revolution führte zum ersten Mal zu einer staatlichen Regulierung der grundlegenden Arbeitsbedingungen. Die Entstehung der großen Konzerne fand ihre Antwort in der ersten Antikartellgesetzgebung der Geschichte. Die Auswirkungen der Großen Depression wurden durch eine Sozialgesetzgebung gemildert, die in den Vereinigten Staaten die Bezeichnung *New Deal* erhielt. Wie wird man der Globalisierung und der weltweiten Erwärmung begegnen? Zur Lösung dieser Probleme darf man nicht auf die mögliche Hilfe wohlwollender Außerirdischer vertrauen. Vielmehr werden die erforderlichen Lösungsansätze spontan und innerhalb der dominierenden sozio-ökonomischen Ordnung des 21. Jahrhunderts entstehen müssen: im Kapitalismus.

Ein Wort zum Ausklang

Aus all dem Gesagten lässt sich eine Moral für unsere Geschichte ableiten, die ihr einen passenden Abschluss verleiht. In weiten Teilen der westlichen Welt und insbesondere in den Vereinigten Staaten wird die Rolle des Staates heute vielfach kritisiert oder verurteilt. Diese Antipathie ist oft begründet: Die öffentliche Hand kann sich durchaus als bürokratisch, langsam, ineffizient und irritierend erweisen. Womöglich ist dies sogar der Regelfall. Der Staat ist keineswegs ein Hort der Tugend, der mustergültigen Voraussicht oder der bewegenden Visionskraft.

Die öffentliche Hand stellt jedoch die einzige Handhabe für eine Nation dar, sich mit den Dingen zu versorgen, die anderweitig nicht erhältlich sind: Außenpolitik und Verteidigung, Recht und Ordnung, die Bereitstellung öffentlichen Kapitals und – für unsere Zwecke entscheidend – die Bekämpfung von unerwünschten Nebeneffekten der Aktivitäten des privaten Sektors. Dieser Versuch einer Bekämpfung mag nicht immer effektiv sein – der Kapitalismus weist eine Menge ungelöster Probleme auf –, doch eine andere Gegenmacht als die öffentliche Hand existiert nicht.

Mit anderen Worten: Keine komplexe Gesellschaft kann ohne Staatsmacht existieren. Daher bildet der öffentliche Sektor ebenso einen Teil der kapitalistischen Wirtschaftsordnung wie der Privatsektor, der ein Verschwinden des Staates, wie auch immer herbeigeführt, nicht lange überleben würde. Darüber hinaus sollten wir nicht vergessen, dass sich die Rolle der öffentlichen Hand nicht in der Bereitstellung von Verteidigung, öffentlichem Kapital, Recht und Gerichtsbarkeit erschöpft, sondern dass sie auch eine Lenkungsfunktion beinhaltet: Diese greift immer dann, wenn das jeweilige Land ein ausgleichendes Gegengewicht oder eine ruhige Hand am wirtschaftlichen Steuerrad benötigt. Angesichts der Tatsache, dass sich Globalisierung und weltweite Erwärmung zu immer drängenderen Problemen entwickeln, die einer starken Lenkungsmacht und eindämmender Maßnahmen bedürfen, werden derartige Situationen in den kommenden Jahren mit Sicherheit auftreten.

Hier, wie so oft, gelangen wir an einen Punkt, an dem die ökonomische Analyse nicht mehr weiterhilft. Letztendlich setzen tiefgreifende Veränderungen nicht nur einen anpassungsfähigen revolutionären Kapitalismus voraus, sondern auch den wenig verlässlichen Beitrag von Phänomenen, die außerhalb der ökonomischen Sphäre liegen, wie etwa kollektive Stimmungen von Völkern oder die Weisheit oder Torheit ihrer Führer. Es erscheint daher angebracht, wenn wir unsere Ausführungen mit der Ermahnung an uns alle beenden, ein gutes Verständnis des hier behandelten Fachgebiets zu erlangen – nicht, um die

»perfekte Gesellschaft« zu erschaffen, sondern um uns auf die wirklich schwierigen Probleme vorzubereiten, die auch dann noch einer Lösung harren, wenn wir die Funktionsweise der Wirtschaft wirklich verstanden haben.

ANMERKUNGEN

1 Zu den vielen faszinierenden Fragen rund um die Entstehung des Kapitalismus gehört diejenige, warum er ausschließlich in Europa aufkam und nicht auch in anderen Teilen der Welt. Ein Teil der Erklärung liegt darin, dass der Zusammenbruch des Römischen Reiches viele Städte vollkommen bindungslos zurückließ. Mit der Zeit erlangten diese Städte, die natürliche Zentren des Handels und des Handwerks waren, eine gewisse Macht und konnten mit Königen und Lehnsherren um Privilegien feilschen. Der Kapitalismus entstand so in den Zwischenräumen der mittelalterlichen Gesellschaft. Ähnliche Chancen und Anreize fehlten anderswo. Ein kontroverses, aber wichtiges Werk zum Aufstieg des Kapitalismus ist Immanuel Wallersteins *Das moderne Weltsystem* (3 Bde., davon bislang zwei in dt. Sprache erschienen, Wien 1986, 1998). Siehe auch Fernand Braudel, *Sozialgeschichte des 15. bis 18. Jahrhunderts*, 3 Bde., München 1990.

2 Es heißt, eine Gruppe von Kaufleuten habe seinerzeit den großen Colbert aufgesucht, seines Zeichens französischer Finanzminister von 1661 bis 1683, der sie zu ihrem Beitrag zur französischen Wirtschaft beglückwünschte und fragte, inwiefern er von Nutzen sein könne. *»Laissez-nous faire«*, lautete die Antwort – lassen Sie uns in Ruhe. Man kann sich vorstellen, wie freudig dieser überzeugte Befürworter komplexer Regulierungen und bürokratischer Prozesse, die damals der französischen Wirtschaft das Leben schwer machten, diese Botschaft aufgenommen haben wird.

3 Im Deutschen erschienen unter dem Titel *Theorie der ethischen Gefühle*, Hamburg 1994.

4 Adam Smith, *Der Wohlstand der Nationen. Eine Untersuchung seiner Natur und seiner Ursachen*, München 1993, S. 10 f.

5 Karl Marx, *Das Kapital*, Bd. I, in: *Marx-Engels-Werke*, Bd. 23, Berlin (Ost) 1968, S. 790–791.

6 Ein Hinweis sei an dieser Stelle angebracht: Die meisten der folgenden Statistiken beziehen sich auf Zeiträume, die bereits ein wenig zurückliegen. Grund dafür ist der Umstand, dass die meisten Wirtschaftsdaten erst nach Ablauf von zwei oder drei Jahren als ausreichend zuverlässig erachtet werden, um Aufnahme in die offizielle Statistik zu finden. Zum Glück ändern sich die Zahlen, die uns in diesem Kapitel beschäftigen werden, von Jahr zu Jahr nur geringfügig – es geht uns weniger um exakte Zahlenwerte als vielmehr um Größenordnungen.

7 Es gibt keine offiziell anerkannte Definition eines »großen« Unternehmens. Wir stützen uns hier auf die Liste der 500 führenden Industrieunternehmen sowie die Listen der führenden 50 Unternehmen im Banken-, Versicherungs-, Finanz-, Transport-, Versorgungs- und Einzelhandelssektor, die alle von der amerikanischen Zeitschrift *Fortune* veröffentlicht werden. Faustregel: Um zur Gruppe der »Fortune 500« zu gehören, musste man in den neunziger Jahren ungefähr 500 Millionen US-Dollar umsetzen oder etwa 100 Millionen US-Dollar an Vermögenswerten vorweisen können.

8 In Deutschland wird von offizieller Seite auf eine Definition der Armutsschwelle verzichtet. Die OECD setzt diese mit etwa 50 bis 60 Prozent des durchschnittlichen Nettoeinkommens beziehungsweise des Medianeinkommens an. Demnach galt in Deutschland im Jahre 1998 ein Haushalt als »arm«, dessen Jahresnettoeinkommen je nach Berechnungsweise einen Betrag von 8 829 Euro bis 11 983 Euro unterschritt. [Anmerkung des Übersetzers]

9 Vielleicht fragen Sie sich, wie ein »durchschnittliches weißes Ehepaar« überhaupt zu einer Einkommensgruppe aufschließen kann, die wir zuvor als nicht durchschnittlich bezeichnet haben. Die Antwort lautet, dass nicht jeder Haushalt in unserem Kuchen weiß oder ehelich oder ein Doppelverdiener-Haushalt ist. Genaueres im *Statistical Abstract 1994*, Tables 71a und 71b.

10 Übernommen aus der brillanten Darstellung einer »Einkommensparade« in: Jan Pen, *Income Distribution*, New York 1971, S. 48–59.

11 Sozialleistungen werden nicht zur Wirtschaftsleistung der öffentlichen Hand gerechnet. Da diese Leistungen in den USA im Wesentlichen von der Bundesebene finanziert werden, gibt Washington zwar *mehr Geld aus* als die Einzelstaaten und Kommunen, *produziert* aber nicht mehr als diese.

Mehr dazu in Rahmen unserer Diskussion über die Messung von Output in den folgenden Kapiteln.

12 Allan Nevins, *Ford, the Times, the Man, the Company*, New York 1954, S. 1507.

13 Einen ausgezeichneten Überblick über die Erfolge, Misserfolge und Voraussetzungen staatlicher Eingriffe in den Markt bietet das Buch von Robert Kuttner, *Everything for Sale*, New York 1997.

14 Ein Hinweis, der Ihnen möglicherweise nebensächlich vorkommt, den Sie eines Tages aber vielleicht dringend benötigen werden: Bis vor relativ kurzer Zeit wurde der Gesamtproduktionswert einer Volkswirtschaft als Bruttosozialprodukt (BSP) und nicht als Bruttoinlandsprodukt (BIP) bezeichnet. Der Unterschied ist geringfügig: Das BIP misst den Wert aller im Inland produzierten Güter und Dienstleistungen, unabhängig davon, ob es sich um einen inländischen Hersteller oder um ein ausländisches Unternehmen handelt, das im Inland ansässig ist, und unabhängig davon, ob ein Beschäftigter im Besitz eines inländischen oder ausländischen Passes ist. Im Gegensatz dazu misst das BSP den Wert des Outputs aller Bürger eines Staates, unabhängig davon, ob sie im Inland oder im Ausland tätig sind. Nahezu alle Länder verwenden heutzutage das BIP, wobei die Vereinigten Staaten als eine der letzten Nationen auf diese Größe umgeschwenkt sind. Etwas ältere US-Statistiken weisen daher zumeist das BSP als Maßstab der Gesamtproduktion aus. Zum Glück sind die wertmäßigen Unterschiede in den meisten Fällen sehr gering.

15 Man kann es auch wie folgt ausdrücken: Bei Transferzahlungen wird einem Personenkreis – beispielsweise den Steuerzahlern – Geld weggenommen und einem anderen Personenkreis – etwa den Arbeitslosen – zugeteilt. Der Staat selbst gibt das Geld jedoch nicht zum Kauf von Gütern und Dienstleistungen aus, anders als im Falle von Straßenbaumaßnahmen oder militärischen Ausgaben, die in das BIP einfließen.

16 In den letzten Jahren begann man auch in den Vereinigten Staaten, wie schon in den meisten Ländern Europas, in der offiziellen Statistik zwischen staatlichem Verbrauch und staatlichen Investitionen zu unterscheiden. Ohne eine solche Unterscheidung lässt sich, wie wir später sehen werden, eine intelligente staatliche Ausgabenstrategie nicht formulieren.

17 Zu den Haushaltsausgaben zählt der Erwerb von Fahrzeugen, nicht jedoch derjenige von Häusern und Wohnungen, die zu den *Kapitalgütern* gezählt werden.

18 Natürlich sind es zwei Paar Schuhe, ob man die Höhe der gesamten Kon-

sumnachfrage prognostizieren oder ob man die Größe jenes Rinnsals bestimmen will, in dem das eigene, individuelle Produkt mitfließt.

19 Wie wir weiter oben festgestellt haben, wertet die BIP-Statistik den Kauf eines Eigenheims als Investition, so als gründete die betreffende Familie ein »Unternehmen« mit dem Zweck, ein Haus zu errichten und es anschließend an sich selbst zu vermieten – eine Betrachtungsweise, die den meisten von uns fremd ist.

20 Ein weiteres Instrument, um das Wachstum des BIP anzuregen, wären natürlich Steuersenkungen, die einen Anreiz zu verstärkten Investitionen böten. Wir vertreten hier nicht die Auffassung, staatliche Ausgabenprogramme seien Steuersenkungen vorzuziehen. Vielmehr geht es uns allein darum zu zeigen, dass zwischen Ausgaben der öffentlichen Hand und privaten Investitionen ein weit größerer Zusammenhang besteht, als gemeinhin erkannt wird.

21 Eine Erhöhung der staatlichen Transferzahlungen kann sich stimulierend auf das BIP auswirken oder auch nicht. Entscheidend hierfür ist die Frage, ob die Empfänger dieser Zahlungen eine höhere Konsumneigung aufweisen als die Menschen, deren verfügbares Einkommen zur Finanzierung dieser Maßnahme beschnitten wurde.

22 Eine Ausnahme bilden die ausländischen Käufer staatlicher Anleihen. Wir kommen hierauf später zurück.

23 David Alan Aschauer, *Public Investment and Private Sector Growth*, Economic Policy Institute, Washington, D.C., 1990.

24 Die meisten Leser werden in einem Geschichtsbuch oder anderswo die Bilder aus den zwanziger Jahren gesehen haben, als deutsche Arbeiter mit ganzen Wagenladungen voller Reichsmark entlohnt wurden. Warum entschieden sich die deutschen Behörden seinerzeit nicht dafür, neue Banknoten mit höheren Nennwerten auszugeben, sodass ein Arbeiter mit einem Wochenlohn von 1 Milliarde Mark mit zehn Banknoten zu 100 Millionen Mark statt mit 1000 Noten zu 1 Million Mark entlohnt worden wäre? Antwort: Der verwaltungstechnische Ablauf einer Entscheidung zum Druck neuer Banknoten ist überaus zeitraubend. Man stelle sich vor, wie ein junger Ökonom im Finanzministerium seinem Vorgesetzten vorschlägt, neue Banknoten im Nennwert von 1 Milliarde Mark drucken zu lassen, um diese sechs Monate später in Umlauf zu geben. Der Vorgesetzte würde zweifellos mit Entsetzen reagieren. »Unmöglich«, würde er protestieren, »Banknoten zu 1 Milliarde Mark drucken zu lassen, das wäre ja – inflationär!«

25 Es ist leicht nachzuvollziehen, dass sinkende Preise die Kaufkraft erhöhen. Doch warum steigt gleichzeitig auch die Kaufbereitschaft? Die Antwort auf diese Frage leitet sich aus jenem Phänomen ab, das die Ökonomen als »Nutzen« bezeichnen – dem Genuss, den wir aus dem Besitz der meisten Güter ziehen. Wenn wir weitere Einheiten eines Gutes innerhalb eines gegebenen Zeitraums erwerben, sinkt in der Regel der zusätzliche Genuss kontinuierlich. Ein Festmahl pro Woche ist wunderbar, zwei sind angenehm, drei noch passabel und sieben langweilig. Dieser abnehmende Genusszuwachs pro Einheit wird als *abnehmender Grenznutzen* bezeichnet. Da jedes zusätzliche Festmahl weniger Genuss als das vorherige bereitet, sind wir nur dann bereit, weitere Festmahle zu erstehen, wenn ihr Preis sinkt. Möglicherweise zahlen wir für das erste (und einzige) Festmahl der Woche bereitwillig einen hohen Preis, doch gilt dies zweifellos nicht für das siebte derartige Mahl.

26 Trifft das auch für Superreiche oder Monarchen zu? Ja, denn wäre dem nicht so, dann hätten wir es nicht mit einer Marktwirtschaft, sondern mit einer Kommandowirtschaft zu tun, die auf die Bedürfnisse einer einzelnen Person ausgerichtet wäre. In diesem Fall gäbe es in der Tat keinen Unterschied zwischen privaten und öffentlichen Gütern.

27 Reine Monopole treten nur selten auf. Die meisten »Monopolunternehmen« bewegen sich tatsächlich in einem oligopolistischen Markt (der *wenige* Anbieter aufweist) und nicht in einem Monopolmarkt (in dem nur *ein* Anbieter existiert). Ein oligopolistisch strukturierter Markt ist dadurch gekennzeichnet, dass einige wenige Verkäufer den Löwenanteil des Geschäfts unter sich aufteilen und den unbedeutenden Rest einer großen Zahl von Kleinunternehmen überlassen. In der Seifenindustrie der Vereinigten Staaten beispielsweise bedienen die vier größten Hersteller etwa 60 Prozent der Gesamtnachfrage, während gut 600 Unternehmen den Rest unter sich aufteilen. Ebenso gibt es in den Vereinigten Staaten über 100 Hersteller von Autoreifen und Schläuchen, doch die vier größten unter ihnen besitzen einen Marktanteil von gut 66 Prozent.

28 Die Zuverlässigkeit, mit der der Verbraucherpreisindex den Preisanstieg widerspiegelt, ist allerdings Gegenstand heftiger Debatten. Wie genau misst der Index solche Veränderungen der Lebenshaltungskosten, die sich nicht auf die Preise der gekauften Güter, sondern auf Qualitätsveränderungen dieser Güter beziehen? Wird unser Lebensstandard ausschließlich von dem höheren Preis unseres Neuwagens gegenüber unserem letzten Fahrzeug beeinflusst? Wie steht es um die größere Sicherheit, die der Neu-

wagen bietet und die letztlich einen geldwerten Vorteil darstellt? Und wie sind Behinderungen durch mangelhaft instandgehaltene Autobahnen zu beurteilen, die dazu führen, dass die Kosten pro gefahrenem Kilometer ansteigen? Einen glaubwürdigen Index der Lebenshaltungskosten zu besitzen ist für ein Land bedeutsam, da nach ihm die Höhe der Sozialleistungen bemessen wird und auch die Inflationsfurcht der Bürger von diesem Index abhängt. Nach herrschender Meinung steigt der Verbraucherpreisindex der Vereinigten Staaten derzeit um etwas weniger als den ausgewiesenen Wert, doch wir wissen letztlich nicht, ob diese Schätzung zutrifft. Mit Sicherheit aber ist die Diskussion darüber noch lange nicht beendet.

29 Quelle: Surenda Kushlik, in: *Challenge*, Sept./Okt. 1996, S. 54.

30 Zum Vergleich: Der Gesamtwert aller deutschen Direktinvestitionen im Ausland belief sich 2001 auf knapp 700 Milliarden Euro, was einer Steigerung um das Siebzehnfache innerhalb von zwölf Jahren entspricht.

31 Gerald Piel, *Only One World*, New York 1992, S. 246.

32 William Greider, *One World, Ready or Not*, New York 1997, S. 247.

33 Greider, S. 257.

Bücher zum Weiterlesen

Zu Teil I

Fourçans, André: *Die Welt der Wirtschaft*, Frankfurt am Main (Campus) 2000.

Das im Stil eines Gesprächs zwischen Vater und Tochter geschriebene Buch erklärt leichtfüßig und mit viel Humor die komplexe Welt der Ökonomie, von den Grundbegriffen über die widerstreitenden und oft wechselnden Lehrmeinungen bis zu makroökonomischen Zusammenhängen. Dabei zeigt es auf, wie die Wirtschaft in nahezu alle Lebensbereiche hineinspielt und für diese Erklärungsmodelle liefert.

Hesse, Helge: *Ökonomen-Lexikon. Unternehmer, Politiker und Denker der Wirtschaftsgeschichte in 600 Porträts*, Düsseldorf (Verlag Wirtschaft und Finanzen) 2003.

Eine Übersicht über die bedeutendsten Ökonomen der Wirtschaftsgeschichte und ihre Erklärungsmodelle. Die Einzelbeiträge werden durch zahlreiche Querverweise sowie eine Übersichtstafel miteinander verknüpft.

North, Michael (Hg.): *Deutsche Wirtschaftsgeschichte. Ein Jahrtausend im Überblick*, München (C.H. Beck) 2000.

Das Buch bietet einen umfassenden Überblick über die wirtschaftliche Entwicklung in Deutschland von der mittelalterlichen Feudalgesellschaft bis zur heutigen sozialen Marktwirtschaft. Die sechs namhaften Autoren beantworten gemeinsam die Leitfrage, ob es so etwas wie eine »deutsche« Wirtschaft gebe und was sie charakterisiere. Auch die Wirtschaftsgeschichte der DDR wird beleuchtet, ebenso der Zusammenbruch des kommunistischen Wirtschaftssystems und dessen Folgen.

Polanyi, Karl: *The Great Transformation. Politische und ökonomische Ursprünge von Gesellschaften und Wirtschaftssystemen*, 4. Aufl., Frankfurt am Main (Suhrkamp) 2001.

In seinem 1944 verfassten und 1957 erstmals veröffentlichten Klassiker vermittel der bedeutende Sozial- und Wirtschaftshistoriker einen Überblick über die nichtmarktwirtschaftlichen Gesellschafts- und Wirtschaftsstrukturen der Vergangenheit und Gegenwart. Er analysiert die gesellschaftlichen Veränderungen während der industriellen Revolution und kommt zu dem Schluss, dass unser heutiges System der sich selbst steuernden Märkte zur Zerstörung nicht nur sozialer Beziehungen, sondern auch der Umwelt führen muss.

Strathern, Paul: *Schumpeters Reithosen. Die genialsten Wirtschaftstheorien und ihre verrückten Erfinder*, Frankfurt am Main (Campus) 2003.

Eine ebenso humorvolle und anekdotenreiche wie erhellende Einführung in die Theorien der großen ökonomischen Vordenker vor dem Hintergrund ihres jeweiligen Zeitalters. Zu den Porträtierten gehören neben Smith, Marx und Keynes etwa der Konjunkturtheoretiker Joseph Schumpeter sowie John von Neumann, der Erfinder der Spieltheorie.

Willke, Gerhard: *Neoliberalismus*, Frankfurt am Main (Campus) 2003.

Das Buch setzt sich kritisch mit dem wohl bedeutendsten wirtschaftspolitischen Konzept des späten 20. Jahrhunderts und seinen Erfindern auseinander. Wie effizient ist der Markt als Steuerungssystem, und wie schädlich wirken sich staatliche Eingriffe in das Marktgeschehen aus? Geht ökonomisches Laisser-faire notwendigerweise mit dem Verzicht auf Absicherung für die wirtschaftlich Schwächeren einher? Welche ordnungspolitischen Alternativen gibt es, und zu welchen Ergebnissen führen sie?

Zu Teil II

Altmann, Jörn: *Wirtschaftspolitik*, 7. Aufl., Stuttgart (UTB) 2000.

Eine praxisorientierte und auch für Nichtökonomen leicht verständliche Einführung in wirtschaftspolitische Fragestellungen. Sowohl Grundkonzepte als auch Instrumente der Wirtschaftspolitik werden ausführlich behandelt und mögliche Zielkonflikte diskutiert. Ein Schwerpunkt des Buches ist die Europäische Integration und deren Folgen.

Dornbusch, Rüdiger/Fischer, Stanley: *Makroökonomik*, 8. Aufl., München (Oldenbourg) 2003.

Ein bewährtes Standardwerk für Studierende der Wirtschaftswissenschaft und andere Interessierte, das eine fundierte und leicht verständliche Einführung in die makroökonomische Analyse bietet und dabei auf komplexe mathematische Modelle verzichtet. Viele Beispiele aus der Praxis sowie Zusammenfassungen und Übungsaufgaben erleichtern das Verständnis des Wechselspiels von Angebot und Nachfrage sowie der Möglichkeiten, es zu beeinflussen.

Görgens, Egon/Ruckriegel, Karlheinz/Seitz, Franz: *Europäische Geldpolitik*, Stuttgart (Lucius & Lucius) 2003.

Das Buch beschreibt anschaulich die Grundlagen des europäischen Währungssystems, die geldpolitische Strategie der Europäischen Zentralbank sowie das Instrumentarium zu deren Umsetzung und weist dabei auf die Unterschiede zum geldpolitischen System der Vereinigten Staaten hin. Daneben benennt es die Schnittstellen zwischen Geldpolitik sowie Lohn-, Wechselkurs- und Finanzpolitik und zeigt, wie der Einfluss dieser Politikfelder bisweilen einer angemessenen Geldpolitik zuwiderläuft.

Krugman, Paul: *Schmalspurökonomie. Die 27 populärsten Irrtümer über Wirtschaft*, Frankfurt am Main (Campus) 2000.

Ein Genuss vor allem für diejenigen, die sich erfolgreich durch viele – womöglich schwer verdauliche – Lehrbücher zur Makroökonomie gekämpft haben. Sie werden nach der Lektüre der hier versammelten scharfzüngigen, witzigironischen Aufsätze feststellen, wie verschiedenartig scheinbar eindeutige ökonomische Fakten interpretiert werden können, je nach dem ideologischem Weltbild desjenigen, der die Fakten für seine Argumente bemüht.

Mankiw, Gregory N.: *Makroökonomik*, 3. Aufl., Stuttgart (Schäffer-Poeschel) 1998.

Das Lehrbuch des Harvard-Ökonomen Mankiw wurde für die deutschsprachige Ausgabe den deutschen und europäischen Verhältnissen angepasst und hat sich in den letzten Jahren hierzulande zum populärsten Grundlagenwerk der Makroökonomie entwickelt. Mit vielen Fallbeispielen und Bezügen zur wirtschaftspolitischen Praxis, aber geringen Anforderungen an das mathematische Verständnis ist es auch Fachfremden zu empfehlen, die ein tieferes Verständnis wirtschaftlicher Sachverhalte erlangen wollen.

Yergin, Daniel/Stanislaw, Joseph: *Staat oder Markt. Die Schlüsselfrage unserer Zeit*, Düsseldorf (Econ-Taschenbuch) 2001.

Die Autoren zeichnen die Auseinandersetzung zwischen den Befürwortern einer staatlich gelenkten Wirtschaft und den Anhängern größtmöglicher ökonomischer Freiheit in der zweiten Hälfte des 20. Jahrhunderts nach und untersuchen, welches der beiden Modelle eher dazu geeignet ist, in einer globalisierten Welt für Wohlstand, soziale Gerechtigkeit und Arbeitsplätze zu sorgen.

Zu Teil III

Becker, Irene/Hauser, Richard: *Anatomie der Einkommensverteilung. Ergebnisse der Einkommens- und Verbrauchsstichproben 1969–1998*, Berlin (edition sigma) 2003.

Die Ergebnisse einer Studie über die Entwicklung der Einkommens- und Vermögensverteilung in Deutschland in den letzten drei Jahrzehnten des 20. Jahrhunderts. Sie zeigen, dass trotz Sozial- und Steuerpolitik die Kluft zwischen Arm und Reich gewachsen ist.

Coyle, Diane: *Sex, Drugs & Economics. Eine nicht alltägliche Einführung in die Wirtschaft*, Frankfurt am Main (Campus) 2004.

Ein Buch, das in die Ökonomie als Denkmethode einführt und dessen Lektüre keine speziellen Vorkenntnisse voraussetzt. Anhand von Beispielen aus allen Lebensbereichen wird gezeigt, wie ökonomische Analyse zu einem besseren Verständnis menschlichen Verhaltens beiträgt.

Fees, Eberhard: *Mikroökonomie. Eine spieltheoretisch- und anwendungsorientierte Einführung*, 2. Aufl., Marburg (Metropolis) 2002.

Ein Lehrbuch für all diejenigen, die sich schnell über neuere Entwicklungen in der Mikroökonomie (neben der Umweltökonomie, der ökonomischen Theorie des Rechts, der Industrieökonomie und der Theorie unvollkommener Information beispielsweise Auktionen und Strategien zur Regulierung natürlicher Monopole) informieren möchten. Es greift aktuelle Beispiele auf, so etwa im Rahmen der Monopoltheorie die Liberalisierung des Marktes für Post und Telekommunikation.

Fehl, Ulrich/Oberender, Peter: *Grundlagen der Mikroökonomie*, 8. Aufl., München (Vahlen) 2002.

Einstiegslektüre für Studierende der Wirtschaftswissenschaften und für jeden, der sich vertieft mit der Funktionsweise von Märkten vertraut machen will. In dem Buch, das neben der Wissensvermittlung auch Übungsaufgaben und Lösungen enthält, werden Märkte unter Wettbewerbsbedingungen und unter den Bedingungen eingeschränkten Wettbewerbs (Monopol, Oligopol) dargestellt.

Frey, Bruno S.: *Umweltökonomie*, 3. Aufl., Göttingen (Vandenhoeck & Ruprecht) 1992.

Der erstmalig 1972 erschienene Klassiker aus dem deutschen Sprachraum zum Thema Marktversagen bei externen Effekten. Hier wird am Problem der Umweltschädigung konzentriert, knapp und klar der praktische Gehalt mikroökonomischer Analyse deutlich gemacht, ohne dass mathematische Modelle bemüht werden müssten.

Fritsch, Michael/Wein, Thomas/Ewers, Hans-Jürgen: *Marktversagen und Wirtschaftspolitik*, 5. Aufl., München (Vahlen) 2003.

In dem Buch wird systematisch und unter Zuhilfenahme von Beispielen dargestellt, warum Märkte versagen und welche wirtschaftspolitischen Alternativen es zur Korrektur von Marktversagen gibt.

Zu Teil IV

Balser, Markus/Bauchmüller, Michael: *Die 10 Irrtümer der Globalisierungsgegner. Wie man Ideologie mit Fakten widerlegt,* Frankfurt am Main (Eichborn) 2003.

In dem Buch werden zehn populäre Thesen der Globalisierungskritiker aufgegriffen und auf ihre Stichhaltigkeit hin überprüft. Es zeigt sich, dass viele der gemeinhin der Globalisierung zugeschriebenen Übel ihre Ursachen an anderer Stelle haben. Das Buch zeichnet ein differenziertes Bild von den Folgen der Globalisierung und hebt ihre wirklichen Möglichkeiten hervor.

Krugman, Paul: *Der große Ausverkauf. Wie die Bush-Regierung Amerika ruiniert,* Frankfurt am Main (Campus) 2004.

Eine Sammlung der wichtigsten Kolumnen des Princeton-Ökonomen in der New York Times. Im Mittelpunkt der Kritik steht die Wirtschaftspolitik der Regierung von George W. Bush, die Krugman als verantwortungslos und einseitig am Interesse der reichen US-amerikanischen Wählerklientel ausgerichtet geißelt.

Shiller, Robert: *Irrationaler Überschwang. Warum eine lange Baisse an der Börse unvermeidlich ist,* Frankfurt am Main (Campus) 2000.

Das Buch zeigt anhand einer fundierten Analyse der zugrunde liegenden strukturellen, kulturellen und psychologischen Faktoren, wie es zu dem überzogenen Auftrieb der Kurse an den Hightech-Börsen kam, der schließlich im Jahr 2000 jäh umschlug und die Gründerzeitstimmung in der New Economy beendete.

Stiglitz, Joseph E.: *Die Schatten der Globalisierung,* Berlin (Siedler) 2002.

Eine theoretisch fundierte und erfahrungsgesättigte Auseinandersetzung des Wirtschafts-Nobelpreisträgers von 2001 mit den Versäumnissen der Wirtschaftspolitik der westlichen Industrieländer in der Globalisierung. Die Kritik richtet sich vor allem gegen die Politik des Internationalen Währungsfonds angesichts der Schuldenkrisen der Entwicklungsländer.

Stiglitz, Joseph E.: *Die Roaring Nineties. Der entzauberte Boom,* Berlin (Siedler) 2004.

Eine Aufarbeitung der wilden 1990er-Jahre, die am Ende in den großen Börsen-Crash mündeten. Stiglitz fordert die Wirtschaftspolitik dazu auf, die notwendigen Lehren zu ziehen und durch die Akzentuierung von Bildungs-, Sozial- und Umweltpolitik das verloren gegangene Gleichgewicht zwischen Markt und Staat wiederherzustellen.

Thurow, Lester: *Die Zukunft der Weltwirtschaft*, Frankfurt am Main (Campus) 2004.

Eine Auseinandersetzung mit den Verheißungen der Globalisierung und den Gefahren, die ihre unzulängliche Gestaltung mit sich bringt. Thurow beschreibt Wege zur Realisierung der Vision einer gerechten und stabilen Weltwirtschaft.

REGISTER